그냥 갈 수 없는 길

李道源 求道記

불광출판부

그냥 갈 수 없는 길

머리글

 태어남은 인생의 시작이요, 죽음은 없어지는 것으로 알았다. 그리고 풍요롭고 인간다움을 지향하는 삶만이 인생의 보람이요, 전부인 줄 알고 살았다.
 그러던 어느 날 버릇처럼 불상(佛像) 앞에 엎드려 복을 비는 아내를 보고 불교를 알고 싶었다.
 불교를 믿기 위해서가 아니라 아내의 신앙생활을 계속하게 하느냐 그만두게 하느냐 택일하기 위해서였다.
 불교와 만나던 날 그 때야 비로소 나 자신의 어리석음과 모르는 것이 병인 줄을 알았다. 그로부터 진리 앞에 합장(合掌)하게 된 나는 경전과 여러 선지식을 통하여, 자연과 인생 그리고 도(道)에 대하여 그 진실을 얻을 수 있었다.
 그리하여 글쓰는 것과는 전혀 인연이 없는 내가 그 진솔한 얘기들을 쓰고 싶었다. 인생이 무엇인지 종교가 뭔지 알고 싶은 이들에게 드려서 더불어 오해없는 삶 속에서 미래를 가꾸고자 함이었다.
 믿음과 선택은 자유다. 그러나 인간이기에 알고 가야 한다. 진실을 안다는 것은 이성(理性)을 가진 인간의 가치관이요, 위 없는 보람이다. 알 수 있는 진실을 외면한다면 스스로 인간임을 포기하는 것과 같은 인과(因果)의 철칙이 기다리고 있기 때문이다.
 그래서 그냥 갈 수 없는 것이다.

불기 2542년 7월
이 도 원 합장

차 례

제1장 의식이 눈뜰 때

인연 · 11
불교와의 만남 · 28
천수경 · 64

제2장 불교의 우주와 인생관

불교 물리관 · 73
생명체 탄생의 원리 · 87
불교 천문학 · 102
산모와 태아 · 105
나(我)란 무엇인가? · 109
인간의 의식구조 · 125
윤회 · 140

제3장 깨달음을 향하여

범어사의 보살계(菩薩戒) · 175
백련암의 삼천 배 · 179
자기를 버리면 진리의 몸을 얻는다 · 194
스님의 어머니 · 212
금강경에 길이 있다 · 217
육바라밀(六波羅蜜) · 220
토굴 스님들의 결사정진(決死精進) · 226

제4장 깨달음의 공식

인생의 진리부터 알라 · 235
바른〔正見〕구심점 부터 가지라 · 253
누운 풀처럼 낮추고 바른 생각을가지라〔正思惟〕· 259

해야 할 말만 하라〔正語〕· 264
구도(救道)정신 하나로 살아라〔正業〕· 267
자기를 버려라〔正命〕· 269
오늘 해치울듯이 용맹스럽게 정진하라〔正精進〕· 271

제5장 깨달음

진리 당체가 되어 아는 체험은 찰나에 온다 · 291
도인도 추락할 수 있다 · 304
버스기사 스님의 보임(保任) · 315
대자유인 · 324
장보살의 깨침 · 327
바른 구심점 모르면 외도(外道)되기 쉽다 · 340
스승보다 먼저 깨치기도 한다 · 344
대도무문(大道無門) · 356

제6장 그냥 갈 수 없는 길

대신할 수 없는 죽음 · 363

명상과 참선 · 370

용과 여의주 · 379

버스 속에서 깨친 보살 · 383

성철 스님의 열반송 · 390

자기 구원자는 자기뿐이다 · 394

그냥 갈 수는 없다 · 399

제1장
의식이 눈뜰 때

인연

　종가(宗家)댁의 맏며느리였던 어머니는 대(代)를 이을 아들을 고대하는 기도 속에서 연달아 딸만 넷을 얻었다. 혹시나 아들을 생산 못하는 팔자는 아닌가 하고 두려움은 더해 왔으나 오직 당신의 정성이 부족한 것으로 알고 이번에는 기필코 아들을 생산해야 한다는 사무친 정성으로 용맹스런 기도를 시작했다.
　비가 오거나 눈이 오거나 한결같이 이른 새벽이면 남 먼저 샘물을 길어다가 머리를 감고, 마을 뒤 암자에 올라 '달덩이 같은 아들 하나만 점지해 주십사' 하고 부처님 전에 발원하고 칠성당과 아들을 점지해 주신다는 삼신 할머니(神)에게 애원하였다. 그러한 기도 끝에 내가 태어 났다고 한다.
　어렵게 얻은 아들인지라 애지중지 키운 탓이었던지 온실의 화초처럼 연약했던 나는 병(病)이라는 병은 모두 앓아가며 부모 애를 많이도 태우며 자랐다.
　당시 시골환경이 그랬듯이 배탈이 나면 약손(할머니손)으로 어루만져 주는 게 고작이었고, 그래도 안 될 때는 침쟁이 할배가 와서 무시무시한 대침(大鍼)으로 손등 발등을 사정없이 찌르거나 쓰디 쓴 한약을 달여 순사가 물 고문하듯 강제로 먹이기도 했다. 그리고 경기(驚氣)가 나서 기절할 때는 탁주 거를 때 쓰는 쳇바퀴를 얼굴에 씌우고는 탁주로 발효시킨 식초를 얼굴에 뿜어서 깨어나기도 했으며, 시일이 오래 걸리는 이름 모를 병 치레를 할 때는 가끔씩 태풍 같은 무당굿이 벌어지기도 했다.

5~6세 되던 해에는 나 자신도 '이대로 죽는 게 아닌가' 하고 가물가물 꺼져가는 생명의 기력을 몇 번 느끼기도 하였는데 어떤 때는 어른들도 나를 포기하셨던지 "저걸 또 어떻게 갖다 버리노."하며 울먹이시는 어머니의 탄식이 들려오기도 했다.

이렇듯 꺼지다 살아나고, 꺼지다 살아나기를 몇 번이고 거듭하면서 자랐다. 초등학교 고학년이 되면서부터 병치레는 줄어들기 시작하였으나 그래도 일 년에 두세 번씩은 아프디 아픈 대침을 맞아야 했고, 쓰디쓴 한약으로 고문을 당해야 했으며, 때로는 무당굿이 벌어지기도 했다.

그때도 어머니의 새벽기도는 한결같이 이어지고 있었다. 다만 득남기도를 드릴 때와는 달리 집안에서 행해지고 있었다. 새벽마다 남 먼저 샘물을 길어다가 마루 한쪽 선반 위에 마련된 제단 위에 정화수(井華水)를 떠올리고 손바닥을 비비며 자식들의 무병장수와 가정의 화평을 빈 다음 정화수 그릇을 들고 솔잎 한 묶음을 정화수에 적셔 집안 구석구석에 뿌리며 부정을 내쫓고 온갖 소원을 비는 것이었다.

그러나 어머니의 그러한 모습이 자식을 위한 감사한 기도라고 생각되긴 하였으나, '어머니 그렇게 빈다고 명이 길어지고 복이 생기겠소?' 하고 부정적으로 보여지는 것이었다. 아마 학교에서 미신(迷信)이라는 낱말을 배울 시기였을 것이다. 당시 선생님도 미신이라는 낱말 풀이를 불교에 비유하여 설명해 주었고 어머니의 그러한 기복신앙(祈福信仰)의 모습을 불교라고 생각했으며, 불교는 미신이라고 인식할 수 있었기 때문이었다. 그 반대로 기독교를 미신이라고 설명하는 선생님은 없었다.

그래서 그랬던지 기독교는 지성인들이 믿는 바른 종교라고 생각하게 되었으며 신사스러워 보였다. 때문에 학교 바로 옆에 있는 교회는 동경의 대상이었다. 어려운 시골 환경 속에서도 고급 옷에 넉넉해 보이는 사람들이 출입하고 있었고, 그래도 괜찮은 환경의 친구들만 다니고 있었기 때문이었다.

초등학교 5학년 때쯤 크리스마스 이브날 바로 위 누님과 나는 교회구경을 갔었다. 교회 다니는 친구들이 선물도 주고 연극도 한다고 자랑했기에 누님을 졸라 부모님 몰래 갔었다.

교회 안팎에는 멋있는 X-마스 트리가 장식되어 있었고, 목사님을 비롯한 여러 신도와 친구들은 귀한 손님처럼 반갑게 맞이해 주었다.

예배 시간이 되자 인자하고도 엄숙한 신사 목사님은 우리 모두를 위해 기도해 주었고, 그 모습은 너무나 성스러워 보였다.

교회를 다니기만 하면 곧바로 축복받을 것 같은 목사님의 기도 모습을 보면서 어머니의 기도 모습을 그려보고 있었다.

할머니, 어머니들이 쌀이나 보리쌀, 조박을 들고 쓰러져 가는 초라한 절간을 찾아 목탁을 두드리며 알아 들을 수 없는 주문을 외우는 스님 옆에서 불상과 창칼을 든 울긋불긋한 장군들 그림을 향하여 쉴새없이 절을 하며 복을 비는 모습이며, 낡은 법당의 장식품들은 금세 귀신이라도 나올 것 같은 미신스런 모습뿐이었다.

친구들이 꾸민 연극이나 찬송가 합창 모두가 너무나 부러웠다. 모든 행사가 끝나자 목사님은 입구에 서서 빵, 과자, 학용품 등을 선물로 나누어 주면서 "다음 일요일에 만나요, 모두들 교회에 나와서 하나님의 축복을 받으세요." 하고 다정하게 일러주며 배웅해 주었다. 양과자나 학용품이 귀하던 시절이라 대단히 감사한 마음으로 받았다. 당장이라도 교회를 다니고 싶었으나 아버지로부터 교회에 다니지 말라는 엄명을 받았기에 그

럴 수도 없었다.

　누나와 나는 달콤한 사탕을 입안에 굴리며 이담에 커서 교회다닐 것을 약속하면서 집으로 갔다. 집에 도착하자 아버지는 매를 들고 기다리고 있었다. 부모님은 벌써 교회에 갔음을 알고 있었던 것이었다. 당시 시골환경으로서는 다른 데 갔다 왔다고 변명할 만한 이유가 있을 수도 없었다. 어린 동생을 데리고 쓰잘 데 없는 곳에 갔다고 누나만 호되게 야단을 맞았다. 누나와 나는 '다시는 교회에 가지 않겠다'는 약속을 드리고 용서를 받았다.

　아버지는 절(寺)도 교회도 불신하는 철저한 현실주의자였다. 그런데도 내가 병고에 시달릴 때 집안에서 무당굿이 벌어질 수 있었던 것은 귀한 자식을 위해 고집을 양보하고 자리를 비켜주었기 때문이었다. 물론 무당굿을 처음 할 때는 아버지의 출타할 때를 맞추어 몰래 했었다. 그런데 굿이 채 끝나기도 전에 아버지는 출타에서 돌아오게 되었다.

　"이게 무슨 미친 짓이고!"

하면서 무당의 북이며, 징 등 굿판 도구를 사정없이 담 밖으로 내던졌고 무속인을 무력으로 밖으로 끌어내는 것이었다.

　그 때 굿판 구경을 하고 있던 큰집 할머니와 어머니, 숙모님 그리고 이웃집 아주머니들은 "이게 모두 도원이 살리려고 하는 짓이니 참으라."고 애원하듯 설득하였고 아버지는 못 이기는 척 자리를 비켜주었으며 굿은 마무리가 될 수 있었다.

　그 후 나는 완쾌되었다. 아버지는 무당굿 효험이라고 인정하였는지 그 이후에 무당굿이 있을 때에는 묵인하고 자리를 비켜주었다. 이러한 환경 속에서 자라면서도 누나와 나는 "우리 불교는 절대로 믿지 말자, 이담에 커서 꼭 교회에 나가자."며 굳게 약속을 하였다.

내가 열 다섯 살 되던 중학교 3학년 때 '사라호' 태풍은 황금 들판을 쓸어가 버렸고 그 해 겨울 나를 그토록 애지중지 키우고 거두셨던 어머니는 암으로 세상을 떠났다.

그리고 어머님의 장례가 끝나는 삼오날 새어머님이 오셨다. 어머님께서 위암으로 수개월을 병고에 시달리면서 죽음을 기다리고 있을 때 친척들은 우리집의 형편을 생각해서 새어머니가 빨리 들어와야 한다고 미리 새어머니를 중매해서 삼오날 들어오기로 약속되었던 것이었다.

옛날부터 삼오날 사람이 들어오면 잘 산다는 말이 있었기에 그렇게 했다고 한다. 그러나 나는 원망하는 마음은 없었다. 다만 어린 동생들을 생각해서 새어머님이 좋은 분이었으면 좋겠다는 생각뿐이었다.

그 후, 고등학교 1학년부터 집을 떠나 살게 되었고 어렵게 이어진 학업은 21세가 되어서야 서울에서 야간대학에 입학할 수 있었다. 친구와 같이 자그마한 사글세방을 얻어 자취생활을 시작했다. 말이 씨가 되었던지 그 때부터 친구와 같이 교회를 나가게 되었다. 보광동 언덕에 자리잡은 장로교회였다.

그리하여 기독교 외의 종교는 모두가 미신이라고 생각하고 옆도 보지 않고 열심히 '여호와' 하나님을 믿었다. 어릴 때 교회 다니고 싶었던 그때의 사고방식대로 순진하게 믿었으며 성가대에도 입단하여 노래도 부르고 각종의 전도행사와 봉사활동에도 열성적으로 참여했다.

교회 나간 지 2년 가까이 되었을 때 나의 영혼에 충동질하는 선지식(善知識)이 나타났다.

2학년 2학기 개강 시기였으니 녹음이 짙은 구월이었다. 그날 과 친구 네 명과 강의시간을 기다리면서 휴게실에서 우연히 교회생활에 대하여 얘기를 하고 있었다. 교리 얘기가 아닌 교회생활의 재미있었던 일들을 얘기하며 웃고 있었다. 이때 역시 과 친구인 영민이가 와서 옆에 앉았다. 잠시 후 우리들의 애기를 듣고만 있던 영민이가 정색을 하며 끼어들었다.

"어이 너희들 교회에 다니려면 뭘 좀 알고 다녀야지."
라고 하며 서두를 던지는 것이 아닌가. 그때까지만 해도 과 친구들은 영민이 박태선의 전도관 신자였는지 몰랐다.

갑작스런 영민이의 태도에 모두들 영민이를 쳐다보자 영민이의 설교가 시작되었다.

"하나님을 믿고 신앙하는 이유는 살았을 땐 행복을, 죽음 후에는 구원을 받기 위함이 아닌가. 너희들 종교를 믿으려면 박태선 장로님을 믿어야 해. 다른 교회 나가 봐야 믿으나 마나. 얻을 게 없단 말이야. 우리 박장로님만이 구원의 능력이 있는 분이야. 그 이유를 말해 줄까? 이제 말세가 임박해 오고 있다. 말세에 가서는 온 세상이 불의 심판이 오고 그땐 믿음이 있는 자만이 천국으로 구원받는다고 한다.

물론 장로교회도 천주교도 영생을 주장한다. 그래서 너희들도 믿고 있을 것이다. 그러나 미안하지만 다른 교회 나가는 사람은 절대로 구원받을 수 없다. 그 이유는 다른 교회에 다니는 사람들은 사후(死後)에 육신이 썩어 없어진다. 이 한 가지만 확인해보면 알 수 있는 일 아닌가? 육신이 있어야 부활할 수 있지 육신 없이 뭘로 구원받고 부활한단 말인가. 우리 장로님을 믿은 신자들은 죽어도 시체는 절대로 썩지 않는다. 썩지 않고 말세의 그 날을 기다리는 것이다. 그리하여 불의 심판이 오는 그 날 모두 부활하여 천국으로 구원되는 것이다."

영민의 주장은 열정적이었다. 나와 친구들은 영민의 흥미로운 영생의 논리를 들어주었다. 나 자신도 영민의 신념을 깨우칠 만한 종교지식도 없었기에 상식 밖의 애기를 듣고만 있어 주려고 했다. 이때 무종교인 영호가 농담조로 영민의 말을 받았다.

"야! 이 자식 미쳤네. 죽어서 썩지 않는 사람이 어딨노!"
라고 했다. 금세 영민은 상기된 얼굴을 하고는,

"야. 이 가련한 친구들아. 못 믿겠거든 가서 무덤을 파보고 확인해 보면 될 것 아닌가. 물론 상식 밖의 얘기니까 믿지 못하겠지. 나도 처음엔 믿을 수가 없었어. 죽은 지 3년이 지나도록 생생하게 산 사람 같은 시신을 보고 믿었어. 너희들이 의심하는 것도 무리는 아냐. 보지 않고는 믿을 수 없는 일들이지."

영민은 평소에 말이 없는 편이었고, 필요 외의 말은 하지 않는 친구였기에 친구들의 신임을 받고 있었다. 그러나 뜻밖에도 상식 밖의 신흥종교를 믿고 있다는 사실을 알게 되었고, 믿게 된 데는 이유가 있을 것 같았다.

나는 끝없는 논쟁을 정지시킬 겸, 박태선 장로의 신앙촌 견학도 할 겸, 다음과 같이 제안을 하였다.

"자 이제 논쟁은 그만하자. 영민이가 믿음을 갖게 된 데에는 필시 무슨 이유가 있을 거다. 남의 종교를 무조건 무시하면 쓰나. 우리 모두 내일 신앙촌 견학을 가는 게 어때?"

모두들 그게 좋겠다고 했다. 영민이도 기꺼이 받아들였다.

다음날 우리 모두는 신앙촌에 초대되었다. 물론 호기심으로 일반사회와 격리되다시피 한 신앙촌의 모습을 보기 위해서였다.

마을 입구에 들어서자 입구에는 종각 같은 경비실 건물이 세워져 바깥 세상과는 다른 이국적인 멋을 풍기고 있었다.

신앙촌의 입구에서부터 영민은 설명을 시작했다.

"우리 신앙촌은 바깥 세상보다 민주주의와 복지제도가 이십 년은 앞서 있는 곳이야. 질서와 평화와 사랑이 있고 윤리 도덕이 살아있는 곳이야.

지상천국이라 해도 전혀 모순이 없는 곳이지. 이 마을에는 투쟁도 시기도 없으며, 걱정이 있을 수도 없는 이상사회 그대로다.

신앙촌 가족이 되면 먼저 의식주와 자녀 학비문제 등 완벽한 복지제도의 혜택을 받게 되어 있다. 마을 전체가 금주, 금연이기 때문에 이 마을 안에서는 술도, 담배도 팔지 않는다. 우리 신앙촌에는 많은 생필품들이 생산되고 있으며 앞으로 생산품목을 확대하여 모든 것이 자급자족 될 것이다. 여기에서 생산되는 생필품은 신앙촌의 차로 판매상들에게 공급되고 있고 학생들의 통학도 우리 차로 하고 있으니 모든 생활이 우리 것만 가지고도 충분하다.

그러므로 신앙촌 가족들은 봉급을 받아도 쓸 곳이 없다. 주택과 식량, 생필품, 의료비, 자녀학비 등등 생활에 필요한 모든 비용과 생필품을 신앙촌 자체에서 해결해 주는 복지제도가 있기 때문에 돈을 저축할 이유도 없게 되어 있다. 그러므로 신앙촌 가족들은 봉급을 받아도 꼭 필요한 약간의 비상금을 제외하고는 모두 신앙촌의 공동 번영을 위하여 전도관에 헌금하고 있다."

일행은 영민의 설명을 들으면서 산꼭대기에 자리하고 있는 전도관을 향하여 걸어가고 있었다. 과연 신앙촌은 깨끗하고 안온했으며 영민의 말대로 의식주 걱정이 없는 이상사회 같았다. 신자들에게 무상으로 공급되었다는 양옥집들은 그림같이 아름다웠고 자그마한 정원 뜰에는 향기로운 화초들이 깨끗이 정돈되어 있었다.

영민의 설명으로 박태선 장로교회 집단인 신앙촌이 번영하고 있는 원인을 알 수 있었다. 마치 공산주의 이론 같은 것이었다. 공동 생산하여 공동 분배되며, 잉여금은 복지제도에 쓰인다는 것이다. 신앙의 힘이 아니고는 있을 수 없는 일이었다. 그리고 봉급을 받아서 실생활비를 제외하고는 다시 교회에 헌금한다는 것은 그들 신앙인들의 행복이 될 수 있었다. 굶주린 배를 채워주는 데 대한 은혜요, 자식들을 대학까지 보내주는 은혜요, 꿈에도 그리던 양옥집에 살게 해 준 은혜에 대한 감사의 추앙이기도 했을 것이다.

박대통령 초기 대부분의 국민은 의식주 해결이 어려웠던 시절이었으니 월급이 적고 많고는 고사하고 의식주를 해결할 만한 공장 근로자 자리도 취직이 어려웠다. 그러한 시기에 양옥집과 생필품을 주고 자식을 대학까지 공부시켜 준다는 종교가 있다면 누구나 마다하기 어려웠을 것이다. 당시 공무원을 제외한 모든 직장들은 일일 12시간 이상의 노동은 보통이었고, 가내공업 등 중소기업들은 일일 15시간 이상도 일을 해야 하는 근로제도가 상식화되어 있었던 시절이었다.

서울 평화시장의 의류제품 공장 근로자가 그 노동제도를 바로 세우고자 노동운동을 하다가 분신자살하였듯이, 돈 없는 농부의 아들, 딸들은 도회지에 먼저 진출한 군소 경영자들로부터 혹독한 시련을 당해야 했으며 그 시련이 상식화되어 있었기에 근로자들은 시련이 시련인 줄을 모른 채 미래의 행복만을 꿈꾸며 견디어 왔던 것이다. 이러한 시대에서의 신앙촌은 이상사회라 해도 모순이 없을 것 같았다.

신앙촌 뒷산 꼭대기에 세워진 전도관에 도착했다. 몇 천명이 앉을 수 있는 단층짜리 넓은 전도관 지붕을 수많은 기둥들이 송송 받치고 있었다. 영민은 설명을 계속하고 있었다.

"이 전도관은 우리 신앙촌 가족들의 손으로 지은 것이다. 누구나 예배보러 올라 올 때는 빈손으로 오지 않고 모래와 벽돌 등을 이고 지고 날랐으며 일도 했었다. 이 전도관에는 얼마나 많은 환자들이 박장로님의 은총을 받았는지 모른다. 앉은뱅이가 업혀와서 멀쩡한 사람이 되어 걸어 나갔고, 한 달도 못 산다는 말기의 암환자가 완치되기도 했으며, 그러한 신도들이 신앙촌 가족이 되어 행복하게 살고 있다.

나 자신도 그랬다. 오늘에야 얘기하지만 나는 고아였다. 내가 국민학교 6학년 때 부모가 모두 돌아가셨지. 한 분은 병으로 가시고 한 분은 교통사고로 돌아가시자 고아가 되었지. 거기에다 나는 선천성 심장병까지 앓게 되어 중환자이면서, 거리에서 구두도 닦고 껌도 팔고 신문도 팔았지…. 그러다가 어느 날 기진맥진한 채 거리에 쓰러지고 말았다. 의식을 찾고 보니 고마우신 분들이 나를 간호해주고 있었는데, 대구 전도관이었다. 이 세상에서 이런 곳이 있었던가 싶도록 따뜻한 보살핌을 받다가 어느 정도 회복이 되어 여기 신앙촌으로 오게 되었지. 바로 이 전도관에서 박태선 장로님을 처음 뵙게 되었다.

나는 난생 처음으로 설교라는 것을 듣게 되었는데 설교를 시작하자마자 박장로님의 입에서 불꽃이 뿜어져 나왔고, 그 불꽃은 내 코와 입을 통하여 사정없이 몸 속으로 빨려 들어왔다. 얼마 동안 몸 속 전체가 뜨거워서 죽을 지경이 되었는데, 얼마나 지났을까…. 내 몸은 땀으로 흠뻑 젖었고, 내 몸의 열기가 사라지는가 싶더니 내 몸은 날 것만 같은 개운함과 가벼움을 느꼈다. 일시에 나의 모든 속병은 장로님의 은총으로 씻은 듯이 완쾌되었던 것이다.

그러한 체험을 통하여 선배 신도님들이 얘기했던 장로님의 위대함을 확고히 믿을 수 있었지. 박장로님은 다른 교회의 목사들처럼 말로만 하나님의 말씀을 전하는 게 아니라, 하나님의 전능하심을 몸소 보여주시는 분임을 알 수 있었다. 그 때부터 나는 하나님과 장로님을 위하여 몸과 마음을 바칠 것을 결심하게 되었지. 장로님을 만나기 전에는 모두가 살 수 없다고 했던 내가 장로님의 은총으로 이렇게 건강하게 살고 있다."

영민의 체험담은 진지했다. 평소 헛말을 하지 않는 친구였기에 진지하게 들어주었다. 밖으로 나가 전도관을 한 바퀴 돌았다. 우리가 올라온 반대쪽이 되는 서쪽 능선으로 뱀처럼 날씬하게 굽은 말끔한 도로가 전도관까지 연결되어 있었다.

"저 도로는 우리 장로님의 전용도로이다. 성령으로 우리 백성을 구하려 오신 분이기에 신도들과 같은 길을 사용한다는 것은 예의가 아니기 때문에 따로 길을 낸 거야."
라고 영민이 설명했다.

공산주의의 이론은 평등이다. 그러나 그 사상을 지배하는 이는 평등을 달리한다. 그 사회의 절대자가 되는 것이다. 이 마을도 신앙의 사슬에 매인 대중들이 절대자의 최면에 걸려 순종하고 있는 것이었다.

영민은 우리에게 박장로님을 믿고 따르겠다는 확답을 받고 싶어서였던지 마지막 메시지를 주고 있었다.

"이제 보여줄 곳은 보여주고 다 설명을 했는데, 너희들 아직도 믿음이 가지 않거든 일요일에 이 전도관으로 나와 봐. 얼마나 많은 기적이 일어나고 있는지 확인할 수 있어. 일요일이면 수십, 수백 명의 환자가 몰려온다. 왔던 환자들은 모두가 성령의 은혜를 받아 완치되고 있어…. 어제도 얘기했지만, 믿음을 가지려면 성령을 바로 보여주는 우리 장로님을 믿어야 해. 고통에서 허덕이는 자 고통에서 구해주시고, 사후에는 확실하게 구원받을 수 있다. 사후의 부활에 대해서 아직 의심이 있거든 우리 교우들의 무덤을 파보러 가자."

영민은 너무나 당당했다. 무신론자 영호가 빈정대 듯,

"남의 무덤을 파봐서 뭣하겠노. 허허. 니 말이 옳겠지. 니는 보았으니까…. 너를 믿을게."

하고 농담으로 받아 넘겼다.

그 날은 박태선의 나라 신앙촌을 견학한 것으로 만족해야 했었다. 착각이든 사이비든 영민의 감정도 이해할 것 같았다. 그토록 살기 어려웠던 시절에 고아의 신세로 병고에 시달리다가 신앙촌의 은혜로 고통에서 헤어날 수 있었으며, 생각지도 못했던 대학까지 다닐 수 있게 되었으니, 그들의 은혜를 어찌 잊을 수야 있겠는가.

그러나 아무래도 영민은 잘못된 것 같았다. 돌아오는 길에
"영민이 저 친구 아무래도 사이비 종교의 최면에 걸린 것 같은데."
내가 혼잣말처럼 중얼거렸는데
"야 이 자식아! 니하고 영민이 하고 뭐가 틀리노! 니가 없는 하나님 믿는 거나 영민이가 박태선이 믿는 거나 뭐가 다르노! 이 멍청한 녀석아!"
하고 무신론자 영호가 일갈했다.

나는 할 말이 없었다. 어쩌면 영호의 말이 옳을 수도 있다고 생각했다. 인간은 누구나 자기 인식이라는 잣대를 가지고 판단하며 살아가고 있다. 그래서 불교를 믿는 사람이 있고 유일신을 믿는 사람도 있다.

누구나 자기 인식의 잣대로 이치성을 따지지 않는 성급한 판단과 선택은 잘못임이 분명하다는 생각이 들었다. 나 역시 무조건 하나님을 믿었지 이치성을 따져 보지는 못했던 것이다. 영호의 말대로 영민이의 사상과 나의 사상은 대동소이하다고 생각했다.

'영민의 사상은 잘못되어 있다. 나의 사상은 바른가?'
자신의 사상을 객관적으로 살펴보기 시작했다. 나역시 교회를 다니면서도 '정말로 사후의 세계가 있을까? 천지만물을 하나님이 창조하였는가…? 사후 하나님이 나를 구원할 수 있을까?' 하는 등의 의문은 남아 있었다.

그러나 하나님의 존재를 믿는 것이 좋겠다고 생각하고 막연히 믿어왔

던 것이다. 그러나 오늘 영민의 경우와 영호의 충고를 듣고 보니 이젠 확실히 알아야겠다는 생각이 들었다.

내가 나가는 장로교회 신자들 중에도 영민이와 비슷한 감정에 사로잡힌 신자들의 간증을 들은 바가 있었고, 그러한 체험들은 영민이 병이 완쾌될 때와 비슷한 것이었다.

같은 교를 믿어도 믿음의 강도가 다르고 이해도 다르며 인식의 척도에 따라 체험도 다르다는 것을 알 수 있었다. 이 모든 것의 진실을 알고 싶었다. 그리하여 성경 공부를 확실히 해서 바른 이치를 알아서 믿고 싶었다.

신앙촌 견학이 있은 뒤, 얼마 지나지 않아 신앙촌의 갖가지 비행이 신문에 보도되었고 박태선 장로는 구속되었다. 그리고 박태선의 신자들이 죽으면 신앙촌 간부들은 안수기도를 한답시고, 사자의 가족들을 격리시킨 다음 비밀리에 시체를 방부처리하여 인간박제를 만들고 있다고 했다.

나는 성경공부를 하기 시작했다. 교리가 이치적으로 진실한지 알고 싶었고, 진실한 교의(敎義)를 알아 친구들에게 자신있게 복음을 전하고 싶어서였다.

사교(邪敎)에 빠진 영민을 보고 종교라는 것은 무조건 믿을 게 아니라 이치를 알고 믿어야 한다고 생각했기 때문이었다. 전에는 성경을 읽어도 믿기 위해서 읽었으나, 이제 의심을 갖고 자연과 인생에 대하여 진실한 해답을 구하고자 읽기 시작했다. 그런데 '여호와' 신(하나님)의 뜻에 따라 천지만물이 창조되었다는 구약의 첫 장 창세기부터 믿을 수가 없었다.

기독교는 성경(구약과 신약)을 진리의 말씀으로 삼는다. 여기에 기록된 구약의 창세기론은 기독교의 우주관이 된다. 우주와 인간들을 비롯한 삼라만상(森羅萬象)이 생겨나게 된 경위를 가르치는 대목이기 때문이다.

구약의 창세기 1장 1절부터 2장 4절까지 전반에 기록된 바에 의하면

'여호와' 신은 천지창조 이전부터 존재하였고, 그 신이 6일간에 걸쳐 전체 우주 삼라만상을 창조한 것으로 되어 있다.

'여호와' 신이 수면을 운행하다가 "빛이 있어라." 하여 빛을 창조한 것이 첫날이고, 2일째는 하늘 궁창을 만들었고, 3일째는 나무·채소 등 식물을 만들었고, 4일째는 해와 달과 별들을 만들었으며, 5일째는 물고기와 산짐승들을 만들었고, 6일째는 '여호와' 자신의 모습대로 인간을 창조하였고, 7일째는 휴식을 취했다고 되어 있다.

성경대로라면 '여호와'라는 신의 뜻에 의하여 우주창조라는 시작이 있었고, 신의 심판에 의하여 종말을 맞게 되는 세계의 마지막을 예고하고 있다.

이 내용이 성경의 우주관의 전부이다.

성경의 우주관에 의하면, 시간이나 공간의 개념도 없으며 자연의 개념도 없었다. 오직 신의 뜻에 따라 창조되었다는 것이다.

첫째날 신이 천지창조 이전에 수면을 운행하다가 빛을 창조했다는 것도 이치와는 거리가 멀었고, 둘째날 하늘을 만든 얘기나 셋째날 창조한 나무 과일 채소 등의 식물이 해와 달보다 먼저 만들어졌다는 얘기는 너무나 이치성이 없다.

해가 없고 달이나 별이 없으면, 열기(온도)가 있을 수도 없거니와 해와 달이 없으면 식물이라는 것은 생겨날 수도, 자랄 수도 없기 때문이다. 짐승이나 인간의 창조설도 이치성이 없기는 마찬가지였다.

성경의 천문학적 견해도 그렇다. 지구는 우주의 중심이고 지구를 중심으로 천체(天體)가 돌고 있다는 천동설(天動說)은 이치에 맞지도 않는 논리였다.

200여 년 전 천문학자 '갈릴레이'가 지구가 돈다는 지동설(地動說)을 발표했다가 성경을 모독했다는 이유로 종교재판에 회부되어 화형(火刑)으로 처형되지 않았던가. 근세에 와서 로마 교황청은 '갈릴레이'를 다시 교인으로 복귀시킨다는 성명을 낸 바 있기도 하다. "예수님 당시는 과학문명이 전무(全無)한 시대였으므로 우주관에 있어서 견해가 다를 수도 있었다."는 해명이 덧붙여지기도 했다.

왜 신의 말씀을 변이(變移)해 가면서 신의 전능을 믿어야 하는 것일까?

종교 경전에 있어서 그 종교가 말하는 우주관 내지 창조설은 그 종교의 기본이 되는 가르침이다. 그 종교를 믿고 아니 믿고는 이러한 원인적인 가르침에서 결정되어야 할 것 아닌가. 그리고 성경의 우주관 이외의 가르침들은 그저 신비로운 예수님의 행적이요, 윤리도덕적인 가르침들이다.

참답게 베풀면서 살아야 한다는 사랑의 가르침은 다른 종교 경전에도, 일반 학문에도 얼마든지 있다. 윤리도덕이나 진실한 인간미를 가르치는 것이라면 사서삼경(四書三經)이 더 차원이 높다.

그것이 종교의 핵심이라면 굳이 종교를 믿어야 할 이유가 없어진다.

나의 생각이 여기에까지 미치자 믿을 수가 없다는 생각이 들었다. 그러나 어릴 때부터 갈망하여 왔고 여태껏 믿어왔던 신앙을 정다운 교우들을 생각해서도 어느 날 갑자기 버리기는 아쉬웠다.

그래서 목사님을 찾아갔다. 창세기의 원인과 하나님의 존재에 대하여 목사님께 다른 비밀스런 해석의 방법이 있는지 알아보아 의문을 풀고자 했다.

몸집이 풍부하시고 한쪽 눈이 사팔뜨기셨던 인자하신 목사님이 반가이 맞아주셨다.

"목사님 저는 이제 좀 더 구체적으로 교리를 알아서 믿고 전도도 하고 싶은데 몇 가지 의문이 있어서 이렇게 찾아 왔습니다."

"그래요…? 반갑구먼. 어디 어떤 점이 의문이 풀리지 않던가요?"

"네, 창세기론입니다."

"그래요?"

"네, 창세기론은 세상이 생긴 이치를 밝히는 것인데 그 합당한 이치를 알아야 현대사회의 지성인들에게 보다 많은 전도가 가능하다고 생각됩니다."

"그렇지, 당연하지요."

"그런데 저는 창세기론과 하나님의 존재 여부에 관하여 의문이 풀리지 않습니다. 하나님께서 어떻게 복잡한 자연환경과 인간을 창조하였을까요? 이것이 가장 큰 의문입니다."

"여호와 하나님은 절대자이기 때문입니다. 때문에 하나님의 뜻에 따라 창조한 것이지요."

목사실 창 밖으로 보광동의 자그만 주택들이 즐비하게 들어서 있었다. 목사님은 창 밖을 가리키면서,

"이봐요. 저기 보이는 무수한 집들을 봐요. 저 집들도 만든 주인이 있기에 존재하게 된 것이지요. 학생은 학생의 부모님이 낳으셨고, 부모님은 조부모님이 낳으셨고 조부모님은 증조부께서 낳으셨지요. 그렇게 거슬러 올라가 봅시다. 태초에 인간이 처음 탄생될 때는 어떻게 태어났겠어요? 저절로 생겨났겠어요? 그럴 수는 없지요. 분명히 만든 주인이 있지 않겠어요? 그 주인이 '여호와' 하나님입니다. 물론 하나님은 인간의 눈에 보이지 않으시니 믿지 않는 사람도 있겠지요. 그러나 분명히 계십니다. 우리 인간이 공기를 마시며 살아가면서도 공기가 안 보인다고 없다고 할 수 있겠습니까? 이와 마찬가지로 창조주 하나님은 보이지 않아도 분명히 계시는 것입니다. 창조주는 전능하시기 때문이요, 믿고 따르는 자만이 구원받을 수 있는 것이지요."

"목사님, 현대 자연과학자들은 자연환경에 의하여 자연발생적으로 생명

체가 탄생되었다고 주장하고 있으며, 진화론을 밝히고 있습니다. 저의 생각으로는 태초 탄생의 이치는 자연과학자들의 주장이 옳다고 생각됩니다."

"이것 봐요, 학생! 자연환경이 이 복잡한 구조의 인간을 창출할 수 있겠어요? 우리 인간과 같은 복잡한 구조의 생명체는 신이 아니고는 절대로 창조할 수 없는 겁니다."

"…"

"그래도 믿음이 가지 않습니까?"

"네."

"학생은 오늘부터 믿게 해달라는 기도를 열심히 해보세요. 믿음이란 보통의 영광이 아닙니다. 믿음도 아무나 갖는 게 아닙니다. 선택받은 자만이 믿음을 가질 수 있고 믿고 따르는 자만이 구원받을 수 있는 겁니다."

'선택받은 자만이 믿음을 가질 수 있고 믿는 자만이 구원받을 수 있다'는 목사님의 말씀은 최후의 통첩과도 같은 것이었다.

그날 텅빈 교회에 앉아 두 손을 모으고 목사님 말씀과 같이 '믿게 해달라'는 기도를 드려보았다. 그러나 의문은 더욱 커가고 불신만이 고개를 치켜들고 있었다. 그 후 몇 주일 동안 교회에 가지 않고 심각하게 생각해 봐도 결코 의문은 풀리지 않고 믿음은 오지 않았다. 이미 교회는 멀어져 가고 있었다. 선택! 그 선택은 구원받을 수 있는 영광된 사람들만의 것인지는 몰라도, 결코 나는 선택받은 사람이 되지 못하고 말았다.

그리하여 철저한 현실주의 사상만을 간직하게 되었다.

"신은 없다. 태어남은 인생의 시작이고, 죽음은 끝이다."

한국적 전통 윤리사상 위에 인간답게 사는 것만이 인생의 진리라고.

불교와의 만남

　28세가 되던 겨울, '저 사람이면 한평생 의좋게 살겠구나.' 라고 생각되는 더도 덜도 아닌 한국적인 여인을 만나 결혼을 했다.
　종갓집 맏며느리답게 항상 자기를 낮추고 베푸는 삶을 살 줄 아는 아내였다. 그런데 옥에 티라 할까? 신혼 초부터 시간만 나면 사찰을 찾아 기도하는 것이었다.
　휴일은 물론이거니와 초하루 보름이면 꼭 새벽기도를 가는 것이었다. 그리고 같이 가자고 졸랐다. 항상 같이 가주지는 못했지만 간혹 친구들과 어울려 등산 겸 동행해 주기도 했다.
　기도가 끝난 뒤에는 고향의 맛이 나는 구수한 된장국과 산채밥을 맛있게 먹기도 했고, 그 공양이 빚이 되었던지, 권함에 못 이겨 법당에 들어가 불상(佛像) 앞에서 장난기 섞인 절을 하기도 했다. 간간이 절에 다니지 말라고 수차 타이르기도 하였으나 막무가내였다.
　그러한 세월을 서너 해 보낸 어느 날 새벽 두 쌍의 친구 부부와 범어사 금강암에 갔다. 그날도 다른 때와 같이 길고 긴 새벽 기도에 동참하게 되었다. 억지로 두 손을 모으고 옆사람 눈치 봐가며 절을 하기도 하고 서 있기도 했다. 너무 지루했다. 불상을 향하여 수백 배의 절을 하며 복을 빌고 있는 여인들을 보며 너무나 한심하고 안스러워 쓸쓸한 생각이 들기도 했다.

어머님이 생각났다. 어머니도 저렇게 생긴 불상 앞에서 수없이 많은 절을 하며 명(命) 주고 복 달라고 비셨다. 그러나 불상은 명(命)도 복(福)도 주지 못했고, 어머니는 44세의 나이로 눈을 감지 않았던가. 지금이 어느 시대인데 이렇게 미신스럽게 살까?

돌아오는 길에 나는 아내를 보고 질문했다.

"당신은 왜 불교를 믿는데?"

"우리 가정의 행복을 위해서지요."라고 했다.

"기도한다고 부처님이 당신 소원을 들어줄 수 있을까?"

"지성(至誠)이면 감천(感天)이라 하지 않아요."

"지금은 로케트가 달나라 가는 시대야. 하늘에는 아무도 없어. 인간은 타고난 환경에 노력하는 만큼 얻고 사는 거야. 빈다고 복 줄 부처가 어디 있고 믿고 따른다고 구원해 줄 하나님이 어디 있겠는가? 부처님 믿는 사람도 불행을 당하고 하나님 믿는 사람도 불행을 당하기도 하는 게 현실이야. 그것만 봐도 신이 없음이 증명되지 않나. 모두가 헛수고야. 이젠 절에 그만 다니자."

그러나 타일러도 소용없었다.

그 이후에도 절에 가는 일만큼은 말릴 수가 없었다. 다만 나쁜 짓은 아니기 때문에 묵인하고 지냈다.

첫딸과 두 번째 아들을 얻었을 때는 결혼한 지 5년째가 되는 해였다. 아내는 점점 어머니를 닮아 가고 있었다. 가족의 생일에는 어김없이 큰방 한쪽에 나물·과일·생일밥 등을 올린 상을 차리고 복을 빌었고, 틈만 나면 절을 찾는 것이었다. 옛날 어머님의 신심(信心) 꼭 그대로였다.

어느 날 나는 아내의 그러한 모습을 보고 불교를 알고 싶었다. 알아서 믿고자 했던 것이 아니라 불교가 뭘 가르치는지 그 교의를 알아 아내에게 그 허구성을 일깨워줘서 절에 그만 다니게 하고싶어서였다. 부산 신창동 대각사 옆 불교서점으로 갔다.

"나는 불교를 전혀 모르는 사람입니다. 어떤 책을 읽으면 불교에 대하여 빨리 알 수 있을까요?"

주문을 받은 책방 아저씨는 심각한 얼굴로 층층이 쌓인 책들을 한참 동안 살피더니 책을 한 권 빼서 앞에 놓으며,

"이것을 읽어보세요. 불교가 뭘 가르치는지는 알 수 있을 겁니다."
라고 했다.

이청담 스님의 자서전적 수상록 『마음』이라는 책이었다. 그날 밤 나는 그 책에 완전히 매료되고 말았다. 나의 인식 세계는 대혁명을 맞이하고 있었다.

이청담 스님은 진주에서 부농(富農)의 삼대독자로 태어나, 왜정의 탄압과 차별 속에 청소년기 학창시절을 보내면서 방황하다가 다행하게도 불교의 심오한 철학을 만난다. 그리고 출가하여 우주와 인생의 진리를 터득해 가는 내용이었다.

그 책이 나를 사로잡았던 이유는 불교는 복을 비는 신앙이 아니라 우주와 인생의 진리를 가르치고 생명의 진리까지 깨닫고자 하는 가르침이었기 때문이었다.

여태까지 기복의 신앙(信仰)인 줄 알고 피해만 왔던 불교가 알고 보니 기복종교가 아닌 자기 스스로 자기를 개척해가는 자력신앙(自力信仰)임을 알 수 있었던 것이다.

또한 무조건적 믿음을 전제하는 것이 아니라 진리를 깨달을 때까지 끝까지 의심하여 나아가라는 것이었다. 궁극적인 목적은 깨달음이요, 깨침으로 해서 생사(生死) 문제에서 대자유를 얻고자 하는 데 있었다.

지금까지 내가 알고 있던 미신적인 불교도 아니요, 어머니와 아내가 믿는 그러한 불교도 아니었다. 특히 청담 스님께서 '도선사'의 주지로 취임하여서는 수백 년 묵은 산신각(山神閣)을 헐어버리고, 수천 명의 신도들에게 "이제 복 빌 사람은 이 절에는 오지 말라! 바르게 공부할 사람만 오라!"고 선포하신 것이다.

서른세 살의 비좁은 인식의 항아리를 깨트리는 이 얼마나 위대한 사자후였던가. 이 한 권의 책으로 서른세 살의 관념은 송두리째 깨어지고 말았다. 부자가 되고 인생의 행복을 갈구하는 삶은 진정한 행복도 아니요, 인생의 전부가 아닌 줄을 알 수 있었다. 보이는 것 저 너머에 진정한 행복은 숨이 있는 것이었다.

지금까지 종교(宗敎)의 의미도, 미신(迷信)의 의미도, 진리의 의미도 모른 채 짧은 자신의 잣대로 인생을 재고 진리를 착각하고 살아왔던 것이다.

'우주와 삼라만상은 어떻게 하여 존재하게 되었는가?'

'영혼은 있는가?'

'있다면 어떻게 하여 있고 사후에는 어떻게 되는가?'

'생명, 이것의 진리는 무엇인가?'

이러한 모든 의문이 풀릴 때까지 종교를 공부해야겠다는 각오를 이 한 권의 책으로 발심할 수 있었다.

산사의 첫날밤

『마음』이라는 책으로 나의 의식세계는 새로운 장을 맞이하고 있었다. 우주와 인생에 관하여 그 진리를 알고자 하는 마음으로 발심(發心)할 수 있었던 것이다. 그리하여 여러 권의 불교 서적을 탐독하면서 신심은 자라고 있었다. 이젠 아내가 절에 갈 때면 자진해서 따라 나서기도 했으며 부처님의 상〔佛像〕도 그때부터 존경스러워 보이기 시작했고 산사의 향기가 그리워지기 시작했다.

아내는 여간 기뻐하지 않았다. 절에 가지도 못하게 말리던 남편을 이긴 개선장군처럼 더욱 당당히 기도에 열을 올리고 있었다.

그러나 나와 아내의 종교관은 판이하게 달라 있었다. 나는 불교의 가르침을 통하여 진리를 깨달아야 한다는 자력신앙(自力信仰)이었고, 아내는 부처님으로부터 복을 바라는 기복신앙(祈福信仰)이었다.

1975년 경 가을, 어느 토요일이었다. 아내는 통도사 산내 암자인 자장암에 밤기도를 가자고 했다. 당시 아내는 자장암을 본사로 삼고 기도 다닐 때였는데 내가 불교 공부를 시작하자 절 좋고 스님 좋다고 항상 자랑하면서 같이 가자고 졸라대던 곳이었다. 그렇잖아도 산사(山寺)에서 공부하시는 스님들의 모습도 보고 싶었고 고명하신 스님들의 가르침도 받고 싶었던 터라 같이 가기로 했다.

자장암은 통도사를 창건하기 전 통도사 창건주이신 자장 율사께서 거처하셨던 유서 깊은 암자다. 영축산이 병풍처럼 감싸고 있는 자장암에 도착했을 때는 오후 늦게였다.

숲속에 파묻힌 돌계단을 올라서자 가난한 시골집만한 자장암이 소박하게 반겨주는 것 같았다. 아무 곳에도 인기척은 없었다. 웬지 고향에 온 것 같이 안온했다. 자그만 문을 열고 법당에 들어서자 작은 법당에 어울리도록 작은 부처님 한 분이 유리관 속에 모셔져 있었다. 법당 가운데는 바위가 불쑥 튀어나와 있었고, 그 바위를 비켜 푹신한 다다미 자리가 깔려 있었다. 자장 율사님의 멋스런 성품을 보는 것 같았다.

1300여 년 전 자장 율사께서 이 곳에 거처하실 때에도 저 바위는 이 자리에 있었을 것이다. 그 당시에도 그러한 바위를 떼어 낼 만한 지혜는 충분히 있었다. 그런데도 바위를 그 자리에 그대로 두신 채 법당을 지었던 것이다. 그대로 두신 것은 멋이라고밖에는 다른 의미를 붙일 수가 없었다.

'부처님, 소생도 부처님처럼 깨달을 수 있도록 도와주소서.'
라고 염원하면서 불상 앞에 삼배의 절을 올렸다.

내가 난생 처음으로 불상 앞에 절을 했던 곳은 범어사 산내암자인 금강암이었다. 그 때는 막연히 불교를 미신이라고 인식하고 있을 때였으므로 분위기를 생각해서 친구들과 장난기 섞인 절을 했을 뿐이었다.

이제 나의 마음은 진지하게 변해 있었다. 불교의 궁극적인 목적을 알았고 어렴풋이나마 진리를 가르치신 부처님의 위대하심을 알 수 있었기에 부처님의 상(像)에 대한 존경심이 우리니고 있었다.

법당을 참배하고 난 뒤 아내는 법당 뒤에 금와보살(金蛙菩薩)을 친견하러 가자고 했다. 금와보살이 뭐냐고 물었더니,

"옛날 자장 율사께서는 범상한 개구리를 발견하시고는 금와 보살이라고 이름지으시고 법당 뒤 절벽에 손가락으로 구멍을 뚫어 집을 만들어 주어 그곳에 살게 했다고 하는데 아직도 그 금와 보살이 살고 있다."고 했다.

바위구멍 속을 들여다 봤을 때 금와 보살은 가슴으로 볼록볼록 숨을 쉬면서 밖을 향해 앉아 있었다. 아내가 보이냐고 물었다. 보인다고 했더니 금와 보살님께 삼배를 드리라고 하기에 목례를 드렸다. 내심으로는 불교 공부를 하려면 개구리한테도 절을 해야 하는구나 하는 생각에 싱거운 웃음이 나왔다.

아내는 금와 보살 앞으로 가면서 반배로 삼배의 절을 하더니 보고 난 뒤에도 삼배의 예를 올렸다.

"당신은 정말로 부처님과 인연이 지중한 분이네요. 어떤 사람은 수십 번 와도 못 뵙고 가는데."

라고 했다. 신기하기는 했다. 절벽 가운데 손가락으로 뚫은 것 같은 구멍을 집으로 삼고 그곳에 살고 있다는 사실만으로도 특별한 경우임에는 분명했다.

그 다음으로 간 곳은 법당 좌측에 자리잡은 산신각(山神閣)이었다. 아내는 산신각 안으로 들어가 지폐 두어 장을 놓고 절을 했으나 나는 청담 스님의 말씀이 생각나 참배하기가 싫었으므로 산신각에는 들어가지도 않았다.

이제 주지스님의 방으로 가자고 했다. 주지스님 처소는 법당 좌측에 가난한 시골집의 억지 사랑방 같은 5평 미만의 작은 집이었다. 방문 앞에는 하이얀 스님의 고무신 한 켤레가 정갈하게 놓여 있었다.

"스님 계세요?"

아내가 여쭙자,

"들어오시오."

하고 주지스님의 대답이 새어 나왔다.

아내와 나는 주지스님께 나란히 절을 올렸다. 나는 아직 스님에게는 절을 해 본 적이 없었다. 오늘 난생 처음으로 예를 드리게 된 스님은 태응 스님이셨다. 아내로부터 훌륭하신 스님이라고 예비 교육을 받았던 탓인지 스님의 온화한 모습은 의지하고 싶도록 존경스러웠다.

절을 받으신 스님은,

"부부간에 절에 다니니까 얼마나 좋소."

라고 하시면서 손으로는 차를 준비하셨다.

"요새 젊은 사람들은 불교를 겉으로만 보아 미신이라고 생각하고는 불교가 무엇인지 알아 볼 생각조차 안 하거든. 알고 보면 불교에 비하면 현대 학문은 유치원 공부라, 불교의 가르침은 바로 첨단 과학이고 심리학이거든. 그런데도 요새 사람들은 우리 것은 공부해 보지도 않고 무조건 미신이라고 매도하고 무분별하게 서양 문화만 받아들여서 세상이 온통 타락해 가고 있는 게지.

처사는(나를 보며) 일찍 절간에 발을 들여놓았으니 열심히 공부해 보소. 불교는 원하는 만큼 얻을 수도 있고, 원하는 만큼 깨달을 수 있는 종교이니까."

간단히 일러주시는 스님의 말씀을 소중하게 받아들였다. 원하는 만큼 성취한다는 말씀은 기복적인 말씀인 것 같았으며, 원하는 만큼 깨닫는다 하심은 마음만 먹으면 누구나 깨달을 수 있다는 말씀인 것 같았다.

스님께서 손수 차를 따라주셨다. 고상하고 은은한 향기가 바로 스님의 향기 같았다. 새벽기도하고 내일 집으로 간다는 말씀을 드리고는 밖으로 나왔다. 자장암의 담장 밖에 이웃집같이 자리잡은 요사채로 갔다.

요사채는 기도 오는 신도들이 식사도 하고 잠도 자는 큰방이 하나 있고, 큰방 옆으로 두 평 남짓한 시자스님의 처소가 있었다. 그곳에는 큰법당을 지키면서 자장암의 살림살이를 맡아 살아주시는 노보살 한 분이 계셨는데 그 보살님은 출가하신 스님과 다를 바 없는 사실상 출가하신 유발보살님이셨다. 그 후에 알았지만 그 노보살님은 국제시장에 있는 백성사라는 유명한 세탁소를 경영하셨던 부잣집 마님이셨다. 어떻게 하여 산사에서 여생을 보내게 되었는지는 알 수 없었으나 이젠 산사의 살림살이에 익숙해 있었다.

자장암의 식구는 주지스님과 노보살님 그리고 시자스님과 공양주, 이렇게 네 분이었다. 그날은 기도 오신 중년부인 한 분과 우리 부부가 추가되어 있었다. 구수한 된장과 상추로 저녁공양을 마치고 난 뒤 노보살님은 감홍시 한 쟁반을 가지고 와서는,

"처사님 이것좀 들어보소. 젊은 처사가 일찍 불연(佛緣)이 있으니 참 반

갑네요."
라고 하신다.
"네 감사합니다."
감홍시는 달고 맛이 좋았다. 또 노보살은,
"처사님 몇 살이요?"
"네 서른네 살입니다."
"기도 열심히 해 보소. 반드시 뜻이 이루어질 거요. 요새 젊은 사람들은 할매가 기도하는 얘기하면 비웃기도 한다던데 다아 몰라서 그러는기라. 기도해서 성공한 사람 얘기 하나 해줄까?"
나는 목례를 드렸다.
"내가 하는 얘기는 지어낸 얘기가 아니고 지금 살아 있는 이웃들 얘기니께, 귀담아 들어보소."
"네."
"K여객 신×× 사장 알제?"
"네, 이름은 들어서 알고 있습니다."
"그 신사장네도 젊은 시절 참 살기가 어려웠다. 우리가 부산 좌천동 살 때 우리 집에 단칸 셋방살이를 했는기라. 신사장은 버스사업 한답시고 여기 저기 돈을 빌어서 버스 한 대를 샀댔는데 자꾸 사고가 나는기라. 사고가 나서 망하고 또 망하고를 거듭했제. 그 때는 보험 제도도 없을 때니까. 사고가 나믄 사장이 다 물어줘야 했으니까. 될라카다 망하고 될라카다 망하는기라. 그 때 그 집 살림이 얼마나 어려웠나하믄 신사장 부인이 애기를 낳았는데 산파비용 몇 만원이 없어서 내가 빌려주기도 했으니까. 그래서 하도 보기가 딱해서 하루는 신사장 부인보고, '너그는 위험한 사업을 하니까 큰절에 가서 기도를 붙여야 되겠다. 미루지 말고 빠른 시일 내에

기도 시작하도록 해라.'고 일러주었다. 그래 가지고 이 통도사에 와서 십년 기도를 입재했는기라. 아닌 게 아니라 입재하고 난 뒤부터는 사고도 줄어들고 재산이 불어나기 시작했다. 그리해서 십 년 회향할 때쯤 되어서는 큰 부자가 됐는기라. 그 때 십 년 기도 회향을 할 때는 스님들 가사 장삼이며 내의, 신발 등등 한 트럭 싣고 와서는 성대한 회향기도를 했다. 지금은 신사장은 부산재벌 아이가. 기도라는 것은 정성 드리면 드린 만큼 얻어지는기라."

노보살님은 연신 내 얼굴을 쳐다보면서 얘기를 했는데 이 때 밖에서 주지 태응 스님의 음성이 들려 왔다.

"처사는 내 방에 갑시다. 내하고 같이 잡시다."

라고 하셨다. 그 방에 처사는 나뿐이었다. 스님께서는 여기는 보살들이 잠자는 방인지라 당신 방에서 같이 자는 게 좋겠다고 생각하시고 데리러 오신 것이었다.

그러나 나는 어머님 같은 보살님의 구수하고 진지한 영험담을 들으며 밤을 새고 싶었고 아무래도 고명하신 스님 방에서는 불편할 것 같아 잠시 주저하고 있었다. 노보살님은 나의 의도를 읽으셨던지,

"처사님은 우리하고 여기 잘겁니다. 가서 주무시소."

라고 하셨다. 그리고는 다시 얘기를 계속했다. 이번에는 T산업 모사(毛絲) 부산대리점을 경영하는 대원심 보살님의 얘기였다.

대원심 보살님은 범일동 상가지역 신도들을 인도하여 성지순례도 하고 불우이웃돕기도 하였으며 사찰이나 선방 등에 큰 시주도 하시고 군부대 위문 등 많은 봉사활동도 리드하는 대단한 불자였다. 평소 존경하는 사람의 기도영험담을 하시기에 더욱 관심 있었다.

"대원심 보살은 너거 이웃에 사는 사람이니까 잘 알 것이고, 그 사람도

몇 년 전만 해도 참 어려웠다. 국제시장에서 장사하다 실패하고는 절망하고 있을 때 부산 T산업에서 부산대리점을 모집하고 있었다. 대원심이 그 대리점을 따려고 막연히 서류는 접수했는데 경쟁이 치열했는기라. 돈도 없고 빽도 없는기라. 그래서 부처님께 매달려보는 수뿐이라 생각하고 통도사에 와서 철야기도를 드렸단다. 초저녁부터 시작해서 절을 하기 시작하였는데 수천 배를 하다가 새벽녘이 되어서 절하다가 엎드린 채로 잠시 졸았던 모양인데 그 때 비몽사몽(非夢似夢)간에 어떤 노보살이 회색 보따리를 하나 안고 와서는 하는 말이,

"나는 이제 이것이 필요 없으니 니 가져라."

하고는 던져 주었는데 대원심은 그 보따리를 가슴으로 받았는기라. 그리고는 깨어났는데 그 보살은 온 데 간 데 없고 일어서 보니 무릎에 피가 나서 옷과 살이 피로 말라붙어 있더란다. 얼마나 지극 정성으로 기도하였으면 무릎에 피가 나는 줄도 모르고 절을 했겠노! 그런데 그 다음날 T모사(毛絲) 부산대리점권이 대원심한테 낙찰됐는기라. 그 후 그 집에는 장사가 얼마나 잘됐는지 낮에 들어온 돈을 셀 수가 없어서 큰 자루에 담아 집에 메고 가서는 식구대로 앉아 밤을 새워 헤아려 묶었단다. 그 집은 지금도 사업 잘 하고 있지만 불과 몇 년 만에 벼락부자가 됐는기라."

노보살님은 이러한 기도 영험담을 열심히 일러주시고는,

"처사도 일찍 부처님과 인연되었으니 열심히 해보소. 정성을 드리면 반드시 이루어질 거요."

라고 하셨다. 감사하다는 뜻으로 목례를 했다.

이 때 아내가 노보살님께 질문했다.

"보살님 부적을 써서 지니는 사람이 많던데 그런 거 지녀도 좋은 건가예?"

보살님은 빙그레 웃으시면서,

"부적도 영험 있는 부적이 있다이. 6·25사변 때였재. 우리 남편 친구 한 사람이 스님 이상으로 열심히 기도하는 사람이 있었는데 하루는 그 분이 밀양 어디에서 얻어 왔다고 죽은 여우 한 마리를 우리 집에 가져왔는기라. 뭐할라고 그런 거 집에 가져왔냐고 야단하였더니 아무 소리 말고 제삿상부터 차리라카는기라. 내가 평소 신뢰하는 분이 시키는 일이라 젯상을 차려 주었더니 목욕재계하고는 지성드려 재를 지냈재. 그라고는 다 아 나가라카더니 여우 어딘가 중요한 부분의 털을 뽑아서 붓을 하나 만들었는기라. 그라고 '경명주사'를 갈아서 그 붓으로 부적을 몇 장 쓰고는 세 장을 나를 주면서,

'이 집 아들들도 군에 가야 할꺼 아이가. 하나씩 꿰매서 지니고 다니라 캐라. 총알이 비켜 갈 것인께.' 하는기라.

그 말을 듣고나니 에미 맘 다아 같은기고 효험이 있을 것을 기대하면서 두 아들 군대 보낼 때 한 장씩 주려고 장농 속에 소중히 보관해 두었다.

그런데 며칠 후 우리 남편이 미군 CIA대장하고 미군 저격수라카드나 그런 총 잘 쏘는 미군 세 명을 데리고 우리 집에 왔는기라. 그 당시 미군 CIA 본부가 대청동 우리 이웃에 있었기 땜에 우리 남편하고 그 대장하고 친했거든. 영문을 물어 보니 우리 남편하고 부적 썼던 남편 친구하고 CIA 대장하고 셋이서 점심을 먹으면서 부적 애기가 나왔단다. 그래서 우리 남편은 부적이 효험이 있다 하고 CIA대장은 거짓말이라 하여 서로 자기 주장을 하다가 결국 시험해 보기로 내기를 했다는기라.

그 때 우리 마당이 한 3백평 되어 널찍했는데 마당 끝 나무마다 우리 집에 키우던 셰퍼드 개 세 마리를 꼼짝 못하게 매는기라. 나는 아까운 개 죽인다고 펄쩍 뛰었재. 그래도 남자들 하는 일이라 끝까지 말리지도 못했는데 개들 목마다 여우털 붓으로 썼던 부적을 하나씩 다는기라. 그리고는

CIA대장이 저격수들한테 실탄 다섯 발씩을 줘서 쏴 죽이라카는기라. 나는 개 죽일까 싶어서 안절부절 못했는데 총소리가 따당 따당하는데 나는 눈을 감고 방바닥에 엎드려 버렸다. 조금 있다가 조용해서 나가 보니 개가 말짱해! 물론 CIA대장도 탄복을 했재.

그라고 그 뒤 우리 아들 둘이 군에 입대하게 되었는데 그 부적을 속옷에 꿰매 주었고 한 장은 큰 애 친구를 줬다. 그런데 우리 두 아들과 큰아들 친구 셋이 모두가 무사히 제대했거든. 그 당시 6·25때는 전쟁터라면 총알이 소나기 오듯 했다는데 모두 무사한 걸 보면 과연 그 부적이 효험이 있더라고."

이때 내가 옆에서 얘기를 재미있게 들으면서 약간 웃음 띤 얼굴을 하고 있었는데 노보살은 나를 보고,

"처사는 내 얘기가 거짓말 같재. 못 믿겠거든 부산 가서 D통운 사장한테 물어보라매. 그 사장이 그때 부적 갖고 군에 갔다가 살아온 우리 큰아들 친구 아이가."

우리는 마주보고 웃었다.

부적의 효험이야 어떻든 사실임은 분명했다. 노보살님은 없는 얘기를 지어낼 분이 아니었기에 사실임을 믿을 수 있었다. 그러나 전쟁터에서 살아온 사람이 그들뿐이랴. 부적을 지니지 않고도 살아남은 생존자는 얼마든지 있다. 다만 아는 사람들의 얘기인지라 흥미있게 들을 수 있었고, 그것이 불교가 아닌 줄도 알고 있었다. 노보살님의 얘기를 들으면서도 혹시나 아내 장보살이 유명한 부적집을 찾아다니지나 않을까 하는 염려가 스쳐 가기도 했다. 노보살님의 얘기들이 바로 우리 불교의 현주소라는 생각을 해봤다.

"자, 이제 밤도 깊었으니 잡시다. 새벽기도 시간 맞춰 일어나야재."

하고 노보살님이 먼저 일어섰다. 아내가 이부자리를 펴는 동안 나는 밖으로 나왔다.

종교와 미신(迷信)

　가을의 맑은 달빛 아래 계곡의 물소리와 산새들의 울음소리가 정갈하게 들려오는 산사의 풍경은 혼탁한 마음을 청명하게 씻어주는 것 같았다. 돌계단을 내려 밟히는 낙엽소리를 들으며 계곡 쪽으로 걸었다. 혼자 걷기가 아깝고 서럽도록 환희스러운 감정이 북받쳐 오는 것은 또 무슨 연유였을까. 무상(無常)을 밟고 무상을 이끌고 내가 살던 곳처럼 정겨운 땅에 왔다는 감정으로 걸어가고 있었던 것이다.

　계곡에 이르자 대청마루 같은 바위가 있었고, 그 위에 인기척이 있었다. 저녁공양을 함께 했던 젊은 스님이었다. 달빛에 턱을 고이고 앉으신 스님의 모습은 로댕의 '생각하는 사람' 같기도 했다.

　돌아갈 수도, 인사드릴 수도 없는 민망한 처지에 놓여 있었다. 그냥 피해서 못 본 척 돌아올까 하다가 인사를 건네는 게 더 자연스러울 것 같았다.

　"스님 반갑습니다."

하고 인사를 건넸으나 계곡 물소리 때문에 스님의 대답은 들리지 않았으나 자세를 풀고는 돌아보면서 멋쩍어하는 모습이었다.

　"스님, 제가 방해되지 않았습니까? 조용히 쉬고 계시는데…."

　뭐라고 말씀하시는 것 같았으나 계곡물 소리 때문에 알아 들을 수가 없었다. 처음 만난 연인처럼 서먹했다. 알고싶은 것도 많고 물어볼 말도 많았으나 실례가 되지나 않을까 망설이는 동안 침묵의 시간을 잠시 보내다 용기를 내었다.

　"스님, 실례가 되는 줄 압니다만 몇 가지 여쭤봐도 되겠습니까?"

"그러시지요. 그런데 여기는 물소리 때문에 시끄러우니 내 방으로 갑시다."

반갑게 안내된 스님의 비좁은 방은 크기로 보아 창고 방을 개조한 것 같았다.

"스님, 늦은 밤에 폐를 끼치게 되어 송구스럽습니다."
하고 앉았다.

스님은 주전자를 전기화로에 올리면서,

"괜찮습니다."
라고 했고 그때야 나는 안심이 되었다.

"처사님은 이 절에는 자주 오셨나요?"

"아닙니다. 우리 집 보살은 자주 왔으나 저는 처음입니다."

"네 그렇군요."

금세 주전자는 물 끓는 소리를 내면서 김이 새어나오기 시작했다. 잠시 망설이다가 스님께 불교에 대한 의문점을 몇 가지 문의해 보고자 했다.

"스님, 저는 수개월 전부터 불교 공부를 해보겠다고 마음은 먹었습니다만 무엇부터 어떻게 공부해야 할 것인지도 모릅니다. 스님께서 길을 가르쳐 주신다면 교훈으로 삼겠습니다."

스님의 연령은 나와 비슷하거나 많아도 두세 살 차이일 것 같았으나, 속세를 버린 태산 같은 마음은 스승으로 생각하기에 충분하다고 여겨졌다. 잠시 후 스님은 다정한 어조로 말을 하기 시작했다.

"불교를 공부하려면 먼저 종교(宗敎)라는 단어의 의미부터 바르게 알아야 될 것입니다. 그래야만이 종교의 선택에서부터 앞으로 공부해 나아갈 방향까지도 바른 선택을 할 수 있을 테니까요."

"네."

"종교란 글자 그대로 으뜸 종(宗)자에 가르칠 교(敎)이니까 으뜸가는 가르침이 됩니다. 여기에서의 '으뜸'이란 다른 가르침과 비교하여 가장 뛰어나다거나 수준이 높다는 의미가 아니라 바로 우주와 인생에 관하여 진실 그대로를 밝혀 주는 절대적인 가르침을 의미하는 것입니다. 자연과 인생이라면 우주 생성의 근본적인 이치에서부터 모든 생명체들의 나고(生) 죽음(死)에 대한 진리까지 진실 그대로를 밝혀 주는 가르침이 되겠습니다.

그러므로 물리학, 생물학, 천문학, 심리학 등 모든 분야에 걸쳐 진실 그대로를 밝혀 줄 수 있는 가르침이라야만이 종교라 할 수 있는 것이죠. 그러므로 어떤 종교를 선택할까 하고 망설이는 사람이거나 종교가 무엇인지 알고 싶은 사람도 종교의 의미부터 바르게 알아서 그 종교의 가르침을 관찰해 봐야만이 바른 종교를 선택할 수도 있고 바르게 공부할 수도 있는 것입니다.

이미 종교를 믿고 있는 사람일지라도 자기가 믿는 종교가 자연과 인생에 관하여 바르게 밝히고 있는가를 세심히 살펴봐서 옳다고 판단될 때 믿고 공부해야 올바른 종교생활이 될 수 있는 것이죠.

불교도이거나 기독교인이거나 조건없이 믿기부터 한다면 맹신(盲信)이 되는 것입니다. 맹신자에게는 발전이 있을 수가 없는 것이죠. 불교는 무조건 믿으라고 하지 않습니다. 부처님께서도 이치에 맞는지 따져서 믿으라고 말씀하셨습니다. 부처님 당시 초기에는 인도 전역에 수많은 종파들이 있었고, 종파마다 자기들의 가르침이 으뜸이라고 주장하였답니다. 그때 어떤 사문이 부처님께 물었습니다.

'부처님, 여러 스승들은 모두가 자기의 가르침이 제일이라고 하니 어느 가르침을 믿어야 할 지 모르겠습니다. 어떤 가르침을 믿어야 옳습니까?'

하고 묻자 부처님께서는

"삼증(三證)하는 바의 가르침을 믿어라."
라고 하셨습니다.

물리적으로 증명되고(物證), 이치적으로 증명되고(理證) 현실적으로 증명되는(現證) 가르침을 믿으라고 하셨습니다. 어떤 가르침이 종교인지를 바르게 판단하는 지혜를 일러주신 것입니다. 따질 바에는 확실하게 따질 줄 알아야 합니다. 과학자 뉴턴이 말했듯이 어떤 것에 대한 바른 이치를 알기 위해서는 거짓에 대한 심각한 의심이 우러나야 하고, 확인될 때까지 끝까지 의심하여 나아가야만이 바로 알아진다고 하였습니다. 바른 의심은 곧 초발심(初發心)의 생명입니다."

스님은 다시 식은 차 주전자를 들고 나누어 따르면서 염려스러운 듯이,

"그러나 우리 인간마다 인식 상태가 천태만상이니 천 사람을 교화(敎化)시키려면 천 가지의 방편이 필요하니까요."

찻잔을 비운 스님은 말이 없었다. 그래서 더 물어 보기로 했다. 아니 물어봐야만이 좀 더 구체적인 말씀이 나올 것 같았다.

"스님, 아까 주지스님께서 '불교는 원하는 만큼 얻어지고 원하는 만큼 깨달을 수 있다'고 하셨습니다. 원하는 만큼 깨달을 수 있다는 말씀은 이해하겠으나 원하는 만큼 얻어진다 함은 기복적인 얻어짐을 말씀하신 것 같은데 기복도 합당한 이치가 있는 것인지요?"

스님은 나지막하게 웃으시면서 다시 말씀을 계속했다.

"나도 출가하기 전에는 기복을 비판적으로 보았고, 그 문제에 대하여 많이 생각해 봤습니다. 현실적으로 대부분이 기복적(祈福的)인 신앙(信仰) 생활을 하고 있고 절간마다 기복적인 의식(儀式)이 상식화되어 있습니다. 그러나 그러한 신앙 행위도 없어서는 아니 될 소중한 방편이 되고 있습니

다. 어떤 목적의 기도이든 간에 기도는 자비심을 싹트게 하고 개인의 심성을 아름답고 맑게 가꾸는 의식(儀式)이 되고 있는 것입니다.

아무리 사악한 마음을 가진 사람도 기도드릴 때는 선한 마음을 갖게 되는 것이며, 그 선한 마음은 기도드리는 만큼 생활로 이어지게 되는 것이죠. 기도하는 마음이 생활로 이어진다 함은 미래의 복밭〔福田〕을 가꾸는 일이 됩니다.

나의 선행은 상대적인 감정에 은혜의 씨를 심는 이치가 되고 그 은혜의 씨앗은 자라 미래의 내 생활에 보은으로 돌아오게 되는 법이거든요. 그 반대로 남에게 해를 끼치게 될 때 그 행위는 상대방의 감정을 상하게 할 것이며, 상한 그 심성에는 원한이 자랄 것이고, 그 원한은 자라 미래의 나의 삶에 보복이라는 것으로 돌아오게 되는 것이죠. 그리고 내가 어떤 사람에게 잘못을 저질렀을 경우 진심으로 반성하고 사과할 때 용서받을 수 있듯이 영적인 정신 세계도 이와 같은 이치의 작용이 있다고 합니다. 이 이치를 부처님은 인과응보(因果應報)라고 했습니다.

따라서 지난 생애에서 알게 모르게 지었던 잘못을 조건없이 참회하고 기도하는 마음으로 살게 될 때 지난 날 심어졌던 원한의 감정들은 자비로 돌아오기도 하는 것입니다. 때문에 기복을 무조건 미신이라고 매도할 수는 없는 것이죠. 대부분의 신도들이 기복으로 불교와 인연되었다가 진리를 참구하는 공부와 인연되기도 하는 것입니다.

그러나 이러한 기복신앙은 중생제도를 위한 초보적인 가르침일 뿐이지 불교의 궁극적인 목적과는 거리가 먼 것이죠. 때문에 불교에 바로 입문하고자 하는 사람은 기복에 매달릴 것이 아니라 우주 삼라만상(森羅萬象)이 무상(無常)하고 허망한 것임을 바로보고 참진리를 깨닫고자 하는 마음으로 출발하여야 할 것입니다."

스님은 잠시 말을 멈추고 찻잔으로 입을 적시고 있었다.

나는 다른 종교에서 불교를 비판하는데 최대의 무기로 사용하고 있는 우상숭배에 대하여 바른 이해를 얻고자 했다.

"스님 흔히들 다른 교도들은 불교를 우상숭배(偶像崇拜)나 하는 미신이라고 합니다. 저 자신도 불교에 입문하기 전에는 그렇게 보아 왔거든요. 스님께서는 어떻게 생각하시는지요?"

"네… 불교를 우상숭배하는 미신이라고 보는 것은 기독교인뿐만 아니라 무종교인 모두가 그렇게 인식하게 되어 있습니다.

'불교' 하면 옛부터 어머니, 할머니들이 불상(佛像) 앞에서 절을 하며 복을 바라는 종교라고 대부분이 그렇게 인식하고 있습니다. 불상 앞에서 절하며 복을 빈다는 의식 그 자체는 우상숭배라 해도 모순이 없겠지요. 불상을 어떤 신격(神格)으로 생각하고 복을 바란다면 분명히 우상숭배가 됩니다.

그러나 불교의 근본 가르침은 기복이 아니거든요. 우주와 인생에 관하여 그 참 이치를 가르치고 생명의 진리까지 깨닫고자 하는데 그 목적이 있는 것입니다. 따라서 불교의 근본 가르침과 목적을 바로 알 때 부처님께 예배드리는 마음가짐도 다르게 되는 것이죠. 부처님 전에 참배할 때마다 깨달음의 길을 일러주신 큰 스승에 대한 감사의 예배가 될 것이요, 꼭 깨닫고자 하는 서원을 발원하게 될 것입니다.

미신(迷信)이란 모르고 믿는 것이 미신이며, 종교(宗教)와 상반(相反)되는 의미를 담고 있는 것이죠. 대상이 무엇이든 어떤 추상적인 신(神)을 믿고 숭배하며 기원한다면 동등의 미신이 되겠지요. 불교신도라 할지라도 불상 앞에 명복이나 빈다면 이것 또한 미신일 수밖에 없습니다.

그리고 종교가 무엇을 가르치는지 그 교의(教義)를 알아볼 생각도 내지 못하고 종교를 무조건 불신(不信)하는 것은 미신 중에서도 가장 큰 미신입니다. 왜냐하면 아만에 찬 자기의 무지(無知)를 무지인지도 모른 채 그 무지를 믿고 있기 때문입니다.

그런데 불행하게도 현대 사회는 종교와 신앙과 미신을 구분하지 못하고 통틀어 종교라고 하고 있습니다. 대부분의 우리말은 뜻글자인 한자에서 기인하였고 단어마다 분명한 뜻이 있습니다. 그런데도 현대 사회는 통념상 그 모두를 종교라고 하고 있는 것입니다.

국어사전에도 종교의 뜻은 '숭배하고 신앙하며 행복을 얻고자 하는 것, 불교, 기독교 등'이라고 되어 있으니까요. 물론 종교를 믿지 않는 사람들의 눈에는 그렇게 보이도록 되어 있기도 합니다.

불교를 믿는 사람은 불상 앞에서, 기독교인은 십자가에 못 박혀 사형당한 예수상 앞에서, 천주교인은 마리아상 앞에서, 산신(山神)이나 용왕신 믿는 사람 등은 그 신(神)을 향하여 기원하고 믿고 바라는 모습으로 비치고 있으니까 그 모두가 미신스럽게 보였을 것이고 동등하게 보이기도 했을 것입니다. 어느 교는 종교라 하고, 어느 교는 미신이라고 하는 기준이 또한 참으로 우스꽝스럽기도 한 것입니다.

현대 사회는 상식(常識)이라는 판단 기준을 내세워 상식에 미달된다고 생각되면 미신이라 하고 사이비 종교라고 하기도 합니다. 상식이 어디에서 나왔겠습니까? 상식이란 사회 문명을 주도하는 다수의 판단 기준이 될 것입니다. 이것이 문제예요. 진실을 모르는 상식, 비뚤어진 상식이 현실 사회의 인식의 기준이 되어 있는 것입니다.

이는 성직자·정치인·교육자 할 것 없이 이 시대를 사는 우리 모두에게 책임이 있습니다. 종교와 미신이 구분되지 못하는 상식, 이러한 상식이 사회 제도화되어 있는 것입니다.

국어사전을 만드는 국어학자를 비롯한 이 시대의 지성인 모두가 대부분

종교에 대한 바른 견해를 갖지 못한 까닭에 혼돈된 사고방식은 점점 벌어져 혼돈이 상식화되어 있는 것입니다. 관공서나 학교·직장 등에 비치되어 있는 환경 기록카드에도 종교와 미신은 구분되지 못하고 있거든요."

진리란 무엇인가

　진리(眞理)의 참뜻은 글자 그대로 참다운 이치를 의미합니다. 돌 한 개가 만들어진 이치를 진실 그대로 밝힌다면 그것에 대한 참 이치가 될 것이며, 우주 형성에 대해서나 생명체 탄생의 이치 등등, 이 모든 사물에 대하여 진실을 밝힌다면 그것에 대한 참 이치의 가르침이 될 것입니다. 생명의 진리, 즉 정신 세계의 실상을 진실 그대로 밝힌다면 그것은 생명의 진리를 밝히는 진리의 말씀이 되는 것입니다. 어느 날 갑자기 신의 뜻에 따라 우주와 인생을 창조하였다는 논리가 참 이치가 될 수 있겠습니까? 자연의 섭리가 부정된 논리이자 이치성이 결여된 가르침을 진리라고 할 수는 없는 것입니다.

　불교는 창시자 부처님의 우주관이자 인생관이며 기독교는 창시자 예수님의 우주관이요, 인생관입니다. 어떠한 연유에 의해서 교(敎)를 창시하였건 관계없이 창시자의 우주관과 인생관에 따라 구원의 목적과 방향이 설정되고 그 목적을 성취시키고자 하는 가르침이 있습니다. 때문에 경전(經典)이 있는 교(敎)들은 창시자가 내세운 바 대책을 설정하여 따르도록 하고 있습니다.

　어떤 교(敎)든 그 교를 믿는 사람은 창시자의 우주관과 인생관을 최고의 진리로 삼고, 우주와 인간은 이렇게 생긴 것이니 이러한 신앙생활을 해야만이 살았을 땐 행복을, 사후에는 영혼의 구원 또는 극락 왕생할 수 있는 것이라고 가르치고 있는 것입니다.

'탄생의 원인' - '그 원인에 따른 대책'. 이것이 그 교가 말하는 주(主)된 가르침이 되고 있습니다. 바로 이 주된 가르침에서 그 교가 진리를 가르치는 교인지 아닌지를 판단할 수 있는 것입니다. 그리고 어느 교가 종교인지를 알 수 있는 것입니다. 원인을 바로 알지 못하면 결과는 절대로 바로 알 수 없습니다.

따라서 자연과 인생의 원인적인 참 이치를 바로 알지 못하면 구원의 방법도 바른 방법이 나올 수가 없는 것입니다.

의사가 환자의 병을 치료하고자 할 때도 발병의 원인과 병명을 바르게 알아야만 바른 치료 방법이 나올 수 있고, 어떤 사건을 해결하고자 할 때도 원인을 정확하게 알아야만이 바른 해결의 방법이 나올 수 있는 것입니다. 더군다나 자연과 인생에 대하여 진실을 밝히고 사후의 문제까지 해결하고자 할진대 원인을 바르게 안다는 것은 해결의 생명이 되는 것입니다. 다행하게도 고도로 발달된 현대 자연과학 문명은 어느 교(敎)가 진실의 가르침인가를 밝혀 주고 있으니 알고자 하는 사람은 쉽게 판단할 수 있는 것입니다.

고대 문맹사회에서는 사고력만으로 종교를 선택하고 믿음도 가졌겠으나 현대인은 자연과학적 학문에만 의지해도 바른 판단이 가능하기 때문입니다. 다만 알려고 하지 않는 사람만이 모를 뿐입니다. 현대 학문보다도 뒤떨어진 가르침을 어떻게 종교라고 할 수 있겠습니까?

흔히 '진리는 하나다, 모든 종교는 같다'고 주장하는 사람들은 선행(善行)을 진리로 아는 단견(短見)에서 하는 말들입니다. 모든 교들이 하나같이 선행을 강조하고 있기 때문에 베풀면서 사는 선행을 진리라고 인식하는 경우가 많습니다. 물론 윤리도덕을 비롯한 베푸는 삶, 즉 자비와 사랑은 생활철학이요, 인간된 삶의 진리라고 표현할 수 있습니다.

그러나 이것은 인간으로서의 윤리도덕이지 진리는 아닙니다. 왜냐하면 인간은 가지가지 생명 있는 동물들을 먹이로 삼고 살면서 인간만을 사랑하며 서로 베풀라는 것은 인간들끼리의 이기적 사고방식이지 모든 생명에 해당되는 삶의 진리는 될 수 없는 것이지요.

불교가 말하는 진리란 사랑이나 자비가 아닙니다. 생명의 근원에 대한 참다운 이치인 그 진리를 의미하는 것입니다. 불교의 자비심(慈悲心), 자비행(慈悲行)은 깨달음의 공부에 진입하기 위한 공부인의 심성을 가꾸는 데 목적을 두고 있는 것입니다.

기복의 신앙에는 진리라는 단어를 붙일 자리가 없습니다. 유일신(唯一神)이 있다는 말이 진리이겠습니까? 믿음과 바람이 진리이겠습니까? 인간이라는 집단만이 이성으로 주장하는 보살피고 베푸는 삶이 진리이겠습니까?

불교에서 '진리는 하나다' 라고 하는 말은 생명의 근원을 밝힐 때만 사용하는 법어(法語)입니다. 우리 중생은 항상 자기 몸을 자기라고 생각하고 자기 육신을 기준으로 삼고 주위 환경과 인연에 집착하므로 그 인식에 매달린 사고방식을 갖고 생활하게 됩니다. 그리고 모든 생명체마다 개별적인 생명을 갖고 있다고 인식하게 됩니다.

그러나 깨달은 분들의 체험에 의하면 네 생명, 내 생명이 따로 있는 것이 아니라 생명의 근원, 그 진리는 본래도 현재도 진공(眞空)하여 모든 생명이 하나로 두루 통하여 있다는 것입니다. 다만 우리 중생이 자기 몸을 자기라고 인식하고 그 인식의 포로가 된 사고방식에서 헤어나지 못하므로 너와 내가 따로 있다고 보게 된 것입니다.

우리 중생이 느껴 알기로는 분명히 네 생명, 내 생명이 따로 있지요. 따로 있기에 사는 사람이 있고 죽는 사람이 있으며 개별적인 생명이 따로 있다고 인식하고 있지요.

그래서 자기 육신을 이 세상에서 가장 존귀한 것으로 인식하고 좋은 옷 입히고 싶고, 좋은 소리를 듣고 싶고, 좋은 음식 먹이고 싶고, 좋은 집에 호화스럽게 살고 싶기도 하지요.

육신과 마음의 이별을 죽음이라 합니다. 육신을 운전하는 것은 의식입니다. 가자고 마음 내면 가고, 먹자고 마음 내면 먹고, 기분 좋은 일 당할 때 웃음이 나오고, 슬픈 일 당할 때 눈물이 나고, 기분 나쁜 마음 내면 화가 나기도 합니다. 그러므로 마음은 나의 주체요, 생명의 주체가 됩니다.

부처님께서 생명의 근원인 마음자리, 그 진리를 체험으로 깨닫고 보니 네 생명, 내 생명이 따로 있는 것이 아니라 모든 생명의 본 바탕이 본래도 지금도 순수히 진공(眞空)하여 하나로 통하여 있음을 깨달으시고 모든 생명은 하나요, 한마음이라고 하신 것입니다.

'진리는 하나다' 라는 법어는 생명의 진리에 대한 깨달음의 궁극적인 목표를 암시해 주는 교훈인 동시에 체험하신 바의 진리 그대로를 밝히는 가르침인 것입니다.

진리라는 의미를 바로 알지 못할 때 종교 선택도 바를 수가 없습니다. 부모님이나 가족이 믿는다고 따라 믿는 순진한 사람도 있고, 친척이나 이웃의 권유에 못 이겨 선택하는 마음 약한 사람도 있고, 유명 지식인이라는 사람이 믿으니까 우수한 종교인 줄 알고 믿는 경우도 있고, 생활환경상·일신상의 이익을 위하여 선택하는 경우도 있습니다.

그리고 또 어떤 이는 모든 종교는 같은 것이라는 넓은 아량으로 종교는 갖고 싶은데 어느 교를 선택할까 망설이다가 그 교의 의식(儀式)이 신사스럽다거나 미신스럽다는 견해만으로 겉만 보고 자기 취향에 맞는 교를 선택하는 사람도 있는 것 같아요.

귀하고 귀하게도 사람으로 태어난 이상 바로 알고 가야 함은 이성을 가진 인간된 가치입니다.

이 공부의 첫째 조건은 의심이요, 두 번째는 바로 알겠다는 고집입니다. 의심을 멈추지 않는 고집은 바른 종교와의 만남과 아울러 깨달음에 이르는 큰 힘이 될 것으로 믿습니다. 그렇겠지, 그렇겠구나 하는 등 짐작하는 정도의 어정쩡한 앎은 자기 진보의 걸림돌이 될 뿐입니다.

1898년 경 미국의 라이프지가 현대 자연과학계의 각 분야별 전문학자들의 연구 결과를 시리즈로 장기간 연재한 바 있습니다. 여기에 연재되었던 논문들을 문집으로 발간하여 세계 여러 나라의 교재(敎材)가 되게 하였는데 우리 나라에도 한국일보사가 전 30권으로 출간하여 시판한 바가 있습니다.

여기에 캘리포니아 주립대학의 물리학 교수가 발표한 '물질의 구성'에 대한 논문이 소개되어 있는데, 그 논제(論題)가 팔정도(八正道)라고 되어 있었습니다. 팔정도는 불교공부의 중요한 지침서(指針書)입니다.

이 물리학자는 우주 삼라만상으로 현상(現象)하고 있는 물질의 기본 원소들은 어떻게 하여 물체로 화합(化合)하여 구성이 됐고 끝없이 변화하는가에 대하여 그 이치를 규명하고자 연구하던 중, 현대학문으로는 그 이치 규명에 어려움을 느끼고 세계의 여러 종교경전들을 연구하게 되었는데, 그 결과 가장 확실한 우주관(宇宙觀)과 물리관(物理觀)을 밝히고 있는 종교는 불교밖에 없다는 것을 확인하게 된 것입니다.

물질의 근본 소재가 되는 원소들이 우주 전체적 자연환경이 총동원된 그 환경에 의하여 화합(化合)하여 물체로 현상하고 환경에 의하여 끝없이 화(化)하여 돌아가는 이치와 생명체 탄생의 원리와 진화(進化)의 이치 등 그 이치가 더없이 완벽함에 감탄하고 '물질구성'에 대한 논문의 논제를

'팔정도'라 제명하여 발표하게 되었던 것입니다.

이 과학자의 종교 관찰의 안목(眼目)은 현대 자연과학적 안목인 것이며 확실하게 따져서 불교를 확신하게 된 것입니다. 그 후, 캘리포니아 주립대학에는 불교학을 정규학과로 채택하였고, 불교학을 이수하지 못하면 졸업이 안 된다고 합니다. 이러한 교수들은 현대 문명사회적 안목(眼目)으로 불교를 관찰하였던 것이며 불교의 근본 교의가 되는 우주자연의 이치와 생명의 진리에 대하여 확신할 수 있었기 때문에 불교에 귀의(歸依)하게 되었던 것입니다.

그리고 불교가 무엇인지를 배우는 길이 우주적 참 진리를 아는 길이 되고 나아가서는 인류의 정신 문화와 환경 공해 문제를 해결하는 데 있어서도 바른 해결책을 얻을 수 있는 유일한 가르침이 될 수 있다는 것을 알았기 때문에 불교를 학과로 채택하여 모든 학생이 불교를 배울 수 있게 하였던 것입니다. 바로 현대인의 종교선택은 캘리포니아 주립대학의 교수들처럼 현대 학문적 견해로써 따지고 확인한 다음 믿어야만이 현명한 선택이 될 것입니다.

이제 21세기가 되면 대부분이 인류는 현대 학문적 사고력을 고루 갖추게 되는 인격 시대가 됩니다. 인격시대에는 고전적 방편은 통할 수가 없는 것입니다. 그땐 종교에 관심 있는 사람들은 모두가 바르고, 깊이 있는 안목으로 종교의 의미를 관찰하고 선택할 것입니다. 그때는 진짜 종교만이 종교라고 이름할 때가 올 것입니다. 그러한 인격시대가 되면 허황된 신을 믿는 사람은 자연히 줄어들게 될 것이니까요.

불교에서 말하는 자비(慈悲)와 기독교에서 말하는 사랑의 의미는 대동소이하다 할 수 있겠으나 부여하는 의미의 폭은 다릅니다. 선행(善行) 또는 베푸는 행(行)을 불교는 자비라 하고, 기독교는 사랑이라 하지요. 그러나 자비의 사상은 천지만물이 동체(同體)라는 사상에서 나온 것이기에 천지만물에 대한 사랑을 의미하고 있습니다.

그리고 기독교에서 말하는 사랑의 사상은 인간에게만 국한된 사랑이라 할 수 있는 것이며 집단 이기적 사랑이었음을 알 수 있습니다. 왜냐하면 역사적으로 볼 때 다분히 집단 이기적 사랑이었기 때문입니다. 그들은 하늘 신을 믿지 않는 사람을 사탄으로 보았으며 십자군 전쟁 등에서는 많은 이교도들을 학살하기도 하였던 것이죠.

기독교의 사랑은 하나님 말씀 그 사상의 실천이며, 하나님의 말씀을 믿고 사랑의 사상을 실천하므로 '여호와' 하나님으로부터 구원받는다는 구원의 도구로 사용되고 있으며, 불교의 자비 사상은 불교의 궁극적인 목적이 되고 있는 깨달음에 이르고자 하는 필수조건으로 요구되는 기본의 행(行)이 되고 있습니다.

자비 사상의 실천, 즉 보살행을 실천하는 정신을 갖지 않고서는 절대로 깨달을 수 없기 때문에 깨달음을 공부하는 자가 기본적으로 갖춰야 할 정신이 되는 것이죠. 그래야만이 잘못된 고정 관념에서 헤어날 수 있고 나아가서는 번뇌 망상을 이길 수 있는 힘이 생기기 때문입니다.

나와 상대를 차별 없이 보고 모든 생명을 내 생명같이 여기는 보살행의 실천에서만이 물질과 인연의 집착에서 벗어날 수 있고, 그래야만이 비로소 생명의 근원에 대한 간절한 의심이 일어날 수 있는 것이니까요.

자비심의 실천 없이는 불교를 선택하였다 해도 기복의 신앙들에서 벗어날 수도 없으며, 가는 곳마다 상(相)만 내고 궁극적인 공부에는 진입할 수도 없는 것입니다. 그리고 깨달음에 이를 수도 없습니다.

어떤 신(神)을 믿고 행복과 사후의 구원을 바란다는 것은 인간의 가치를 포기하는 결과가 될 것입니다. 이성(理性)의 포기요, 수십만 배의 전자

현미경으로 살펴 밝히고 있는 현대 학문까지도 부정하는 결과가 되는 것이죠.

이제 문명이 발달한 나라일수록 교회와 성당은 신도가 없어서 문을 닫고 있다고 합니다. 파리의 유명한 신학대학도 지원하는 학생이 없어서 문을 닫았다는 기사가 보도된 바가 있습니다. 파리의 유명한 성당은 신부님이 성당 앞에서 타이어 수리점을 해서 성당의 관리비를 충당하고 있다 합니다. 선진 국민들이 타락해서 교회나 성당을 떠난 것은 아닙니다. 신(神)이 우주를 창조했다는 설과 구원(救援)의 논리가 허망한 이치임을 알았기 때문입니다.

영국에는 '에드먼드버크'라는 유명한 철학자가 있었습니다. 영국의 대주교와 대학 동기로서 아주 가깝게 지내는 친구 사이였습니다. 대주교가 설교하는 자리에는 그 설교를 들으려는 신자들이 구름처럼 몰려 들었답니다. 그런데 대주교와 가장 가까운 친구인 '에드먼드버크'는 하나님이라는 유일신을 믿지도 않았으며, 한 번의 설법도 들으러 오지 않는 것입니다.

대주교는 생각하기를 이번에는 특별한 설교를 준비하여 '에드먼드버크'에게 꼭 들려주어 여호와 하나님을 믿도록 해야겠다는 생각을 하고는 특별설교를 준비하고 '에드먼드버크'에게 다음과 같이 편지를 썼습니다.

'이번에는 내가 특별설교를 할 것이니 친구가 와서 꼭 들어주시고 평가하여 주시게.'

설교날 대주교는 단상에 올라가서 맨 앞좌석에 앉아 있는 '에드먼드버크'를 확인하고 설교를 시작했습니다. 대주교는 정열과 지혜를 다하여 설교를 하였으며 신자들의 감격하는 모습들을 확인할 수 있었습니다. 그러나 '에드먼드버크'는 아무 반응도 없이 싱겁다는 듯 묵묵히 앉아있는 것입니다. 대주교는 더욱 열을 올리고 믿음과 구원을 강조하였으나 친구의 반응은 더욱 묵묵하다 못해 멸시하는 듯한 표정으로 보이기만 했던 것입니다. 설교를 마치고 대주교는 '에드먼드버크'에게 물었습니다.

"친구, 오늘 내 설교가 어떠했는지 평가를 부탁하네."

'에드먼드버크'는 대답대신 쓸쓸히 웃는 것입니다.

"내가 했던 설교가 잘못되었거나 이치에 벗어 났다면 솔직히 평가해 주게."

하고 약간의 언성을 높이면서 대주교가 다시 물었습니다.

'에드먼드버크'가 천천히 입을 열었습니다.

"한 마디로 자네의 설교는 너무나 유치했네. 왜 하나님을 꼭 믿어야 구원되는가? 여호와 하나님을 믿지 않고도 선(善)한 사람은 어떻게 되는가?" 하고 반문 했습니다. 대주교는 말문이 막혀 버렸습니다. 한참 후 주교는 입을 열었습니다.

"나는 거기까지 아직 생각해 본 바가 없네. 다음 주에 한 번만 더 나와 주게. 그때는 내가 다시 알아듣도록 설명해 주겠네."

대주교는 일주일 내내 성경을 연구하며 친구 '에드먼드버크'에게 답변해 줄 근거를 찾고자 하였으나, 대안이 나오질 않았습니다. 일요일 새벽 생각다 못한 대주교는 여호와 하나님께 해답을 구해야겠다고 생각하고 아무도 없는 성당에서 열심히 기도했습니다.

그러나 아무런 대답도 듣지 못한 채 잠이 들고 말았습니다. 잠을 깨어 보니 벌써 많은 신도들이 성당을 메우고 앉아 있었으며 맨 앞좌석엔 '에드먼드버크'도 앉아 있었습니다.

대주교는 친구를 향하여 설법을 하기 시작했습니다.

"나는 하나님을 믿지 않는 선(善)한 사람들은 사후에 어떻게 되는가에 대해서는 답변을 드릴 수가 없습니다. 다만 선한 사람들이 모여사는 곳이

천국이요, 악한 사람들이 모여 사는 곳이 지옥이라고밖에는 답변을 드릴 수가 없습니다."
하고 설교를 마쳤답니다.

이와 같이 성경의 말씀들은 하나님이 있다고 무조건 믿는 것이며, 사랑을 실천하고자 하는 윤리적인 말씀들이지 시종(始終)의 이치는 없습니다. 성경의 말씀을 믿고 따르면 구원된다는 것뿐입니다.

순진하게도 종교를 선택부터 하고 조건 없이 믿기부터 먼저 하는 사람도 있겠으나 현대의 유명지식인들이 불교를 선택했던 경우들을 살펴보면 모두가 불교가 무엇을 가르치는 종교인지 바른 종교가 무엇인지 알고자 의심을 갖고 탐구했을 때 불교를 선택하게 되었던 것입니다.

물질 구성에 대한 논문의 논제를 '팔정도'라 제명한 교수의 경우도 그렇거니와 쇼펜하우어, 니체, 괴테, 플라톤, 휘트먼, 에디슨, 아인슈타인, 부르노, 피타고라스 등 유명 지식인들의 경우가 그러했던 것입니다.

쇼펜하우어는 '기독교가 불교와 진리논쟁을 한다는 것은 계란으로 바위를 치는 것과 같다'고 하였으며, 물리학자 아인슈타인은 불교에 귀의하고 죽음에 직면하여서는 '내생에는 꼭 스님이 되겠다'는 유언을 남겼다고 합니다.

물리학자 아인슈타인이 불교를 믿고 신봉(信奉)하게 된 경우를 잠시 소개드릴까요? 일본의 탕천(湯川)이라는 과학자가 노벨 물리학상을 수상하였는데 아인슈타인은 그를 미국으로 초청하여 공로를 치하하였습니다. 그 때 탕천 박사는 아인슈타인과 여러 날을 같이 보내면서 하루는 이렇게 말했습니다.

"박사께서는 상대성(相對性)이론을 밝힘으로 해서 그 이론이 바탕이 되어 과학이 급속도로 발전하고 있습니다. 그런데 그 상대성이론은 우리 동양에는 약 2,500년 전부터 전해져 오고 있습니다."
　이때 아인슈타인은 깜짝 놀라며
　"그게 어떤 학문이냐?"
하고 반문하였답니다.
　탕천은 불교의 상대성이론을 구체적으로 설명했습니다.
　"불교의 초기 가르침에는 연기론(緣起論)이 있는데 이 연기론이 박사님께서 밝힌 상대성이론과 꼭 같습니다. 즉, 우주의 모든 존재는 우주 총체적 상대성 원리에 의하여 이것에 의하여 저것이 있게 되고, 저것에 의하여 이것이 있게 되며 상대가 멸하면 그 상대도 멸한다는 논리가 연기법으로 밝혀져 있으며, 이 원리는 박사께서 밝힌 상대성 이론과 꼭 같은 것입니다."
　박사는 너무나 놀라서 탕천 박사에게 귀국하여 관계자료를 꼭 보내 달라고 당부하였고, 그 뒤 탕천은 불교의 주요 경전들을 영역(英譯)하여 보냈답니다. 그 자료들을 읽은 아인슈타인은 부처님의 가르침(經典)을 극구 찬양하고 불교에 귀의하였습니다. 탕천이 선물로 준 염주를 호신불처럼 평생 갖고 다녔으며 주위사람들에게,
　"나더러 학계에서 과학의 아버지라 하지만 과학의 진짜 아버지는 석가모니 부처님일세."
라는 말을 자주 하였으며 불경탐구에 몰두하였고,
　"나는 동양인이다."
라는 말을 자주 하였답니다.
　세계적인 종교학자이자 기독교 목사인 서양의 원로 한 분은 그의 저서 『20세기의 종교』에서 '21세기에 이르면 신(神)을 믿는 종교는 자연히 도태될 것'이라고 예언하고 있습니다.

고대사회에서 신(神)만이 가능하리라 믿었던 일들을 자연과학의 발전으로 인간의 마음이 밝혀 내고 있으니 추상적 신을 믿는 교는 자연히 없어진다는 것이지요.

니체는 '신은 죽었다'는 유명한 말을 남겼으며 뉴욕주립대학의 월타이즈 박사는 '신은 죽었다'는 논제의 논문으로 박사학위를 받았습니다. '신은 죽었다' 함은 전지전능(全知全能)한 유일신은 있을 수 없다는 이치를 현대의 지성으로 밝히는 논리이며, 신을 믿고 구원을 바라는 논리는 유아적 방편임을 입증하는 논지인 것입니다.

불교의 깨달음이라는 말과 기독교의 구원(救援)이라는 말은 각기 자기 종교의 목적어입니다. 깨달음은 자력(自力)에 의하여 성립될 수 있는 자기 구원을 의미하는 것이며 기독교가 말하는 구원은 신을 믿음으로써 그 신(神)에 의해서 구원을 받는다는 타력의 의미가 되지요.

바른 공식으로 바른 답을 구할 수 있듯이 세상이 생긴 이치를 바르게 밝히는 종교만이 내세의 바른 길을 제시할 수 있는 것입니다. 원인을 잘못 알면 바른 공식은 나올 수가 없는 것이죠.

부처님시대 초기에도 많은 신앙적 교들이 있었답니다. 옛날이나 지금이나 믿으면 복 주고 명 주고 구원하여 준다는 간편한 논리의 신앙을 믿는 사람이 많았답니다.

그때 부처님의 제자들이 부처님께 간청하였답니다. 부처님께서도 '믿기만 하면 천상에 태어난다는 방편의 가르침을 하셔서라도 많은 사람들이 불교를 믿고 공부하도록 하여 주십사'라고. 그 때 부처님께서는 500제자를 큰 연못으로 인도하셨답니다. 모두 돌을 하나씩 들게 한 다음 연못 속에 던지게 하였습니다. 그리고는 '돌아 떠올라라' 하고 기도하도록 했답니다. 몇 시간을 기원해도 물 속에 가라앉은 돌은 떠오르지 않았습니다.

의식이 눈뜰 때 59

인과(因果)의 법칙을 보여주신 것이죠.

이 때 큰방의 문 열리는 소리가 나더니 발자국 소리와 함께 아내의 음성이 들려왔다.
"처사님, 시간이 늦었는데 와서 주무세요. 새벽에 일어나야 하는데…."
아내는 절에서만은 나를 처사님이라 불렀다. 이때 스님도 시계를 보고는,
"벌써 시간이 이렇게 됐나…. 잠 적게 잔다고 손해볼 거야 없지요."
라고 했다. 나는 일어나면서,
"스님, 감사합니다. 오늘 말씀들은 잊지 못할 교훈이 될 것 같습니다.
이때 아내 장보살도,
"스님, 우리 처사님은 아직 절에 대한 예절을 잘 몰라서 스님을 주무시지도 못하게 했네요. 죄송합니다. 안녕히 주무세요."
하고 인사를 했다.
달은 기울고 이름 모를 산새는 아직도 가을 하늘에 울고 있었다.

인생을 위하여

아내의 안내로 불 꺼진 요사채 큰방에 들어갔을 때 보살님들은 깊은 잠에 빠져 있었다. 벽쪽에 깔린 이부자리에 조용히 몸을 눕혔다. 시간이 지나도 잠은 오지 않았다. 다만 조금 전 열변으로 들려주신 젊은 스님의 종교관만이 가지가지의 상념이 되어 밀려오고 있었다.

얼마나 지났을까. 비몽사몽(非夢似夢)간에 목탁소리가 들려 왔다. 청아한 목탁소리에 섞여 나지막한 염불소리도 들려 왔다. 그 염불소리가 무엇을 말하는가를 들으려고 귀를 기울이고 있었다.

나중에 알았지만 사찰마다 도량(道場)석 소임을 맡은 스님이 있고, 그

소임자는 이른 새벽 세 시가 되면 목탁을 두드리며 천수경이나 참선곡을 봉송하면서 절간 구석구석을 돌아 산내 대중에게 일어날 시간을 알리고 나아가서는 모든 축생에게 이르기까지 무명(無明)에서 깨어나도록 경책(警責)하고 또 발원(發願)하는 의식이었다.

자장암에는 주지스님과 젊은 스님 두 분만 계시기에 도량석 소임은 자연히 젊은 스님의 몫이었다. 목탁소리가 점점 가까워 오면서 스님의 음성은 정확하게 들리기 시작했다.

"홀연히 생각하니 도시몽중(都是夢中)이로다.

천만고 영웅호걸 북망산 무덤이요, 부귀문장 쓸데없다. 황천객을 면할소냐?

오호라, 나의 몸이 풀 끝에 이슬이요, 바람 속의 등불이라.

삼계대사 부처님이 정녕히 이르사대,

마음 깨쳐 성불하여 생사윤회 영단하고

불생불멸(不生不滅) 저 국토에 상락아정(常樂我淨) 무위도(無爲道)를

사람마다 다 할 줄로 팔만 사천 가르침이 유전(遺傳)이라.

사람일 때 못 닦으면 다시 공부 어려우니 나도 어서 닦아 보세.

닦는 길을 말하려면 허다히 많건마는 대강 추려 적어보세.

앉고, 서고, 보고, 듣고 착의끽반(着衣喫飯) 대인접화

일체 처 일체 시에 소소영령 지각(知覺)하는 이것이 무엇인고?

몸뚱이는 송장이요, 망상번뇌 본공하고 천진 면목 나의 부처

보고, 듣고, 앉고, 서고, 잠도 자고, 일도 하고 눈 한 번 깜짝할 새

천 리 만 리 다녀오고, 허다한 신통 묘용(神通妙用) 분명한 나의 마음

어떻게 생겼는고?…. 의심하고 의심하되

고양이가 쥐 잡듯이, 주린 사람 밥 찾듯이, 목마를 때 물 찾듯이,

육칠십 늙은 과부 외아들을 잃은 후에 자식 생각 간절하듯,
생각생각 잊지 말고 깊이 궁구(窮究)하여 가되,
일념만년(一念萬年)되게 하여 잠도 잊고 밥도 잊을 때에
대오(大悟)하기 가깝도다.
홀연히 깨달으면 본래 생긴 나의 부처 천진 면목(天眞面目) 절묘하다.
아미타불 이 아니며 석가여래 이 아닌가?.
젊도 않고 늙도 않고 크도 않고 작도 않고
본래 생긴 자기 영광(靈光) 개천개지(蓋天蓋地) 이러하고
열반진락(涅槃眞樂) 가이 없다.
지옥 천당 본공(本空) 하고 생사윤회(生死輪回) 본래 없다.
…"

　　너무나도 비장하고 간절하게 들려 왔다. 나중에 알았지만 경허 스님의 참선곡이었다. 인생이란 풀 끝에 이슬처럼 잠시 나투었다가 가는 것이다. 아옹다옹 현실에만 끄달려 살다 보면 어느덧 인생은 황혼이 오고 결국 황천객이 될 뿐이다.

　　그토록 귀하게 여기고 살았던 이 몸뚱이는 죽으면 흙으로 돌아가 버린다. 지난 세월이 빨랐듯이 남은 세월도 잠시이다. 사유(思惟)의 식견(識見)이 뛰어난 인간의 몸으로 태어난 이 생애에 깨닫지 못하면 다시 인간의 몸 받아 태어나기 지극히 어려운 것이다.

　　인생! 이것은 참으로 소중하다. 그리고 깨달음에 이를 수 있는 특별한 기회이다. 그러므로 진리의 깨달음을 증득하고자 노력할 때 참으로 존귀한 인생이 되는 것이다. 이기적 욕망에 끄달려 생활에 끌려가는 삶만을 고집하게 될 때, 본능에만 끄달려 살아가는 미물 곤충과 다를 바가 없는

것이다.

그렇다! 인간의 눈에 비치는 곤충들도 한 철을 살면서도 약육강식(弱肉强食)해야 하고, 그러기 위해서는 목숨을 건 투쟁도 한다. 인간의 삶도 따지고 보면 곤충이나 기타 축생들의 삶과 다를 바 없는 것이다. 다른 점이 있다면 그들보다 잔인하고 좀더 차원 높은 이기심과 지배욕이 있으며, 사물의 이치를 살펴 아는 이성(理性)이 있을 뿐이다. 인간도 환경과 인연의 집착에서 벗어나지 못할 때 잔인한 행위도 잔인한 행위임을 모르게 되고, 이기심과 지배욕도 악업인 줄을 모른 채 살다가 의미 없는 죽음만 맞이할 뿐이다.

인간의 진정한 가치관은 이성(理性)의 활용(活用)이다. 이성을 컨트롤하여 우주와 인생에 관한 진리를 깨닫고자 할 때만이 소중한 가치관은 활용될 것이다. 이것이 불교의 궁극적인 목적이 아니던가. 깨달음이 윤회(輪廻)라는 고해(苦海)에서 벗어나게 해줄 것인가? 하는 문제는 차제하고라도 생명의 진리를 안다는 것은 위없는 가치임은 분명한 것이다.

새벽 예불이 시작되었다. 진솔한 마음으로 부처님의 가르침에 귀의(歸依)하여 출가하신 스님들처럼 끊임없이 탐구하여 유마 거사처럼 당당한 도인이 되겠노라고 마음속 깊이 다짐했다.

천수경

1980년 경 늦은 여름 부산 연지동에 있는 자그만 사찰에는 동국대 교수 H박사의 천수경 강의가 열리고 있었다. 그런데 교수님은 천수경 강의를 하는 것이 아니라 며칠 전 울산 중앙동 어느 포교당 개원법회에 다녀온 얘기를 하고 있었다.

개원법회를 마치고 "시내 중심지에 이렇게 좋은 포교당을 낸 주인공이 누구냐?"고 물었더니 허름한 옷차림에 아직 고생 때가 가시지 않은 50대 후반의 보살이 다음과 같은 사연을 들려주었다고 한다.

약 15년 전, 30대 중반에 불의의 사고로 남편을 잃고 식당이나 가내공업 등에서 막일을 하여 아들 넷을 키웠다. 큰애가 고등학교를 졸업할 무렵, 그 보살님은 몸이 시름시름 아프기 시작했고 나중에는 직장에도 못 나갈 지경이 되어 병원을 찾았더니, 큰 병원에 가서 정밀진단을 받아보라고 했다. 그래서 부산대학병원에 가서 종합진단을 했더니, 결과는 너무나 엄청난 병이라는 진단이 나왔다. 위암에다가 간염까지 겹친 무서운 병에 걸린 것이었다. 그리고는 수술을 해도 살아날 가망도 없다는 것이었다. 너무나 절망적이라 며칠을 울며 걱정 속에서 살고 있는데 성당에 다니는 이웃집 아줌마가 문병을 와서 하는 말이,

"서울 카톨릭 병원에 한번 가 보세요. 거기 가면, 어려운 사람은 무료로 수술도 해주고, 치료도 잘 한답니다. 꼭 한 번 가 보세요."라고 했다.

그래서 보살님은 살고 싶은 욕심에 카톨릭 병원에 찾아 가 병원장을 만나게 되었다. 수술할 형편도 못 되는데 몹쓸병에 걸렸다고 사정 얘기를 했더니, 서류를 검토해 본 병원장님은,

수술을 원하신다면 해드릴 수는 있지만, 완쾌된다고 확답을 드릴 수는 없다며 "그래도 수술을 하겠느냐?"고 물었다.

보살은 그저 잘 부탁드린다고만 했고, 병원장은 잠시 생각하다가, "아주머니 만약에 여기서 완치된다면 남은 평생을 이 병원을 위하여 봉사할 수 있겠느냐?"고 물어왔다.

보살이 듣기에 농담 같지는 않았으나 농담이었으면 좋겠다는 생각을 하면서 그렇게 하겠다고 대답했다. 그런 후 입원하여 수술 준비를 하라는 것이었다. 바로 입원할까 하다가 치료 중에 죽을 수도 있을 것이라 생각하고 마지막으로 자식들 만나 당부할 말도 있고 집안 정리도 할 겸 며칠 다녀오겠다고 약속하고는 울산으로 왔다. 먼저 평소 다니던 사찰의 주지 스님을 뵙고 그간의 일들을 소상히 말씀드렸다.

묵묵히 듣고 계시던 스님은 "그렇게 해서라도 살아야지 않겠느냐. 우리 불교는 뭐하다가 여지껏 병원 하나도 못 지었을꼬…" 하며 한숨을 쉬시는 것이었다. 평소 의지해 왔던 불상 앞에서 눈물을 흘리며 하직 인사를 드렸다. 다시 못 올 길을 떠나는 것처럼. 그리고 집안 정리를 마치고 잠을 청했다. 밤새도록 잠은 오지 않고 슬프기만 해서 몸부림치다가 새벽녘이 되어서 잠깐 잠이 들었는데 죽은 지 수년이 지나도록 한 번도 꿈에 보이지 않던 남편이 그날 따라 검은 도포자락에 검은 갓을 쓰고 와서는 아무 말도 없이 화난 얼굴로 무섭게 노려보는 것이었다. 꿈이 불길한 것 같아

서 다음날 스님을 찾아 꿈 얘기를 말씀드렸더니 스님께서는,
 "보살님, 수술하러 가지 마시고 여기서 참회기도를 해보세요. 기도를 하시되 한 가지 원(願)을 세우세요. 카톨릭 병원에서 완치되면 평생 카톨릭을 위하여 봉사하겠다고 맹세했듯이 부처님께도 병이 완치되면 평생 불교를 위하여 헌신하겠다고 맹세하시고 기도해 보세요…. 생수만 마시고 단식기도부터 시작하는 겁니다. 절하는 것은 숫자에 개념하지 마시고 아주 천천히 지극 정성으로 '관세음보살님'을 염하세요."
라고 말씀하셨다.
 스님의 지도에 따라 다음날 아침부터 생수만 마시고 단식 참회기도에 들어갔다. 부처님께 삼귀의례를 올리면서 부처님께 굳게 약속을 드렸다.
 "부처님, 저를 불쌍히 여기시어 병고에서 헤어나게 하여 주십시오. 제가 건강한 몸이 되면 거룩하신 부처님의 충성스런 포교사가 되겠사오며 저보다 더 어려운 이웃을 위하여 평생 봉사하겠나이다."
라고 맹세하고는 관세음보살을 일념으로 염송하기 시작하였다.
 단식기도 일주일째 되던 날 이상한 힘을 느꼈다. 기도입재하던 날 부처님께 삼배 올리기도 그렇게 힘들었던 몸에 힘이 솟아나는 것이었다. 절하기도 쉬웠으며 점점 몸이 가벼워졌다. 스님께 말씀드렸더니 이제 쌀뜨물로 끓인 미음을 먹으라고 하셨다. 그리고 며칠이 지난 후 흰죽(쌀죽)을 먹었고 그렇게 기도 드린 지 1개월쯤 지났을 때 성한 사람처럼 건강해졌음을 느꼈다.
 넘치는 환희심으로 건강을 부처님께 바치겠노라고 굳은 약속을 하고 회향하였다. 회향하고 나서도 기도하는 마음으로 사찰일을 도우며 지냈다. 그리하여 5개월쯤 지나고 나서는 건강에 자신이 생겼다. 그리고 주위에서 권유하는 대로 서울 카톨릭 병원에 가서 다시 진찰을 받아 봤더니

의사도 깜짝 놀라는 것이었다. 암세포가 모두 없어졌다는 것이다. 춤을 추고 싶도록 기뻤다. 스님의 말씀을 떠올리고는 합장하였다. 부처님께 감사하고 의지하는 마음 평생 한결같이 보존하겠노라고 뇌이며 의사선생을 향하여 허리를 굽혔다.

그 후 부처님의 은혜를 어떻게 갚을까를 연구하다가 여러 사람들의 도움으로 울산 현대자동차 후문 앞에 약 5평짜리 가건물을 얻어 라면과 간단한 안주와 소주 등을 파는 포장마차 식당을 내게 되었다. 허름한 판잣집이지만 관세음보살상을 걸고 손님을 부처님처럼 모시고자 노력했다. 그 때 잊혀지지 않는 고마운 분들도 많지만 특히 현대자동차 불자회 회원들을 잊을 수가 없다고 했다.

그들은 '같은 값이면 보살님 집에 팔아주자!'
하고 작은 간이식당은 연일 만원 사례였던 것이다. 한시도 부처님과의 약속을 어기지 않으려고 노력했고, 어렵게 살아가는 자식들에게도 한 푼도 주지 않고 이익금은 모두 저축했다. 몇 년 후 식당도 확장하게 되었고, 수익금도 많아졌다. 그리하여 병고에서 해방된 지 십 오년째인 오늘 그 건물을 사서 법당을 마련했던 것이다.

'1층부터 3층까지는 세를 받아서 불우한 이웃도 돕고 4층은 포교당으로 운영하면서 부처님과의 약속대로 열심히 보살행을 실천하면서 여생을 보내겠습니다' 라고 자기 소개를 하더라고 했다."

이 얘기를 들려준 H교수님은,
"바로 이것이 천수경입니다. 지극 정성 부처님께 귀의하고 어려운 이웃을 위해 낱낱이 보시하면서도 자랑하고 싶거나 좋은 일 했다는 자만심이 전혀 없는 순수하고 진실한 삶! 이러한 상(相) 없는 보살행의 실천이 바로 천수경입니다. 여러분! 참회기도를 했는데 왜 불치의 병이 완쾌되었을까요? 바로 자기를 버렸기 때문입니다. 환경 인연에 끄달려 원망하고 신세타령만 하면서 괴로워하다 보니 그 생각과 행위에 의하여 몹쓸 병고가 왔고 어느덧 저승사자가 잡으러 왔던 것입니다.

그러나 울산 보살님은 늦게나마 모든 고인(苦因)이 자기 탓임을 알고 자기를 버리고 낱낱이 참회하며 일념으로 부처님께 기도했던 것이며 그 일념이 무아(無我) 지경이 되도록 지극했던 것입니다. 그 무아의 자리는 업도 없는 자리요, 업(業)이 없으니 괴로움의 원인도 없는 자리입니다. 그러한 기도의 세월이 병고에 시달리던 육신을 씻은 듯이 낫게 했던 것입니다. 자기를 버릴 때 업(業)도 버려지는 것입니다.

천수경을 백날 염송해도 건성으로 하면 헛기도가 되는 것입니다. 한 번을 읽어도 지극 정성을 다해 부처님의 가르침에 귀의하고 가르침을 실천해야 하는 것입니다. 욕심도 자기도 버릴 때 얻어지는 것이지요. 천수경의 첫머리에 나오는 '수리수리 마하수리 수수리 사바하'는 바로 생각과 말과 행동을 진실하게 실천하겠다는 맹세인 것입니다.

자기 마음 하나 다스리지 못한다면 천수경을 백날 노래 불러도 헛수고일 뿐입니다. 우리 불자들도 울산의 그 보살님처럼 자기를 버리고 진실한 원(願)을 세워 원을 세운 대로 지극 정성 기도해 보세요. 부처님은 절대로 우리를 버리지 않습니다. 생각이 병을 만들고 천당지옥도 만드는 것입니다.

건강한 사람도 괴로운 집착에서 벗어나지 못할 때 소화가 안 되고 가슴이 답답하기도 하고 머리가 아프기도 합니다. 그러한 괴로움에 오래도록 집착하게 될 때 그 생각으로 인하여 질병을 앓게 되는 것입니다.

이와 반대로 괴로운 마음을 놓아 버리고 편안한 마음으로 기도할 때는 백혈구가 증장하여 환자의 병도 호전되는 것입니다. 어느 유명한 의사가 말했듯이 감사하는 마음, 편안한 마음을 가질 때는 백혈구가 증장하여 질병에 대한 면역도 강해져서 건강하게 살 수 있다고 합니다.

이와 같이 마음가짐과 행위에 따라 건강해지기도 하고 질병을 얻기도 하는 것입니다. 건강한 마음에서 건강한 세포가 자라고 괴로운 마음에서 해로운 세포가 생기는 것입니다.

기도의 목적은 마음을 청정(淸淨)하게 가꾸고자 하는 데 있습니다. 내 마음이 청정해지면 그 청정심은 가정과 사회를 청정하게 합니다. 이 세계를 바로 청정불국토화(佛國土化)하는 힘이 되는 것입니다.

업이 청정해진다 함은 불행을 행복으로 바꾸는 것이니 이것이 부처님의 가피인 것입니다. 뜻 모르는 경전을 읽거나 외우더라도 그 기도는 마음을 비우는 기도가 되는 것이며 마음이 비워질 때 업은 멸(滅)하여지는 것입니다. 그러므로 어머니의 기도는 자식에게도 영향을 미치게 되어 있고 온 가족과 이웃에게도 영향이 미치게 되어 있는 것입니다."

그날 H교수의 천수경 강의는 문자의 강의가 아닌 바로 천수경의 실천과 자력신앙(自力信仰)을 말하고 있었다

그렇다. 한 가지도 버릴 게 없다. 그래서 『열반경(涅槃經)』에서 내전외전(內典外典)이 즉시불법(卽是佛法)이라 하였다. 돌아오는 길에 아내는 수십만의 구원병을 얻은 것처럼 부처님의 가피를 역설했다. 기도는 곧 업을 깨끗이 하는 것이요, 업이 청정해 질 때 삶의 질이 바뀌는 것이니, 불행이 행복으로 바뀌기도 하는 것이다. 그것이 부처님의 가피이다.

제2장
불교의 우주와 인생관

불교 물리관

　자장암의 젊은 스님은 첫눈이 오기 전에 떠나고 없었다. 지리산 어딘가에 이름 없는 토굴로 용맹정진(勇猛精進)하기 위해 떠났다고 했다. 장소라도 알면 찾아가 뵙고 싶도록 아쉬웠다.
　한글 시대의 스님으로부터 불교의 우주관과 인생관에 대하여 보다 쉬운 이해를 얻고자 하였으나 뵙기를 며칠 미룬 사이에 떠나고 없었다. 그러나 불교의 우주관과 인생관부터 하루 빨리 확인하고 싶었다. 원인부터 앎으로 해서 바른 구도(求道)의 길을 찾기 위함이었다.
　초기 설법집이 되는 『아함경』도 우주와 생명체 탄생의 원리에 대한 원인을 이해하기는 부족하기만 했고, 몇 분의 법사스님에게 문의해 보았으나 원인 설명은 만족스럽지 못했다.
　생명체 탄생의 원리를 묻는 질문에 '자기 마음이 만든 거야.' 또는 '니가 만든 거야.' 라는 정도의 대답밖에는 들을 수 없었다.
　그리하여 아함경, 화엄경, 능가경, 심밀경 등과 특히 구사론(具舍論)을 통하여 다음과 같은 불교의 우주관을 확인할 수 있었다.
　다른 종교가 말하듯 신이 창조했다는 단순하고도 추상적인 얘기가 아니라 우주의 근본 소재에서부터 삼라만상(森羅萬象)이 창출(創出)된 이치까지를 현대 자연과학보다도 더욱 상세하게 밝히고 있었다.

불교가 말하는 우주관의 논제(論題)는 삼법인(三法印)이다.

삼법(三法)이란 우주의 모든 이치를 세 분야로 나누어 밝힌다는 의미가 되고 끝에 인(印)자를 붙인 것은 진실·정확하게 밝힌다는 의미가 되는 동시에 부처님 당신께서 증명한다는 의미이다.

삼법인의 첫 번째는 제행무상(諸行無常)이며 이는 우주 삼라만상은 어떻게 하여 구성되고 변화하는가에 대한 물리학적 참 이치를 밝히는 논제가 된다.

두 번째 제법무아(諸法無我)는 심리학적 자아관(自我觀)이자 생명의 진리를 밝히는 논제가 된다.

세 번째는 열반적정(涅槃寂靜)이라 하였는데 이는 우주만유(宇宙萬有)의 질(質)과 에너지(性)에 대한 총체적 진리를 밝히는 논제가 된다.

제행(諸行)이란 우주 삼라만상 모든 현상세계의 총괄적인 진행과정을 의미하며, 무상(無常)이란 그 어떤 현상도 고정된 모습으로 존재할 수 없다는 물리적인 실상(實相)을 말한다.

우주는 허공과 그 속에 존재하는 물질의 총체이다. 구사론(俱舍論)에 의하면 물질의 최소단위(最小單位)를 최소극미(最小極微)라 하였고, 최소극미들이 결집하여 물질의 소재로 출발하는 첫단계의 결합단위를 극미(極微)라 하였다.

최소극미는 현대 자연과학이 이름하는 소립자(小粒子)에 해당되고 극미는 원자(原子)에 해당된다. 이 극미가 우주 삼라만상의 근본소재(根本素材)라 하였다.

이 근본은 늘어나거나 줄어들지도 않는 것이라 하여 부증불감(不增不感)이라 하였고, 생(生)과 사(死)도 없는 것이니 불생불멸(不生不滅)이라 하였으며, 영원한 생명력이 갖추어져 있다 하여 한 티끌에도 불성(佛性)

이 있다 하였다.

일미진중 함시방(一微塵中含十方)

일체진중역여시(一切塵中亦如是)

라 하여 극미 하나하나에마다, 온 우주의 진리가 다 갖추어져 있고, 일체 극미에마다 영원한 생명력이 갖추어져 있다고 했던 것이다.

이 극미 한 개로서는 아직 산소도 아니요, 수분(水分)도 아니며, 먼지도 아니라 했다. 그러므로 근본자체는 더럽거나 깨끗함도 없으며 멀고 가깝거나 동서남북 방향과도 관계없는 것이라 했고, 차거나 더운 것과도 무관하다. 다만 다음 단계의 좀더 큰 물질로 화합(化合)되면서부터 모든 환경과 관계있게 되는 것이라 하였다.

그리고 이 극미는 독립된 채 저 혼자 존재하지 않으며, 반드시 다른 극미들과 결합하는 성질을 갖고 있다고 했다.

늘어나거나 줄어들지도 않고 생사도 없는 이 근본이 우주 삼라만상으로 성립되기도 하고, 인연이 다하면 소멸되기도 하는 것이며, 소멸하였다가는 다시 또 다른 물체를 현상하기도 하는 것이다.

이러한 끝도 시작도 없는 물질세계의 진행과정을 제행은 무상(諸行無常)이요, 무시무종(無始無終)이라 하였으며, 우주 전체가 하나의 연관된 모습으로 화하여 돌아가고 있으니 동체세계(同體世界)라 하였다.

현대 자연과학은 30만배 이상의 전자 현미경을 통하여 물질의 근본(原子)을 관찰, 다음과 같이 불교의 물리관을 구체적으로 증명하여 주고 있다.

극미, 즉 원자의 실체는 상상을 초월할 만큼 작다. 그 직경은 1cm의 10만분의 1도 안 되는 크기이다. 원자의 내부에는 솜털과 같이 푹신푹신한 것에 감싸인 원자핵(小粒子, 最小極微)들이 있고 그 핵의 직경은 원자직경의 10만분의 1정도로 작으며, 원자 전체 질량(質量)의 99%를 차지하고 있다. 이 소립자를 양자(陽子)와 중성자(中性子)라 이름한다.

이 소립자 집단에는 또하나의 소재인 전자 2~3개가 눈이 돌 정도의 빠른 속력으로 원자의 바깥 둘레를 돌고 있다.

이 전자는 원자 전체 질량의 0.1%를 차지하고 있으므로 원자의 부속 물질이라고 할 수 있겠으나 이 전자가 원자의 기본 개성을 부여하는 주요한 역할을 하고 있다고 한다.

전자는 태양을 도는 행성처럼 전기적 인력에 붙들려 매여져 핵집단의 바깥 둘레를 돌아 소립자의 집단을 흩어지지 않도록 컨트롤하고 있으므로, 하나의 원자가 성립되어 있으니, 이 전자가 원자의 집(家)역할을 하고 있다고 본다. 이러한 구조의 원자가 만유의 근본이며, 화학적으로 더 분해할 수 없는 실체라고 했다.

원자 내부의 핵을 관찰해 본 결과 80종류의 소립자를 발견했는데 이 소립자들은 개성이 불안전하여 항상 개성이 변화하고 있었다. 즉 나무를 태우면 재가 되고 연기가 되어 날아가듯이 환경에 따라 원소의 개성이 바뀌고 있는 것이다. 그리고 원자의 내부를 분석해 본 결과 독특한 개성을 가진 원자는 88종류라고 한다.

24자의 한글이 우리 인간의 모든 의사를 표현하고 전달하는 무수한 언어를 만들어 내듯이 88종류의 원자들이 인간을 비롯한 우주 삼라만상의 모습으로 현상하고 있는 것이다.

원자는 어느 것이나 양자, 중성자, 전자라는 세 종류의 동일한 구조를 갖고 있으나 고체, 액체, 기체를 막론하고 어떤 원소와 다른 원소의 개성이 다른 것은 양자와 전자의 수가 다를 뿐이다.

88종류의 개성을 가진 원자로 머물게 하는 것은 양자와 전자의 숫자

차이 때문이라고 한다. 예를 들자면 납과 금의 차이는 납은 82개의 양자를 가졌고, 금은 79개의 양자를 가지고 있다. 양자의 숫자에 따라 납성분도 되고 금성분도 되는 것이다.

현대 물리학자들은 원자 핵 속에 작용하고 있는 힘의 종류나, 소립자보다 더 작은 물질이 있는지를 확인하기 위하여 다음과 같은 실험을 했다.

1932년 경 원자 파괴장치, 즉 입자가속기(粒子加速器)를 창안하게 되었고, 1969년 경 헨리켄들, 리처드 테일러, 제롬프리드먼 세 교수팀은 입자가속기를 통하여 엄청나게 빠른 속도로 전자를 쏘아, 양자와 중성자에 충돌시켜서 여기에서 나오는 고(高)에너지의 산란현상(散亂現象)을 관찰하였는데, 그 충돌에 의하여 생기는 미세한 물질을 발견하게 된다. 이것을 인간이 억지로 충돌시켜서 발생한 것이라 하여 인공원소(人工元素)라고도 하고 이 연구팀은 「쿼크」라고 명명하였다.

이 「쿼크」는 단시간에 다른 원소로 화하여 보이지 않게 되는데, 1990년 경 학계의 인정을 받아 노벨 물리학상을 수상하게 되었다. 이 인공원소는 대량으로 만들어진 사실도 없으며 그러한 충돌에 의하여 원소 분열현상이 일어나고 있음을 확인하였을 뿐이다. 불교는 원자의 종류에 대해서는 언급한 바도 없으며, 현대물리학도 결정적인 숫자를 밝힌 바가 없다. 다만 좀 오랜 시간 개성을 유지하고 있는 원자의 종류를 88종류라고 했을 뿐이다. 이것 또한 고정된 모습으로 존재할 수 없기 때문이다.

이상이 불교와 현대 물리학이 밝히고 있는 물질의 근본에 대한 실상이다. 그리고 현대 자연과학은 다음의 간단한 실험을 통하여 부증불감(不增不減), 즉 질량불멸(質量不滅)의 법칙과 제행무상의 이치를 잘 설명하여 주고 있다.

〔실험 1〕

숯 28kg을 밀폐된 용기(用器) 안에 넣고 가열하여 태웠다. 숯이 모두 타고난 다음 용기 안을 관찰하여 봤을 때 용기 안에는 숯재만이 바닥에 깔려 있었다. 이 때 용기의 무게를 계량(計量)하여 보니 숯이 타기 전의 무게와 꼭같은 28kg이었다. 숯이 타고남은 숯재의 무게를 계량하여 보니 숯재는 0.5kg이었다. 숯재로 화(化)한 0.5kg외의 물질량(質量)은 27.5kg인데 보이지를 않았다. 용기 내용물의 무게가 숯이 타기 전의 무게와 같은 것으로 봐서 숯재 0.5kg외 27.5kg의 질량도 그 용기 안에 있음은 분명한데 육안으로 보이질 않았던 것이다.

이 때 자연과학자들은 전자 현미경으로 용기 안을 관찰해 보았다. 그 결과 27.5kg의 질량은 가스(에너지)라는 투명한 원소로 화(化)하여 용기 안에 그대로 존재하고 있었던 것이다.

이 간단한 실험으로 질량불변(質量不變)의 법칙과 불생불멸(不生不滅)의 원리를 밝힐 수 있었던 것이다. 아무리 태우거나 부서지거나 폭발하거나 생명체가 죽어도 그 기본소재는 늘어나거나 줄어들지도 않으며 질량도 성(性)도 영원하다는 사실이 증명될 수 있었던 것이다. 물질의 근본이 되는 극미는 질량도 에너지도 그대로인 채 때로는 나무이었다가 숯재나 가스가 되기도 하고, 수풀이었다가 모래이었다가 바위나 산이 되기도 하며, 때로는 강철처럼 단단한 물체이다가 때로는 연못의 물처럼 유동적이며 때로는 산소나 가스 등등의 에너지로 화(化)하기도 하는 것이다.

그리고 인간과 인간의 생활에 필요한 다채로운 도구들로 만들어지기도 하는 것이다. 이 우주의 어떤 현상도 고정된 모습으로 존재할 수는 없는 것이며 우주 총체적 환경이라는 그 상대성 원리에 의하여 화(化)하여 돌아가고 있는 것이다. 이러한 자연의 실상(實相)을 색불이공(色不異空), 공불이색(空不異色), 색즉시공(色卽是空), 공즉시색(空卽是色)이라 하였다.

눈에 보이는 물체이었다가 눈에 보이지 않는 에너지가 되기도 하는 원소의 실상을 '물질 즉 에너지요, 에너지 즉 물질'이라 하였으며 물질[色]과 에너지[空]는 둘(二)이 아니라고 했던 것이다.

이제 이와 같은 성질의 원자[極微]들은 어떻게하여 물질로 구성되고, 도 변화하게 되는가에 대하여 그 이치를 살펴보자.

만유 삼라만상은 원자라는 근본 물질에서부터 시작된다. 영원 불멸의 질량과 에너지를 함유하고 있는 원자들은 저 혼자 존재하지 않으며 반드시 다른 원자들과 화합(化合)하게 되는 것이라고 하였다. 이러한 화합의 원리요, 자연의 법칙을 연기법(緣起法)이라고 했다. 어떤 환경 조건에 의하여 삼라만상으로 현상(現象)하게 되는 존재 이치를 말하는 것이다.

이 우주에는 독립된 자존(自存)의 존재는 있을 수가 없으며 반드시 어떤 원인에 의하여 성립된다는 것이니 원인이 없으면 결과도 없다는 논리이다. 물질의 근본은 부여받게 되는 그 환경에 의하여 물질로 구성되는 첫발을 내딛게 된다.

원자가 물질로 구성되는 첫 단계를 육방중심일극미(六方中心一極微)라 하였다. 즉, 원자 한 개를 중심으로 사방상하(四方上下)에 여섯 개의 원자가 결합하는 이 모습을 원자가 물질로 구성되는 첫 단계라고 하였으며, 이 단위를 이름하여 일미취(一微聚)라 한다. 이렇게 시작해서 산소도 되고 수분도 되고 흙 성분도 되는 등등 지구의 바탕이 형성되었던 것이다.

이러한 물질구성의 시발점은 현대 과학도 밝히고 있다. 현대 과학은 1990년 경에 물질 구성의 첫 단계의 과정을 발견하였다고 발표하였고 신문지상에도 보도된 바 있다.

이 발표 내용에 의하면 "여섯 개의 원소가 육각형으로 집단하여 첫 단계의 물질구성이 성립된다"는 것이었다. 즉 여섯 개의 원소가 육각으로 결합하므로 물질구성의 시발점이 된다는 것이다.

불교와 현대 자연과학이 밝히는 바 물질 구성의 첫 단계의 두 설을 비교할 때 대동소이하나 부처님은 한 개의 중심원소를 중심으로 사방상하(四方上下)에 여섯 개의 원소가 결합하였다는 것이고, 자연과학자들의 이론은 여섯 개의 원소가 결합한다고 하는 물질 구성의 첫 단계 구조를 밝히고 있다. 세월이 가면 모든 대중이 보아서 확인할 수 있는 기회가 있을 것이다.

이 우주의 섭리라는 것은 어떤 무엇을 중심으로 구성되어 있다. 태양계도, 세계와 국가도, 가정도, 열매 과일도 구심점을 중심으로 형성되고 있다. 『구사론(具舍論)』에는 일미취(一微聚) 다음 단계의 물질 구성 단위가 하나 더 설명되어 있다. 이것을 극유진(極遊塵)이라 하였다. 학교 교실이나 방안 등에서 관찰할 수 있는 떠다니는 가벼운 먼지 한 알의 물질을 명칭하는 것이다. 광도(光度)가 낮은 실내에 문구멍이나 문틀 사이로 햇빛이 들어올 때 그 빛의 선을 따라 가볍게 떠다니는 먼지를 관찰할 수 있다. 이 먼지 한 알의 형(形)을 극유진이라 하였는데 이 먼지 한 개의 형량(形量)을 "극유진 한 개는 대개 극미(原子) 117,649개로 구성되어 있다"고 되어 있다.

원자 한 개의 크기는 약 5000만분의 1cm라고 현대 자연과학은 밝히고 있으므로 상상적 계산으로 근사치가 될 수 있는 수치이다. 물질의 근본이 되는 이 원자는 우주 총체적 환경에 의하여 단계적인 화합(化合)의 과정을 거쳐서 태양계와 은하계 등등의 삼천대천세계(우주 전체)가 형성되었다.

얼마 전 미국의 무인 인공위성이 어느 별의 탄생 과정을 촬영하였다고 보고한 바 있다. 그 사진에 의하면 거대한 먼지 군(群)이 회오리바람처럼 돌아 점차적으로 단단한 덩어리로 화(化)하여 하나의 별이 탄생한다고 했다.

이와 같이 원자들이 화합하여 거대한 덩어리화하게 되므로 하나의 별은 탄생하는 것이며, 그 이치는 우주 총체적 주위 환경과 더불어 원자들의 운동에 의한 것이니, 즉 연기법에 의한 창출(創出)이 된다. 그리하여 태양계와 은하계 등 삼천대천세계가 벌어졌고, 그 속에는 원자의 구성밀도 또는 어떤 구성조건에 따라 본래 함유되어 있던 에너지가 작용 또는 분출하는 데서 열기가 일어나기도 하는 것이니 태양과 같은 뜨거운 열을 분출하는 별도 있고 달이나 기타 별들과 같이 빛을 발산하기도 하는 것이다.

태양계에 존재하게 된 이 지구촌은 태양으로부터 받게 되는 강한 열기와 달 등에서 미치는 우주 전체적인 외적 환경이 있고, 지구 자체에서 일어나게 된 내적 환경과 더불어 오늘날 인간을 비롯한 생명체가 자생(自生)할 수 있는 바탕이 되었고 그 바탕은 크게 나누어 사대성(四大性) 즉 지수화풍(地水火風)으로 구성되어 있다고 밝히고 있다.

불교는 성사대(性四大)의 성분에 대하여 다음과 같이 밝히고 있다.
① 지대성(地大性)-이는 땅의 성분을 가리키는 것으로서 이 성(性)이 있으므로 서로 피차저항(彼此抵抗)하는 힘이 있고 작용이 있으며,
② 수대성(水大性)-만물이 이 성이 있으므로 피차인접(彼此引接)하여 흩어지지 않는 작용을 하게 되며,
③ 화대성(火大性)-열 기운을 가리키는 것으로서 만물은 이 성이 있으므로 체(體)가 유지될 수 있는 조열(調熱)하는 작용이 있게 되고,

④ 풍대성(風大性)-산소를 뜻하며 이것은 행동의 성이 된다. 이 성이 있으므로 생장(生長)하고 운동하는 작용이 있게 되는 것이라 하였다.

땅도, 물도 모든 존재는 이 사대 성분으로 구성되는 것이며, 어느 성분이 크게 합류하느냐에 따라 독특한 모양과 질을 나타내는 것이다. 어떤 때는 견고한 물체이다가 어떤 때는 물과 같은 유동체(流動體)이다가 어떤 때는 고형체(固形體)이다가, 어떤 때는 유연(柔軟)한 물체이기도 한다고 하였다.

현대 자연과학은 지구 구성의 요소를 고체 · 액체 · 기체라 하여 삼대 요소로 분류하고 있다. 그리고 고체 · 액체 · 기체는 각기 상이(相異)한 환경, 즉 대기 이동과 온도 등 우주 총체적 환경에 의하여 항시 변화하고 있다고 하였으며 그 형태가 무엇이든 동일한 기초적 실체인 88종류의 자연원소들로 이루어져 있다고 하였다.

연기법이란 모든 존재는 반드시 상대적인 어떤 환경조건에 의하여 성립된다는 것이다. 어떤 현상 · 모습도 저 혼자서는 결합할 수 없으며 조건 여하에 따라서 가지가지의 모양으로 현상하게 된다고 했다.

"이것이 있으므로 저것이 있고 이것이 없으면 저것이 없고 이것이 생기므로 저것이 생기고 이것이 멸하면 저것이 멸한다."

이것은 자연의 법칙이며 이름하여 연기(緣起)론의 원칙이다.

지구의 탄생도 태양계와 은하계 등 우주 전체적인 환경이라는 상대성의 영향에 의하여 형성되고 위치까지도 정하여졌으며, 그 환경에 의한 자발적인 반응에 의하여 수분과 산소 등 생명체 합성과 생존가능한 환경조건도 발생하게 되었던 것이다.

그리하여 지수화풍(地水火風)이라는 사대성(四大性)의 바탕이 성립되었으니, 지구 형성과 지구상의 모든 환경조건까지도 저것이 있으므로 이것이 있게 되는 필연적인 존재이유[緣起法]에 의한 자연현상인 것이다.

그리고 끝없이 부여되는 환경 속에서 화산과 지진 등에 의하여 산이 솟아나고 계곡과 바위가 생기기도 하였으며, 태양 열기는 구름을 일으키고 비가 오게 하였으니, 흐르는 물은 아름다운 계곡과 강을 만들기도 하였으며, 바위나 돌을 다듬기도 하였던 것이다.

이렇게 하여 이 지구상에는 생명체의 합성을 있게 하는 환경이 먼저 조성되었으니, 흙과 바위로 된 산과 들이 있고 공기와 물과 열기운이라는 사대성의 무정물(無情物)이 바탕이 되었던 것이다.

이러한 바탕 위에 끝없이 이어지는 태양과 달 등 외부로부터 미쳐오는 피할 수 없는 우주 총체적 환경이 있고, 지구 자체에서 일어나게 되는 화산과 지진, 폭풍우 등등의 환경이 끝없이 이어졌으니, 산과 들, 강가의 모래알이나 계곡의 자갈, 바위도 우주 전체가 동원된 그 상대성에 의하여 생기기도 다듬어지기도 했던 것이다.

물에도 철분이 있고 인간의 육신에도 대못 한 개 분량의 쇠성분이 있듯이 천지 만물은 88종류의 자연원소로서 구성되어 있는 것이다.

근본 소재는 끝없이 이어지는 우주적 환경에 의하여 그 처소에 따라 그 자리에 있어야 할, 또는 그 자리에 생겨나야 할 현상으로 결합하여 나투게 된 것이다. 이러한 이치에 따라 현상하고 나투어진 천지만물은 끝없이 부여되는 우주 총체적 환경에 의하여 흩어져 멸(滅)하기도 하고 또 다시 결합하기도 하는 것이다. 이 원칙에는 차별이 있을 수 없다. 태양도, 지구도, 모든 별들도 연기법칙에 의하여 형성되었고 지구라는 땅 위의 모든 존재도 연기법에 의한 소산이다.

이 환경 영향에 의하여 저 현상이 생겨나고 저 환경 영향에 의하여 이 현상이 생겨나는 것이며, 저 환경과 영향이 멸하면 이 현상이 멸하는 것이며, 이 환경과 영향이 멸하면 저 현상은 멸하게 된다는 것이다.

땅이 있고 적당한 온도가 있고 습도가 있어야만이 하나의 나무가 자랄 수 있듯이 태양열과 지구 자체에서 생겨나는 우주 총체적 환경에 의하여 천지 만물은 생겨나고 멸하는 것이다. 그러므로 연기법이란 우주 총체적 상대성원리요, 그 원리가 우주 조화의 원리를 의미하는 것이다. 이러한 조화를 자연(自然)이라고 한다.

'자연'의 의미를 흔히들 '있는 그대로' 또는 '저절로' 라고 알고 있는 사람도 많겠으나, 그 의미를 바로 이해하자면 '스스로 일어나는 현상'이라고 이해해야 할 것이다. 자연이라는 의미는 한자 뜻 그대로 스스로 일어나게 되는 모든 현상을 의미하는 것이다. 스스로 일어난다 함은 우주 총체적 환경에 의한 스스로 화합(化合)하는 법칙에 의하여 생겨난 현상들을 의미한다.

흔히들 우리 인간은 물체가 타고 남은 재를 그 물체의 마지막 찌꺼기라고 표현하기도 한다. 인간의 시야에 비친 모습 그대로를 표현하는 것이다. 앞 장의 숯 태우는 실험에서 확인할 수 있었듯이 숯이 타서 재가 되고 가스가 되기도 하였으나 그것은 화하여 돌아가는 과정이지 마지막은 아닌 것이다. 숯재는 재이면서 언젠가는 그 환경에 따라 다른 물질의 구성으로 화현(化現)할 수 있고 가스가 된 질량도 마찬가지이다.

불멸(不滅)의 성(性)과 질량(質量)을 가진 자연원소는 숯재가 되기까지도 저 혼자 숯재가 될 수 없었고, 숯재라는 현재의 현상에서 다음 단계의 물질로 화하게 될 때에도 저 혼자서는 될 수 없다. 그 처소에 따른 온도, 습도, 지형(地形), 바람 등등 전체 우주가 총동원된 그 상대성의 영향이 있어야만이 화(化)할 수 있고 다른 현상으로 결합하게 되는 것이다. 대자연에 의한 화학적(化學的) 반응(反應)은 다른 물질로 새로운 배합을 이루게 하는 원동력이 되는 것이다.

한 가지 예를 들어서 숯재가 화하여 다른 물질로 나투는 과정을 관찰해 보자.

흔히 시골에 가면 볼 수 있는 것으로서 부엌에서 땔감으로 사용되는 나무의 타고 남은 재는 헛간에 모아 논밭의 곡식을 자라게 하는 거름(비료)으로 사용하게 된다. 재라는 그 상태는 헛간에 모아질 때부터 사람의 손에 의하여 이동하게 되고, 헛간에 보관되어서도 우주 전체적인 영향을 받게 된다. 즉 헛간에는 습도가 있고 열기가 있는 등 이러한 환경이 있어야만이 재는 효소 작용을 할 수 있고, 효소 작용을 거쳐야만이 재는 식물이 자라는 데 필요한 영양소 성분이 될 수 있는 것이다.

농부는 효소 작용을 돕기 위하여 오줌을 모아 잿더미에 붓기도 하는데, 재는 대기 속의 습기와 온도와 더불어 효소작용을 거쳐 논밭에 뿌려지게 된다. 재가 뿌려지는 논밭에는 이미 곡식의 씨가 있고 싹이 트고 자라는 데 필요한 환경이 제공되어 있다.

즉 채소가 자라기 위해서는 흙이 있고 탄소와 산소가 있고 적당한 온도와 습도가 있는 등 우주 전체적인 환경이 부여되어 있는 것이다. 여기에다 채소나 곡식의 활성(活性)을 부추기기 위하여 식물의 영양소로 숯재가 뿌려졌을 때 숯재는 비로소 효소 작용과 더불어 곡식이 자라는 데 필요한 영양성분이 되는 것이다.

그리고 채소나 곡식 역시 우주 총체적 환경에 의하여 싹이 트고 자라날 수 있고, 영양소가 되는 재 거름을 흡수할 수 있고, 숯재를 흡수하는 채소는 잘 자라게 된다. 그리하여 숯재는 채소라는 것의 구성원소가 되어 채소라는 생물체로 화현(化現)하는 것이다.

이러한 과정을 거쳐 자란 채소는 인간이나 동물의 생명유지에 필요한 음식으로 섭취된다. 인간이 먹었을 때 인간의 몸으로 화현하고 돼지나 소가 먹었을 때 소나 돼지의 몸으로 나투기도 하는 것이다.

숯재뿐만 아니라 인간의 육신도 마찬가지이다. 화장막에서 재가 되었든, 무덤 속에서 썩어 흙으로 돌아갔더라도, 화(化)하여 돌아가는 이치는 숯재와 같은 것이다. 숯재가 타서 가스로 화한 부분의 질량도 마찬가지다. 그 탄소 혼합가스의 질량은 조금도 늘어나거나 줄어듦이 없이 허공을 떠돌다가 채소·식물 등 인간의 생명체 탄생과 유지에 필요한 요소가 되어 다른 현상의 몸으로 나투기도 하는 것이다.

이 우주의 어떤 현상도 연(緣)이 다하여 멸(滅) 또는 흩어질 때 인간의 시야에는 멸하는 것으로 보이며, 멸한다고 표현하나 어떤 한 물건도 없어지는 멸은 아닌 것이며 흩어지면 반드시 다른 현상으로 다시 결합하게 된다.

그러므로 물질이 화하여 돌아가는 그 어느 시점을 '시작이다', '마지막이다' 라고 이름붙일 수가 없는 것이니 그래서 부처님은 무시무종(無始無終)의 동체세계(同體世界)라 하셨던 것이다. 한 티끌, 물 한 방울도 살아서 운동하고 있는 원소들로 구성되어 있고 인간의 인체로 구성되어 있는 세포조직도 본래부터 나고 죽음이 없는 자연원소들로 구성되어 있으며 삼라만상 모든 현상도 그러하다. 그리고 모든 현상은 찰나도 쉬임없이 화하여 돌아가고 있으니 영원히 불변하는 현상은 있을 수가 없는 것이다. 그러므로 인간을 비롯한 모든 현상은 임시적 가상(假像)이요, 제행(諸行)은 무상(無常) 그 자체인 것이다.

생명체 탄생의 원리

인간을 비롯한 모든 생명체는 태초에 어떻게 하여 탄생하게 되었는가? 이는 모든 인류의 공통된 의문이자 여러 종교들이 주장하는 교리(敎理) 중 핵심이 되는 부분이 된다.

종교(敎)들이 주장하는 탄생관을 두 가지 설(說)로 분류할 수 있다. 하나는 신(神)에 의하여 창조되었다는 것이고 또 하나는 우주 전체적 환경에 의한 자연발생(自然發生)이라는 것이다.

불교는 자연 발생이라고 했다. 물론 현대 자연과학도 자연 발생임을 증명하고 있다. 다시 또 얘기하지만 자연의 의미를 '있는 그대로' 또는 '저절로 생긴 것'으로 이해해서는 바른 답을 구하지 못한다. 우주 전체가 총동원된 그 환경의 영향에 의하여 스스로 생겨난 현상을 의미한다. 즉 자생(自生)이다. 이 자생의 이치를 알면 생명체 탄생의 비밀을 확인할 수 있다.

불교는 지구를 비롯한 전체 우주와 삼라만상의 형성된 총체적 존재 이치를 총칭하여 연기(緣起)라 하였고, 생명체 탄생과 진화(進化)의 이치를 업감연기(業感緣起)라고 하였다.

업감(業感)이란 느낌과 행동을 의미한다. 느낌과 행동에 의하여 물질이 생명체로 구성되는 이치를 논제하는 말이다. 이 업감이 생명체 구성에 있어서 어디서부터 시작하였는지 관찰해 보자.

앞장에서 논한 바와 같이 불교와 현대물리학이 밝히고 있는 물질의 근본설을 비교해볼 때 현대물리학은 원자의 구체적인 구조의 모습까지를 밝히고 있고, 전체적으로 볼 때 불교의 물리관과 다름이 없다.

그러나 여기에서 중요한 차이점을 발견할 수 있다. 현대 물리학은 화학현상이라는 모습을 관찰하였을 뿐이나 부처님은 이 물질의 근본에도 불성(佛性)이 있음을 읽을 수 있었다는 점이 다르다. 이것이 생명체 구성의 원리를 밝히는 중요한 단서가 된다.

현대 물리학이 원자의 내부를 관찰한 바 '원자의 내부를 차지하고 있는 소립자들은 그 개성이 불안전하여 항시 변화하고 있다.'고 했다.

이러한 현상을 현대학문적으로 표현하자면 화학현상(化學現象)이라 할 것이며, 불교의 교리적으로 표현하자면 화학적 반응작용(反應作用)이 된다.

화학현상이란 물질의 변화하는 겉모습을 보이는 그대로 표현하는 말이며, 반응작용이란 주위환경적 어떤 상대성에 대하여 어떤 생명체가 갖는 반응적인 동작을 의미한다. 이는 원자들이 어떤 느낌을 감지하고, 그 느낌에 의한 자발적인 운동에 의하여 화학현상이 일어나게 된다는 근본 이치를 밝히는 논리가 된다.

느낌은 마음이 하는 것이다. 그렇다면 물질의 근본이 되는 원소에 느끼고 반응을 일으키는 마음이 있는 것인가, 마음이 있다면 원자 하나하나가 단위 생명체란 말인가…?

부처님은 원자에도 불성(佛性)이 있다 하였으니 이는 원자라는 단위도 하나의 개적 생명물질이라는 의미를 담고 있다. 그러므로 소립자가 항시 변화하고 있는 모습은 환경이라는 상대성에 대하여 그 생명력의 반응적 작용이 된다. 아주 초보적이고 단순한 동작이지만 느낌에 의한 반응적 모습이었던 것이다.

불성이란 양자나 중성자도 전자도 아니다. 허공성(虛空性)의 생명력을 의미한다. 원자라는 구조에 허공성의 생명력(에너지)이 함유되어 있었고 그 작용은 원자에서부터 시작하고 있는 것이다. 이 반응작용이 모든 생명체가 가지는 생각의 원초이며, 인간을 비롯한 만물을 창출하는 단서적인 이치를 담고 있는 것이다.

이 지구라는 땅 위에는 생명체가 탄생하여야 했던 우주 총체적 환경이 먼저 있게 되었다. 지구 자체에서는 화산과 지진, 바람과 폭풍우 등의 환경이 일어나게 되었고, 외부로부터는 태양과 달 등에 의한 열기와 기후조건이 있게 되었던 것이다. 그 조건에 의하여 지구 도처에서는 그 장소에 따른 화학적(化學的) 반응으로 여러 가지 물질과 현상들이 일어나게 된 것이다.

이 화학 작용이 오늘날 존재하는 모든 생명의 시발(始發)이었던 것이다. 이 시점에서 화학 작용(作用)이라는 말을 주의깊게 관찰해 보자. 작용(作用)이라는 말은 불교가 생명의 진리를 설명할 때 쓰이는 용어이다. 잠재되어 있던 우주적 에너지가 생명력으로 쓰인다는 말이다. 화학 작용이란 어떤 물질이 지구상의 전체적인 환경(온도, 습도 등)에 의하여 변화하는 과정을 의미한다. 예를 들자면 음식이 쉬거나 썩는 것, 누룩과 쌀을 이용하여 술을 만드는 것 이러한 화학 작용은 저절로 생긴 현상이 아니다.

그 원인을 관찰하여 볼 때, 음식이 쉬거나 썩는다는 것은 그 환경에 대한 화학반응(反應)이 된다. 다시 말해서 음식이 쉰다는 이치를 표현하자면 화학 작용이며 화학 작용을 좀더 직접적으로 표현하자면 화학반응이 된다.

반응이란 어떤 환경에 대한 상대적인 동작을 의미하는 것이다. 상대적인 반응동작, 이것은 그 물질에서 발생하는 그 환경에 대한 단순한 생각에 의한 행동이었던 것이다. 이것을 업감(業感)이라 한다. 오늘날 모든 생명체들이 갖는 생각과 행동의 시발점이었던 것이다.

쌀이나 누룩, 기타 음식의 원소들이 어떻게 생각할 줄 알까?

이 문제도 현대 자연과학이 생명체 탄생원리를 밝히는 다음의 실험을 통하여 이해할 수 있다.

〔실험2〕

높이 60cm의 유리관으로 연결된 간단한 실험기구(플라스크)를 조립하고 지구 초기에 생길 수 있는 몇 가지 물질을 유리관 내부에 투입하여 그 물질들이 어떻게 결합(化合)하는가를 관찰하고자 했다.

학자들은 지구초기 원시 대기권에서 발생할 수 있는 물질은 어떠한 물질인가를 먼저 토론했다. 합의된 추측에 입각해서 지구 초기의 지상에서 발생할 수 있는 물질은 수증기, 수소, 암모니아, 메탄 혼합물 등이 발생할 수 있다는 결론을 내리고 이 네 가지 물질을 시료(試料)로 사용해 보기로 했다.

이러한 물질들은 서로 어떻게 결합하는가, 또는 혹시 생명체 물질로 화합하지나 않을까 하는 막연한 기대 속에서 이 실험을 하게 되었던 것이다. 수십 일을 실험기구 속을 순환시켰으나 좀처럼 결합될 기미를 보이질 않았다.

여기서 학자들은 화학적 활성(活性)을 부추기는 에너지원이 없는 한 이 물질들은 단시일에 화합될 수가 없으며 오랜 시일이 지나야만이 아주 완만하게 화합할 수 있을 것이라는 예측을 하게 된다.

그리하여 화합을 부추기는 환경을 추가 설치할 것을 토론한 결과 지구 초기 물질의 화합을 촉진할 수 있는 에너지원이 될 수 있는 것은 천둥 번개와 강렬한 태양열과 화산폭발 등에 의한 열기일 것이라는 추측을 하게 된다. 지구 초기에 에너지원이 될 수 있는 것은 그러한 환경일 것이요, 그러한 환경이 물질 화합에 크게 영향을 미쳤을 것이었기 때문이다. 실험기구 안에 천둥 번개를 일으킬 수는 없었으나 그것을 대신할 수 있는 것은 전기 합성이 될 수 있다는 생각을 하고, 6만 볼트의 전기를 시험관 속에 방전(放電)하여 전기 합성으로 작은 인공번개를 일으켜 지구 초기와 비슷한 환경을 재현시켰다.

딱, 딱, 딱 소리를 내며 일어나는 전기합성으로 인공번개가 일어나고 있는 방전상태 속을, 시료들이 연속적으로 흘러서 통과할 수 있도록 그 장치를 조절했던 결과 약 일수일이 경과했을 때 시료들은 액체가 되어 한 방울씩 응결되어 시험기구 바닥에 고이기 시작했다.

이윽고 바닥에 고인 액체를 분석하여 보았을 때 그들은 위대한 발견을 하게 된다. 그 시료들은 생명체의 세포구성의 필수성분들로 화합되어 있었던 것이다.

이러한 단순한 실험으로 세포의 생성에 없어서는 안 될 중요한 구실을 하는 화합물의 배합이 생길 줄은 꿈에도 생각지 못했는데 이 실험으로 탄소를 함유한 유기화합물, 즉 생물의 세포 구성의 필수 성분으로서 자연계에 존재하는 물질의 리스트를 얻을 수 있었던 것이다. 그리고 바로 이 실험이 생명체 탄생의 원리를 증명하게 된 주요한 실험이 되었던 것이다.

물질의 기본이 되는 자연원소들은 먼저 생명체가 창출될 수 있는 바탕이 되는 지구라는 하나의 별로 형성이 되었고, 지구 초기 지상에는 자체에서 일어나게 된 환경에 의하여 원자들은 생명체 구성에 필요한 수증기, 수소, 암모니아, 메탄 혼합물 등의 소재로 화합되었던 것이다. 그리하여 그 소재들은 계속되는 환경 속에서 단계적인 화합을 거듭하게 되므로 더욱 복잡한 구조의 생명물질로 화합되었고 마침내 단세포류의 생명체로 화합하게 된다는 사실을 알 수 있었던 것이다.

단계적인 화합, 이것의 원리는 바로 업감(業感)에 의한 결과였던 것이다. 그리고 생명체 구성과 진화(進化)의 시초였다.

수증기, 수소, 암모니아, 메탄 혼합물이라는 네 종류의 물질도 기본 소재는 원자이며, 이것들 역시 저절로 그렇게 생긴 것은 아니다. 이러한 기초적 생명물질이 되기까지도 화산의 폭발과 폭풍우와 태양열 등이 부여하는 온도, 습도 등 우주 전체적인 환경의 영향이 총동원된 그 조건에 의하여 스스로 화합된 것이다. 끝없이 운동하고 불생불멸하는 자연원소들은 독자적인 원소 한 개로서 그대로 존재할 수는 없으며 항시 그 환경에 대한 단순한 반응을 하게 되어 있고, 그 반응 작용에 의하여 어떤 물질로 반드시 화합하게 되어 있는 것이다.

이 반응 작용이 곧 그 환경에 대한 자발적인 동작의 시작이요, 그 동작은 단순한 감(感)에서 나온 반응이었던 것이다. 동작이란 움직임을 만들어 낸다는 의미이고 생명체의 움직임은 마음이 만들어내는 것이다. 그리고 작용의 의미도 어떤 상대적인 움직임을 의미하는 것이며 상대적인 움직임도 마음이 하는 것이다. 결국 생각이 활동의 주체이며 생각에 따른 활동에 의하여 생명물질, 즉 신체 구조는 조금씩 진화되기 시작했던 것이다.

이 실험에서 가장 중요한 것은 계속되었던 실험으로 얻은 용액 속에서 생물학적으로 흥미있는 4종의 아미노산과 반 다스 이상의 화합물이 합성되는 과정을 관찰할 수 있었으며, 나아가서는 상호간의 밀접한 관계를 가진 화학 기가 이어져서 생기는 긴 사슬모양의 중합체(重合體)가 합성되는 과정도 관찰할 수 있었던 것이다.

  이 실험 이후에도 유사한 여러 가지의 실험을 통하여 태양열의 방사도 화학 합성을 촉진하는 데 크게 기여한다는 사실도 알게 되었으며 인공번개 대신 태양열을 방사했던 결과 세포구성의 주요 성분이 되는 아미노산과 기타 유기 화합물의 합성이 이루어졌던 것이다.

  이와 같이 물질의 근본 소재들은 우주 대자연의 총체적인 환경에 의하여 자발적인 반응과 반응으로 인한 결합이 전생물시대(前生物時代)를 통하여 숱한 유기 화합물과 탄소함유 화합물을 발생시켰던 것이다.

  지구 초기 대기권 상층부에는 단순한 물질을 복잡한 화합물로 진행되게 하는 위의 실험과 같은 자발적 합성반응이 일어날 수 있는 우주 총체적 환경이 있었다. 그리고 열기로 가득찬 지구표면 가까운 데서는 역반응도 일어날 수 있었던 것이며, 바람과 폭풍이 가스를 하늘 높이 치솟게 하고 또한 온도의 변화로 인하여 무수한 혼합물을 지구표면으로 끌어 내려오게 하였으며, 지구 초기 행성의 이상 기온으로 화합물은 다시 단순성분으로 분해되기도 하였던 것이다. 이처럼 단순한 물질에서 복잡한 혼합물로 다시 또 단순한 혼합물로의 전변(轉變)은 대기권의 기류가 순환하므로 생기는 그 환경에 의한 생명물질 구성의 시작이요, 생명체 탄생의 시작이었던 것이다.

  이와 같은 생명체 탄생의 전초적 자발현상(自發現象), 즉 합성과 분해현상의 반복이야말로 오늘날의 세계에서 생명의 번영을 보장하는 광합성과 '호흡의 조합' 탄소 순환의 전초가 되게 하였다는 사실을 이 학자들은 증명할 수 있었던 것이다.

  위의 실험에서 한 가지 아쉬운 점은, 이 학자들은 현상학적인 생명체가 탄생하는 과정은 규명하였으나 왜 그렇게 되어야 했는지 근본적인 이치에 대해서는 밝히지 못했던 것이다. 즉 업감의 이치를 읽지 못했기 때문이다.

자연 과학자들이 생명체 탄생의 원리를 증명하는 이면에는 인간의 눈에 보이지 않는 우주 총체적인 환경과 에너지 작용의 진실이 되는 업감(業感)이라는 이치가 숨어 있었던 것이다.

다시 말해서 시험관이 설치되게 된 자리에는 이미 우주 전체가 부여하는 온도와 습도와 산소 등등 총체적 환경이 있었던 것이며, 그러한 환경 속에서 실험은 진행되었다.

이러한 환경 속에서 시료들은 인간의 눈으로 확인 가능한 생명물질로 화합하게 되었으며, 그 화합의 원동력은 우주총체적 환경에 의한 화학반응이었던 것이며, 반응이라는 그 자체가 시료들이 본래 지니고 있던 생명력의 반응적 작용(作用)이었으니, 즉 업감(業感)이었던 것이다.

자연과학은 진화론을 주장하면서도 인간의 육안으로 볼 수 있는 생명체일 때부터 진화를 주장하고 있을 뿐 시발점에 대해서는 관심이 미치지 못하고 있다. 그래서 창조주 또는 조물주라는 단어를 사용하고 있는 것이다. 진화의 시작은 바로 원자(原子)에서부터 시발했던 것이다.

진화(進化)란 생명체의 신체 구조가 생존 활동에 편리하도록 변화·발전하는 현상을 의미한다. 이 진화의 원리는 단순한 환경 때문만은 아닌 것이며 분명코 환경에 의한 화학적 반응(反應)이라는 작용이 있기 때문이니, 그 반응 작용이 화합(化合)체의 구조를 창조하는 원동력이 되었고 업감의 시발인 것이며, 오늘날 인간이 가지는 복잡한 신체 구조와 생각의 시초였다.

우선 생명체는 생존의 욕구라는 본능부터 갖는다. 처음 구성된 생명체는 단세포류이므로 환경에 대한 단순한 반응 외엔 뛰어난 지능도, 기능도 발휘할 수 없다.

그러므로 뜨거우면 피하고 자기를 해치고자 하는 상대를 만날 때는 어떻게든 몸을 피하고자 하는 단순한 반응동작에서부터 생명운동이 시작된다. 그리하여 좀더 빨리 피하고 외부의 공격을 방어하거나 이길 수 있는 방법을 생각하게 되고 그러한 생각과 동작에 의하여 생명체의 구조는 점차적으로 진화하기 시작했던 것이다.

그리하여 탄생된 생명체들은 자신이 처한 환경을 극복하고 생존 경쟁에서 살아남고자 하는 생존 본능의 사고방식을 갖게 되고 그 생각에 따른 활동을 하게 되었던 것이다. 그리고 그 생각과 활동이 편리하도록 신체의 구조는 변화·발전했던 것이다. 결론적으로 자기 마음이 자기 육신을 스스로 탄생시켰고 진화시켰다는 의미가 된다.

생각과 활동에 따른 육신의 변화는 운동 선수들을 관찰해 보면 알 수 있다. 달리기 선수는 다리가 발달하고 철봉 선수는 상체가 발달하며 육체미 선수는 온몸의 근육이 발달한다. 그리고 테니스 선수는 한 쪽 팔만 굵어진다. 마음이 운동을 하고자 할 때 육신은 운동을 하였고 그 운동에 따라 필요한 부분의 근육은 마음이 바라는 바대로 진화했던 것이다. 이러한 이치에 의하여 간단한 단세포 생명체에서 더욱 복잡한 구조로 하등에서 고등 생명체로 점차적인 신체 구조의 진화가 있게 되었다.

그리고 이 세상의 모든 존재는 상대성으로 발생하여 상대와 더불어 진화하고 서로 의존하거나 조건 여하에 따라서는 대적이 되는 상대적인 존재로 존립하게 되었던 것이다.

부처님의 업감연기설과 현대 자연과학이 말하는 진화설은 같은 의미를 지니고 있다. 초기의 업감은 생명력 작용의 시작이요, 오늘날 우리 인간의 사려 깊은 마음의 전초였던 것이다.

자연 원소들은 단계적인 생명 물질로의 화합을 시작하면서 업감이 싹 트고 자랐던 것이며, 좀 더 복잡한 구조로의 체질로 진화하면서 생명력은 점점 자기 중심적이고 이기적인 작용으로 변하여 왔던 것이다. 그리하여 환경에 견디고 생존 경쟁에서 살아남고자 하는 투쟁적 생각과 행동을 하게 되므로 첨단의 신체 구조로 진화하게 되었던 것이다.

자동차도 처음에 발명될 때는 단순한 구조였다가 그 성능이 우수하도록 제작하다 보니 오늘날과 같은 복잡한 구조의 자동차가 탄생하게 되었듯이, 우리 인간의 육신도 업감연기 법칙에 의하여 진화하여 왔으며 그 생각과 행동은 잠재의식이라는 것으로 훈습되어 없어지지 않고 후세의 육신으로 유전(遺傳)하게 되므로 진화의 불은 꺼지지 않았던 것이다.

이상이 생명체 탄생과 진화의 이치이다. 그다음 중요한 것은 유전인자에 대한 진실이다. 인간이 인간을 낳고 물고기가 알을 낳는 유전인자는 어떻게 하여 생기게 되었는가 생명체의 번영에 대한 열쇠가 되는 문제이다.

사람이 사람을 낳고 개가 개를 낳는 복제작용(複製作用), 즉 유전자(DNA狀)의 시발의 비밀은 무엇인가? 그 열쇠는 바로 업감연기의 법칙에 그 원리가 숨겨져 있는 것이다.

현대과학은 단순하게도 물질들이 우주적 환경에 의하여 화합을 거듭하므로 생명체는 창출되었다고 보는 것이며, 유전인자(DNA狀) 성립에 필요한 올바른 화합작용이 있으므로 해서 전생물시대(前生物時代)가 시작되어 오늘날의 인간을 비롯한 모든 생명체들의 진화된 모습이 있게 된 것으로 보고 있는 것이다.

어느 날 TV교육방송에서는 대학입시생을 위한 생물학을 강의하고 있었다. 내가 보게 된 그날 하필이면 '생명체의 탄생의 원리'에 관한 강의를 하고 있었다. 강의하는 선생님은 가끔씩 혓바닥을 내밀어 가면서 코믹하고 능숙한 언어로 재미있게 진행했다. 물론 생명체 탄생의 원리는 교과서에 수록되어 있고, 대학입시에 나올 만한 문제가 되기에 그 귀중한 TV 과외에서 복습하게 하였을 것이다.

그 강사 선생은 말하기를,

"교회에 다니는 분들에게는 대단히 죄송한 강의가 되겠습니다마는 생명체의 탄생은 신이 창조한 것이 아니고 우주 전체적 자연 환경에 의하여 자연 발생적으로 탄생하게 된 것입니다."

이렇게 시작된 강의는 앞서 얘기한 바와 같이 지구 초기에 발생할 수 있는 물질인 수증기, 수소, 암모니아, 메탄 혼합물을 시험장치(플라스크) 안에 넣고 시험기구 내부에는 지구 초기의 환경과 같은 전기를 이용한 소형의 천둥 번개를 만들고 냉각수 장치도 하였으며, 시료들을 순환시켜서 그 환경을 통과하며 연속적으로 흐를 수 있는 장치를 조절했던 결과 생명체 구성에 없어서는 안 될 성분들로 화합하는 것이었다는 등 용어만 불교와 다를 뿐 불교의 연기법 그대로를 강의하는 것이었다.

얼마 전 울산 공업단지 뒷산에는 '캐나다'의 대기오염이 심각한 지방에서만 자생(自生)하는 식물이 자라기 시작했다고 하였다. 이것 또한 수입 콘테이너에 그 나무씨가 묻어왔을 것이라고 보는 식물학자도 있다.

그러나 다음의 사실을 염두에 두고 심사숙고한다면 자생(自生)임에 틀림이 없다는 사실을 인정할 수 있다. 여러 신문이 보도한 바에 의하면 기름 찌꺼기로 오염이 심각한 하천에는 기름 찌꺼기를 먹고 사는 미생물이 자생(自生)하기 시작했다고 보도되었다. 물론 후세를 생산하는 유전인자를 간직한 채 살기 시작했다. 이 이치가 바로 이것이 있으므로 저것이 있고, 저것이 있으므로 이것이 있게 되는 자연법칙이요, 스스로 일어나는 자생력과 번식력은 그 생명체의 생각과 행동에 의한 업감연기법칙에 의한 것이다.

자생(自生)이란 자기 스스로 탄생함을 의미한다. 이러한 자생도 독자적인 자생은 아닌 것이며 우주 전체가 총동원된 환경에 의한 반응적 자생인 것이다. 자생이라는 탄생에는 이미 업감연기(業感緣起)라는 이치가 작용하고 있었고 그 자생에는 이미 유전인자(DNA狀) 이치도 성립되어 있는 것이다.

지금 이 순간에도 지구 도처에서는 한순간도 쉬임없이 그 환경에 맞는 생명물질이 발효되고 있다. 지형(地形), 온도, 습도 등 모든 총체적 변화하는 환경에 따라, 즉 불교에서 말하는 소조(所造)의 이치에 따라 천지만물이 건립되고 새로운 생명체는 끝없이 탄생하고 또 환경에 맞지 않는 생명체들은 멸하게 되는 성주괴공(成住壞空)의 철칙(鐵則)이 계속되고 있다.

단순한 미생물이건 의식이 고도로 발달된 인간과 같은 생명체이거나, 그 생명체의 의식 작용이라는 것은 자기 몸이 이롭고자 하는 본능에서 시작되며, 그 본능은 자기 몸에 대한 이기적인 집착 작용인 것이다.

이 이기적 집착의 의식작용이 진화의 시발점이며 원동력이 되었던 것이다. 자기 몸이 그 환경에 상대적으로 좀더 편리하게 살고 싶고, 생존경쟁에서 이겨서 살아 남고 싶고, 풍요롭게 살고 싶은 그 마음이 곧 진화를 있게 하였던 것이다.

그러므로 생명체가 욕구(慾求)하는 바가 곧 진화를 있게 하는 것이며 인간의 진화된 의식 작용은 물질적, 정신적 넉넉함과 행복을 추구하게 되는 오늘날의 인간으로까지 진화하였던 것이다. 그리고 진화의 원리는 모든 생명체가 평등히 갖게 되는 본능적 생명력의 작용이었던 것이다.

예를 들어서 요즘 의사들이 흔히 사용하는 말 중에 '내성(耐性)이 강해졌다'라는 말이 있다. 어떤 병균이 내성이 강해진다 함은 그 병균을 살균하려는 약이 인체에 투여될 때 그 병균은 살아남기 위하여 그 약에도 견디고 생존할 수 있는 강한 병균체로 진화하였다는 의미가 된다.

강하게 살아남고 싶은 욕구, 이것이 업감(業感)이요, 업감에 의하여 발버둥쳤던 생존의 애착이 진화를 있게 하였던 것이다. 마치 높이 뛰기 선수가 좀 더 높게 뛰어 넘기 위한 생각으로 계속해서 높이 뛰기 연습을 할 때, 신체 구조는 더욱 높이 뛸 수 있도록 진화하듯이 이러한 단순한 병균체의 생리에서도 환경에 대한 반응, 반응적 생각과 행동이 생명체 구조의 모양을 진화시키고 있음을 알 수 있는 것이다.

진화란 아주 오랜 세월 속에서 느리게 진행되고 있다. 복잡한 생명체일수록 진화는 더욱 느리다. 때문에 인간이 한평생을 사는 동안에는 인간의 진화를 확인하기란 어렵다. 그러나 세심히 숙고한다면 백 년도 못 사는 인생에서도 진화를 발견할 수 있다.

일본인과 한국인의 평균키가 40년 전보다 6~7cm 더 커진 것도 생각과 행위에 의한 진화이며 인간의 수명 연장도 진화의 일부분이다. 국제화 사회에서 우리 동양인은 크고 싶었다. 그래서 크게 되었던 것이다.

이러한 환경과 업감연기에 의하여 지금 이 순간에도 무수한 새로운 생명체는 창출되고 있으며, 한 찰나도 쉬임없이 진화나 퇴화 현상은 진행되고 있다.

유전공학자들의 마음과 행동에 의하여 가지에는 토마토가 열리고 뿌리에는 감자가 열리게 하고 소만한 돼지를 생산하고 돼지만한 쥐를 탄생시키기도 한다. 이 모든 조화가 마음에서 나왔으니 마음이 탄생과 진화의 어머니였던 것이며 전지전능(全知全能)은 곧 한마음인 것이다.

현대사회가 가장 큰 고민을 하고 있는 환경문제도 불교의 연기법이 아니고는 해결할 수가 없다. 오늘날 급속도로 발전해 가는 문명의 발달로 심각한 환경오염은 사회문제로 대두되었다. 쓰레기의 매립도 공장매연과 폐수도 한계가 있으나 현대사회는 속수무책이다. 기름 찌꺼기로 오염이 심각한 하천에 그것을 먹고 사는 미생물이 자생하듯이 이것이 있으므로 저것이 있고 이것이 일어나므로 저것이 일어났으니 이것이 멸하면 저것이 멸하는 이치를 이용하지 않고는 공해문제는 해결될 수가 없는 것이다.

죽어 가는 하천을 살리기 위해서는 기름 찌꺼기를 먹고 사는 미생물을 대량 생산할 수 있다면 하천의 정화도 가능한 줄 알지만, 그 미생물을 대량 배양할 수 있는 기술을 아직 개발할 수 없다고 학자들은 말하고 있다.

그러나 아이러니하게도 오염된 하천은 인간에게는 생명을 위협하는 폐수이지만 거기에 새로이 자생하는 미생물들에게는 그 폐수가 유일한 생활의 터전이 되고 있는 것이다.

오염의 강도가 지구를 뒤덮었을 때 약화된 자연시대의 동식물은 자취를 감추게 될 것이요, 오염을 천국으로 삼고 살 수 있는 새로운 생명들이 지구를 지배하게 될 것 아니겠느냐 하는 예측도 할 수 있는 것이다.

그런데 과학문명이 전무(全無)하였던 2500년 전에 생존하셨던 부처님은 과연 어떤 이치로 원자의 세계를 관찰하였고, 물질 화합의 기초적 원리까지 밝힐 수 있었으며 진화의 이치까지 관찰할 수 있었을까? 그것은 깨달으신 바의 혜안(慧眼)이요, 혜안에 의한 지견(知見)이 되는 묘관찰지(妙觀察智)라는 능력이 있었기 때문이다.

그 혜안에는 장애가 있을 수 없다. 멀거나 가깝거나에 관계없이 어떤 모습이 현상하게 된 이치와 모든 실상을 투시하여 관찰할 수 있었으니, 그 관찰의 능력이 묘관찰지이다. 그러한 혜안으로 물질 세계의 내면 세계가 되는 생명 에너지의 작용들을 읽을 수 있었으며 그로 인하여 생명 물질의 화합과 아울러 업감에 의한 탄생과 진화의 이치와 유전인자의 성립 원리까지 확인할 수 있었으며 이 이치를 업감연기설로 밝힐 수 있었던 것이다.

불교 천문학

석가모니 부처님께서는 천문학에 있어서도 실상 그대로의 모습과 이치를 밝히셨다. 은하계(銀河界)와 은하계 저 너머에 실존하고 있는 삼천대천의 세계까지 혜안(慧眼)으로 관찰하시고 그 실상과 지구가 돌고 있는 지동설(地動說)의 이치까지 밝히셨던 것이다.

천지만상묵무언(天地萬象默無言)
대지회전차부동(大地回轉次不動)

천지만물의 근본 실상(實相)은 나고 죽음도 없고 영원불멸 그대로이며, 환경인연에 따라 삼라만상으로 나투고 있을지라도 근본의 세계는 변함 없이 질도 성도 고요하고 고요한 그대로일 뿐이며, 지구는 돌아가고 있으나 우리 중생은 돌아가는 줄을 모른다는 것이다.
삼계유여급정륜(三界猶如汲井輪)이라 하여 은하계의 모습과 삼천대천세계의 우주 모습을 "우물물이 큰 원을 그리며 소용돌이치듯 돌아가고 있다."고 밝히셨다. 이 모습은 현대 천문학자들이 망원렌즈로 관찰하여 사진 찍은 은하계의 모습 그대로이다. 현대 자연과학이 증명하지 못했다면 현대인도 믿기 어려운 미지의 세계를 부처님 당시 밝혀 두셨으니 참으로

경이로운 사실이 아닐 수 없다.

부처님은 이미 약 삼천 년 전에 현대문명이 밝혀 이용하고 있는 자장(磁場)의 이론까지 밝혀 두셨다. 현대 자연과학도 지구에서 멀리 떨어질수록 시간의 흐름이 더디다는 사실을 확인하였다. 우주 저 공간을 향하여 가면 갈수록 시간의 흐름은 더디며 더딘 만큼 그 공간의 별에 생명체가 존재한다면 그들의 수명은 우리 인간에 비하여 엄청나게 길 것이라는 이론을 제시하고 있다.

브라운 박사가 인공위성을 쏘아 올리면서 자장의 이론에 대하여 실험해 본 결과 지구에서 멀리 떨어진 별의 시간은 흐름이 더딘 것을 알아내고 인공위성을 발사하였던 것이다. 자장의 이론대로 계산한 결과 지구에서 오만 광년(光年) 떨어져 있는 은하계에 태양광선과 같은 속도의 비행기를 타고 은하계를 다녀온다면 고작 17년이 걸린다는 사실까지 계산하고 있다.

불교의 경전에서는 천상 세계에 대하여 설명하기를 사왕천(四王天)은 지구시간으로 50년간이 일주야(一晝夜)이고 그 곳 사람의 수명은 오백 세라 하였다. 이를 지구 시간으로 계산하면 9백만 년이 된다. 다시 말씀드리자면 천상 세계의 첫 하늘인 사왕천의 생명들은 지구 시간으로 구백만 세를 산다는 것이니 그만큼 시간의 흐름이 더디다는 것이다. 지구의 시간이 오십 년 흐르는 동안 사왕천은 겨우 하루라는 것이다.

사왕천보다 한 단계 더 멀리 있는 세계를 도리천이라 하였으며, 이 도리천의 하루는 지구의 백 년이라고 하였다. 그곳의 생명들은 그 곳 시간으로 천 년을 산다고 하며 지구 시간으로 환산하면 이천칠백만 년을 살게 되어 있다. 그 위는 수마야천이 있고 수마야천은 도리천의 배수이고 그 위는 도솔천이 있으니 도솔천은 수마야천의 배수이며 그 위의 세계는 또 그 배수가 된다고 하였다. 이렇게 지구에서 멀리 떨어지면 떨어질수록 시간의 흐름이 더딘 이치까지 경전은 밝히고 있다.

  과학자들에게는 과학이 곧 종교이다. 천문학자 '갈릴레이'는 전통적 기독교 집안에서 성장하고 신봉하였던 기독교인이었다. 그런데 지구가 태양을 돈다는 사실을 확인하게 되었다. 그리하여 그 사실을 학술적으로 증거를 제시하였으나 교회는 그 논리를 금지시키고 끝내 갈릴레이를 화형(火刑)으로 처형하였다. 과학자들의 신념은 교회의 폐쇄적 철학 세계와는 크게 대립되는 것이다. 갈릴레이는 종교재판이 열리는 중에도 생명의 위협을 받으면서 끝내 '그래도 지구는 돈다'고 중얼거렸다고 한다. 죽어도 진실을 틀리게 말할 수는 없었던 것이다.

산모와 태아

1983년 경 B신문사 강당에서는 직지사 조실이신 '관응' 스님의 법화경 설법회가 열리고 있었다. 그 날 말씀 중에 태아 교육에 대한 법문이 양념으로 가미되었다.

스님께서는 왜정시대 일본에서 대학 과정을 수료하신 분으로서 학술적이고 조리 있는 설법으로 이 시대의 지성인들에게 불교를 바로 알려 많은 현대인들을 불교에 귀의케 하시는 분이셨다. 그 날도 스님께서는 태아 교육에 대하여 다음과 같은 법문을 하셨다.

"남녀라는 상대성의 접촉에 의하여 아기가 잉태하지요. 태아는 어머니가 섭취하는 음식으로 영양을 공급받아 자라게 됩니다. 그러므로 어머니로부터 공급받게 되는 그 영양소는 육신을 자라게 하는 소재가 됩니다. 그런데 어머니가 생각하고 느끼며 행동하는 그 감정들이 태아의 신체구조와 얼굴 생김새를 형성하는 데 지대한 영향을 미친다고 합니다. 뿐만 아니라 아기가 태어나서 성장하고 사회생활을 하는 데에도 크게 영향을 미치게 되어 있다는 겁니다.

따라서 어머니의 마음먹기에 따라서 훌륭한 아기도 낳을 수 있고 성질 나쁜 아기도 낳을 수 있는 것입니다. 못 믿을까 싶어서 이 이치를 증명하는 생물학자들의 실험결과를 하나 예로 들어보겠습니다.

닭은 알을 낳아서 날개와 온몸으로 품어안고 적당한 온도를 지속시켜 줌으로써 부화를 하게 됩니다. 알을 품고 부화하는 동안 어미 닭의 집념은 대단합니다. 목숨을 걸고 알을 보호하게 되지요. 알을 품고 한쪽 방향을 응시하고 앉아있는 그 모습은 선방(禪房) 수좌들이 참선하는 모습과 흡사합니다. 시선을 일정한 데 두고 집중한 채 움직이지 않습니다. 눈으로 보아서 무엇인지 아는 의식을 안식(眼識)이라고 하지요. 닭은 알을 품고 한 곳만 집중적으로 응시하는 그 안식이 태어날 병아리에게 어떠한 영향을 미치지는 않을까 하는 생각에서 과학자들은 실험을 해보기로 했답니다.

닭이 보고 앉은 시선 앞쪽에 검정색 포장을 쳐 두었습니다. 그 후 시일이 차서 병아리들이 태어나게 되었는데 놀랍게도 병아리들의 털 색깔이 전부 검정색 병아리만 나왔던 것입니다. 그 알의 어미닭, 아빠닭은 모두 누런 색이었다는데요. 그래서 다음 번에는 어미닭 앞에 흰 포장을 쳐 봤는데 그 때는 몽땅 흰색 병아리가 나오더래요. 이처럼 어머니가 보고 느끼는 인식이 태아에게 직접적인 영향을 주고 있다는 것입니다.

옛날부터 시어머니가 며느리에게 아기 낳을 산모는 궂은 일을 못 보게 했지요? 나이 많은 보살님들은 기억할 겁니다. 때문에 산모들의 마음가짐은 대단히 중요한 것입니다. 훌륭한 아기를 낳고 싶은 산모는 훌륭한 생각부터 가져야 하고 누가 뭐래도 화내지 말고 성인군자다운 생각과 행동을 해야만 훌륭한 아기를 생산할 수 있다는 겁니다."

관응 스님은 태아에 대하여 대개 이와 같이 법문을 하시었다. 나의 주위에도 산모의 행위에 따라 기형아를 출산한 사람이 몇 분 있었다. 내가 불교에 귀의하기 전에는 이 전설 같은 얘기를 반신반의하였으나 이제는 이 학설을 믿을 수 있었다.

부친의 고종벌 되는 친척부부는 강원도 어느 산골마을에서 군인들을 상대로 여러 가지 영업을 하고 살았다. 마을 뒷산에는 오염되지 않은 계곡이 있었고 그 계곡에는 가재가 많았다고 한다. 그 친척 부인은 임신 중에도 시간나는 대로 계곡에 나가 가재를 잡아서 요리를 많이 해먹었다고 한다. 그러다가 아기를 낳고 보니 아기의 두 손이 가재의 집게발과 같은 손가락 두 개가 달린 기형아를 낳게 되었다. 그리고 그 애는 자라면서 주위 사람들을 보면 집게발 손으로 꼬집는다고 했는데 부친도 그 댁에 다니러 가셨다가 많이 꼬집혀왔다는 얘기를 하신 적이 있다.

또 한 예로 부산 범일동에서 자그만 제조공장을 경영하는 친구 K씨의 숙모는 임산부일 때 시어머니가 노환으로 자리에 눕게 되자, 누가 일러주기를 고양이 세 마리를 산 채로 끓는 물에 넣고 곰탕을 해서 드리면 병이 낫는다고 일러주었다고 한다. 효심이 지극한 그 임산부는 고양이 세 마리를 구해서 솥에 넣고 끓였는데, 몇 시간이 지난 후 곰탕이 잘 달여졌는지 확인하기 위하여 솥뚜껑을 열어보았는데 솥안을 본 임산부는 그만 기절을 하고 말았다. 펄펄 끓고 있는 물 속에는 죽은 고양이가 눈을 희멀겋게 뜨고는 임산부를 쳐다보고 있었기 때문에 마음 약한 임산부는 기절을 했던 것이다. 그 후 오랜 시일 동안 임산부의 뇌리 속에는 고양이의 그 모습이 사라지지 않았다고 한다. 그리하여 아기를 낳고 보니 그 아기는 엉덩이에서 무릎까지 그 때 그 고양이의 털 색깔과 같은 털을 달고 태어났던 것이다. 그 아이는 성장하여 여자를 돈주고 사다시피 하여 장가를 들었으나 첫 부인은 도망가고 두 번째 부인은 이름 모를 병으로 죽게 되고 그 남자도 30세가 못 되어 결국 죽고 말았다.

이와 같이 어머니가 보고 듣고 느낀 모든 인식과 감정들은 태아의 모습과 정신에 지대한 영향을 미친다는 사실을 믿을 수 있었다.

이 세상엔 어떤 경우도 우연은 없는 것이다. 기형아의 탄생도 모든 장애자도 잘 생긴 탤런트도, 머언 전생에서 비롯된 환경인연과 생각하고 행동했던 바의 업식(業識)에 의하여 하나의 독특한 생명체는 탄생하는 것이다. 그리고 어머니 몸 속의 태아일 때는 어머니의 업식까지 영향을 받아 그 모든 영향에 의한 모습이 탄생되는 것이며, 태어날 때는 모든 전생에서 생각하고 행동했던 그 업식을 잠재의식으로 간직한 채 하나의 생명체는 탄생하는 것이다.

아이가 태어나고 부모가 선택되는 과정도 우연은 아닌 것이며, 인연법칙에 의한 한치의 오차도 없는 필연의 법칙에 의하여 부모와 모든 환경 인연은 선택되는 것이다. 그리고 태어나서도 전생의 지어진 업(業)대로만 살아지는 것은 아니다. 모든 환경과 인연은 인과(因果)에 의한 보(報)이나 현생의 생각과 행동에 의하여 악연(惡緣)을 선연(善緣)으로 돌릴 수도 있고 선연을 악연으로 돌릴 수도 있다. 악연도 선(善)한 마음으로 대처할 때 상대적인 악연을 선연으로 돌릴 수도 있고, 선연을 만났어도 상대적인 선연을 이기적으로 이용하여 욕망을 채우고자 할 때는 선연도 악연으로 변해 버리는 것이다.

전생의 인과는 밭(田)이요, 현생의 생각과 행위는 곡식을 가꾸는 것과 같은 것이니 전생이 원인이 된 환경 인연 속에서 현생의 생각과 노력에 의하여 삶은 진행되고 있다. 그리고 현생의 모든 생각과 행위는 내세(來世)의 자기 모습과 환경과 인연을 창조하고 있는 것이다.

나(我)란 무엇인가?

서양의 어느 철학자는 '나(我)'에 대하여 말하기를 '나는 생각한다. 고로 나는 존재한다'고 하였다. 나의 존재에 대하여 탐구하던 철학자는 결국 자기 마음이 자기인 줄 알았다.

그러나 철학자가 말하는 나란 환경과 인연의 사슬에 얽매여 사는 형상적 또는 중생적인 나를 말하는 것일 뿐 나에 대한 진실은 아니다. 철학자가 말했듯이 이 몸뚱이를 나라고 생각하는 의식이 현재의 나다. 나를 기준으로 상대를 의식(意識)하는 것이 나이며, 따라서 모든 대상(對象)에 대하여 자기를 의식하는 것이 나(我)이다. 이 의식이 자기 몸을 적재적소에 운전하고 다니며 사회적 생활을 주도하는 것이니 의식은 곧 나의 주체(主體)요, 주인공이다.

인간의 육신(肉身)은 물질이요, 의식은 허공성(虛空性)이다. 불교는 참나(眞我)에 대한 그 진리를 제법무아(諸法無我)라고 전제하고 있다. 제법(諸法)이란 모든 생명의 본질을 가리키는 것이며, 무아(無我)란 모든 생명의 근본에 대한 진리를 표현하고자 하는 의미를 담고 있다. 여기에서의 무아란 허무주의적 '없다(無)'의 의미가 아니라, 부처님께서 생명의 진리 그 자체가 되는 체험을 통하여 깨닫고 보니 중생들이 저마다 자기라고 생각하는 그 의식의 본래 모습 그 진리는 모든 너와 내가 따로 있는 것이 아니라. 의식의 본바탕은 허공과 같이 텅비어 하나로 통하여 있는 진공체(眞空體)더라는 것이다. 허공이 나누어질 수 없듯이 생명의 본바탕인 그 진리도 나눌래야 나눌 수도 없는 하나의 진공체라는 것이다.

때문에 개별적인 너와 내가 따로 있는 것이 아니라고 했고, 모든 생명의 본바탕은 하나의 진리의 체(體) 또는 법신(法身)이라고 표현하고 있다. 그래서 생명의 진리를 제법무아라고 하였던 것이다. 그러나 우리 중생은 분명코 너와 내가 따로 있다는 분별심을 갖고 그 분별심에 의하여 생활하고 있다. 부처님도 깨닫기 전에는 개별적인 생명이 따로 있는 것으로 아셨고, 우리 모든 중생들도 그러한 분별심을 갖고 그 인식에 따른 사고방식으로 생활하고 있다.

그러므로 죽는 사람이 있고 사는 사람이 있다고 인식하는 것이며, 사랑하기도 하고 미워하기도 하며 슬퍼하기도 하고 기뻐하기도 하는 것이며, 행복과 불행을 느끼기도 하며 생활하고 있는 것이다.

앞에서 거론한 바와 같이 현대 자연과학에 의하면 인체를 구성하고 있는 단위세포의 숫자는 약 400억 개라고 한다. 우리 인간의 몸은 매일 섭취하게 되는 음식물과 대기 속의 산소 등의 에너지 섭취로 인하여 1초에 약 5000만 개의 새로운 세포가 쉬임없이 구성되고 약 5000만 개의 세포는 폐기되는 과정을 계속하고 있으며, 세포의 내부는 거대한 화학공장과 같이 끝없이 요동치고 있다고 한다.

이 화학공장이 연속적으로 가동되게 하는 주요 에너지원은 산소로서 이 산소가 몸 전체에 피를 타고 공급됨으로 해서 이 공장은 돌아가고 있으며, 생명체가 흡수한 공기는 화학작용을 돕고는 탄소화되는 순환이 계속되므로 생명체는 유지되고 있는 것이라 한다. 그리고 1초에 5000만 개나 생성되는 세포는 생명체마다 독특한 질서적인 규율(DNA狀)이 있기 때문에 어제와 비슷하거나 거의 같아 보이는 몸(身)으로 재구성되고 모든 개체는 유지되는 것이다. 그리하여 약 6개월 정도면 인체의 모든 세포는 새로이 바뀐다고 한다. 그러므로 현재의 이 몸은 육개월 전의 몸이 아니다. 그러나 우리 중생은 태어나서 지금까지 수십 번 바뀐 이 몸을 항상 자기라고 생각하고 그 생각을 기준으로 생활하고 있는 것이다.

　이 우주에 존재하는 모든 현상은 물질로 구성된 임시적 화합체(化合體)요, 우주 총체적 환경이라는 상대성 원리에 의하여 찰나도 쉬임없이 화(化)하여 돌아가고 있다. 아울러 인간의 육신도 찰나도 쉬임없이 화하여 돌아가는 임시적 화합체요, 곧 가상(假象)이다.

　현재의 자기 몸이 임시적 가상이니 가상을 자기라고 생각하는 현재의 자기 마음도 가아(假我)가 된다. 이 가아를 자기라고 굳게 믿고 그 인식에 사로잡혀 생활하고 있기 때문이다. 가아를 진짜 자기라고 생각하는 이것은 현재의식(現在意識)이자 임시적인 인식인 동시에 이것 역시 가아인 것이다. 이 이치를 반야심경에서는 원리전도몽상(遠離顚倒夢想)이라 하여 진실과는 거리가 먼 뒤바뀐 생각이라고 했다. 대단히 잘못된 생각이라는 것이다. 그리고 모든 괴로움(苦)의 원인이 여기에서 발생한다고 했다.

　가아인 현재의 자기 육신을 진짜 자기라고 인식하고 집착하게 된 이기적 사고방식은, 생명체 탄생의 원리에서 논한 바와 같이 자연원소들이 우주적 환경에 의하여 생명물질로의 화합을 시작하면서부터 발생했다.

　단순한 의식 작용에서부터 시작해서, 환경에 견디고 생존의 경쟁에서 살아남고자 하는 이기적 사고방식으로 의식이 진화함과 동시에 육신이 진화하였으니, 의식은 곧 진화의 원동력이었다. 그 생각과 행동이 잠재의식으로 훈습되어 그 훈습이 끝없이 유전(遺傳)하므로 진화는 계속되어 왔으며 그로 인하여 오늘날과 같은 복잡한 육신과 고차원의 의식이 있게 되었던 것이다.

  가아인 현재의 자기 몸을 자기라고 생각하는 그 마음도 가아라면 진아란 무엇인가? 부처님은 말씀하시기를 의식작용(意識作用)이 일어나기 전 근본의 마음자리를 진아(眞我)라고 하셨다.

  육신과 마음의 이별이 죽음이다. 육신은 화하여 돌아가는 임시적 현상이요, 이 몸을 적재적소에 운전하여 다니며 사회적 책임을 다하면서 생활하는 것은 의식이니 육신의 주인은 의식이 된다. 이 의식(意識)을 현대 심리학자들은 잠재의식, 현재의식, 초월의식(超越意識)이라 하여 세 가지로 분류하여 심리(心理)를 논하고 있다.

  초월의식이란 부처님과 같은 성인의 마음을 의미하고, 잠재의식이란 과거생에서 보고 듣고 익힌 모든 기억들이 잠재되어 있는 상태를 가리킨다. 현재의식이란 현실적으로 보고 느끼고 행동하는 의식을 가리키는 것이며 이 현재의식이 생활을 주도하고 있다. 이 현재의식을 현대 심리학자들은 설명하기를 태어나면서부터 지금까지 보고 느끼고 행동하였던 그 잠재의식에 의하여 때와 장소와 대상에 따라 현재의식이 일어난다고 한다.

  불교는 이 잠재의식을 훈습(熏習)이라고 한다. 과거생에서부터 현생의 지금에 이르기까지 보고 느끼고 행동하였던 모든 업감(業感)들이 솜에 물배듯 마음속에 배어 있는 상태를 말하며, 이 잠재되어 있는 훈습이 때와 장소와 대상에 따라 현재의식으로 작용한다는 것이다.

  나(我)란 지난 날의 모든 기억을 간직하므로 나는 존재한다. 어릴 때 자랐던 곳을 고향이라 생각하고, 낳아서 길러주신 분은 부모라 생각하고, 같이 뛰놀던 친구를 고향친구라 생각하고, 다녔던 학교를 모교라 생각하고, 학교에서 지식을 가르쳐 주신 분을 선생님이라 생각하고, 자기가 태어나서 살게 된 나라를 모국이라 생각하는 등등 이러한 모든 지난 날의 업식(業識)이 기억된 잠재의식이 있기에 그것이 바탕이 되어 삶을 열어가고 있는 것이다. 이 잠재의식이 바탕이 되어 현재의식이 작용함을 묘용(妙用) 또는 진공 묘용(眞空妙用)이라고 한다.

　마음의 본바탕은 순수히 비어 진공하면서 묘하게도 작용한다는 의미가 된다. 이 잠재의식의 기원(紀元)을 단순히 태어나서부터 현재까지라고 생각한다면 모순이 크게 된다. 근원을 알 수 없을 뿐더러 전체적인 조화의 이치를 파악할 수 없기 때문이다. 잠재의식의 기원은 나의 기원이 된다.

　앞장에서 논한 바와 같이 인간을 비롯한 지구상의 생명체 탄생의 원리는 고등학교 교과서에 수록된 바와 같이 지구 초기 자체 환경과 우주총체적 모든 환경에 의하여 지구상의 도처에서 화학적 반응을 일어나게 하였고, 그 화학적 반응에 의하여 생명물질의 기초적 요소가 합성(合成)될 수 있었다. 그리고 기초적 생명물질이라 이름하는 이 합성의 존재도 원자 한 개에서부터 시작된 업감(業感)이라는 생명력의 작용에 의한 것이니, 이것이 오늘날 인간이 지니는 생각의 전초였던 것이며, 나(自我)의 시발이었던 것이다.

　이 기초적 생명물질들은 끝없이 부여되는 환경에 의한 화학적 반응과 더불어 차츰차츰 다음 단계의 화합(化合)을 거듭하면서 좀더 진화된 업감 연기를 갖게 되고 좀더 진화된 업감이 진행되므로 좀더 복잡한 생명물질로 단계적인 진화를 거듭하게 되었던 것이다.

　그리하여 합성된 모든 생명물질에는 점점 진화되는 생명력의 작용(業感緣起)이 일어나게 되고, 쉬임없이 변화하는 환경과 더불어 끝없이 일어나는 생각과 행동에 의하여 지구의 도처에서는 그 처소마다 그 처소에서 생존하기에 알맞도록 생명체들의 체형과 모습이 갖추어지게 되었던 것이다. 신학자들이 말하는 태초에 남자 1명, 여자 1명이 창조되었다는 아담과 이브설은 이치와는 거리가 멀다. 콜럼버스가 아메리카 대륙을 발견했을 때도 아파치족이라는 원주민은 살고 있었다.

부처님이 밝히셨듯이 소조(所造)의 이치에 따라 아프리카에는 아프리카 기후에 알맞는 생명체가 창출(創出)되고 서양은 서양대로 동양은 동양대로 인간을 비롯한 모든 생명체는 업감연기법에 의하여 창출되었던 것이다. 그리고 진화하여 왔던 것이다.

그리하여 물 속의 생명 물질은 물 속에서 생존하고자 하는 업감이 있으므로 물 속 생활에 알맞는 물고기의 모습으로 진화하였고, 생존경쟁에서 살아남고자 하는 업감이 있으므로 물고기마다 색깔이나 무늬로 몸을 위장하기도 하고, 문어, 오징어 등의 고기는 검정 물을 뿜어 몸을 숨길 줄 아는 등의 체형으로 진화했던 것이다. 그리고 산 속에서 살게 된 짐승들 역시 그 생존의 욕구에 의하여 산 속에서 살기에 알맞는 모습으로 진화하여 왔으며 우리 인간도 이와 같은 이치로 진화하여 왔던 것이다.

참으로 묘하게도 지금까지의 진화된 모든 생명들의 모습에서 업감연기 법칙을 읽을 수 있다. 약육강식(弱肉强食)하는 맹수는 그 모습과 체형이 사납고 무섭게 생겼고, 초식만 하는 사슴, 노루, 기린 등은 너무나 양순하게 생겼다. 이와 같이 모든 생명체들은 사고(思考)와 행동에 의하여 진화되어 왔으며, 순하고 악한 모습까지 그 업식에 의하여 창출되었음을 알 수 있는 것이다. 그리고 그 업식의 기원은 생명물질의 최초에서부터 그 작용이 시발되었던 것이며 그 업식(業識)이 유전(遺傳)하므로 수억만 년을 거쳐 유전하며 진화하여 왔던 것이며, 업식의 유전을 윤회(輪廻)라고 하였다.

물질을 논할 때 유정물(有情物)과 무정물(無情物)로 구분한다. 현상적으로 보아 유정(有情)이란 생명력의 작용이 있는 생명물질을 가리키고 생명력의 작용이 없는 흙, 모래, 바위, 물, 들과 산은 무정물이라 한다.

지구촌의 생명물질은 지구 자체의 무정물이 바탕이 되어 무정물에 의지해서 창출되었고 무정물에 의지해서 생활하고 있다. 그리고 생명물질이 죽어 무정물이 되기도 하고 무정물은 화합하여 다시 생명물질이 되기도 한다. 흔히들 연기법을 강설할 때 업감연기의 시작을 인간이나 동물 등 기타 인간이 인정하는 눈 달리고 팔·다리 달린 생명체에서부터 업감연기설을 적용하니까 바른 이치의 설명이 못 되고 있는 것이다.

생명력의 작용, 그 시발점은 생명물질의 화합이 시작되면서부터 시발했던 것이다. 물론 시초의 단계는 자기 몸을 자기라고 살펴 아는 고차원적 인식이 아닌 단순히 환경에 대한 반응(反應)에서부터 시작되었던 것이니, 본능적이고 무의식적인 작용에서부터 시작되었던 것이며, 단순반응에서 애착과 이기적으로 의식이 진화함과 동시에 점점 복잡한 구조의 생명체로 진화를 거듭하게 되었던 것이다.

중생의 육신은 살아 숨쉬는 하나의 기계이다. 그 육신은 마음의 작용 즉 생각이라는 것이 있어서 자기의 육신을 적재적소에 운전하고 다니면서 가정과 사회적 책임을 다하면서 생활하고 있다. 육신이 배고프면 밥 먹여주고, 직장에서는 책임을 다하고 때로는 사랑하며 때로는 분노하며 생활한다. 이러한 모든 생각들은 잠재의식이 있으므로 사물을 보아 분별심을 내고 때와 장소에 따른 행동도 나오게 되는 것이다. 새로운 지식을 얻을 때도 마찬가지이다. 학문을 배우거나 불경이나 성경, 신문이나 방송을 보고 듣고 이해하고 새로운 지식을 쌓아 가는 것도 잠재의식에 의해서이다.

그리고 새로운 지식은 새로운 잠재의식이 되는 것이며 이 시각 이전의 모든 잠재의식에 의하여 새로운 인식과 생활은 연출되는 것이다. 따라서 무엇을 어떻게 받아들여 어떻게 인식하고 있느냐에 따라 그것이 바탕이 되어 습관으로 작용되기도 하면서 개인의 생활은 연출되고 있는 것이다. 따라서 잠재의식이 없다면 분별력이 있을 수 없으며 마치 백치 아다다와 같은 형태가 될 것이다.

전생(前生)을 살아오면서 훈습된 그 잠재의식들이 현생(現生)의 모든 인연환경을 있게 하였고, 또한 그 잠재의식은 인간마다 다른 적성(適性)이라는 것으로 작용하고 있는 것이다. 그리고 현생을 살아가면서 보고 듣고 느끼거나 행동하게 되는 모든 업(業)들은 새로운 잠재의식들로 자리잡게 되고, 그 잠재의식에 의하여 내생(來生)은 건립되고 있다.

부처님 말씀에 "전생을 알고 싶거든 현재의 자기를 보고, 내생(來生)을 알고 싶거든 현생(現生)의 너를 보라."는 말씀이 있다. 그리고 "너의 실체(實體)는 마음이며 몸(身)은 곧 마음의 그림자"라고 하셨다. 마음 가짐에 따라 몸과 환경이 건립되고 있는 이치를 설명하는 것이다.

타고난 모습과 환경은 전생의 업감(業感)에 의한 업의(業依)요, 현생의 생각 행동은 이 시간 이후의 나의 모습을 창조해 간다. 생각과 행위[業感]에 의하여 나의 모습이 건립되고 있다는 사실은 현재를 사는 우리 이웃의 얼굴에서 읽을 수 있다.

젊은 시절부터 근심 걱정을 많이 하다 보면 얼굴모습이 근심 걱정스런 모습이 되고, 젊은 시절부터 명랑한 성격으로 생활하다 보면 그 얼굴 모습이 명랑해 보인다. 태어날 때부터 선한 얼굴로 태어난 사람일지라도 사악한 생각과 행동을 계속하게 되면 사악한 얼굴로 변하게 되고, 태어날 때부터 악한 얼굴로 태어 났어도 선한 사람들과 어울려 선한 생각과 행동만을 실천하게 될 때는 선한 표정의 얼굴이 되고 있는 것이다.

개인마다 갖고 있는 잠재의식이 다르므로 생각과 행동이 다르게 되어 있는 것이다. 흉악한 잠재의식이 강하게 내재되어 있는 사람은 흉악한 행위를 쉽게 할 수 있고, 선한 잠재의식이 크게 내재되어 있는 사람은 습관적으로 선행을 하게 되는 것이다. 육신은 바뀌어도 항상 자기라고 생각하고 살게 되는 그 의식은 순수한 허공성(虛空性)일 뿐이요, 육신의 어느 부분에도 상주할 수 없으며 생각하고 행동하는 것으로 쓰일 뿐이라고 했다.

의식이라는 공한 존재는 분명히 있으나 순수하게 비어 있어 진공묘유(眞空妙有)요 진공체(眞空體)에서 의식작용으로 나왔으니 생각이다. 이 잠재의식은 몸에 의지하여 온갖 욕망을 불태우며 살다가 어느덧 육신의 수명이 다하게 될 때 육신은 썩어 자연으로 돌아가 버리니 그 잠재의식은 어떻게 되겠는가? 육신을 잃었으니 감각기관을 잃었고, 감각기관을 잃었으니 한치 앞도 분간 못하는 잠재의식일 뿐이다. 이것이 영혼이다. 더도 덜도 아닌 훈습 그대로일 뿐이며 인과응보(因果應報)라는 철칙에 따라 끝없는 고해(苦海)로 흘러갈 뿐인 것이다. 육신이 죽는다 함은 의식의 작용이 멈춤을 의미한다. 잠을 자도 잠재의식이 없어지는 것은 아니고 쉬고 있다. 쉬고 있는 이 잠재의식이 꿈이라는 것으로 상상의 나래를 펼 때가 있다.

꿈이라는 것은 평소 자기가 생각하고 있던 그 잠재의식에 의하여 상념(想念)이 그려내는 허상이다. 절에 자주 다니는 사람의 꿈에는 스님이나 기타 불교 관계의 꿈이 꾸어지기도 하고, 교회 다니는 사람의 꿈에는 교회와 관계되는 일들이 꿈속에 나타나며, 도둑질했던 사람은 형사에게 쫓기는 꿈이 꾸어지기도 한다. 같은 방에서 잠을 자도 각기 다른 꿈을 꾸게 되는데 이 사람은 저 사람의 꿈의 내용을 모르고 저 사람은 이 사람의 꿈을 모른다.

꿈은 개인마다의 잠재의식이 그려내는 허상(虛想)이기에 다른 사람이 알 수가 없다. 간혹 다가올 일을 암시해 주는 꿈을 꾸는 사람도 있으나 이것 역시 자기의 잠재의식의 희망사항이요, 잠재의식의 예측이며 헛 상상인 것이다. 그리고 꿈은 한결같이 자기의 의도하는 바대로 진행되질 않는다. 항상 꿈이 주도하는 바에 따라 끌려가게 되어 있는 것이다. 맹수에게 쫓기고 강도에게 쫓기는 꿈이거나 형사에게 쫓기는 꿈을 꿀 때 발걸음은 도망가 주질 않게 되는 것이다.

사후(死後) 잠재의식의 형태도 바로 이런 것이다. 한시도 자기 의도대로 되지 않는 법이며 살아온 생각과 행동에 따른 인과가 있을 뿐이다. 마치 한 잎의 낙엽처럼 바람 부는 대로 인과에 따라 흘러갈 뿐이다. 낙엽은 물에 떠내려가기도 하고 불 속 화탕지옥에서 타버리기도 하며 그 자리에 떨어져 썩어 땅의 비옥한 거름이 되었다가 다시 또 나무의 영양소로 흡수되어 싱싱한 새잎으로 나타나기도 한다.

어느 법회에서 관응 스님께서는 다음과 같이 설법을 하셨다.

"오늘 우리는 불교공부는 접어두고 인생이 뭔가부터 얘기해 봅시다. 인생, 이거 한 마디로 대단히 위험한 거요. 왜 위험천만인고 다같이 한 번 생각해 봅시다. 인간은 어머니 뱃속에서 태어나면서부터 생명의 본능이라고 할 수 있는 단순한 의식부터 작용하게 됩니다.

배가 고프면 젖 달라고 울고, 이부자리에 오줌똥을 실례해 놓고는 치워달라고 울면서 인생은 시작됩니다. 그 다음 단계로는 미각(味覺), 청각(聽覺), 시각(視覺) 등의 욕구 충족을 위한 다채로운 욕망이 자라게 됩니다. 점점 성장하면서 의식세계에 하나 더 작용되는 것이 있으니, 그것은 전생으로부터 이어진 잠재의식이라 하는 것이고 그 잠재의식은 사람마다 다르게 적성이라는 것으로 나타납니다.

이 적성이 어디서 왔는가 하면 전생의 업(業)에서 오는 거요. 전생에 생각하고 생활했던 모든 삶이 잠재의식화되어 있다가 현생에 와서는 생각과 행동을 부추기게 되고 따라서 육신의 체질로도 나타납니다. 태어날 때 타고나는 부모를 비롯한 모든 주위환경을 업의(業依)라고 합니다.

전생에 자기가 살았던 생각과 행동들이 원인이 되어 그 인과에 의한 인연법(因緣法)에 따라 거기에 태어나야만 하는 필연(必然)에 의하여 태어나는 환경을 말합니다. '뭐 전생이 있을까봐' 하고 의심하는 사람이 있겠으나 알려고 하면 우리 주위에서 증명되고 있는 것이니께 믿고 들어 보소.

인간은 부모 뱃속에서 나올 때부터 고(苦)가 시작됩니다. 알고 보면 고계(苦界)의 시작은 이때부터도 아니죠. 인간이 되기 훨씬 머언 옛날 수억만 년 전 단세포 생명 물질일 때부터 고계는 시작되었던 거요. 그때부터 생존 경쟁은 있었고, 그 생존 경쟁에서부터 잡아먹고 잡아먹히는 고계는 시발되었으며, 그 경쟁 속에서 지능의 변화에 따른 생각과 행동에 의하여 체구의 진화가 있었는데 이 이치를 요새 사람들은 진화라 했고 부처님은 업감연기라고 하셨어요.

인간은 점점 성장하면서도 고계를 떠나서 살 수 없지요. 소학교에 입학하고 학년이 높아질수록 고(苦)의 범위는 점점 커지는 거요. 성적이 좋고 나빠도 항상 걱정이 따르고, 합격을 해도 학비를 내야 하는 고(苦)가 있고 그러다가 대학까지 나왔다고 해서 걱정이 없어지나. 첩첩이 냉정한 생존경쟁이라는 고(苦)는 기다리고 있거든. 취직을 해도 사방으로 얽힌 인연고리들은 시시때때로 괴롭혀오고, 진급이나 사업 등 냉정한 심판은 기다리고 있지. 그 심판에는 권모술수가 있고, 비열함이 있고, 직원은 직원대로 사장은 사장대로 피할 수도 없는 고들이 있고, 이러한 사회생활 속에서는 평등치 못한 심판도 감수해야 하는 고(苦)도 있는 겁니다. 살인 강도보다도 더 냉혹하고 흉악할 때도 있고 비굴한 아양을 떨어야 할 때도 있지요.

　오늘 이 자리에 앉아서 자기가 어떤 심리상태를 가지고 살아가고 있는지 한번 살펴봅시다. 내 개인의 영달과 가정의 풍요를 누리기 위하여 일을 생각하고 만날 사람을 생각하고 끝도 없는 궁리와 상념(想念) 속에서 사로잡혀 헤어나지 못한 채 살아가고 있지요.

　잠에서 깨어나면 찰나의 휴식도 없는 생각들이 나래를 폅니다. 출근 시간을 생각하고 가정과 직장 등 자기가 소속되는 모든 분야의 책임을 다하기 위한 상념 속에서 하루가 시작됩니다. 이것이 환경인연에 끄달린 생활입니다. 이것이 중독이 되다 보니 진짜 자기를 돌아볼 여유가 없는 거요. 이러한 집착의 상념 속에서 살다 보면 세월은 잘도 가요. 그러다가 간혹 가족이나 친척 친구 등이 때 아닌 죽음을 당하는 것을 보기도 하겠지요. 그때는 '야 참으로 인생이 허무하구나' '인생무상이로다' 하고 탄식을 하기도 하는데, 이 때도 이 무상을 바로 봐야 하는데 대부분이 잘못 보는 거요.

　참으로 인생이 허무하다는 생각이 들었으면 이 인생이 뭘까? 하고 바로 알아보고자 해야 될 터인데 대부분이 '인생 그거 너무 허망하더라, 그 친구 잘 살려고 그렇게도 노력했는데 고생만 하고 가버렸으니 얼마나 허망하냐. 죽고나면 그만이다. 살았을 때 즐기며 살자' 이런 식으로 무상을 봐 버리니 난장판 인생이 되어 버리는 거요. 오늘 죽을지 내일 죽을지 모르고 살기에 한 시간 후에 죽을 사람도 즐겁게 살고 있는 거요. 친구가 죽고 부모가 죽는 것을 보고도 자기 죽음은 생각 못한 채 며칠이 지나면 잊어버리고 깔깔거리면서 사는 거요. 망각(忘却)이라는 것이 참 편리하기도 한 거지요.

　이렇게 살다 보면 인생은 어느덧 황혼이 오고 가끔씩 병고가 찾아와서 죽음을 예고하지만 그래도 자기를 돌이켜 볼 생각은 못하고 늙으면 다 죽는 거지 하고 체념을 하고 보이는 것에만 끄달려 사는 겁니다. 그러다가 인생 기껏해야 백 년도 못 살고 마감하게 됩니다. 마지막 가는 곳은 한 평도 못 되는 무덤 속 아니면 화장막의 재가 되어 버려집니다. 이렇듯 그렇게도 짧고 간단하며 찰나 같은 인생을 살면서 그것이 전부인 양 알고 끄달리고 얽매여 살아왔을 뿐입니다.

흔히들 '사후(死後)의 일은 죽어봐야 안다.'고 쉽게 말하기도 합니다. 그러나 중생은 죽어봐도 죽음의 내용을 모르게 되어 있어요. 생각을 해봐요. 사람은 살았을 때 육신의 감각기관이 있기 때문에 봐서 알고, 냄새로 맡아봐서 알고, 무슨 소리인지 들어봐서 알고, 만져 봐서 촉감으로 알기도 하는데, 죽으면 이 몸뚱아리 감각기관을 잃어 버렸는데 무엇으로 보고 느껴 죽음의 내용을 알겠어요? 죽으면 더도 덜도 아닌 잠재의식 덩어리뿐인 거요. 그것을 사람들은 영혼이라 그래요. 그 영혼은 눈도, 코도, 발도 없기에 자기 맘대로 가도 오도 못합니다. 그저 인연되는 대로 망각의 여행을 하는 것입니다. 자기도 모르는 사이에 자기가 살아왔던 생각과 행동이 원인이 된 그 업인(業因)에 따라 내세(來世)로의 긴 여정은 계속되는 것입니다.

이러한 중생의 삶을 석가모니 부처님께서는 화택(火宅)이라 했습니다. 집은 불타고 있는데 불난 집의 안방에는 아이들이 집에 불이 난 줄도 모르고 놀이에 정신이 팔려 열심히 놀고 있는 것입니다. 사는 길은 집 밖으로 빨리 뛰쳐나와야 삽니다. 이러한 놀이에 빠진 불난 집의 아이들 모습과 우리 중생들의 생활에 끄달려 사는 모습이 꼭 같은 이치의 상황에 처해 있다는 것입니다. 인간은 생명의 진리를 모르기 때문에 찰나간의 인생을 긴 세월을 산다는 인식으로 살게 되고 그 많은 희로애락 속에서도 이것이 인생이려니 하고 살아가는 것입니다. 인생 그것은 죽음으로 가는 짧은 여정일 뿐입니다. 하루를 살다가는 하루살이도 죽음을 망각하고 살기에 하루라는 일생을 살면서도 할 일만 찾아다니며 사는 데만 열중하게 되지요. 인간의 삶도 진리를 모르고 살 때 하루살이의 삶과 같은 거지요. 하루살이 그 조그만 것이 얼마나 생각할 줄 알까요.

무상(無常)이란 보통사람들이 인식하고 있는 염세적(厭世的)인 의미가 아닙니다. 가을에 스산하게 떨어져 쌓인 낙엽을 보고 인생이 마지막 가는 모습과 같음을 생각하여 무상하다! 탄식하기도 하고 죽는 일 슬픈 일, 쪽에만 무상하다는 표현을 하는 경우가 많습니다.

무상은 슬프다는 의미는 아닙니다. 모든 현상은 고정됨이 없이 전체 우주의 자연환경이 총동원된 그 환경에 의하여 화하여 돌아가는 자연현상의 진리가 무상입니다. 태어남도 무상이요, 죽음도 무상이며, 들도 산도 수목도 무상의 철칙 속에서 화하여 돌아가고 있을 뿐입니다.

무상은 자연의 진실 그 실상을 의미하는 것이니 차별이 있을 수 없습니다. 우주만유(宇宙萬有) 평등일체(平等一切)를 의미하는 것입니다. 인간은 아무리 넉넉하고 호화스러운 생활을 하고 살더라도 미래를 모르기에 불안한 것입니다. 오늘 죽게 될지 내일 죽게 될지를 모르기에 죽음을 망각하고 살 수 있고 사후의 세계까지 망각하고 살고 있는 것입니다.

중생의 삶이란 캄캄한 밤에 살얼음판을 가는 것처럼 불안하고 가련할 뿐입니다. 관광버스를 타고 즐거운 놀이에 가다가 사고로 죽음을 당하기도 하고, 오늘 할 일을 생각하며 일터로 나가다가 사고로 죽기도 하고, 가지가지의 사고로 불의의 죽음을 당하기도 하고, 무서운 병고가 갑작스레 찾아와서 죽음을 맞이하기도 합니다. 그 영혼들은 어디로 갔을까요?

한치 앞도 분간 못하는 캄캄하고 가련한 영혼들, 그 영혼들은 바람에

날려 가는 휴지조각처럼 인연닿는 대로 흘러갈 뿐입니다. 부처님도 하나님도 어쩔 수 없는 거요.

사람들은 재산 모을 생각, 오래 살고 싶은 생각, 나중에는 자손들에게 재산 많이 유산 남겨 주고 싶은 생각까지는 하면서, 정작 해야 할 자기 죽음에 대한 대비책은 세우지 않아요. 흔히들 불교 믿는 사람들도 그래요. 실컷 욕심 부리고 살다가 죽을 때는 큰스님 모셔다 천도재 올리면 극락왕생한다고 생각하거든요. 이런 생각들이 중생들의 큰 병인 거요.

부처님께서 자기 구원자는 자기뿐이라 했어요. 삼계도사요 사생자부이신 부처님께서는 '내게도 세 가지 부족한 게 있다'고 하시고는 삼불능(三不能)을 말씀하셨습니다.

첫째로는 중생의 업을 대신할 수 없다고 하셨고, 두 번째로는 인연 없는 중생은 제도할 수 없다고 하셨고, 세 번째로는 중생을 즉시에 깨닫게 할 수 없다고 하셨습니다.

'중생의 업을 대신할 수 없다'고 하심은 자기가 살아온 업에 의한 과보는 자기만이 받는 것이며 피할 수도 없고, 자기의 구원은 자기만이 할 수 있다는 원인과 결과의 철칙을 일러주신 것이요.

'인연 없는 중생은 제도할 수 없다' 하심은 불교가 어떤 가르침인지 알기도 싫은 사람, 오늘과 같은 법회는 오기 싫고 맛있는 음식점이나 즐거운 놀이에는 기를 쓰고 가는 사람, 법회보다는 캬바레 가서 춤이나 추고 싶은 사람, 또는 눈에 보이는 이기적 현실밖에는 생각하기도 싫은 사람, 또는 여타 기복신앙에 빠져 그것이 최고의 진리로 알고 진짜 불교는 알기도 싫은 사람, 이러한 사람들은 불교와 인연이 없는 사람들이죠. 이런 사람은 제도할 수 없다고 하셨습니다.

'중생을 즉시 깨닫게 할 수는 없다' 하심은 우주가 생기고 생명체가 탄생한 현상학적 기초교리도 어려운데 생명의 진리까지 깨닫고자 함은 참으로 심오하여 어려운 것은 사실이나 누구나 목숨걸고 정진할 때 깨달을 수 있다는 의미가 되겠습니다.

자기를 자기가 창조하였으니 자기를 구원할 수 있는 이도 자기뿐인 것입니다. 결코 인생은 허망한 것이 아니며 참으로 고귀한 것입니다. 미혹(迷惑)에 빠져 미혹을 미혹인 줄 모르고 살 때 인생은 참으로 허망한 것이지만, 무상의 참 의미를 바로 알 때 인생은 참으로 값진 찬스입니다. 부처님은 수억만 생을 지나도 인간의 몸받아 태어나기 참으로 어렵다고 하셨습니다. 이 인생을 영원한 행복이 되는 자기구원의 기회로 삼을 때 참으로 고귀한 것입니다. 중생심이 없으면 깨달음도 없습니다.

중생의 마음이 깨달을 때 부처이니 중생일 때 중생심에 의지해서 일어서야 합니다. 땅에 넘어지면 땅을 짚고 일어서야 하듯이… 삶의 참 의미를 생각하고 깨달음으로 도약할 수 있는 중생의 마음이 진실한 중생입니다."

인생(人生)을 바로 알면 극락이요, 모르면 고(苦)라는 요지의 말씀이었다.

인간의 의식구조

　불교는 인간의 의식구조를 유식(惟識)이라는 논제로서 심리작용의 실상을 밝히고 있다.
　유식(惟識)은 중생적(衆生的) 의식구조에서부터 깨달음의 경지까지의 심리상태를 설명하고자 하는 논제가 된다. 중생 즉 범부로서의 나(我)의 실체는 현재의식이다. 이 현재의식은 어떻게 하여 작용하게 되었고 미래에는 어떻게 될 것인가를 밝히는 동시에 못 깨치면 고계(苦界)를 윤회하게 되고 깨치면 영원한 피안의 세계에 이르게 됨을 밝히고자 하는 것이다.
　인간은 다섯 처의 감각기관을 통하여 대상이 무엇인지를 알고 어떻게 대응할 것인가를 판단하여 삶을 영위해 가고 있다.
　눈이 비추고(眼), 귀로 소리를 듣고(耳), 코로 냄새를 맡고(鼻), 혓바닥으로 맛을 접하고(舌), 몸(身) 전체 피부촉감을 접하여 무엇인지를 알아 말과 행동으로 생활케 하는 분별처를 의(意)라 한다. 즉 안(眼), 이(耳), 비(鼻), 설(舌), 신(身) 다섯 처로 대상을 접하면 마음이 무엇인지를 판단한다는 것이다. 썩지 않은 시체가 눈을 뜨고 있어도 보지 못하듯이 생각이 없으면 무감각의 육신이 되고 만다.
　우리 중생은 이와 같은 여섯 처의 기관을 통하여 자기 중심적 또는 자기편적 이기적인 사고방식에 끄달려 생활하게 되어 있으므로 이것을 중생식(衆生識)이라 표현한다.

눈으로는 보기 좋은 것을 추구하고, 귀로는 좋은 소리를 듣고 싶어하며 입으로는 좋은 음식을, 코로는 좋은 냄새를 맡고 싶어하며 몸은 좋은 촉감을 갈망하면서 끝도 한도 없는 이기적인 사고방식으로 생활하고 있는 것이 인간이다. 때문에 오적(五賊)이라고 표현하기도 한다.

이러한 다섯 가지의 감각기관에 끄달린 생활을 하게 될 때 깨달음의 장애가 되는 것이라 하여 오적이라 표현한다. 그리고 이러한 사고방식을 미혹(迷惑)이라 표현하기도 했다.

모든 생명체들은 신체구조가 복잡하게 발달할수록 이기심이 발달되어 있고 단세포 생명체일수록 이기심은 적다. 예를 들자면 지렁이는 단세포 생명체로 본다. 지렁이는 습기진 땅 속에서 영양물질을 섭취하고자 움직이며 살아간다. 비가 오는 날이면 '땅 위에도 습기가 있구나.' 라고 생각하고는 땅 위로 기어 나오기도 한다. 그러다가 미처 몸을 흙 속으로 피하기도 전에 날씨가 개이게 되면 그대로 말라죽기도 한다.

이와 같은 단순한 의식이 점차적으로 진화함과 동시에 육신도 점차적으로 진화를 거듭하게 되었으며 이러한 과정에서 발생했던 생명의 작용은 잠재의식으로 훈습되어 이 잠재의식이 유전하므로 진화는 계속될 수 있었으며 이러한 잠재의식의 유전(遺傳)이 윤회의 시발이었던 것이다.

이 잠재의식을 인디어로 제7 말라식(Manas)이라 하고 한자로는 사량식(思量識)이라 한다. 사량식이란 글자 그대로 생각의 능력을 의미한다. 생각의 능력이란 잠재의식에서 나온다. 철학공부를 많이 했던 철학자는 철학에 대한 식견(識見)이 뛰어나고 과학도는 자연과학에 대한 식견이 뛰어나고 의사는 의술에 대한 식견이 뛰어나다.

저마다 의식 속에 잠재하고 있는 분별력이 있기 때문이다. 물론 이와 같은 잠재의식은 현생에서 잠재된 것이라고 생각할 수 있다. 그러나 사람마다 적성이라는 것이 있다. 사람마다 적성이 있기에 소질이 있는 분야가 있게 되고 적성이라는 것은 현생에서 얻어진 것이 아니라 머언 전생에서 비롯되었던 훈습(薰習)에 의한 것이다. 잠재의식이 바로 업(業)의 창고이다. 물론 신(神)의 창조설을 믿거나 현실적으로 육안으로 보이는 사실 외는 인정하지 못하는 사람들은 "전생의 잠재의식이 어떻게 현생(現生)에 반영되거나 유전되겠느냐?"라고 반문할 수 있다. 물론 전생의 잠재의식을 본인은 기억할 수가 없다. 그러나 자기가 기억하지 못하더라도 전생의 생각과 행위와 습관은 현생의 자기 모습을 만들었고, 자기가 기억도 못하는 업식(業識)은 현생의 자기에게는 재능이나 적성 또는 습관으로 나타나고 있다.

철학박사이신 Y스님은 독일유학에서 잠재의식에 대한 연구논문으로 학위를 받았다고 한다. 개미과에 속하는 벌레의 탄생과 자라나는 과정을 연구 관찰하여 잠재의식의 유전 또는 윤회한다는 근거를 제시하였던 것이다.

시험관 유리상자를 만들고 그 안에 흙을 담아 개미과에 속하는 벌레가 살 수 있는 환경을 만든 다음 벌레 한 쌍을 유리관 속에 넣었다. 그리고 그 벌레가 좋아하는 먹이도 넣어주었다. 며칠 지나자 벌레는 흙 속 깊숙이 굴을 파고는 애벌레 생산을 준비하는 것이었다. 이윽고 알을 낳고는 그 알 바로 위 입구에 애벌레가 먹기에 적당한 연질의 먹이를 준비해 두었고 좀 더 올라 와서는 좀 더 성숙된 애벌레가 먹기에 적당한 먹이를 준비해 두었다. 그리고 표면 가까이 올라와서는 완전히 성장한 벌레가 먹기에 적당한 먹이를 준비해 두는 것이었다.

며칠이 지나자 알에서 깨어난 애벌레는 어미벌레가 준비해 둔 먹이를 먹고는 서서히 자라나기 시작했고, 좀 더 자라나서는 서서히 표면을 향하여 올라가면서 다음 단계의 먹이를 먹어치우고, 좀더 자라나서는 표면 가까이에 준비해둔 먹이를 먹고는 성숙한 벌레가 되는 것이었으며, 그리고는 성숙한 벌레들과 행동을 같이 하는 것이었다.

이러한 애벌레의 탄생과 성장과정에서 확인할 수 있는 것은 잠재의식이다. 알에서 깨어나서 누가 먹으라고 가르쳐 준 바도 없었으나 애벌레는 어미 벌레가 준비해둔 먹이를 차례차례 먹으면서 성장했던 것이다.

그 애벌레는 그렇게 살아왔던 지난 생애의 잠재의식이 훈습되어 있었기에 그러한 성장의 법칙이 무의식적으로 작용했던 것이다. 본능이 없었다면 애벌레는 먹이를 먹을 수도 성장할 수도 없는 것이다.

본능(本能)이란 당연하다거나 우연을 의미하는 것이 아니라 본래 잠재되어 있는 잠재력을 의미하는 것이다. 모든 살아 있는 것들은 이 잠재의식에 의하여 생각하고 분별하여 대응 행위를 연출하는 삶을 진행하고 있는 것이다. 소리를 들어도, 냄새를 맡아도, 촉감을 느껴도, 잠재의식이 없으면 무슨 소리인지, 무슨 냄새인지, 무엇이 몸에 닿았는지 알 수가 없게 된다. 길을 가다가 아는 사람을 만나게 되면 언제 어떠한 인연으로 알게 된 사람인 줄을 아는 것도, 언제 어디서 어떻게 알게 된 사람임을 기억하고 있는 잠재의식이 있기 때문이다.

그 잠재의식에 의하여 현실에 적당한 새로운 생각과 행동은 연출되고 있는 것이다. 보편적으로 제 6식까지를 중생식이라고 한다. 모든 생명있는 것들이 대동 소이(大同小異)한 의식구조를 갖고 있기 때문이다.

그러므로 중생(衆生)이라 표현하는 것은 모든 생명체를 통칭하여 이르는 말이며, 미혹된 중생식으로 생활하게 될 때 다음생(生)에는 축생의 몸으로도 윤회할 수 있다는 동질성(同質性)을 의미하는 것이다.

우리 인간은 동물이나 곤충보다 얼마나 뛰어난 생각을 갖고 사는 것일까? 자기 육신과 환경인연에 집착하고 그것에 끄달린 미혹된 생활을 한다면 곤충이나 기타 축생과 다를 바가 없다. 거미도 물고기도 산짐승도 자기 육신에 대한 애착과 동족애가 있고 자기들의 영역도 있다. 우리 인간도 그렇다. 흔히들 인간과 동물의 다른 점을 논할 때 "인간은 동물보다 욕심이 더 많고 더 잔인한 것이 인간이다."라고 표현하는 사람도 있다. 다른 동물들은 대부분이 약육강식할 때 종류나 범위는 한정되어 있고 따라서 살생(殺生)도 한계가 있다. 그러나 인간은 동족끼리 죽이기도 하고 지구상의 거의 모든 동식물을 살생하여 먹이로 하고 있으면서도 미혹된 생각 때문에 그것이 잔인한 행위인지를 자각하지 못한다. 때문에 인간이 가장 잔인하다는 표현이 적절할지도 모른다.

우리 인간은 누구에게나 선악심(善惡心)이 공존하고 있다. 다만 선심(善心)이 크게 잠재하고 있느냐 악심(惡心)이 크게 잠재하고 있느냐에 따라 행동방향이 결정되는 것이다. 도둑질을 일삼는 사람에게도 선심은 있다. 때문에 도둑질을 하는 사람도 도둑질이 나쁜 행위인 줄은 안다. 그러나 선한 습관(善習)이 잠재되어 있으되 악한 습관(惡習)보다 미약하게 잠재되어 있기 때문에 선습보다 강도가 높은 악습이 행동으로 옮겨지기가 쉬운 것이다. 마치 우주 삼라만상이 88가지의 자연원소로 구성되어 있으되 구리쇠의 성분이 많이 함유되면 구리쇳덩어리가 되고, 금의 성분이 많이 함유되면 금덩이가 되듯이, 인간의 잠재의식 세계도 사악(邪惡)한 잠재의식이 많이 잠재되면 악인이 되고, 선한 잠재의식이 많이 잠재하여 있는 사람은 선인이 되는 것이다.

만인은 똑같은 습성을 가진 사람은 없으며 똑같은 습성을 가진 사람이 없기에 만인의 얼굴이 모두가 다른 것이다. 잠재의식의 화현(化現)이 곧 얼굴이요, 몸이요, 자기가 처한 환경이기 때문이다. 때문에 불교는 선행을 실천하여 선습을 기르고, 선습을 길러야만이 내세에 선과(善果)를 얻을 수 있다는 선인 선과(善因善果), 악인 악과(惡因惡果)부터 가르치고 있는 것이다. 바로 이 잠재의식이 깨달음을 빨리 성취하느냐, 더 하근기(下根機) 중생으로 퇴화(退化)하느냐 하는 문제가 걸려있는 중요한 사안이 되고 있기 때문이다.

여덟번째 제 8식을 아뢰야식(阿賴耶識)이라 하며 한자로는 이숙식(異熟識)이라 한다.

현대 용어로 표현한다면 녹음되기 이전의 공테이프와 같은 의미가 된다. 이 공테이프에 녹화가 되면 잠재의식이 되고 녹음되지 않으면 공테이프다. 이것을 무기식(無記識)이라고도 한다. 모든 업식이 여기에 입력되는 것이다.

그 다음 제 9식을 아마라식(阿摩羅識)이라 한다.

현대 심리학에서 초월의식이라 표현되는 부분이다. 이것을 보살식(菩薩識)이라고도 한다. 이 보살식은 일체 중생을 위하여 헌신적으로 보살피는 한결같은 정신을 의미하는 것이다. 우주 전체가 동체세계(同體世界)요, 모든 생명의 본질도 하나(不二)인 진리를 알아 일체중생에게 평등히 대자대비(大慈大悲)를 베푸는 즉, 너와 나의 개념을 초월한 의식이다. 따라서 중생의 이기적인 사고방식을 초월한다는 의미가 된다.

제 10식을 불식(佛識)이라고 한다.

깨달음의 경지요, 바로 부처님의 마음자리를 의미하는 것이다. 이 경지를 불견지(佛見知)라 하기도 하였다. 생명의 진리는 분명히도 밝고 고요한 영광의 자리이니 진아(眞我)의 참모습이다. 모든 착(着)의 끄달림에서 해방되는 자리이니 중생의 업식이 잠재될 소지도 여읜 자리이며 윤회의 소재도 없어진 영원한 피안처요, 자기 구원의 자리인 것이다. 부처님 마음과 하나되는 꺼지지 않는 체험의 영원한 광명이요, 그래서 그 진리는 하나의 법신(法身:眞理의 몸)이라 표현했던 것이다.

이 법신의 경지에는 업식이 물들거나 잠재될 소지를 영원히 여의었으니 허공이 물들 수 없듯이 업식이 물들 수 없으며, 물들 수 없으므로 잠재의식이 없으니 윤회에 끌려갈 소지를 여읜 자리이다. 이 경지에 이르기 위해서 선업(善業)부터 실천하라는 것이며, 선업만을 실천하게 될 때 그 잠재의식은 선한 잠재의식만이 잠재될 것이요, 선한 잠재의식이 크게 자리잡아 갈 때 사소한 감정에 끄달리지 않는 불혹(不惑)의 인품이 갖추어질 것이요, 이러한 심성이 갖추어질 때 일체중생을 차별 없이 보살피는 보살행은 실천될 수 있고, 그러한 초월의식을 실천하게 될 때 깨달을 수 있는 힘이 생(生)하는 것이니, 그때야 비로소 번뇌망상은 사라져 갈 것이며 깨달음을 성취할 수 있다는 것이다.

교리의 표현상 제 6식까지를 중생식이라고도 하나 엄격히 관찰하여 볼 때 공테이프 역할을 하는 제 8식까지를 중생식이라 할 수 있다. 왜냐하면 항시 중생의 업식이 입력될 수 있는 창고역할을 하는 부분이므로 잠재의식의 보조 부분이기 때문이다.

그러나 중생의 마음도 부처님(佛)의 경지를 체득하게 될 때 제 1식부터 제 10식까지가 모두 공(空)하여 하나의 진공체(眞空體) 법신 그 자체이므로 열 가지 식은 둘이 아닌(不二) 것이다. 다만 중생들이 눈에 보이는 것에 속아 끄달려 살고 있으므로 그 잠재의식에 의한 윤회고(輪廻苦)에서 헤어나지 못하고 있으니, 이러한 진실을 직시(直視)하여 모든 중생을 깨달음에 이르도록 하기 위하여 세우신 논리일 뿐이다. 반야심경에 무안이비설신의(無眼耳鼻舌身意) 무색성향미촉법(無色聲香味觸法)이라는 말씀이 모든 감각 기관도 공(空)하다는 것이다.

부처님께서 깨닫고 보니 현실을 보는 중생의 의식세계가 과거, 현재, 미래를 통하여 본래도 현재도 미래에도 본래 공(空)하더라는 의미이며, 진공(眞空)할 뿐 다만 중생들의 전도(顚倒)된 생각에 의하여 너와 내가 따로 있다고 생각하고 끄달려(惑) 살고 있을 뿐이다. 그리고 끄달려 사는 미혹된 의식이 잠재의식화하므로 윤회고를 만들고 있는 것이다.

세상 사리(事理)를 일러 일체유심조(一切唯心造)라 하였다. 천지만물과 세상사가 마음으로 말미암아 이루어졌다는 것이다.

마음은 허공성이며 모든 생명체가 공유하는 생명의 본질이다. 때문에 평범한 우리 인간이 자기라고 생각하는 그 마음도 진실하게 표현하자면 자기라는 경계가 있을 수 없는 허공성이다. 그래서 무아(無我)라 표현한다. 그러나 우리 중생은 자기가 처한 환경인연에 집착하다보니 '나(自己)'라는 인식을 갖게 되고 나아가서는 주위 인연을 '우리'라는 개념으로 집착하게 된다.

'우리'라는 단어의 의미는 두 사람 이상이 모여 공동체의식을 갖는 경우를 의미한다. 우리 부부, 우리 가족, 우리 회사, 우리 학교 등등 공동체를 의식할 때 우리라는 표현을 하게 된다. 그런데 '우리'라고 인식하는 범위를 경계라고 가정했을 때 그 경계는 고정됨이 없다. 마음먹기에 따라서 한없이 커졌다가 한없이 적어지기도 한다.

'부부'를 상대적으로 표현할 때 우리 부부라고 표현하게 된다. 부부로서의 '우리'라는 개념, 즉 경계는 부부 두 사람만이 공동체의식을 갖게 될 때를 의미한다. 우리 가족이라는 공동체를 의식할 때는 '우리 가족'이라는 경계를 갖게 되고 우리 동(洞)이라는 공동체를 의식할 때는 '우리 동민'이 되고, 나아가서는 '우리 국가', '우리 세계'로서의 공동체 인식을 갖게 될 때는 국가적 세계적 '우리'라는 경계심을 갖게 되는 것이다. 마음이 허공성이기 때문이요, 허공성이기에 마음먹기에 따라 수시로 경계가 달라지기 때문이다.

불교에서 경계(境界)라는 표현은 여러 각도에서 쓰이고 있다. 경계란 이것과 저것의 사이에 분기점이 되는 부분을 의미한다. 우리 중생이 생명의 진리를 보지 못하는 이유는 단지 중생적 잠재의식이 찰나도 쉬지 않고 망상으로 일어나고 있기 때문이며, 이 이치를 무명(無明)이라 표현하였다. 무명은 곧 진리와 중생 사이를 가로막고 있는 경계가 된다.

이것은 집착(着) 또는 혹(惑)에서 기인하였던 것이다. 이 무명은 자기가 생각하고 행동하였던 잠재의식에 의하여 일어나게 된 것이므로 곧 자기가 만든 것이다. 따라서 이 경계는 자기의 마음과 행동을 운전(콘트롤:Control)하기에 따라 한없이 넓게 가질 수도 있고 좁아질 수도 있고 노력 여하에 따라 지워버릴 수도 있는 것이다. '우리'라고 인식하는 이 경계가 어떻게 돌아가고 있는지 자기라는 개인을 중심으로 관찰해 보자.

우리 인간의 인체는 영원한 우주의 근본이 되는 단위원자들로 구성되어 있다. 부처님은 이 원자 하나 하나를 개적(個的) 생명존재라고 인정하였다. 이 원자들은 모양도 성(性)도 영원히 그대로 이면서 즉, 개적 생명체이면서 연기법칙에 따른 화합(化合)으로 인체로 구성되어 있는 것이다.

그러므로 인체는 수없이 많은 원자들의 '우리'라는 집단이다. 원자라는 한 개의 개체일 때는, 그 원자는 단순히 생명력을 갖추고 있을 뿐이라 할 수 있겠으나 원자들이 화합하여 단위 생명물질로 화합하면서부터는 단계적인 '우리'라는 개념이 작용하고 있음을 알 수 있다.

인체를 구성하고 있는 세포들은 세포대로, 세포들로 구성된 각종의 장기들은 장기들대로 각기 따로이 생각들을 갖고 있으면서 인체를 구성하고 있는데 조직들은 서로 밀접한 관계를 유지하며 상부상조의 이치에 의하여 하나의 생명체는 유지되고 있는 것이다.

　좀더 구체적으로 표현하자면 입이 먹어주면 위는 소화를 시키고 간장은 각종 영양소를 인체의 각 분야로 혈관을 통하여 수송하고 그 영양소를 배급받은 말단의 세포들은 흡수된 산소라는 에너지를 이용하여 새로운 세포를 끝없이 창조하고 오래된 조직은 폐기 처분하여 몸 밖으로 내보내게 되므로 인체는 유지되고 있는 것이다.

　그리고 인체의 모든 단위세포 조직은 몸의 주인공인 그 마음과 행동에 따라 거기에 맞는 새로운 육체를 형성하고 있는 것이다. 원소 한 개는 원소 한 개로서의 개체요, 세포는 세포 한 개로서의 개체이기에 저마다 맡은 바 의무가 있고 개체별 생각이 있으며, 사령탑이 되는 마음의 작용에 따라 세포조직은 구성되고 있는 것이다.

　팔운동을 많이 하는 운동선수는 팔의 근육이 굵어지고 발달하며, 다리운동을 많이 하는 운동선수는 다리 근육이 단단한 근육질로 발달한다. 그리고 운동은 적게 하고 많은 영양소만 섭취하게 될 때 다리는 다리대로 팔은 팔대로 '나는 운동하지 않으므로 많은 세포를 생산할 필요성이 없다'고 생각하게 되므로 섭취된 영양소는 보내질 곳이 없어 배만 튀어나오는 비만 체형이 된다. "달리기를 계속하게 되면 다리 근육이 굵어지고 튼튼해진다."라고 단순하게 설명한다면 이치성이 결여된 논리가 되고 만다. 이 경우에도 업감연기설(業感緣起說)이 아니고는 근본적인 이치를 밝힐 수 없는 것이다. 원소-세포-장기 등 단계적인 그 부분적인 단위마다 그만큼의 생각과 행동이 따로이 연출되고 있는 것이다. 단위세포, 세포로 조직된 각종의 장기 등, 이 말단의 조직들이 하나의 인체로 구성되어 있는데 그들의 활동들이 그들의 생각과 행동인 것이다. 그리고 그 말단의 단위조직들은 사령탑이 되는 개인의 마음가짐에 따라 순리대로 응하는 작용을 하게 되어 있는 것이다.

그러므로 우리 인체도 각종의 단위로서의 '우리'로 구성되어 있는 것이다. 그러나 우리 인간은 자기 개인의 몸을 세포들로서의 '우리'라고 생각하지는 않는다. 다만 몸 전체의 조직을 총칭하여 나(我)라고 생각한다. 마치 국가적 우리로 볼 때 우리 개인 모두를 하나의 국민으로 보듯이. 우리 인간은 부부라는 '우리' 개념부터 시작해서 '우리 이웃', '우리 직장', '우리 마을', '우리 시(市)', '우리 도(道)', '우리 국가', '우리 지구'라는 개념 등 여러 단계의 단체의식을 갖고 생활하고 있다. 개인은 끔찍이도 자기만을 생각하는 이기적인 자기 위주의 개인이면서도, 우리 가족이라는 개념을 갖고 가족적인 일을 생각하고 행동할 때는 철저한 가족 위주의 이기적인 단체의식을 갖게 되고, 직장에 가서 직장일을 볼 때는 '우리 회사'라는 단체의식으로 맡은 바 책임을 다하며 '우리 회사' 위주가 되고, 국가적인 유사시는 '우리 나라, 우리 국민'이라는 단체의식이 되어 목숨까지 바쳐가며 국가를 위한 생각과 행동을 하게 된다.

물론 사람에 따라서는 단체 속에서도 개인이라는 이기적 사고방식으로 마치 몸 속의 암세포처럼 그 단체를 좀먹는 사람이 있기는 하나 소수일 뿐, 대부분의 사회인은 자기가 소속한 단체의 일원으로서 그 단체를 위하여 책임을 다하게 되므로, 사회와 국가는 유지되고 발전하고 있는 것이다. '우리'라는 개념은 바로 단체적 하나의 나(我)가 된다. 자기를 중심으로 부모자식을 '우리 가족'이라 인식하게 되고, 우리 가족이라는 '우리'에는 한 몸과 같은 사랑이 연결된다. 부모 자식이 아프면, 자기 몸이 아픈 것처럼 괴롭고 가슴아픈 감정을 느끼게 되는 것이다.

부부, 가족, 이웃, 마을, 국가 등으로 이어지는 '우리'라고 인식하는 '우리'는 바로 개인이 생각하는 경계이며 '우리'라는 인식이 있으므로 '우리'

라는 범위로서의 단체적 아(我)가 있고, 단체적 아(我)가 있으므로 단체적 기능이 되는 단체식(團體識)이 있게 된다. 그리고 단체식(團體識)이 있으므로 단체업(團體業)이 있고 단체업이 있으므로 단체적 인과응보(因果應報)가 있게 된다. 가족의 생각과 행동에 따라, 회사원의 생각과 업무, 국민의 업 등등에 따라 그 단체는 흥할 수도 망할 수도 있다는 의미이다.

400억 단위 세포로서의 '우리' 집단이 되는 인체는 하나의 자기라는 개념에서 자기 몸에 대한 애착을 갖게 되듯이 인간의 집단인 사회에서도 지역이나 집단 단위마다 하나의 '우리'로서의 애착과, 애착에 따른 단체적 생각과 행동이 연출되고 있다.

개인이 외부로부터 어떤 침해를 받게 될 때 즉각적인 방어동작이 일어나듯이 가족 중에 한 사람이 외부로부터 침해를 받게 될 때는 가족이라는 개념으로서의 방어 심리와 행위가 연출되는 것이며, 나아가서 국가적일 때는 전쟁이 일어나기도 하는 것이다. 이러한 반응의 발생은 하나의 아적(我的) 기능이자 단체식의 작용인 것이다. 이러한 인식의 범위가 우리라는 경계이며 이 경계는 생각하기에 따라 그 경계로서의 의식작용이 일어나고 있다.

우리는 개인이면서 가족적인 업무를 볼 때는 개인을 망각한 채 가족적 마음이 되고, 마을일을 추진할 때는 개인을 망각한 채 마을적 사고(思考)로써 일하게 되며 국가적인 업무일 때도 마찬가지이다. 개인의 의식 속에는 항상 가족, 마을, 직장, 국가 등등의 단체의식이 잠재하고 있다가 마땅히 필요할 때 작용하게 되는 것이다.

소속감이 곧 단체의식이다. 개인이 멀리 타지방에 가서 개인적인 업무를 보고 있을 때 자기 마을 사람이 어떤 외부인으로부터 침해를 당하게 될 때는 즉각적인 '우리 마을'적 의식작용이 일어나 자기가 자기 몸을 보호하듯 마을인을 위한 행동이 나오게 된다. 직장은 직장대로 '우리 회사'라는 공동의식과 애사심(愛社心)이 있게 되고 아울러 동료애가 있게 되는 것이며, 학생은 학생대로 '우리 학교'라는 공동의 의식을 갖게 되는 것이다.

그러므로 학교간의 운동경기가 있을 때는 '우리 학교'가 이기기를 갈망하게 되고, 진학시험이 있을 때는 자기 학교 학생이 많이 합격하기를 갈구하게 되고, 때로는 자기 학교 학생이 타학교 학생에게 구타당했을 때는 즉각적인 방어심리가 일어나 학교와 학교간의 패싸움이 일어나기도 하는 것이다. 나아가서는 국가와 국가간의 경쟁에서나 전쟁에 있어서는 '우리 국가'라는 거대한 단체아적 경계심이 일어나 애국심을 발휘하기도 하는 것이다.

요즘 유행하고 있는 야구(野球)라는 운동경기의 관중심리를 관찰하여 보면 자기 또는 단체아적 의식경계가 본래 공(空)한 것임을 실감할 수 있을 것이다. 누구나 평소에는 자기 고향이나 자기 소속 연고팀의 승리를 갈망하게 된다. 그러나 지방간의 경기가 아니고 국제 경기일 때는 우리라는 경계가 달라진다. 국내 지방팀 간의 경기에는 자기 지방팀이 잘 던지고 잘 쳐주기를 바라며 가슴 졸이기도 하며, 오히려 상대 팀이 실수까지 하여 주기를 바라고, 상대 팀이 잘 던지면 미운 맘까지 생기기도 한다.

그러다가도 국제경기일 때는 그 선수가 어느 지방에서 선발된 선수이거나 관계없이 '우리 선수'가 잘 던지고 잘 쳐주기를 바라게 되는 것이다. 지방적인 생각은 까맣게 잊어버린 것이다. 지방이라는 경계는 온데 간데 없고 국가적 아(我)가 된 것이다.

우주비행사가 달나라에 착륙했을 때도 그랬다. 평소에 적대시하던 나라에서 보낸 위성이 달나라에 갔어도 지구인이라는 세계적인 단체의식이 일어나 모두 한마음으로 돌아가서 그들에게 박수를 보내고, 모든 지구인은 '우리 인간'의 우주탐험의 성공을 자축하기도 하였다.

　이와 같이 자기 개인이라는 의식경계도 자기가 만들었으며 가족, 마을, 국가, 세계 등의 인식경계도 자기 마음이 만든 것이다. 인식의 경계는 집착하는 바만큼 생(生)하게 되어 있는 것이다. 이와 같이 의식의 경계는 집착하는 바만큼 끄달리게 되어 있고, 끄달린 만큼 애착과 갈애가 일어난다. 인식의 경계가 아무리 넓고 크더라도 착(着)은 곧 중생심(衆生心)인 것이다. 그리고 업(業:Karma)이 되는 것이다. 단체의식에도 업(業)이 있고 보(報)는 필연적인 것이다. 아무리 큰 국가적인 사업도 그 단체적인 행위와 행위에 의한 결과는 피할 수 없는 필연이 된다.

　국민 하나하나가 모두 국가를 위하여 열과 성을 다하여 일했을 때 깨끗하고 잘사는 나라가 될 것이요, 국민 한 사람 한 사람이 자기 개인의 이익만 챙기고 전체를 생각하지 못할 때 국가는 망하게 된다. 개인은 국가와도 비유할 수 있고 세계와도 비유할 수 있다.

　단체식(團體識)의 작용(作用)과 개인의 의식작용도 마찬가지이다. 개인의 마음속에는 선악심(善惡心)이 공존하고 있고, 어떤 생각과 행동을 할 때에는 선과 악의 잠재의식 중 어느 잠재의식이 강하게 잠재되어 있느냐에 행동이 결정된다. 예를 들자면 생활이 어려워 강도짓을 하고자 할 때 선한 잠재의식은 하지 말자 하고, 악의 잠재의식은 하자고 충동질한다. 이 때 선악의 잠재의식 중 강한 잠재의식의 결정에 따라 행동이 실천되는 것이다. 단체를 형성하고 있는 개인들도 선심이 강한 사람과 악심이 강한 사람이 공존하게 되며, 그 단체 구성원들의 다수의견에 따라 일이 결정된다. 이 때에도 어떤 의견이 많이 잠재하고 있느냐에 따라 일의 추진방향이 결정되는 것이다.

　개인이 자기의 발전을 위하여 이렇게 할까? 저렇게 할까? 망설이고 생각하듯이, 단체도 여러 사람의 잠재의식에 의하여 의논하고 실천하게 되며, 단체원의 생각과 행동에 따라 일의 성과는 있게 되는 것이다.

그러한 행위들도 개인의 업이 되는 동시에 단체의 업이 되기도 하는 것이다. 이와 같은 이치로 개인의 생각과 행동들이 풍요와 가난과 병고를 만들기도 하고, 단체원들의 행동 여하에 따라 회사가 망하기도 하고 흥하기도 하는 것이다. 인식이라는 경계 역시 본래 공(空)한 것이다. 물질적으로도 동체세계(同體世界)요, 심리적으로도 동체세계일 뿐이다.

그러나 우리 중생은 환경인연이라는 경계로 겹겹이 무명의 벽을 쌓고 그 경계들이 삶의 전부인 줄 착각한 채 살아가고 있는 것이다. 아무리 성인(聖人), 대인(大人) 칭호를 받는 사람도 경계 있어 끄달리면 중생이요, 중생은 고해(苦海)에서 헤어나지 못하는 것이다.

윤회

모든 종교는 사후(死後)의 세계가 있다고 보는 데서 발생했다. 사후에 대하여 불교는 윤회를 주장하고 기독교는 단 한 번으로 끝나는 세계가 있다고 주장한다.

윤회를 주장하는 불교는 선인 선과(善因善果), 악인 악과(惡因惡果)라는 인과응보(因果應報)의 철칙(哲則)에 따라 지옥세계(地獄世界), 아귀세계(餓鬼世界), 축생세계(畜生世界), 수라세계(修羅世界), 인간세계(人間世界), 천도세계(天道世界), 이러한 여섯 갈래(六道)의 중생계(衆生界)를 윤회한다 하고, 기독교 등 신(神)을 믿는 교들은 신(神)을 믿고 따르는 자는 하늘나라에 가고 믿지 않는 자 지옥으로 간다는 두 갈래(二道)의 사후의 세계를 제시하고 있다.

모든 종교의 공통점은 영혼이 있다고 하는 것이다. 따라서 불교는 윤회의 주체가 되는 영혼은 어떻게 하여 생긴 것이고 어떻게 해서 윤회하는 것인지에 대하여 그 이치를 설명하고 있고, 신을 믿는 교들은 탄생도 사후의 세계도 신의 뜻에 의한 것이라 하며 따라서 원인에 대한 설명은 없다. 내가 불교에 입문하게 된 동기는 윤회부터 믿고 입문하게 된 것은 아니었다. 입문의 동기가 되었던 청담 스님의 『마음』이라는 책이 주는 화두(話頭)는 기복이 아닌 생명의 진리였으므로 진리만을 탐구하기 시작했었다.

그러나 진리탐구 이전에 영혼의 윤회의 실상과 이치부터 확인해야 했었다. 윤회하는 내세(來世)가 없다면 종교를 믿고 공부해야 할 이유가 없는 것이며, 따라서 세간의 질서 속에서 인간다운 진실한 삶만이 삶의 진리일 것이기 때문이었다.

영혼의 실상(實相)

영혼의 모습을 과거생의 생각과 행동이 낱낱이 훈습(熏習)된 잠재의식의 집단이라고 한다. 영혼의 모습을 보고 전생을 읽어 윤회의 실상을 증명하고 있는 명상가들이 말하기를, '영혼은 지나간 모든 생애의 생각과 행동을 그대로 녹화필름처럼 간직하고 있는 상태'라고 표현하고 있다. 지난 생애의 업(業) 그 자체가 바로 영혼의 모습이라는 것이다.

부처님은 이 영혼의 발생원인을 신(身), 구(口), 의(意), 삼업(三業)에 의한 것이라고 하셨다. 신업(身業)은 행동으로 지어진 업(業), 구업(口業)은 말로써 의사를 주고 받는 데서 생기는 업, 의업(意業)은 느낌과 생각도 기억으로 잠재의식화되기 때문에 생각도 업이 된다는 것이다.

업(業)이란 상대방과 의사를 주고 받거나 사물을 보고 느끼는 데서 생기는 모든 감정들이 잠재의식화된 것이다.

상대방의 말과 행위를 내가 보고 듣고 느껴서 상대했던 감정들은 나의 잠재의식이 되고, 나의 말과 행위를 상대가 보고 느껴서 의사를 주고 받는 사실들은 상대방의 업이 된다. 하나의 개인은 무수한 사람과 사물을 보고 느끼며 행동하게 되므로 그것이 잠재의식이 된다. 따라서 중생계의 영혼들은 서로 서로가 거미줄처럼 얽힌 인연 속에서 인과(因果)의 철리(哲理)에 따라 현실을 맞이하게 되는 것이다.

악연(惡緣)은 악연으로 선연(善緣)은 선연으로 만나지고 또 헤어지는 것이 곧 중생계다. 무비카메라가 렌즈 앞에 있는 사실 그대로를 녹화, 녹음하듯이 중생의 잠재의식에는 보고 듣고 느낀 모든 사실들을 느낀 만큼 낱낱이 입력된다. 그리하여 강하게 입력된 잠재의식은 강하게 쓰이게 되고, 약하게 입력된 것은 약하게 쓰이도록(作用) 되어 있는 것이다.

옛말에 "옷깃만 스쳐도 인연이다."라는 말이 있다. 옷깃을 스쳐도 스친 만큼 인연이 되는 것이다. 그런데 아직 행동으로 행하지 않은 나 혼자만의 생각도 업이 된다고 한다. 내가 어떤 생각을 하고 있어도 상대방은 나의 생각을 볼 수 없는 것이니 상대적으로 영향을 미칠 수도 없고 감정을 유발시킬 수도 없을 터인데, 생각만 해도 업이 된다는 것이다. 업은 곧 잠재의식이요, 모든 느낌과 상상하는 것 등도 그 감도만큼 잠재의식으로 입력되기 때문에 분명코 업이 되는 것이다.

잠재의식화된 생각들도 다가올 삶에 반영되는 것이기 때문에 좋은 생각이든 나쁜 생각이든 업이 된다. 신문기사를 읽어도 느낀 감도만큼 영혼 속에 입력되는 것이며 영화를 보아도 보고 느낀 감도만큼 영혼 속에 입력되는 것이다. 영화는 인간의 생각으로 만든 그림인데도 영화를 보는 사람은 그 스토리에 매료되어 자신도 잃어버린 채 극중인물의 감정이 되어 때로는 분노하고, 슬퍼 울기도 하고 때로는 기쁘거나 감격하기도 한다.

신문이나 영화는 자기와 직접적인 관계가 없는 다른 사람의 업(業)이거나 거짓 그림인데도 보고 느끼는 감정은 느낀 바 강도대로 잠재의식화되는 것이며, 잠재의식이 곧 업이기에 자신의 영혼에 훈습이 되어 잠재의식으로 있다가 내세(來世)의 어느 때에는 생각과 행동으로 연출되기도 하는 것이다.

어떤 흉악 살인범의 기사가 신문에 보도되었을 때 그 기사를 읽는 사람이 그 사건을 사실처럼 상상하고 자기도 이 다음에 그러한 방법으로 범행

해야겠다는 생각을 하게 된다면 그 사건을 저지른 범인과 거의 동등한 업이 된다고 한다. 느낀 바의 감도가 범인과 거의 동등하기 때문이다.

몇 년 전 생각하기조차 싫은 '지존파' 살인사건이 있었다. 그들은 체포된 뒤 "어느 폭력영화를 보고 그대로 실행했다."고 자백했다. 그 외에도 많은 범인들이 폭력영화나 소설에서 읽은 범죄행위를 모방 범행하기도 했다. 보고 느낀 바가 잠재의식화되어 있다가 생활 속에서 습으로 작용했기 때문이다. 물론 이와 같은 모방범죄 사건들은 현생에서의 보고 느낀 바를 실현한 것이라고 볼 수 있다. 그러나 우리의 인체는 1초에 5000만 개의 세포가 새로이 생산되고 폐기되고 있으니, 나의 육신은 어제의 육신이 아니다. 그러므로 지난 날은 모두 전생이라고 봐야 하며, 오늘은 바로 전생이라는 원인에 의하여 진행되고 있는 것이다.

지난 날이나 과거생에서 상대적으로 느끼고 행동했던 모든 업식(業識)들이 자신의 영혼의 모습인 것이며, 자신으로 인하여 무수한 상대방들에게 입력된 잠재의식들이 훗날 또는 내생에 희로애락을 같이 하게 될 상대적인 업이 되는 것이다. 이것이 업의(業衣)요, 영혼계의 실상이다.

윤회의 진실

'나는 무엇인가'에서 언급하였듯이 중생적 나(我)의 실체는 이 육신이 아니라 잠재의식이다. 이 잠재의식이 사후에도 무(無)가 되지 않고 지은 바의 업(業)에 따라 윤회한다는 것이다. 그냥 우연으로 윤회하는 것이 아니라 과거 자기가 살아 온 모든 생각과 행위가 원인이 되어, 그 원인에 따른 인과법(因果法)에 따라 윤회한다는 것이다. 인과법이란 원인에 의하여 결과가 있게 되는 자연의 법칙을 의미한다.

생명체 탄생이나 진화의 원리도 원인에 의한 결과인 것이며, 인간세상의 가지가지 인연도 원인이 있어서 만나진다는 것이며, 은혜를 주거나 미움을 주고받거나 하는 등 일체의 희로애락도 인과(因果)법에 의한 것이지 이 우주의 어떤 사건도 우연이란 있을 수도 없다는 것이다.

그러나 물질세계의 진행과정은 원인과 결과에 의한 것이라고 이해할 수는 있겠으나 인간의 정신세계, 또는 영혼의 세계라 하는 것은 육안으로 보이는 것이 아니기에 윤회 법칙이 있다는 사실을 이해하기 어렵다. 이 문제 또한 종교인이 갖는 핵심이 되는 의문이 아닐 수 없다.

나 자신도 불교를 만나기 전에는 죽음과 동시에 의식도 무(無)가 되는 것으로 알았고, 청소년기 교회에 다닐 적에는 반신반의(半信半疑)하면서도 막연히 영혼이 있다고 생각하고 사후에는 하나님의 구원을 믿었으며, 믿으면서도 간혹 영혼이라는 것이 진짜 있을까? 있다면 어떻게 하여 생겼을까? 하는 의심이 일어나곤 하였다. 결국 참 이치를 알고자 하는 그 의심이 인(因)이 되어 불교와 인연되어졌다고 말할 수 있다.

현대 심리학자들이 말하는 잠재의식이란 현생에 태어나서 지금까지 생각하고 행동으로 인하여 잠재된 기억을 말하는 것이며, 이것을 무의식(無意識)의 집단(集團)이라고도 한다. 현생에 국한된 잠재의식을 말하고 있는 것이다.

불교는 이 잠재의식을 훈습(薰習)이라고 표현한다. 모든 전생(前生), 현생을 살아오면서 생각하고 행동하였던 모든 업식들이 솜에 물 배이듯 의식 속에 배어 있다는 것이며 사자의 경우 영가(靈駕)라고도 한다.

이것을 유교에서는 영혼 또는 혼백이라고 하며, 우리 나라는 오랜 세월 유교 관습에 젖어왔기에 영혼이라는 명칭으로 통용되고 있다. 과연 살았을 때 생각하고 행동했던 모든 업식이 훈습된 그 잠재의식이 죽어서도 없어지지 않고 윤회하는 것일까?

공자는 40대의 나이를 불혹(不惑)이라고 했다. 40대에 와서 어떤 환경에서도 집착하지 않고 끄달리지 않는 성인군자다운 평상심(平常心)으로 생활할 수 있었다는 것이다. 보편적으로 우리 인간은 정도의 차이가 있을 뿐 주위 환경과 인연에 혹(惑)하여 거기에 집착심을 갖고 생활하고 있다. 나와 내 가족은 풍요롭고 행복하게 살아야 한다. 내가 소속된 직장이나 여타 단체는 다른 경쟁사보다 수입이 좋고 번창해야 한다. 나아가서는 내가 소속된 국가는 다른 국가보다 부강해야 한다는 등의 자기편적 집착심을 갖고 생활하고 있다. 그 집착을 혹(惑) 또는 미혹(迷惑)이라고 한다. 그러나 이 미혹은 오늘날 우리 인간이 갖는 편리하고 복잡한 구조의 생명체와 차원 높은 감성을 지닌 인간으로 진화케 한 원동력이었다. 어차피 우리 중생은 미혹된 인식의 포로가 되어 희로애락을 몸소 체험하며 살아가고 있는 것이다.

유교에서 말하는 혹과 불교에서 말하는 혹(惑)은 그 깊이를 달리한다. 유교의 혹(惑)은 사회생활인으로서의 사소한 감정에 동요하지 않는 인품을 가리키는 것이요, 불교에서 말하는 혹(惑)은 자기 몸을 자기라고 인식하는 생명력의 시발부터가 혹(惑)에 의한 인식이었음을 일러서 하는 말이다. 인간의 미혹(迷惑)된 감성은 자기 몸을 자기라고 생각하고 상대적으로 이롭고자 하는 생명력의 작용이 시작되면서부터 시발하였던 것이며, 그로 인하여 생(生)한 잠재의식은 죽어도 없어지질 않고 유전하므로 윤회는 성립되었다는 것이다. 다행하게도 현대 정신의학자나 심령학자, 또는 체면술사들이 윤회의 사실을 현실적으로 증명하여 주고 있었으며 자신도 눈으로 확인하게 되는 사건들을 접하고부터 비로소 윤회를 인정할 수 있었다.

최면상태에서 윤회를 볼 수 있다. 최면(催眠)이란 모든 상념(想念)을 잃거나 놓아버린 무념(無念)의 경지를 의미한다. 그러한 최면상태에 이르는 길은 두 가지가 있다. 자력에 의한 명상요법과 상대에 의지한 타력요법으로 최면상태가 되는 경우가 있다.

타력에 의한 체면상태부터 실예를 들어보기로 한다.

1980년대 초 당시 MBC TV방송에서는 묘기대행진이라는 인기프로가 있었다. 그 프로에는 실지인물들이 출현하여 각종의 묘기를 연출해 보이는 신기한 프로였으므로 나 자신도 그 프로를 자주 보는 시청자 중의 한 사람이었다. 어느 날 최면을 걸고 걸리는 남녀가 출연하였다. 사회자가 설명하기를,

"오늘은 최면술의 묘기를 보여드리도록 하겠습니다. 오늘 보여드릴 묘기는 최면상태에서 대상인을 보지 않고 인적사항만으로 멀리 있는 환자의 병명을 알아맞힌다고 합니다."

이어서 최면술사는 최면에 들 여자 한 사람을 침대 비슷한 탁자 위에 누인 다음 손바닥으로 얼굴 위를 빙빙 돌리는 간단한 동작으로 최면에 들게 한다. 사회자는 어느 환자의 인적사항이 적힌 메모지를 최면술사에게 건네준다. 물론 그 인적사항은 자기가 아는 사람도 아닌 전혀 모르는 사람의 인적사항이었다. 최면술사는 최면에 든 자에게 그 인적사항을 일러주었다. 최면의 상태에 든 사람은 무아(無我)지경이다. 무아의 경지는 심리적 경계가 없는 상태이다. 즉 전혀 자기를 의식하거나 다른 상념도 없는 상태인 것이다. 이러한 최면상태자에게 최면술사는 다음과 같은 그 환자의 인적사항을 일러주는 것이다.

"너는 지금 서울 국립의료원 X층 XXX실에 입원하고 나이 27세 이름은 OO자이다. 어디가 아프냐?"

하고 질문했다. 이어서 최면에 든 사람은,

"목이 아프고 위가 몹시 아프다."

라고 대답했다. 이어서 사회자는 다음 순서를 설명한다.

"자 방금 최면에 든 사람에게 국립의료원에 입원해 있는 어느 환자의 인적사항을 일러주었던 결과 목과 위가 아프다고 말했습니다. 과연 알아맞힐 수 있을는지 카메라를 병원 현장으로 옮겨 확인해보도록 하겠습니다."

TV화면에는 국립의료원의 조금 전 소개된 환자의 담당의사가 나왔다. 사회자가 그 환자의 병명을 물었다.

"네 이 환자는 목과 위에 염증이 있어서 입원하였으며, 목은 거의 다 나았고 위는 아직 완치되지 못한 상태에 있습니다."

라고 대답했다.

놀랍게도 그대로 알아맞히는 것이었다. 그리고 사회자는 놀라운 표정으로 다음 주 프로를 소개했다.

"이 최면술사는 더 멀리 떨어져 있는 사람도 나이와 이름만 일러주면 병명을 알 수 있다고 합니다. 다음주에 한번 더 출연케 하여 대전 지방에 입원해 있는 어떤 환자의 병명을 알아보도록 하겠습니다."
라고 했다.

이러한 최면술에서 확인할 수 있는 것은 극히 단편적이긴 하지만 우리 의식세계의 공(空)한 이치와 대상인의 잠재의식 세계를 읽을 수 있다는 점이다. 즉 최면상태가 된 무념상태에서 자기 아닌 다른 환자의 인적사항을 일러줌으로 해서 최면자는 그 환자 자신이 되어 어디가 아픈지를 말했던 것이다. 왜 보이지도 않는 상대방의 병을 알 수 있었을까?

최면에 숙달된 사람은 최면술사의 말 한 마디 또는 손동작 하나에 쉽게 무념상태가 된다. 무념상태란 의식 속에 일체 상념이 일어나지 않는 상태 즉 정신세계를 텅비우게 된 상태를 말한다. 다만 최면술사의 목적하는 바 하나에만 일념(一念)이 되어 있는 상태가 되는 것이다.

불교의 우주와 인생관 147

그릇이 텅빌 때 물을 담을 수 있듯이 의식세계가 텅빌 때 다른 잠재의식을 입력시킬 수 있는 이치라고 말할 수도 있다. 좀더 구체적으로 표현하자면 의식세계가 본래 공(空)하므로 잡다한 자기 상념만 버리면 다른 의식세계와 통하므로 연결될 수 있다는 의미가 된다. 평소 개인 개인의 자기 위주의 의식은 자기와 타인의 경계가 된다. 다른 사람의 의식과 연결 또는 통하지 못하게 하는 무명의 경계 역할을 하고 있다. 그 의식은 찰나도 쉬지 않고 자기 위주의 상념(想念)을 일으키고 있고, 그 상념이 모든 나와 너의 의식이며, 그 의식이 무명(無明)이 되어 의식세계의 경계가 되고 있는 것이다.

최면술사의 목적 하나에 의지해서 모든 망상을 쉬거나 잊어버리는 것이 최면에 듦이다. 이러한 절차에 따라 최면상태가 되면 모든 상념은 일어나지 않게 되므로 망상은 사라진다. 상념은 곧 망상이다. 이 망상이 일어나지 않게 되므로 최면자의 의식계는 공(空)한 상태가 된다.

이러한 텅빈 의식세계에 최면술사는 다른 사람의 인적사항을 일러주었다. 일러준다는 것은 자기가 아닌 타인의 잠재의식을 입력시켜 준다는 의미가 된다. 최면자의 의식세계가 공(空)하니 다른 공(空)과 통할 수 있는 것이다. 그러므로 최면술사가 다른 사람의 인적사항을 일러주면 최면자는 그 인적사항의 당사자가 되어 그 사람의 현재 아픈 곳을 자기가 자기 몸 아픈 곳을 알 듯이 대답할 수 있었던 것이다. 이러한 최면상태에서 현재의 질병뿐만 아니라 과거 전생의 모든 생각과 일들을 묻는 대로 대답하거나 행동으로 보여주는 것이다.

1970년대 국내 어느 TV사에서는 '내세(來世)는 존재하는가?' 라는 제목의 다큐멘터리 영화를 방영한 사실이 있었다. 우연하게도 나는 그 프로를 시청할 수 있었다. 그 이후 알고 본즉 그 영화는 영국의 최대 TV사가 제작한 것인데 제작된 동기는 윤회의 사실을 유포하는 사람들의 허구성을 폭로하고자 보도용으로 제작된 것이라 하는데, 뜻밖에도 이것이 윤회의 사실을 입증하는 기록영화가 되었던 것이며, 이 영화를 전 세계에 방영하게 되었던 것이다. 그 기록영화의 내용은 대략 다음과 같이 기억된다. 최면술사가 한 여인에게 최면을 건다.

"너는 나이 4X세, 이름은 XXX이다."

라고 현재 자기를 일러준다. 몇 초의 시간이 흐른 후,

"너는 나이 15세이다. 어디서 뭘하고 살았느냐?"

이때 여인은 그 당시 살았던 얘기를 했다. 몇 초의 시간이 흐른 후,

"너는 3세이다."

다시 몇초 후,

"너는 태어나기 30년 전이다. 너는 어디 사는 누구이냐?"

이와 같이 연령을 역순 시킨 뒤 태어나기 30년 전의 현실을 질문했을 때 여인은 조용히 말한다.

"나는 XXXX주 XXXX마을에 사는 가정주부 XXX이다."

라고 한다.

"가족사항을 말해보라."

고 질문하자

"5세 된 아들 XXX있었다. 어느 날 내 아들은 지나가는 마차에 치여 죽고 말았다."

하고는 슬퍼하는 것이었다.

"계속해서 대답하라. 어떤 집에서 살았느냐? 너의 방은 어디냐? 네가 사용하던 책이나 생활용품이 있으면 말해봐라."

라고 하는 등 다양한 질문을 했다.

불교의 우주와 인생관 149

여인은 집의 모양과 방의 위치와 사용하던 용품도 얘기했다. 카메라는 여인이 최면상태에서 말했던 전생의 마을을 찾아갔다. 그들은 그 마을에서 오랜 세월 살아온 한 노인을 만난다. 그 노인에게 최면자가 말한 이름을 대고,

"이런 사람이 이 마을에 살은 적이 있느냐?"
고 물었다. 그때 그 노인은,

"예 그런 사람이 살았지요. 저기 보이는 저 집이 바로 그 여인이 살던 집입니다. 그 때 그 여인에게는 다섯 살쯤 된 아들이 있었는데 그 아들이 지나가는 마차에 치여 죽었습니다. 그 충격으로 그 여인은 실성(정신나간)한 사람이 되어 이 마을을 떠났습니다. 그 뒤는 잘 모르겠습니다."
라고 말했다.

이와 같이 기독교의 문명과 사상 속에서 성장하였던 영국의 기자들이 윤회의 허구성을 폭로하고 혼내주려고 취재한 보도영화가 윤회를 입증하게 된 것이다. 그 뒤 여러 사람들의 전생실험을 하였으나 모두가 전생을 입증하게 되었고, 그 중의 일부가 한 시간짜리 기록영화가 되어 전세계에 방영하게 되었던 것이다.

자기 스스로 명상의 방법으로 최면에 들어 대상인의 잠재의식을 읽는 경우가 있다.

(이 내용은 성철 스님의 저서에도 소개된 것이지만 윤회의 이해를 위하여 간략하게 소개하기로 한다.)

명상의 방법으로 전생을 읽는 경우는 우리 나라에도 많은 사람이 있으나 특히 다 종교 사회에서는 공인될 수도 없는 사실이기에 묻혀 있을 뿐이다. 다만 미국의 '에드카 케이시'의 경우는 전생 읽음을 공개적으로 실

시하여 유명 언론기관이나 방송사들이 그 현장을 확인하게 하였으며, 약 2500건에 달하는 증명된 윤회사실을 문서화하여 두고 있기 때문에 '케이시'의 경우를 소개하고자 한다.

'케이시'는 명상에 들면 대상인의 전생을 문서기록 읽듯이 읽어낸다. 이 방법을 라이프 리딩(Life Reading)이라 한다. '케이시'는 이러한 전생 읽음을 통하여 많은 사람의 병(病)의 원인까지 읽을 수 있었으며, 환자들의 병 자체도 전생(前生)의 삶(業)이 원인이 되어 현생(現生)에서 그 과보(果報)로 나타나게 되었다는 사실까지 확인하게 되었던 것이다. 그리하여 현대 의학에서 치료 불가한 많은 환자의 병을 전생 읽음으로 그 원인을 찾아 치유시킬 수 있었던 것이다.

그리고 많은 사람의 전생을 투시하여 확인한 바 육체적 질병뿐만 아니라 온갖 삶의 조건과 고난의 원인까지도 현생에서만이 비롯된 것이 아니라, 훨씬 먼 전생부터의 업(業)에 의한 인과(因果)임도 알 수 있었던 것이다. 우연이란 있을 수가 없다는 것이다. 육신의 모양, 환경조건, 키가 크고 작거나, 잘나고 못났거나, 부자(富者)이거나 빈자(貧者)이거나 이러한 모든 현실들이 전생의 생각과 행위에 의한 삶에서 기인한다는 사실을 확인할 수 있었던 것이다.

'케이시'의 이러한 투시력은 불교의 윤회사상을 증명하여 주는 데 크게 공헌하고 있는 것이다. '케이시'는 어린 시절부터 목사가 되는 것이 꿈이었다고 한다. 전통적 기독교 집안에서 태어났고 기독교적 사고방식 속에서 자라났기 때문에 그가 믿는 기독교의 경전, 성경(聖經)을 절대적으로 믿었고 순종하였으며 혼자서 명상에 잠기기를 즐겨하였다고 한다. 자연과학적 이치와 진리(眞理)의 의미를 심사숙고하지 않고 우선 믿기부터 먼저 하는 신앙인의 심리가 그렇듯이 케이시도 무조건 자기가 믿는 교의 성경만 믿었지 다른 종교의 경전을 읽어본 적도 없고 알려고 해 본 적도 없었다고 한다. 그러므로 우주관에 대하여 폭넓게 공부하여 바른 진리를 확인하고자 하는 의욕도 없었으며 따라서 종교관에 대한 객관성을 갖지 못했다고 한다. 이러한 편견된 관념에서 벗어나지 못하는 한 하나의 관념(觀念)으로 상념하는 바에 몰두하여 일념(一念)이 되었다 할지라도 그 관념의 테두리에서 벗어날 수 없는 이치이다. 명상이라는 것은 한 가지 상념을 일념으로 생각하는 데 의지하여 그 상념에 전념(專念)하는 집중력에 의해서 다른 잡념을 잊어버리는 경우이기 때문에 명상하는 자기의 소견만큼 느끼고 이해할 수 있기 때문이다.

그러나 '에드카 케이시'는 명상이 깊은 어느 날, 명상의 목적까지 여의게 되었을 때 자기도 모르는 사이에 윤회의 세계를 관찰할 수 있게 된 것이었다.

어느 날 점성학(占星學)에 관심이 많은 '라머스'라는 사람이 '케이시'의 투시능력에 감탄하고 그 투시능력을 이용하여 우주와 인간관계의 역학적 이치를 풀어보려고 '케이시'를 이용하고자 시도하였다고 한다. '라머스'는 최면에 든 '케이시'에게 자신의 인체를 살펴보라는 말 대신에 암시하여 주는 관찰의 대상을 호로스코프 즉 천궁도(天宮圖)를 살펴보도록 암시하였으며, '케이시'는 요약된 천궁도를 얘기하다가 갑자기,

"'라머스'는 전생에 승려였다."

라고 시작하여 '라머스'의 전생을 거침없이 얘기하였던 것이다. 우주와 인간의 운명에 관한 연구로 철학의 기본지식을 두루 섭렵한 '라머스'에게는 매우 신선하고 충격적인 일이었기 때문에 호기심은 더욱 거세게 타올랐다. 케이시의 투시능력이 만약 사실로 입증된다면 그것은 철학 종교 및 심리학에 관한 현대사상(現代思想)에 큰 혁명이 올 것임을 감탄하고 케이

시에게 더욱 광범위한 실험에 응해줄 것을 부탁하였으나 '케이시'는 거절하였다. '케이시'는 엄격한 전통 '그리스도' 종교의 환경 속에서 자랐으며 스스로 목사가 되고자 하는 희망으로 살고 있었고, 그리스도의 경전만을 믿고 살았기에 유일신의 창조설과 구원의 사상은 그에겐 절대적인 것이었다. 때문에 최면에서 깨어나서는 윤회라는 말조차도 매우 불쾌하게 생각하더라는 것이다.

무슨 일에서나 바른 판단력은 자기 아집(我執)에서 벗어나 순수한 객관성을 갖출 때 가능해진다. 자기 주위 환경인연에 집착된 자기 내지 자기 편적인 이기적 사고방식만 고집하고 다른 지식이나 사상을 아예 무시부터 한다면 바른 지식도 바른 관념도 얻어질 수 없는 것이다. '케이시'의 경우도 어릴 적부터 기독교적 관념이 가득히 훈습되어 있었고 불교의 윤회 사상 같은 것은 염두에도 없었던 것이며 전혀 아는 바도 없었다고 한다. 때문에 케이시는 자기가 믿는 교의 근본교의를 객관적으로 평가해 볼 마음의 여유를 갖지도 못했던 것이다.

기독교의 『바이블(聖經)』에서도 사실은 윤회사상이 여러 군데 명시되어 있다. 부활(復活) 재생(再生)의 의미가 그것이다. 그러나 기독교인들이 윤회로 해석하지 않는 이유는 재생의 의미를 어떤 특정인만의 특별한 전유 능력으로 보기 때문이다. '케이시'도 명상의 상태에서 '라머스'의 전생을 보았으나 그것을 긍정한다면 '그리스도'와 그의 가르침을 부정하는 일이 되기 때문에 일체의 윤회에 대한 인정을 하지 않겠다고 하였던 것이다. 그러나 '라머스'는 절대로 그렇지 않다고 주장하고 끈질기게 그를 설득하기 시작했다.

"성경에 '네 마음을 다하고 목숨을 다하고 뜻을 다하여 주 너의 하나님을 사랑하라(마태복음 22장)'는 말씀이 있습니다. 이러한 단순하고 심원한 가르침은 윤회사상을 믿는 불교나 힌두교의 경전에도 철저한 사랑과 봉사정신을 가르치고 있습니다. 윤회의 사실을 관찰하여 발설하였다고 해서 당신의 종교생활이 모순되는 것은 아닙니다.

예수님도 윤회사상을 말씀하셨다고 봐야 합니다. '세례요한은 엘리야의 재생이다(마태복음 17장 12~13)'라 하였으며 이 말씀은 다시 태어났음을 말하고 있는 것입니다. 그리고 초기 신부님들의 행적을 살펴보면 그 가운데 다수가 윤회설을 긍정하였던 것입니다. 그들의 윤회설을 긍정하는 설교내용들이 기록되어 있습니다. '오리케네스' 순교자 '유세티노' 알렉산드리아의 '크레멘스' 등 예수님이 생존했던 시대와 가까운 시대에 살았던 목자들이 예수님 제자에게 엄밀히 말했던 가르침이라며 윤회를 얘기했던 것입니다.

카톨릭의 '멜시' 추기경도 '윤회설은 카톨릭 교회의 본질과 모순되는 설이 아니다'라고 말했습니다. 또 교회의 '잉크' 사제장도 윤회설과 교회주의와는 아무런 모순이 없다고 말했습니다. 그러므로 신교(新敎), 구교(舊敎)도 윤회사상을 가능하다고 보는 것이니 이단(異端)이라고 생각할 필요가 없는 것입니다."

이러한 '라머스'의 끈덕진 설득에 '케이시'의 마음은 열리기 시작했다.
"예수님은 왜 윤회를 가르치지 않았을까요?"
라고 '케이시'가 말했다. '라머스'는 더욱 간절하게 설득을 계속했다.

"물론 신학 가운데는 윤회설과 모순되는 바가 있다고 볼 수도 있습니다. '사자의 부활', '지옥의 불길', '최후의 심판' 등의 표현은 상징적 의미로서 시적(詩的)·우화적(寓話的)인 표현으로서 개인이 살아온 업(業)의 결과인 불교의 인과응보(因果應報)로 해석할 수도 있습니다. 다시 말해서 많은 사람들이 성경(聖經)을 무섭게 받아들여 따르고 믿게 하기 위하여 극단적으로 표현한 방편(方便)이라 할 수 있으며, 이것을 후세의 신학자들이 문자 그대로의 의미로 받아들여 엄격한 도그마로 고정시켜 버린 것 아니겠습니까?"

이러한 '라머스'의 장시간에 걸친 설득으로 '케이시'는 많은 사람들의 전생 읽음을 계속하게 되었으며, 수천 명의 전생을 읽고 감탄하여 말하기를,

"윤회는 곧 진화(進化)다. 지상의 연속적인 생애를 통하여 인간의 영혼은 진화한다. 왕자로 태어났다가 가난한 사람으로 태어나기도 하며, 가난했던 사람이 부자로 태어나기도 한다. 그러한 생애를 통하여 영혼이 진화하고 우주의 진리에 대하여 알고자 노력하고 깊이 사유(思惟)했던 사람은 다시 태어나도 그 진리를 알고자 하는 사람으로 태어나기도 하며, 마침내 그 영혼은 진화하여 완전자(完全者) 즉, 해탈(解脫)에 도달할 수 있는 것이다."
라고 하며 감탄하였다고 한다.

'케이시'의 전생 읽음의 설명에 따르면 자신이 명상의 상태에서 대상인의 전생을 관(觀)하면, 그 사람이 전생 현생에 거쳐온 모든 생활(業)이 녹화 필름처럼 그대로 기억을 간직하고 있다는 사실이며, 이 사실이 현대인으로서, 기독교인으로서 윤회의 진실을 확실히 밝히는 성과가 된 것이다. 케이시는 최면상태에 들면 대상인의 무의식(無意識) 또는 잠재의식과 쉽게 연결(空心)되는데 이러한 케이시의 발견은 무의식이라는 존재와 그 내용에 관한 현대 정신분석학자들의 발견과 일치하고 있는 것이다. 그 이후 '케이시'는 전생 읽음을 계속하였으며 윤회의 사실을 공개적으로 입증하여 보였다고 한다. 그리고 불치의 병고에 시달리는 많은 사람들의 발병의 원인을 전생업(前生業)에서 알아내어 치유하였으며 2500여 건에 달하는 그 기록을 문서화하였으므로 그의 업적은 높이 평가받고 있는 것이다.

옛날 어느 선사가 이르시기를,

"죽고나면 업(業)이 곧 의복(衣服)이니라. 그 의복은 감출 수도 없으니 부끄럼 없도록 살아야 하느니라."

종교나 최면 또는 명상과 관계없이 전생을 기억하는 사람이 있다.
성철 스님의 『자유인의 길』에는 다음과 같은 사실이 소개되어 있다.
① 터어키 남부의 '아다라' 라는 마을에 '이스마일' 이라는 아기가 태어났는데 만 두 살이 지나고 말을 하기 시작할 때부터 자주 자기 집으로 돌아가겠다고 하였다고 한다.
부모님이 너의 집은 여기다라고 타이르면 '이스마일' 은,
"나의 집은 강 건너 마을에 과수원을 하고 있으며 내 이름은 '아비스스루무스' 인데 처음에 결혼하였던 아내는 아이를 못 낳아 이혼했고 새 장가를 들어 네 아이를 낳았고, 잘 살다가 나는 인부와 싸워 50살에 마구간에서 둔기로 머리를 맞아 죽었다. 아이들이 보고 싶어서 가야겠다."
라고 했다.
그런 말을 못하게 하면 자꾸만 울고 보채는 것이었다. '이스마일' 이 전생에 살았다는 마을은 멀지 않는 곳이었기 때문에 그 곳 사람들이 이 마을로 오는 경우가 더러 있었다. 어느 날 그 마을에서 아이스크림 장사가 왔는데 '이스마일' 이 뛰어가서는 아는 체하며 전에는 과일장사를 하더니 언제부터 아이스크림 장사를 하느냐 하며 자신의 전생 시절을 얘기하는데 아이스크림 장사가 듣고 보니 모두 맞는 말이었다.
터어키는 회교국으로서 교리(敎理)상 윤회는 인정할 수 없으므로 자칫하면 그 마을에서 살 수도 없는 터라 부모는 '이스마일' 의 입을 막으려 하였으나, 아이의 성화에 못 이겨 '이스마일' 이 세 살 되던 해 아이를 데리고 강 건너 과수원 마을을 찾아가게 되었다. 과수원집에 들어서자마자 이

스마일은 집 앞에 앉아 있는 노파를 보더니 뛰어가서는,

"고생하는구나, 놀라지 마라. 나는 너의 죽은 남편 '아비스스루무스'인데 건너 마을에서 태어나서 이렇게 찾아왔다."

고 하고는 아들들을 불러오게 하여,

"너는 내 아들 '사게', 너는 '구두사끼' 참으로 보고 싶었다."

하면서 마치 부모가 자식을 대하듯 말하는 것이었다. 자신이 맞아죽은 마구간으로 데리고 가서는,

"갈색 말은 어떻게 되었느냐?"

고 묻자 팔았다고 하니 몹시 서운해하였으며, 그리고 그 집에서 일했던 인부들의 이름과 사는 곳까지 얘기하고 방안의 자기가 사용하였던 유품까지 확인하니 주위에서 믿지 않을 수가 없게 된 것이다.

결국 이 사실은 세계적인 화제가 되었는데 1962년 '이스마일'이 여섯 살 되던 해 종교인, 철학자, 과학자 등으로 구성된 30여 명의 조사단이 파견되어 이 사실을 확인하게 되었다. 그리고 이 조사단이 '아비스스루무스'의 재생이라는 충격적 보고서를 발표하게 되었다. 그 보고서에 의하면 '아비스스루무스'가 전생에 아무도 모르게 이웃마을의 누구에게 돈을 빌려 준 사실이 있었는데 '이스마일'이 찾아가서 그 빚을 받아낸 사실까지 기록되어 있는 것이다. 윤회라는 것은 영혼으로서의 기간이 일정되어 있는 것이 아니고 불규칙적이며 '아비스스루무스'의 경우와 같이 전생을 기억하는 경우는 매우 특이한 사실이라 한다.

우리 나라에도 조선조 말엽 경기도 용인에서 50세 된 한 가장이 죽었다가 염습을 할 때 깨어났는데, 차츰 정신을 차리고 의식이 똑똑해지자 깨어난 사람은 엄연한 용인의 이씨인데 이씨는 자신을 진천(鎭川)의 김모씨

라고 했다고 한다. 가족들은 생각하기를 죽었다가 깨어났으니까 잠시 헛소리를 하는 것이려니 생각하였으나 정신이 들고나서 더욱 분명하고 확실하게 자기의 주소, 가족사항까지 얘기하는 터라 진천으로 가서 확인하게 되었다. 진천의 김씨 가족은 충격적인 일이 아닐 수 없었으며 가족관계 친척관계며 논과 밭은 몇 마지기며 생전의 습관과 장롱 속에 넣어두었던 돈의 액수까지 확인하게 되니 믿지 않을 수가 없었다. 양가의 가족들은 이 사실을 확인하고는 어찌 할 바를 모르다가 마침내 이 사건은 소송의 문제가 되었다고 한다. 사건의 경위를 자세히 듣고나서 고을 원님은,

"이 사건을 통하여 나는 귀중한 진리를 알았소이다. 불교에서 말하기를 현재의 몸뚱이는 참나가 아니라 입었다가 벗는 의복과 같다고 하였는데, 나는 여태껏 이 진리를 믿지 아니하였으나 이 사건으로 참으로 몸뚱이는 참나가 아니라 의복에 불과한 것임을 알았소이다.

이제 판결을 내리겠소. 산다는 것은 몸뚱이가 사는 것이 아니라 영혼이 있어서 사는 것인즉 몸은 비록 다른 몸이지만 영혼이 제 집 식구와 사는 것은 당연하니, 사는 동안에는 진천에서 살고 죽거든 몸뚱이는 용인 이씨의 것이니 용인으로 보내시오."

라는 판결을 내려 그렇게 시행되었다고 한다.

또 한 가지 실예는 중국의 산동성에 일자무식의 석공(石工) 최천선이라는 사람이 죽었다가 깨어났는데 그 영혼은 안남(安南-인도지나) 사람 유건중의 영혼이 최천선의 몸뚱이에 들어와서 살아난 것이어서 말도 안남 말을 하였으며, 일자 무식했던 사람이 글도 유식하게 된 것이다. 이 사실은 북경대학의 연구대상이 되었으며 마침내 이 사실이 진실로 확인 되어 중국 정부에서는 이 사람에게 연금을 주어 보호한다는 결정을 내리게 되었

으며 1961년 2월 26일자 중국의 신주일보에 발표되었다.

최면술로써 연령을 역행시켜 윤회를 입증한 사람 중에 영국의 '아아널 브록삼(Arnall Broxham)'은 20년 동안 400여 명의 전생 확인한 것을 비디오테이프에 담아 보존하고 있다.

이것은 영국의 BBS방송국에서 공식적으로 확인한 사실이다. 처음에는 방송사의 과학기자들이 '브록삼'의 테이프 속임수를 밝혀 폭로하고자 하는 것이 목적이었으나 취재 확인하였던 바, 전생 답사와 유품 확인 등으로 윤회가 진실임을 확인하고 그 윤회 확인의 사실들을 BBS TV는 특집방송으로 대대적인 보도를 하였으며 방송 후 책으로 출판하였던 것이다.

『인간은 한 번 이상 사는가(More Lives Tham One-1976刊)』라는 책이 바로 최면을 거는 데서부터 연령 역순으로 전생을 얘기하게 한 다음, 전생에 살았던 장소에 가서 당시부터 생존해 있는 사람의 증언과 유품 등을 확인하고 윤회가 사실임을 확실히 증명하는 데까지의 기록들이 담긴 책이다.

자신이 직접 윤회의 진실을 확인하게 된 경우가 있었다.

부산 범일동 B학원의 J선생은 사설 '선체조수련장'을 열고 있었다. 선체조는 옛날부터 스님들이 선(禪)에 들어가기 전에 행하는 체조로서 일종의 '요가'인데 선체조를 하게 되면 대부분의 사람들이 무아상태에 빠지며 스스로 자기 몸의 동작이 일어나 몸의 불편한 곳을 스스로 치유케 하는 요법이기도 하다.

J선생은 B학원의 1~2등급 담임을 하고 있었는데 선체조 분야의 상당히 숙련된 사람이다. 몸에서 일어나는 기(氣)를 이용하여 다른 사람을 기

치료 해주는 경우도 있었으나 대개 몇 가지 선체조 동작을 가르쳐서 스스로를 치료하는 방법을 지도하고 있었다. 1990년 가을 내가 방문하게 된 그날 J선생은 B학원의 1~2등급 재수생들을 데려다 선체조를 시키는 날이었다. 평소에도 매주 토요일 오후에는 스트레스 해소 겸 건강을 위하여 선체조를 시키고 있다고 했다. 약 30명의 재수생 틈에 끼여 난생 처음으로 선체조를 하게 되었다.

전면에 모셔진 부처님의 사진을 향하여 옛날 할머니들이 부처님전에 예배하듯이 양팔을 힘껏 원을 그리며 머리 위로 올렸다가 합장을 하고 합장한 손을 천천히 가슴으로 내리면서 정성 드려 절을 올리기를 세 번하고는 정(靜)에 들어서는 자기 손이 가는 대로 마음이 가는 대로 행동을 무아(無我)에 맡기는 것이었다.

선체조가 시작된 지 5~10분이 경과했을 때 대부분의 학생들은 무아 상태가 되었고 동작은 각양각색이었다. 어떤 학생은 지난 해 아쉬웠던 대학입시가 억울했던지 땅바닥을 치며 통곡하는 이도 있었고, 어떤 학생은 두 손만 땅을 짚은 채 몸을 공중에 띄우는 요가 동작을 하기도 했으며, 어떤 학생은 다다미로 된 수련장 바닥에 굴러다니다가 엎드려 잠이 드는 경우도 있었다. 나는 신기하기도 한 학생들의 요가 동작을 구경하는데 정신이 팔렸던 탓인지 고요한(靜) 마음을 찾지 못하다가 결가부좌하고 화두를 챙겨드는 선(禪)을 해 보고자 했다.

잠시 후 등 뒤로 쿵하고 부딪쳐 오는 인기척을 느꼈다. 한 남학생이 등을 나의 등에 기댄 채 앉아 있었다. 더운 열기를 느끼는 동시에 그 학생의 몸이 몹시 떨리고 있음을 알 수 있었다. 그리고 그 학생은 알 수 없는 언어로 범패(念佛의 一種)를 구성지게 하기 시작했다. 범패음율은 상당한 경지의 범패실력자처럼 고요한 수련장의 백 음악으로 흐르고 있었다. 잠시 끝나는 것이 아니었다. 몇 십분 계속해서 범패소리를 하고 있었다. 그 순간 '아, 이 학생은 전생에 스님이었구나' 라는 생각을 하게 되었다. 무아지경이 되자 전생의 습(習)이 흘러나오기 시작했던 것이다.

수련이 끝난 뒤 J선생은 범패를 했던 그 학생에게,

"야, 너는 어쩜 그렇게도 염불을 잘하냐, 점점 잘하는데."

라고 했다. 그 학생은,

"우리 집은 기독교인데요."

라고 했다.

"기독교집안이라고 있는 전생을 버릴 수야 있나, 못 믿으면 다음에는 비디오 녹화를 해서 보여주지."

라고 하며 J 선생은 웃었다.

그 학생은 범패소리를 다음 다음주에도 반복해서 흘러나왔다고 한다. 선생님과 학생들은 그 학생의 범패소리를 녹음해서 해독해본 결과 고대 인도어였다고 한다. 이와 유사한 사실은 더러 있었다.

범일동 G시장에서 가게를 경영하는 50대 S보살은 관세음보살 정근기도만 하면 자기도 모르는 사이에 국적을 알 수 없는 말로 중얼거리는 것이었다. 같이 기도하던 신도들이 하도 신기해서 스님들과 같이 확인해 본 결과 중국말이었다고 한다. 그후 당사자도 전생에 중국사람이었음을 자인한다. 이러한 경우에 확인할 수 있는 것은 전생의 업식(業識)이 무의식으로 잠재하고 있다가 때에 따라서 행동으로 작용하고 있다는 점이다. 좀 특이한 경우이긴 하지만 이와 같은 전생의 습이 현실에서 흘러나오는 사실들을 보고 윤회를 확인할 수 있었다. 그리고 현재의 나(我)는 곧 나의 의식이며 그 의식은 전생업식＋현생의 업식임을 알 수 있는 것이며, 이러한 업식이 내세(來世)를 건립하고 지은 바대로 윤회하고 있는 것이다.

　요즘 흔히 도심(都深)에서 잠재의식개발, 잠재능력개발 또는 마인드콘트롤이라는 간판을 볼 수 있다. 마인드콘트롤이란 명상훈련이다. 명상이란 한 가지 생각에 전념하여 다른 잡다한 망상을 잊고자 하는 훈련이며, 자기 최면(自己催眠) 즉 자기 스스로 최면상태가 되고자 하는 훈련이다. 자기 스스로 명상훈련으로 최면에 이르는 것이나 타인의 도움으로 최면에 드는 것이나 최면상태는 동일한 경우가 된다. 다만 무엇을 일념(一念)으로 염두(念頭)에 두고 최면상태가 되었느냐에 따라서 나타나는 증상은 다르게 되어 있다. 그리고 관세음보살이나 부처님의 명호를 부르며 기도를 열심히 하다가 무의식 상태가 되는 것도 최면의 상태가 됨이다. 흔히들 명상 훈련하는 사람들이 '참선지도'라는 타이틀 간판을 내세우기도 하나 명상 또는 마인드콘트롤은 참선과는 거리가 멀다.

　다만 참선하기 전 기초라고 생각하면 틀리지 않을 것이다. 나는 부산적기마을 성당에서 어느 신부님이 지도하는 마인드콘트롤 강의를 들은 경험이 있다. 마인드콘트롤 학원에 입문하면 강사는 수강생들에게 한 가지 생각에 의지해서 잡다한 생각을 잃어버리는 방법을 지도한다. 눈을 감고 편안하게 앉게 한 다음 강사의 말에 집중하도록 한다. 그리고 다음과 같이 일러준다.

　"지금 여러분은 자기가 가 본 중에 가장 경치 좋은 곳 하나를 상상하십시오. 기암, 괴석과 울창한 숲이 우거져 있고 계곡에는 맑은 물이 흐릅니다…. 계곡 한쪽에는 평평한 반석이 있습니다…. 그 반석 위에 눕습니다. 시원한 바람이 불어온다…. 잠이 온다…. 잠이 온다…."

　이러한 강사의 말이 계속될 때 신부님(강사)의 말씀에 집중하였던 많은 사람들은 잠이 들었고 어떤 이는 코를 골며 자는 이도 있었다. 이와 같이 어떤 한 가지 상념에 집중하므로 번뇌망상을 여의는 훈련이 마인드콘트롤이다. 이러한 훈련을 계속하게 될 때 잡념이 없어지므로 집중력을 기르게 되고, 집중력을 기르므로 자기의 잠재능력이 개발된다는 논리이다.

인간의 초능력은 정신통일에서 온다. 차력술 하는 사람도, 격파술을 하는 사람도 무념이 될 때 가능한 것이며 소림사 무술이나 화랑도의 무예도 이러한 원리이다. 그리고 학생이 공부 잘하고 못하고의 차이도 집중력을 갖고 공부하느냐 망상 속에서 하느냐의 차이일 뿐이다. 성적이 떨어지는 학생은 이 공부를 하려는데 저 생각이 일어나고 저 공부를 하려는데 딴 생각이 일어나는 등의 망상 속에서 공부하기 때문에 하고자 하는 공부에 전념할 수 없는 것이며, 따라서 하고자 하는 공부는 잠재의식에 입력이 안 되니 공부가 계속 머리 속에 안 들어간다고 표현한다.

마인드콘트롤 훈련은 이와 같은 방식으로 집중력을 키우며 나아가서는 무념상태가 될 때 목적하는 바 다른 잠재의식과 연결될 수 있으며 전생까지 체험할 수 있다고 한다. '케이시'도 혼자서 명상을 즐겨하였고 무념상태가 될 때 다른 사람의 인적사항을 일러주면 그 사람의 전생을 읽을 수가 있었던 것이다. 그리고 이러한 훈련이 숙달된 사람들은 수천리 밖에서도 서로의 의사를 주고받는 등 마음과 마음으로 대화가 가능하다고 한다.

이 연구가들은 이러한 현상을 뇌파(腦波) 또는 염파(念波)라 하기도 하고 염력(念力)이라고도 한다. 인간의 마음도 전파처럼 파장이 있다고 보는 것이다. 그러나 마음은 파장도 있을 수 없다. 인간의 마음은 뇌에서 나오는 것일 수 없다. 육신의 뇌나 심장은 몸의 기능이 유지되기 위한 구조일 뿐이다. 뇌를 다치면 정신적으로 이상이 오는 것은 감각기관의 중추적 역할을 하는 부분이 고장이 났을 뿐이며, 고장이 났으니 그 성능이 제대로 작동되지 않을 뿐이다. 마치 자동차의 컴퓨터 부분적인 고장과도 같은 것이다. 타이어가 펑크나서 차가 달리기 불편한 것은 다리를 다친 사람과도 같으며, 엔진이 고장나면 심장병 환자와 같으며, 라이트가 고장이 나면 장님과 같으며, 컴퓨터 장치가 고장나면 뇌를 다친 사람과 같은 것이다.

인간의 마음이라는 것은 순수한 허공성이기에 경계도 있을 수 없으며, 경계가 없으므로 시간도 거리도 구애받지 않으며, 앉은 채로 달나라도 가고, 은하계도 가고, 영국도 가고, 미국도 가고, 설악산도 가고, 백두산도 찰나간에 오가는 것이다. 단지 윤회의 사슬에서 벗어나지 못하는 까닭은 자기 육신과 주위 환경인연에 집착한 채 그러한 사고(思考)로써 생활하다가 생명이 다하여 죽음을 맞이했을 때, 평소 의지하던 감각기관인 몸이 죽어 흙으로, 수분으로, 기타 자연 에너지원으로 흩어져 버리니 남은 것은 잠재의식뿐 갈 곳, 아니 갈 곳, 분간할 수도 없는 그 잠재의식은 인연 따라 업보(業報) 따라 흘러갈 수밖에 없기 때문이다. 내가 갈 길을 누군가가 대신 가 줄 수도 없고 대신 가줄래야 가줄 수도 없는 이치이다.

이러한 윤회탐구와 체험을 바탕으로 윤회를 믿을 수 있었다.

대행 스님의 영가법문에 다음과 같은 경험담이 있다.

몇 년 전 오대산 상원사 부근 어느 마을에는 19세 된 평범한 청년 한 사람이 죽었다. 그 청년의 영가(靈駕)를 천도하는 49재가 상원사에서 열리고 있었다. 49재가 끝날 무렵 대행 스님께서 상원사에 들르시게 되었다. 마침 그 영가의 모친 되는 사람이 평소에 스님과 친분이 두터운 신도였으므로 스님은 그 신도에게 안내되어 다과를 대접받게 되었다. 신도가 스님에게 여쭙기를,

"스님 영가 천도가 잘 되었겠습니까?"

하고 질문하자 대행 스님은 잠시 정(定)에 드시어 관(觀)하시고 계시다가

"네 천도가 잘되었어요."

라고 하셨다고 한다.

사실인즉 스님께서 정에 드시어 그 영가를 관찰하여 보니 영가는 자기 집에 키우는 돼지의 몸으로 들어가더라는 것이었다. 스님께서 안타까이 여기시어 그 영가를 일깨워 주었으며 그날 잉태한 돼지가 죽었다고 한다. 며칠 후 그 영가의 모친 되는 신도가 찾아와서 아들의 막재날 집에 가보니 새끼를 잉태할 돼지가 죽어있더라는 얘기를 하는 것이었다.

그러나 그러한 과정을 일러준다면 듣는 이는 미심쩍하게 생각할 것을 아시고,

"그게 잘된 일입니다."

라고만 하셨다고 한다. 이러한 경우 평범하고 착한 사람이 왜 죽어서 돼지라는 축생으로 태어나느냐를 깊이 사고(思考)하여 볼 필요가 있다. 위에서 논한 바와 같이 평소 환경인연에만 집착하여 생(生)을 마친 영혼은, 의지하여 분별하며 살아왔던 현재의식의 기능인 육신은 죽어 자연으로 흩어져 돌아가 버리니, 남은 것은 캄캄한 훈습의 응어리뿐 이 영혼은 한치 앞도 분별 못하는 한 티끌과 같이 인연되는 대로 흘러가는 수밖에 없었으니 자기 집에 키우던 돼지 새끼의 몸으로 들어가기도 하였던 것이다. 생전에 베푼 바 공덕이 있었다면 그 베푼 바가 은혜공덕이 되어 돼지우리 안에서 밥찌꺼기 한 바가지 더 얻어먹는 공덕이 되고 수만생 후에라도 어떤 형태로든가 보답이 돌아올 수 있는 사유는 될 수 있을 것이다.

그러나 현생의 인연환경에만 집착하여 살다가 미혹(迷惑)된 인식상태로 죽음을 맞이하였을 때 캄캄한 영혼은, 흘러가는 대로 떠가는 낙엽처럼, 바람 부는 대로 날아가는 풀씨처럼, 정처 없이 인연 닿는 대로 가야만 하는 처지가 될 수밖에 없는 것이다. 그래서 부처님은 중생의 인생관을

일체개고(一切皆苦)라 하신 것이다. 한 번 축생으로 퇴화(退化)하면 어느 세월에 의식이 진화되어 다시 인간의 몸으로 태어날 수 있겠는가.

부처님께서도 과거생에 흰개(白犬)로 생사 윤회하였던 때가 있었다고 하셨다. 그 흰개로서의 윤회하는 기간이 얼마나 길었으면 그 유골을 모았다면 수미산더미만하다고 하였겠는가. 그래서 깨쳐야 하는 것이다.

부처님의 가르침을 신봉(信俸)한다 해도 기복적인 신앙의 틀에서 벗어나지 못한다면 다른 종교와 다를 바가 없는 것이다. 진리 탐구심을 일으켜야만이 부처님의 위대한 가치관과 만나질 수 있고 자기구원의 길이 열리는 것이다. 오랜 세월 불교를 신봉한 사람 중에도 '이 정도 살았으면 내생에는 좋은 데 가겠지' 또는 '이생(現生)에는 포교(布敎)활동이나 하고 내생에나 성불해야지' 이렇게 단조로운 사상을 흔히 얘기하는 사람이 있다. 이러한 종교관으로는 부처님을 뵐 수 없다. 천길 만길 낭떠러지가 기다리고 있을 뿐이다. 옛 고승의 말씀에도 "한 평생 쌓은 공덕도 한 나절 선방에 앉아 참구하는 것만 못하다."라는 말씀이 있다.

인과(因果)

생명체 탄생과 진화 그 어디에도 신(神)의 존재는 있을 수도 없었으며, 있다고 주장할 아무런 근거도 이치도 없는 것이다. 오직 영원불멸의 소재(素材)와 환경이 있었고 생각과 행동[業感]에 의한 생명체의 합성과 진화가 있었을 뿐이다.

모든 생명들은 그 사고방식에 따른 생김새를 갖고 있는 것이다. 양(羊)과 호랑이의 생김새가 말해주듯 초식(草食)동물은 양순(良順)하게 생겼으며 살생(殺生)을 일삼고 약육강식(弱肉强食)하는 동물들은 험상궂게 생겨있다. 인간의 얼굴도 이와 같다.

선(善)한 행동을 실천하는 사람의 얼굴은 양순하게 생겼으며 싸움질 잘 하는 습관을 가진 사람의 얼굴은 험상궂게 생겼고 사기꾼은 어딘가 사기꾼 같은 인상을 풍기고 있다. 또한 걱정하고 고생스러운 삶을 사는 사람은 그 근심하는 마음은 근심 많은 얼굴 관상을 만들어내고 있으며, 모든 욕심을 버린 초연하고 진실한 성직자(聖職者)의 얼굴은 편안해 보이고 있는 것이다. 수십 억의 인간 모두가 얼굴 생김새가 다르고 체구가 다른 것도 모두가 전생과 지난 날의 생각이 다르고 행동이 달랐기 때문이다. 그리고 지금 이 시각에도 모든 사람들의 생각과 행동에 의하여 각자의 체구와 체질은 변화를 거듭하고 있는 것이다.

그러므로 현재의 자기 얼굴이나 몸의 생김새는 과거(前生)와 현생(現生)을 살아오면서 생각하고 행동하였던 그 원인에 의하여 나타나는 보(報)의 현상인 것이다. 뿐만 아니라 타고난 환경이나 현실까지도 과거생각과 행동에 의한 결과[報] 즉 인과(因果)에 의한 것이다. 지난 생이나 지난 세월에 만났거나 같이 살았거나 우연한 기회에 피해와 은혜를 주고받았을 지라도 그것이 원인이 되어 현재의 삶이 진행되고 있는 것이다. 이러한 인과응보의 법칙이 거미줄 엉키듯 엉킨 속에서 생활하고 있는 것이 인생이다. 괴로움을 당하고 슬픔과 고난을 당하게 되는 모든 삶이 그러한 상대적인 감정들에 의하여 받게 되는 업보(業報)라고 한다.

어차피 산다는 것(삶)은 상대가 있고 상대와 더불어 살아가게 되어 있는 것이다. 전생, 현생을 살아왔던 나의 행동은 상대방의 생각과 행동을 유발하여 왔으며 나로 인한 상대방의 감정은 상대방의 업식으로 잠재하였다가 훗날 또는 내생(來生)에 맞이하게 되는 삶에 반영된다는 것이다.

업보(業報)란 자기 자신의 업에 의하여 발생하는 모든 환경과 현실을 의미한다. 자신이 사악한 행동을 하였을 때 상대방의 증오심을 일어나게 하고 그 증오심은 원기로 남아 상대적으로 잠재하고 있다가 훗날 재앙으로 돌아올 수 있고 베풀고 살았을 때는 상대방들의 의식 속에서 감사한 마음으로 잠재하고 있다가 훗날 은혜로 돌아오고 있는 것이니 이러한 사실은 흔히 확인할 수 있는 현실이다.

6 · 25전쟁 당시 먹을 것이 모자라 거리에는 걸인들이 득실거렸다고 한다. 광주지역을 담당했던 사령관은 걸인들을 모조리 사살하라는 명령을 내렸다고 한다. 걸인 행세를 하는 공비나 간첩들이 많은 때라 작전상 장애가 되었기 때문이었다. 명령을 하달 받은 인자한 대대장은 생각하기를 '거지도 가난하지만 백성인데 무고한 백성을 죽일 수는 없다.' 고 생각하고 거지 수백 명을 수십 대의 트럭에 나누어 싣고는 진주 지방에 내려주면서 "광주 쪽으로 오면 사살될 테니 이곳에서 잘 살아라."고 당부하였다고 한다. 물론 상부에는 '사살했다' 고 보고하였다.

수년 뒤 그 영관(領官)은 제대하여 국회의원에 출마하게 되었다. 그때 그 영관의 은혜를 입고 살아남은 당시의 수백 명의 거지들은 그 영관의 이름을 보고 선거운동원을 자청하여 모여들었으며 그 영관은 자기가 살려준 거지들의 덕택으로 국회의원에 무난히 당선되었다고 하는 실화가 있다. 과보(果報)는 내생(來生)에만 반영(反影)되는 것이 아니고 이 시간 바로 이후 또는 내일이나 몇 년 후라도 분명코 다가온다는 것이다. 이러한 이치를 선인 선과(善因善果), 악인 악과(惡因惡果)라고 한다.

몇 년 전 몇 차례 교회 버스 전복사고가 있었으며 보살님 셋이 초파일에 절에서 연등 달고 오다가 즉사했던 교통사고도 있었다. 그리고 1994년 경 잔인한 지존파 살인사건이 있었다. 납치 당한 부부는 독실한 기독교 신자였다. 지존파에 납치되어 죽은 남자는 중소기업 사장이었는데 그 사장은 아침에 출근하면 직원을 모아 아침예배를 본 다음 업무를 시작하였다고 하는 독실한 모범 기독교 신자였다고 한다. 그런데도 그 부부는 잔인한 지존파 살인범에 의하여 무참히 살해당하고, 그것도 모자라 시체는 인육(人肉)으로 범인들에게 먹히고 나머지는 태워버렸다고 한다. 이러한 죽음을 당하고도 하나님이 필요해서 빨리 하늘나라로 데리고 갔다고 할 수 있을까.

옛날 중국의 양무제는 바둑 두기를 좋아하였다고 한다. 어느 날 시종을 시켜 평소 가까이 지내던 고승(高僧)한 분을 모셔오라고 하였다. 양무제는 불자였기에 전국에 300여 개의 사찰을 지어 달마 대사에게 자랑하다가 면박을 당한 제왕이다. 고승(高僧)을 모셔오는 동안 양무제는 조정대신 한 사람과 바둑을 두고 있었다. 바둑은 종반전에 접어들고 있을 때 양쪽 대마(大馬)중 한 쪽을 버려야만이 한 쪽을 살릴 수 있는 판국이었다. 이 때 시중은 스님을 모시고 왔다.

"대왕전하 대사님을 모시고 왔습니다."

신하가 고(告)하였으나 대마를 죽여야 하는 중요한 판국이라 신하의 말이 귀에 들리지도 않았다.

"에이 그만 죽여버려라."

양무제는 바둑의 한 쪽을 버리자고 마음먹고 한쪽을 살리는 한 수를 힘차게 두면서 내뱉은 말이다.

그러나 큰 일이 벌어지고 말았다. 그 신하는 그 고승(高僧)을 죽여버리라는 말로 착각하고 대사를 사형장으로 끌고 가 목을 베어버렸던 것이다. 바둑을 다 두고 난뒤 양무제는 신하에게 물었다.

"대사님은 모시고 왔느냐?"

"예, 데려다 사형시키고 왔습니다."

"뭐? 목을 베다니!"

"대왕께서 아까 죽여버리라고 하시지 않으셨습니까?"

대왕은 크게 탄식했다. 바둑을 두면서 한쪽을 버리자고 혼자 중얼거렸던 말인데 신하는 대사를 죽이라는 명령인 줄 알고 목을 베었으니 너무나 어처구니없었기 때문이었다. 양무제는 한동안 고개를 숙이고 말이 없다가 힘빠진 음성으로 신하에게 물었다.

"그래 죽으면서 하신 말씀이 아니 계시던가?"

"예, 있었습니다. 대사께서 말씀하시기를 옛날 내가 농부였을 때 양무제 대왕은 굼벵이였느니라. 내가 밭에 김을 매다가 호미로 잘못 찍어 굼벵이를 죽인 일이 있느니라. 인과는 피할 수 없는 법이야."
라고 하셨습니다.

중국의 고사(苦史)에 나오는 이러한 얘기는 인과법을 잘 설명해 주고 있다. 이 세상에는 우연이란 있을 수도 없는 것이다. 인간이 사량(思量)으로 규명하기 어려울 때 우연이라는 이름을 붙였을 뿐이다. 태어나면서 맞이하는 환경과 인연을 업의(業依)라고 한다. 갓 태어난 아기나 학생, 공무원, 정치인이나 기업인도 원인(業)에 의한 결과(報)를 맞이하면서 또 다른 원인을 만들어가며 살아가고 있는 것이다. 이와 같이 현재의 생각과 행동은 미래의 환경인연으로 반드시 다가온다는 것이다. 따라서 현생의 생각과 행동에 따라서 진화하느냐 퇴화하느냐 자기를 피안의 세계로 구원하느냐 지옥도에 떨어지느냐 하는 문제가 결정되는 것이다.

물론 현생을 물질적으로 풍요롭게 사는 사람들이나 혹자들은 다시 태어나도 인간으로 태어날 것으로 믿고 살거나 바라고 사는 사람도 많을 것이다. 그러나 이러한 사고(思考)는 이기적인 욕망으로 일어나는 자기 위안이요, 소망일 뿐이다. 이러한 욕망은 축생과 다를 바 없는 것이다. 축생들도 동료애가 있고 형제 부모애가 있다. 인간도 축생도 환경인연에 집착하는 단순한 생각은 대동 소이(大同小異)할 뿐이다. 부처님께서도 이르셨고 현대의 심리학자들이 증명하였듯이 윤회는 당연히 오는 사실이며 인간이 사후에 축생으로 떨어지기도 쉽다는 사실이다.

천수경(千手經)에 백천만겁난조우(百千萬劫難遭遇)라 하였다. 수억 만년 지나도록 인간의 몸 받기 어렵고, 인간으로 태어나도 부처님의 가르침 만나기 어렵고, 부처님 가르침 만나도 진실한 불자되기 지극히 어렵다는 뜻이다. 자기의 한 생각이 곧 구세주인 것이다. 이 한 생각은 자기 육신의 주인공이며 자기 생명의 주체성(主體性)이다. 자기가 그토록 소중히 여기는 육신은 잠시 모였다가 흩어지는 현상일 뿐 흙과 열기운과 수분과 산소가 임시 화합한 가상일 뿐이다. 그러므로 육신은 죽음을 맞이하면 흙으로 물로 돌아가 버린다.

인간이 자기 육신을 이 세상에서 가장 존귀한 존재라고 인식해야 하는 그 가치는 이 몸에 의지해서 깨달음에 이르고자 할 때만이 가장 존귀한 가치가 있게 되는 것이다. 그러므로 살아 생존하고 있을 때 이 몸에 의지하여 깨달음에 이르러야 하므로 이 몸을 세상에서 가장 존귀(尊貴)한 법당(法堂)으로 승화시켜야 하는 것이다.

제3장
깨달음을 향하여

범어사의 보살계

이제 나와 아내 장보살은 불교를 중심으로 삶을 열어가고 있었다. 차를 타면 대덕스님들의 법문테잎이나 경전강의를 듣고 집에서는 불교서적을 읽거나 명상을 해보기도 하고 휴일이면 조용한 산사(山寺)를 찾아 부처님께 참배하고 스님들의 법문을 듣기도 하는 염불(念佛) 생활이 계속되었다.

바둑을 처음 배울 때도 그랬다. 밥상 앞에 앉아도 찬그릇들이 바둑알로 보이고 잠을 청할 때도 천장이 바둑판으로 보이고 대로의 자동차도 바둑판으로 보일 때가 있었다. 그러한 집념 속에서 바둑실력은 향상되었고, 그것이 즐거웠듯이 이제 불교에 입문하여 불교를 알고자 하는 일념으로 생활하게 되니 어딜 가도 불교를 접하고 생활할 수 있었으며, 불교의 심오한 진실을 조금씩 확인해 가는 신행생활은 즐거워지고 있었다.

따라서 세속생활 위주의 의미를 담은 TV프로나 일반서적들은 흥미를 잃어가고 있었다. 학교 다닐 때 몇 장도 못 읽어 머리가 아팠던, 고리타분하다고 생각했던 사르뜨르의 철학도 너무 쉽고 싱거웠다. 불교와 씨름하다 보니 현실주의 철학들은 이미 옛날에 읽은 동화책의 얘기처럼 느껴지기도 했다.

언젠가 자장암 주지스님께서,

"뭐니 뭐니 해도 불자(佛子)는 엎드릴 줄부터 알아야 해요. 교리부터 배

위 아는 척하는 사람치고 승속(僧俗)간에 바로 공부하는 사람 없는 법이다."
라고 했다.

불교를 공부하고자 하는 자는 하심(下心)부터 습관화해야 한다는 것이었으며 따라서 아만이나 욕심으로 마음이 들떠 있는 한 진리를 볼 수 없는 이치라고 했다. 이제 어디에서라도 엎드릴 수 있는 불교도다운 습관이 익숙해져 가고 있었다.

그러던 어느 날 범어사에서 보살계(菩薩戒)를 받게 되었다. 보살계란 부처님의 가르침을 믿고 배우며, 부처님이 정하신 바 생활계율(戒律)을 지키고 보살행을 실천하면서 마침내 성불(成佛)하겠다는 자기와의 약속인 동시에 부처님과 약속하는 의식이다. 보살계를 받는 날, 일천오백여 명의 신도들이 같이 계를 받게 되었다. 불교가 뭔지 모를 때는 남부끄러워 합장도 못했던 내가 이제 계첩을 이고 대웅전 앞마당을 돌고 탑을 돌면서 환희스러운 마음으로 천수경의 의미를 새기고 있었다. 몸과 마음을 청정하게 다스려 지난 생애의 잘못들을 조건 없이 참회하고, 가는 곳마다 위하고 보살피는 마음으로 살면서 마침내 성불하겠다는 다짐을 하며 탑돌이를 했다.

수천 명의 노보살님들과 계첩을 이고 당당히 탑돌이를 할 수 있었던 것은 부처님의 가르침을 확신할 수 있었기 때문에 철저히 나를 버릴 수 있었으며, 꼭 성불하겠다는 일념으로 아내 장보살과 함께 보살계를 받았다.

그러나 나와 장보살의 신행사상(信行思想)은 상반되어 있었다. 나는 오로지 진리탐구를 위해서였고, 장보살은 부처님으로부터 행복을 얻고자 하는 기복위주였다. 장보살은 일행들과 어울려 좋은 기도처를 찾아다니기도 했고 여가 나는 대로 집에서나 사찰에서 의미도 모르는 금강경과 천수경을 읽고 외우며 그러한 신앙생활로 인하여 행복해질 것을 강하게 믿고 있었다.

그러다가 '성철' 스님이 계시는 백련암에 가서 삼천 배를 서너 번 하고부터는 기도방법이 바뀌었다. 백련암에서 얻어 온 원(○)이 그려진 액자를 벽 한쪽에 걸어 모시고 매일 새벽 300배 이상의 참회기도를 하고 『능엄경(楞嚴經)』의 능엄신주를 몇 번 외우고는 하루 일과를 시작하는 것이었다. 나는 그러한 장보살의 신앙생활을 잘한다고 인정하지는 않았지만, 그렇다고 부정하지도 않았다.

옛날 어느 스님은 의미도 모른 채 '신묘장구대다라니경'만 외우다가 깨달으신 경우도 있었다고 한다. 경을 외우는 데 열중한다는 것은 망상을 여의는 훈련이요, 망상을 여의는 데 열중하는 사람은 쉽게 깨칠 수도 있는 것이다. 아마 순진한 신앙생활을 하는 사람이면 먼저 깨칠 수도 있다는 생각도 해 보았다. 다만 차를 같이 탈 때면 바른 교리를 가르치는 법문 테잎을 틀어서 같이 듣기도 하고, 정법을 가르치는 법회에 동참하면서 차츰차츰 의식의 전환을 바라고 있었다. 때문에 장보살의 신앙생활을 굳이 깨트릴 생각은 없었다.

어느 해 여름 휴가시 친구 부부 열두 명과 지리산으로 피서를 갔었다. 가는 길에 쌍계사에 들러 부처님을 참배하고 내려오는 길에 은어회가 유명한 상가에서 점심을 먹게 되었다. 부처님 참배 길이며 성지(聖地) 아래라 고기를 먹는다는 것은 신심에 가책이 느껴졌다. 그렇다고 모두가 원하는 바를 말릴 수도 없었다. 일행들은 은어회와 튀김으로 식사를 하였으나 우리 부부는 고기를 입에 대지 않았다. 그러나 마음이 아팠다.

식사를 하면서 우리 일행이 살생하여 먹게 된 고기가 몇 마리나 되는지를 셈해 보았다. 대략 4, 50마리 정도라는 계산이 나왔다. 일행들이 동동

주 몇 병을 비우는 동안 부엌으로 갔다. 그리고 우리 일행이 먹은 숫자만큼의 은어를 사서는 계곡에 방생하기도 했다. 이렇듯 우리는 신행 생활을 살얼음판을 걷는 것처럼 주의깊게 열어가고 있었다.

백련암의 삼천 배

1978년 경 여름, 장보살은 백련암 삼천 배 기도에 동행하자고 했다. 삼천배를 해야 성철 스님을 친견할 수 있다는 사실은 온 나라가 다 아는 사실이었다. 언젠가는 삼천 배를 하고 성철 스님도 친견하여 거룩하신 가르침도 받고 싶었다. 그러나 삼천 배도 겁이 나고 대도(大道)의 법문을 담을 만한 마음의 준비도 안 되었다는 생각에서 미뤄왔던 터였다. 그 해도 하필이면 무더운 여름철이라 망설이고 있는데 장보살은,

"알리 형님도 가시는데 당신이 못하겠소?"

하며 가자고 했다.

박성진 선배님의 알리라는 별명은 권투선수 알리를 닮은 데서 얻어진 것이었다. 덩치도 크고 얼굴 색도 검은데다가 삼각팬츠가 유행이던 시절인데도 시중에는 몸에 맞는 팬티를 구하지 못하고 권투선수 유니폼 같은 맞춤팬티를 입고 다녔기에 얻어진 별명이었다. 덩치 큰 알리 선배님이 간다기에 용기를 내어 가기로 약속을 했다.

백련암에 가는 날짜는 그해 음력 7월 14일 백중 하루 전날로 정했다. 칠월 백중날은 해인사 선방 해제일이고, 그 날은 성철 스님께서 해제법문이 있는 날이라 전날 가서 삼천 배를 하고 다음날 법문을 듣기 위해서였다. 백중날을 약 1개월 앞둔 어느 날 장보살은 백련암에 가기 전에 삼천

배연습을 한 번 하고 가야 한다는 것이었다. 이유는 백련암에 가서 삼천 배를 못할 때는 쫓겨난다는 것이다. 예행 삼천 배도 알리 선배님이 동참한다고 부추기는 데 못 이겨 함께 하기로 했다. 장소는 부산 청사포 백련암 부산포교당 해월정사였다. 장보살과 알리 선배님과 부인 그 외 백련암 신도 두 사람 그리고 나 여섯 명이 한 조가 되어 절을 하기 시작했다. 힘들게 500배가 끝난 후 물을 한 잔 마시며 5분을 쉬었다.

나는 기를 쓰고 보살님들 따라 숫자를 채웠으나 덩치 큰 알리 선배는 따라하지 못했다. 알리 선배님은 절하는 방식도 익숙치 못하여 그냥 몸을 던지 듯 소리를 내며 엎드리고 팔 굽혀 펴기 식의 절을 힘들게 하고 있었다. 자신도 힘들었지만 알리 선배가 더 걱정스러웠다.

"오래 쉬면 더 힘듭니다. 시작합시다."

5분도 채 못 되어 형수님의 명령대로 절을 계속하였다. 절 한 번에 부처님 명호 한 번을 부르며 계속 절하는 동안 힘든 것 외에는 다른 생각은 할 수도 없었다.

일천배를 하고 두 번째의 휴식시간이었다. 알리 선배는 따라 해내기가 무척 힘들어 보였다. 아마 500배하는 동안 30배 정도는 처지는 것 같았다. 드디어 알리 선배는 기권을 선언했다.

"아이고 나는 도저히 못하겠다. 밖에 나가 있을 테니 삼천 배 다 하고 나온나."

하고 일어서는데 알리 선배님의 부인은 손을 잡아 다시 앉혔다.

"안 됩니더! 오늘 부처님 앞에서 삼천 배 하겠다고 맹세해놓고 부처님과의 약속을 어기다니요. 안 됩니다!"

알리 선배는 죽을 상을 하며 애원을 했다.

"내 다음에 겨울에 갈 때는 꼭 할게. 오늘은 날씨도 덥고 도저히 안 되겠다."

"안 됩니더. 세상에 부처님하고의 약속을 어기려는 사람 처음 보겠네. 누구든지 천 배까지가 힘들지 천 배 넘어가면 쉬워요. 이젠 좀 천천히 할 테니 따라 하이소!"

옆에서 아내도 한 마디 거들고 나왔다.

"맞십니더. 천 배가 고비라예. 지금부터는 영 쉬울 낍니더."

두 여자가 맛있는 과일을 입에 넣어 주면서 부처님과의 약속이라는데 어느 남자가 도망갈 수 있겠는가. 절은 계속 되었다. 처음에는 알리 선배의 속도에 맞춘다고 약간 천천히 하였으나 조금 계속하다 보니 삼천 배 이력이 난 보살들은 주위 사정은 잊어버린 채 아까와 같은 속도로 계속하고 있었다. 시작한 지 약 여섯 시간 삼십분 만에 삼천 배는 끝이 났다. 그러나 숫자를 채우지 못한 알리 선배는 삼백 배를 더 해야 했다.

"300배 남은 것은 내일 와서 해야 되겠다."

하고 꾀를 부리는 알리를 보고 형수는,

"아이고 처사님 그런 법은 없십니더. 삼천 배는 한꺼번에 해야 삼천 배라예. 이천 칠백 배를 했는데 겨우 300배 남기고 낙오자가 될랍니꺼."

알리 선배 부부는 대중을 한바탕 웃겼다. 다른 사람은 앉아 쉬는데 결국 알리 선배는 혼자서 삼천 배를 채웠다. 그리고 알리는

"여기서 삼천 배를 했으니 백련암에 가서는 삼천 배 안 해도 큰스님 친견(親見)시켜 주시겠제? 도인은 안 보고도 다아 안다카더라."

알리 선배 때문에 계속 웃을 수 있었다. 보살님들은 이력이 났으니 다리 아픈 기색이 없었으나 알리 선배와 나는 다리를 끌다시피 돌아왔다. 일주일이 지나서야 절 몸살은 풀렸다.

음력 7월 14일, 소문만 듣던 백련암으로 갔다. 그 당시 백련암 오르는 길은 솔밭 사이 오솔길이었고, 찾아오는 신도 수도 그리 많지 않을 때였다. 내가 시골 출신이라서인지 작은 암자에만 가면 언젠가 내가 살았던 고향 같은 감정을 느끼곤 했었는데 오늘도 그랬다.

시골집 삽짝문 같은 대문을 열고 들어가 우물 가에 둘러서서 바위구멍에서 흘러나오는 차가운 생수를 한 바가지씩 마시고 있을 때 노스님이 한 분 다가 오셨다. 성철 스님이셨다. 우리 일행은 모두가 합장을 하고 허리를 굽혔다. 스님께서는 스님과 가장 가까운 위치에 서 있었던 장보살에게,

"저거는 뉘고?"

하시며 나를 가리키며 장보살에게 누구냐고 묻는 것이었다.

"네 우리 집 처사입니다."

하고 장보살이 대답하자

"절 많이 하라캐라이."

무작스러운 진주사투리로 명령하듯 한 말씀하시고는 뒷짐을 하시고 처소 쪽으로 가는 것이었다. 나는 의아스러웠다. 왜 나의 인적사항을 나에게 묻지 않고 아내에게 물으시는 것일까? 그리고 나보고 절 많이 하라고 일러주셔도 될 터인데 왜 아내에게 절 많이 하라고 시키셨을까? 도인들은 중생의 업을 본다는 말이 있는데 내 업(業)을 보니 너무나 추해서 직접 말씀하시기도 싫어서 그러셨을까? 진실한 공부인이 되려면 무조건 참회부터 많이 해보라는 의미일까? 이러한 생각들을 상상하고 있을 때 알리 선배 부인이 한 마디 하신다.

"오늘 오신 처사님들은 복을 많이 지으신 분들이네요. 큰스님이 마중을 다 나오시고."

모두 웃었다. 나의 섭섭함도 이 한 마디에 묻어 버릴 수 있었다. 삼천

배를 몇 번 하고도 스님 얼굴도 못 뵙고 가는 사람이 많다는 것이었다.

가벼운 공양을 끝내고 절을 시작했다. 청사포에서 예행 삼천 배를 할 때보다는 쉽다는 생각도 들었으나 역시 힘들었다.

저녁 7시 경 끝이 났는데 오늘도 알리 선배는 혼자서 따라 해내지 못한 200배의 절을 늦게까지 하고서야 끝이 났다. 저녁이 되자 늦게 도착한 신도들은 밤을 새워 절을 했다.

다음날 아침 공양을 마친 후 성철 스님의 친견시간을 가슴 설레며 기다리고 있었으나 소식이 없었다. 장보살에게 성철 스님 친견할 때가 아직 멀었느냐고 물어 보았더니 개인 친견은 안 한다는 것이었다. 사기를 당한 기분이었다. 삼천 배의 가장 큰 목적은 성철 스님의 친견이었고, 귀중한 한 말씀을 듣고자 했으나 허사였던 것이다. 그리고 대중 법문을 듣고자 기대하였으나 그날 따라 대중법문도 없다는 것이었다.

법문 한 마디 들으려고 애써 육천 배를 하였는데 고작 듣고 가는 한 말씀인 즉 "절 많이 하라캐라이." 하는 한 마디를 듣고 돌아가는 것이었다. 돌아오는 길에도, 집에 와서도 스님의 한 마디는 화두처럼 잊혀지지를 않았다.

'성철 스님께서는 신도들에게 왜 설법 한 마디 없으시고 절만 시키는 것일까? 하필 나에게는 직접도 아닌 다른 사람을 시켜서 절을 많이 하라고 하셨을까?'

이러한 의문이 떠나질 않았다. 며칠이 지나서야 삼천 배의 의미를 나름대로 정리할 수 있었다.

삼천 배 기도를 오는 대부분의 신도들은 기복을 목적으로 오고 있었으며 찾아와서 복을 구하는 그 누구에게 깨달음의 법문을 들려준들 누가 바로 알아듣겠는가. 어떤 선법문(禪法門)을 해도 공설법이 될 것임을 아셨기 때문이리라. 때문에 그들에게 일러줄 말은 삼천 배 뿐이었다.

삼천 배 참회기도는 불자들의 악업을 멸하고 심성을 아름답게 가꾸기 위함이요, 하심(下心)과 극기(克己)의 힘을 자라게 하고, 이기적 끄달림이나 속세의 들뜬 망상들을 차분히 쉬게 함이며 나아가서는 그로 인하여 바른 발심을 하여 진리를 참구하는 깨달음의 길로 인도하기 위함이었던 것이다.

우리 불교 신도들은 삼천 배를 해도 보편적으로 기복을 염두에 두고 절을 하고 있었으며, 초하루나 보름 기도도 대부분 기복을 염두에 두고 한다. 그러나 모든 기도의 궁극적인 목적은 물리적 기복(祈福) 의식이 아님을 알 수 있다. 바로 원인을 치료하는 데 있었다. 우리 중생은 누구나 헤아릴 수 없는 전생과 현생을 살아오면서 자신이 알게 모르게 의식적으로나 무의식적으로 또는 본의 아니게 헤아릴 수 없는 불선업(不善業)을 짓고 살아왔기에 과거의 그 불선업들은 악인(惡因)이 되어 현실의 삶 속에 불행이라는 과보(果報)로 다가오기도 하는 것이다.

현생에서도 나의 잘못을 진심으로 반성할 때 상대로부터 용서받을 수 있듯이 영적인 인과(因果)의 세계에서도 이와 같은 이치로 바라는 바 없고 무조건적인 참회기도를 할 때 내게 다가올 불행, 즉 악과(惡果)는 선과(善果)로 바뀔 수도 있는 것이다. 그러므로 참회기도는 살았을 땐 불행을 예방하고 행복을 추구하는 기도가 되는 것이다. 그리고 하심(下心)하고 극기(克己)하는 힘을 가꾸는 것이며, 나아가서는 사물의 이치를 바로 보아 바르게 의심하여 진리를 깨닫고자 하는 발심을 일어나게 하는 것이니 참회기도는 바로 깨달음에 이르는 원동력이 되는 것이다. 그러므로 참회기도의 궁극적인 목적은 깨달음의 싹을 가꾸는 기도라고 생각했다. 때문에 성철 스님께서 누구에게나 삼천 배를 시키는 것도 기복이 아님을 알 수 있었다.

　그리하여 그후 매년 1~2회씩 백련암에 가서 삼천 배를 하게 되었다. 갈 때마다 성철 스님과 마주치는 기회는 많았으나 그 때마다 인사를 드려도 못 본 척, 못 들은 척하시며 당신 갈 길만 가는 분이셨다. 스님의 그러한 모습은 나에게만 국한된 게 아니고 신도 모두에게 한결같이 당신과 상관없는 일로 보시는 것 같았다. 그러면서도 백련암에 와서 절을 게을리 하는 사람이 있을 때는 남녀노소를 막론하고 가차없이 "절 안 할려면 돌아가라!"고 하시며 야단을 치셨고, 거울 보는 사람 있으면 "거울 안 봐도 니 잘났다. 그 상판떼기 다듬을라고 여기 왔노!" 하시며 야단을 치셨다. 그리고 아이들이 오면 그렇게도 정답게 손잡고 놀아 주시고 귀여워해 주시었고 성인들과는 일체의 대화가 없었다.

　십 년 넘도록 백련암에 다니면서 성철 스님과 단 한 번의 대화가 있었다. 하루는 점심 공양 시간이었는데 우물가에 있던 나에게,

　"처사들 다 데리고 오라."

고 하시는 것이었다.

　'옳다. 오늘은 처사들에게만 특별히 법문을 하시려나 보다.' 하고 기쁜 마음으로 이 구석 저 구석 뛰어다니며 남자들을 모두 집합시켰더니 말 없이 절 뒷간으로 가시며 따라오라는 것이었다. 절 뒤에는 스님께서 손수 난초 등 꽃나무를 재배하셨던 철봉으로 된 비닐 하우스가 있었다.

　"저 쇠막대기를 모두 뽑아 가지고 저 위에 갖다가 재어라."

하시면서 손가락으로 보관할 곳을 일러주시었다. 이어서 작업은 시작되었고 성철 스님께서는 묵언의 감독관이 되었다.

　얼마 후 작은 사고가 났다. 약 5m되는 쇠파이프를 앞에는 내가 뒤에는 다른 처사가 들고 비탈진 보관 장소로 옮기던 중 뒤쪽에서 들고 오던 처

사가 미끄러져 넘어지면서 자동적으로 파이프의 가는 방향이 어긋나게 되었는데 공교롭게도 쇠파이프의 앞쪽 끝이 성철 스님의 무릎 아래 정강이뼈에 부딪쳤던 것이다. 스님께서 말없이 바짓가랑이를 걷어올리시는데 빨간 피가 조금 번져 나오고 있었다. 나는 급히 손수건으로 피가 나오는 부위를 눌러 드렸다. 그리고,

"일회용 반창고를 소지하고 있는 사람은 갖고 오라."

고 하였더니 법우(法友) 한 사람이 달려가서 금세 갖고 왔다.

내가 상처 부위에 반창고를 붙이고 있는 동안 성철 스님께서 말씀하셨다.

"세상엔 한 가지도 공짜는 없는 기다."

라고 하셨다. 보통 사람이 그렇게 말했다면 대수롭지 않는 농담이겠으나 성철 스님의 말씀은 인과를 강조하시는 법문 같았다. 이것이 백련암에 십여 년 다니며 삼천 배 십여회하는 동안 들은 성철 스님의 처음이자 마지막 법문이었다. 그러나 스님의 그 묵언은 신도들로부터 존경받는 첫째 조건이 되고 있었고, 그 묵언은 바로 팔만 사천의 법문이 되고 있었다.

한 해가 틀리게 삼천 배 신도는 불어나고 있었다. 법당, 선방, 독성각도 모자라 마당에 천막을 치고 수백 명의 신도가 참회기도를 하였는데 부처님 명호를 부르는 기도소리는 가야산에 메아리쳤다. 어느 해 기도를 끝내고 부엌 그늘에서 쉬고 있는데 30년간 성철 스님을 시봉하셨던 보살님이 말씀하셨다.

"처사님들 큰스님 절하라는 말씀 예사로 들으면 안 됩니데이. 한날 부산에서 우리 아는 보살이 왔는데 스님께서 지나치시다가 그 보살을 보고 하시는 말씀이 만 배를 하라고 하시는기라요. 나는 생각하기를 아마도 그 보살 신상에 좋지 않은 일이 있을 것 같았어요. 그래서 만 배는 꼭 시켜야 겠다고 생각을 했는데 그 보살은 만 배 다 못하겠다고 하지요. 그 때 내가

그 보살을 보고,

"그래 만 배는 혼자서 하기는 힘들다. 며칠 있다가 내하고 같이 하자. 집에 가 있어라. 바쁜 일 좀 처리 해 놓고 내가 전화할께."

하고 돌려보냈지요. 그 후 하도 일이 바쁘고 해서 깜빡 잊고 지내다가 약 20일이 지났을 때 한날 문득 그 보살 생각이 났어요.

'아차, 그 보살하고 만 배를 해야 하는데…'

하고 그 보살 댁에 전화를 했지요. 그런데 딸이 전화를 받는데 엄마 바꿔라 했더니 어머니가 아침에 돌아가셨다는 거라요. 아이고! 그래 어떻게 죽었냐고 물었더니 그날 아침 목욕탕에서 넘어져 죽었다는 거라요. 나는 내가 빨리 만 배를 시켰으면 죽음을 면할 수도 있었을 터인데 내가 못 챙겨줘서 죽었다는 생각이 들어 어찌나 섭섭하고 미안했던지 몰라요. 그뿐 아니거든요. 삼천 배는 누구나 해야 되는 거지만 특별히 만 배, 삼만 배 시키는 사람은 다 그만한 이유가 있어요."

보살님의 얘기는 이치에 맞는 것 같았다. 인간의 모든 병도 살아온 생각과 행동에서 오는 것이고 갑작스런 죽음도 어떤 사고(事故)도 우연은 없는 것이다. 필경 그러한 불행을 꼭 겪어야 하는 원인이 있었던 것이다. 그 원인이 곧 업이다. 심령과학 또는 최면술사들이 증명해 보이듯이 살아온 업이 그 원인이요, 그것은 잠재의식이다. 성철 스님에게는 중생의 업이 보일지도 모른다. 죽은 그 보살에게 스님께서 만 배를 하라고 하실 때는 그 보살의 얼굴에 죽음의 그림자가 보였을 것이다. 그래서 만 배 이상의 참회기도를 해야 면할 수 있는 검은 업의 그림자가 보였기에 만 배를 하라고 일러 주셨을 것이다.

어느 해 정월 대보름 전날, 우리 일행은 백련암에서 삼천 배 참회기도를 하고 있었다. 바로 옆에는 우리보다 먼저 와서 열심히 절을 하고 있는 대구에서 온 처사가 있었다. 우리 일행이 천 배쯤 했을 때 그 처사는 절을 끝내고 퇴장했다. 쉬는 시간에 우리 옆에서 같이 절하고 있던 보살님이 그 처사는 만 배를 하고 가는 사람이라고 일러주었다. 우리 일행은 모두가 입이 쫙 벌어졌다. 물론 백련암에는 삼만 배 하시는 신도들도 더러 있지만 대단히 존경스러웠다. 10분~20분 지났을까. 그 처사는 다시 기도복을 입고 와서는 절을 하는 것이었다. 쉬는 시간에 옆에 있던 보살님이 물었다.

"처사님은 일만 배를 하시고 가신 줄 아는데 절을 더 하시려고요?"

그 처사는 멋쩍게 웃으면서 대답했다.

"제가 큰스님으로부터 만 배 숙제를 받았는데요. 사실은 팔천 배를 하고 도저히 더 못할 것 같아서 일만 배 다했다 하고 갈라고 했심더. 절 문을 나서는데 마침 큰스님께서 밖에 서 계시더만요. 그래서 인사를 드리며

'스님 일만 배 다 마치고 갑니더.'

했더니 스님께서,

'야 이 자슥아! 네 이맛박에 써진 팔자(八字)는 뭣고!'

하시는 기라요. 저는 깜짝 놀랬심더. 팔천 배하고는 만 배했다고 거짓말하는 저에게 팔자가 이맛박에 써져 있다고 하니 몸둘 바를 모르겠는기라요. 그래서 스님 죄송합니더 하고 땅바닥에 엎드려 큰절로 참회하고 2000배 마저 하고 가려고 돌아온 겁니다."

이렇게 말하는 게 아닌가. 그 처사의 일만 배도 존경스럽거니와 스님께서 모자람을 보시고 헤아린 듯 지적을 하셨으니 이는 대단한 감동이 아닐 수 없었다. 방앗간 보살님의 말씀과 대구 처사의 경우를 종합해 보건대 참회기도란 단순히 깨달음으로 인도하기 위한 방편만은 아님을 알 수 있었다. 업(業)의 멸(滅)도 포함하고 있는 것이었다.

중생의 의식세계는 전생, 현생의 전반에 걸쳐 행했던 생각과 행위에 의한 잠재의식이 있고 그 업에는 상대성이 있는 것이기에 그 업에 의하여 발생하게 되는 현실은 다가오고 있다. 그 다가올 현실은 행(幸)도 있고 불행도 있다. 베푼 바 업에는 은혜가 다가올 것이요, 남을 해친 업에는 보복이 다가오기도 할 것이다. 내가 진심으로 반성할 때 상대적인 감정은 변할 수도 있다. 나를 원수로 여기는 사람이 나를 죽이고 싶더라도 내가 진실로 참회하고 반성할 때 용서받을 수 있는 것이다. 내가 남을 용서할 수 있듯이 나도 용서받을 수 있는 것이다. 때문에 나 자신이 진심으로 반성했을 때 천수경의 말씀과 같이 칼산지옥도 화탕지옥도 내가 가면 무너질 수 있는 것이다. 그리하여 미래의 불행을 행복으로 바꿀 수 있는 것이 참회기도이다.

나는 절을 하면서 복을 빌지는 않았다. 다만 알게 모르게 잘 못 살아온 지난 삶에 대하여 조건 없이 참회했고 바르게 공부해서 깨닫겠다는 서원으로 절을 했다. 그러나 절을 하다가 보면 기복의 마음도 깨달음의 서원도 없어진다. 오직 부처님 명호를 부르는 일념으로 절을 하고 있을 뿐이다. 절을 하다가 이 몸뚱이가 고단해 하거나 고통을 느껴 게으름을 피울 때면 나 자신의 육신에게 더욱 호되게 꾸짖었다.

'이 못난 놈. 너는 혼 좀 더 나야 해. 니놈이 얼마나 짐승같이 살고 욕심에 끄달려 살았으면 그 망상 하나에게 이기지 못하느냐! 너 뇌리 속에 그 무명(無明)의 안개가 모두 사라질 때까지 너는 죽어야 돼!'
하고 더욱 이를 악물고 절을 했다.

십이 년이 넘도록 연1~2회씩의 삼천 배를 계속했다. 그리고 집에서도 아침마다 백팔 배의 참회 절을 하기도 했었다. 나는 못하는 날도 있었으나 장보살은 백팔 배 내지 300배의 새벽 절을 계속했다. 그러던 어느 날 장보살은 얼굴이 노란색이 되면서 쓰러졌다. 급성간염이었다. 삼천 배를 하고와서도 매일 삼백 배의 절을 하고 종일토록 가게일에 시달렸으니 무쇠인들 고장이 안 나랴. 장보살은 급성간염으로 한 달 가까이 입원치료를 한 뒤에야 회복되었고, 그 이후 삼천 배와 새벽의 참회기도는 중단되었다. 절을 많이 한다고 모두가 그렇게 되는 것은 아니었다. 장보살은 본래 체질이 약한데다 새벽에 300배부터 일과를 시작해서 종일토록 움직여야 하는 상업에 종사하다 보니 그렇게 됐던 것이다. 절을 많이 하는 백련암의 신도들 중에는 많은 사람들이 불치병이 완치되었거나 절하기 전보다 건강한 생활을 하고 있었다. 그러므로 백련암의 신도들간에는 삼천 배는 만병통치약이라는 말이 유행어가 되어 있었다.

당시 50대의 여신도 한 사람은 매일 병원 약을 상복해야 하는 만성고혈압 환자였으며 게다가 관절염까지 겹쳐 있는 중환자였다. 환자이기에 특별히 삼천 배 하기 전에 성철 스님을 뵙게 되었다.

"큰스님 저는 고혈압에 당뇨병에다가 관절도 좋지 않아 삼천 배를 못하겠습니다."

라고 하자 성철 스님은

"아직 절하다 죽은 놈 없어! 삼천 배 해라. 죽으면 내가 책임질게."

하고 야단하셨단다.

큰 스님의 말씀을 거역할 수 없었던 그 여신도는 사력을 다하여 삼천 배를 하게 되었고, 그 이후 매일 참회기도를 하게 되었는데 거짓말 같게도 고혈압, 당뇨병, 관절까지 완치되어 건강하게 살 수 있었다.

삼천 배로 만성질병이 완치된 예는 그뿐이 아니었다. 아마 수백, 수천 명의 신도들이 만성질환에서 회복되었으며 그들은 수백 배의 참회기도를 일과의 하나로 실천하고 있었다. 때문에 백련암 신도들은 삼천 배는 만병

통치약이라고들 한다. 그래도 장보살의 새벽기도는 계속되었다. 다만 반가부좌하고 앉아서 능엄주를 수십 번 외우는 기도로 바뀌었다.

어느 겨울밤, 경북 군위군에 있는 제2 석굴암으로 밤기도를 가게 되었다. 한국 불교 특성이 그렇듯이 어디 좋은 기도처가 있다고 하면 특별한 복이나 받게 되는 줄 알고 천 리 길도 마다 않고 기도를 다닌다. 부산 범일동 신도들은 매월 음력 보름날 저녁이면 관광버스를 전세내어 제2 석굴암에 밤기도를 다니고 있었다. 물론 장보살도 주모자 중의 한 사람이었다. 그 기도팀에는 백련암의 삼천 배 신도가 많았으므로 제2 석굴암에 가서도 대부분이 수천 배의 절을 하며 철야기도를 했었다.

당시 제2 석굴암은 현재의 사찰건물이 중창되기 전이었으며 신도들은 제2 석굴 부처님 아래 공터에서 비닐을 깔고 석굴 부처님을 향하여 기도를 했었다.

제2 석굴암은 수백 년 동안 잊혀져 있다가 박정희 대통령 당시 나물 캐던 시골 아낙네에 의하여 절벽 가운데 있는 동굴 속의 불상을 발견하게 되었다고 한다. 그리고 그 이웃 마을의 앞 못 보는 여자 장님 한 분이 그 불상 밑에서 기도드리게 되었는데 눈이 밝아지게 되었으며 그 때부터 많은 신도들에게 영험 있는 기도처로 소문나게 되었던 것이다.

그 때까지 제2 석굴암은 공식적인 고증이 없었기 때문에 확실한 조성 연대가 공인되지 아니한 상태였는데 우리 일행이 기도 가는 그 날 대구 KBS와 영남대 고고학자들이 와서 정밀 탐사를 하고 있었고 저녁 늦게까지 야간 촬영을 하고 있었다. 그 날은 유난히도 추웠다. 아마 영하 15°이상이었다고 기억된다. 그 추운 겨울밤 그 날도 우리 일행은 석굴 앞 노천에서 비닐을 깔고 참회기도를 했다. 추위를 이기는 길은 절을 빨리 하는 길뿐이었으므로 더욱 빨리 절만 계속하고 있었다.

절을 시작한 지 두 시간이 지나고 있을 때 인솔 총무격인 보살님이 내 곁으로 와서는 TV인터뷰를 하라는 것이었다. 인터뷰는 보살님을 시키라고 했으나 한사코 빨리 가자는 것이었다. 아마 남자 신도들 중에 내가 좀 열심히 절간 출입을 하다 보니 나를 선택했던 모양이었다. 가자, 못 간다 하고 있을 때 카메라는 바로 앞으로 다가와 라이트를 비추는 게 아닌가.

"아니 우리는 아직 불교가 뭔지도 모르는데 우사시키지 않으려면 뭘 질문할 것인지 미리 알려주셔야 생각을 좀 정리해서 대답을 하지 않겠습니까?"
라고 카메라맨에게 얘기했더니,
"아니 어려운 것 없습니다. 가장 쉬운 질문할께요."
하고는 카메라 라이트가 눈이 따갑도록 비추고는 진행자가 마이크를 갖다 대는 것이었다.

"절을 왜 하십니까?"
라고 질문하는 게 아닌가. 다행이었다. 나는 삼천 배를 여러 번 하면서 절의 의미에 대해서는 나름대로 정리해 두고 있었기에 그것만큼은 바르게 대답할 수 있다고 생각했다.

그 해 여름 휴가를 통도사 하계 교양대학에 입학하여 4박 5일을 스님들처럼 생활했다. 그 때 학기 마지막날 분임 토의 발표를 하게 되었는데 내가 소속된 분과에는 내가 신행발표를 하게 되었다. 그 때 참회기도에 관한 발표를 하면서 절하는 데 대한 의의(意義)를 발표했었는데 토의가 끝난 후 교양대학의 교장 격이셨던 향곡 스님께서 평하시기를,

"내가 절 밥을 30년 넘게 먹었어도 오늘과 같이 절에 대한 의미를 간단하고 일목요연하게 들어본 적이 없다."

라고 극찬하신 바도 있었기에 인터뷰 중에 그대로 말하기로 했다.

"절에 갔을 때 부처님 전에 올리는 3배의 절은 깨달음의 길을 가르쳐 주신 큰 스승에 대한 감사의 인사가 됩니다. 그리고 오늘 저희들이 하듯이 수천 배의 절을 하는 것을 참회기도라고 합니다. 우리 인간은 누구나 전생과 현생을 살아오면서 자신이 알게 모르게 잘못된 삶을 살아왔던 것입니다. 때문에 지난 날 지었던 불선업(不善業)을 조건 없이 반성하고 앞으로는 선행(善行)만을 실천하겠다는 맹세를 하는 것이 참회기도입니다. 이러한 참회기도를 계속하게 될 때 과거에 지은 불선업으로 인하여 다가오게 될 불행을 예방하는 기도가 되기도 하는 것이며, 자기를 다스리는(克己) 힘을 기르게 되고, 자기 다스림은 곧 정신세계를 청정하게 가꾸는 것이니, 번뇌 망상을 여의는 기도가 되기도 하는 것입니다. 이러한 신행 속에서 고요하고 청정한 심성을 갖추게 될 때 진리를 깨칠 수 있는 힘도 얻게 되는 것이니, 참회기도는 깨달음의 힘을 가꾸는 기도이기도 합니다."

대강 이렇게 대답했었다. 며칠 후 석굴암 주지스님으로부터 전화가 왔는데 대구·경북지역에는 방송이 나갔는데 아주 대답을 잘했다고 하시면서 며칠 후에 전국 방송이 나가게 되었으니 꼭 보라는 것이었다. 전국 방송은 그 해 음력 정월 보름날 11시~12시까지 방영됐다. 내용인 즉, 제2석굴암 부처님의 조각의 양식으로 봐서 그 기법이 경주 석굴암보다 반세기 가까이 앞선다는 것이며 대단한 우리 문화유산이라는 내용이었다.

그리고 그 프로그램 말미에 현재 전국에서 많은 신도들이 참배 또는 기도를 오는데 그 중에 부산 범일동 불교신도인 나의 인터뷰가 한 컷트 첨부된 것이었다.

자기를 버리면 진리의 몸을 얻는다

　어느 해 월하(月下) 종정스님은 연두교시(年頭敎示)에서 "자기를 버리면 진리의 몸 얻는다." 라고 하셨다.
　옛 조사(祖師)의 가르침에도 "적게 버리면 적게 얻을 것이요, 크게 버리면 크게 얻는다."는 말씀이 있다. 깨달음을 얻기 위해서는 모든 것을 버려야 한다는 것이다.
　팔만사천 경전의 축소판이라 할 수 있는 금강경에서도 "깨달음으로 가는 사람은 보시(布施)정신을 실천하는 생활태도로부터 가지라."고 하였고 금강경의 축소판이 되는 육바라밀(六波羅蜜)에서도 첫 번째 가르침이 보시이다. 보시란 남을 위하는 마음과 행위를 의미하는 것이며, 남을 위하고 베푼다 함은 곧 자기를 버리는 기초를 닦은 수행이 된다.
　걸인에게 동전 한 푼 주는 것도 보시요, 무거운 짐 덜어주는 것도 보시요, 전철이나 시내버스 안에서 자리를 양보하는 것도 보시이며, 절집에 공양미 올리는 것도 보시요, 불사(佛事)에 돈을 시주하는 것도 보시이다. 남을 위하고 베푸는 모든 생각과 행동이 보시가 되는 것이다. 베풀면서도 대가를 바라지 않고 조건없이 베풀고 아무 것도 바라지 않는 순수한 보시, 이러한 보시 정신부터 갖추어야만 비로소 불문(佛門)에 들어갈 수 있다는 의미를 담고 있다. 그래서 경전마다 보시를 중요시 하고 있으며 중생의 인식 근기에 따라 가지가지의 방편으로 보시를 유도하고 있다. 그 이유가 이러한 보시정신은 바른 생각을 갖게 하는 원인이 되고, 바른 생각은 깨달음의 원인이 되기 때문이다.

비록 종교를 믿지 않는 사람일지라도 아집과 아만을 버린 사람만이 사리(事理)를 바로 볼 줄 안다. 하물며 불교에 입문하여 현상세계 저 너머에 있는 생명의 진리를 탐구하고자 하는 종교인에게는 자기 버림은 필수조건이 되고 있는 것이다. 적게 버리는 보시 정신에서 종교를 알고자 하는 원인이 싹트고 크게 버리는 심성에서 대각(大覺)의 싹은 자랄 수 있다는 의미가 숨겨져 있었다. 출가스님이거나 재가불자이거나 관계없이 어떤 환경 속에서도 습관적이고 당연스럽게 이타행(利他行)을 실천할 수 있는 심성이 갖춰져야만 바른 깨달음의 길을 찾게 되고 마침내 크게 깨달을 수 있다는 의미가 된다.

수천 배의 절을 하거나 간절한 신심으로 참회하면서 자기를 낮추고 베풀면서 생활할 수 있을 때만 불교 공부를 할 수 있다는 것이다. 아만과 아집 그리고 이기심을 갖고는 결코 이 공부를 할 수 없다고 하신 거나 마찬가지이다. 그렇다고 생활 자체를 버리라는 것은 아니다. 생활마다 따르는 괴로움이 있고 이기심을 가져야 할 때도 있겠으나 남과 더불어 이익되고자 하는 사고방식으로 베푸는 생활 속에서 공부하자는 것이다. 길을 가다가 장애물이 있으면 슬기롭게 뛰어넘어야 하듯이 생활에 따르는 괴로움은 장애를 이기는 공부로 삼아야 하는 것이다.

보시는 어디까지나 주는 것일 뿐이다. 사람과 사람 사이이거나 사람과 신(神)의 관계일지라도 바라는 바가 있다면 그 바라는 마음은 욕심일 뿐이다. 부처님전에 또는 신장(神將) 앞에 시물(施物)을 올리고 복을 빈다면 이것도 욕심일 뿐이다. 그래서 역대 조사들께서도 "복을 빌려거든 남을 위한 기도를 하라."고 하셨다.

　남을 위하는 마음도 보시요, 그러한 아름다운 심성에서 진정 자기 복전(福田)은 가꾸어지고 심성은 진화하게 되어 있기 때문이다. 대상이 무엇이든 바라는 마음이 있으면 부족함이 생기고 그 부족하다고 느끼는 마음에서 섭섭한 마음이 생기게 되고 증오심도 생기게 되는 것이며, 이러한 심성을 갖고 생활하게 될 때 마음은 어두워지고 정신세계는 퇴화를 하게 되어 있는 것이다. 끝없는 욕망이 불타고 이기적 사고(思考)력만 발달될 때 사리판단도 어두워지는 것이다.

　기억력이 좋아 우수한 대학을 나와서 어려운 국가고시에 합격을 했더라도 이기적인 사고방식을 가진 사람은 턱없이 정신 연령이 낮은 경우도 있다. 어느 법관은 자기 부인이 결혼 지참금을 적게 가져왔다고 폭력을 휘두르다가 구속되기도 했고, 어떤 의사도 자기 부인의 지참금이나 예물이 적었다고 모질게 구박하다가 구속된 사례가 있듯이 문자의 기억력과 바른 사리판단 능력은 차원이 다른 것이다. 보시 정신이 있었다면 이와 같은 사건은 있을 수가 없는 것이다. 초등학교도 못 나온 무학자들도 마음은 바다와 같이 넓고 인식능력 또한 심해같이 깊은 사람이 얼마든지 있는 것이다.

　자기를 버린 사람은 상대방의 입장이 되어보는, 즉 바꿔 생각해 볼 줄 아는 심성을 갖게 된다. 바꿔 생각한다는 것은 객관(客觀)을 의미하는 것이며 객관적인 관념에서 바른 분별력이 나오는 것이다. 바꿔 생각한다는 것은 부처가 되는 첫 걸음이 되기도 한다. 상대방의 입장이 되어보는 데서 자비심은 자라고 자비심이 크게 자라 부처님의 마음이 되어 볼 때 이것이 깨달음의 체험이요, 성불(成佛)이라고 한다. 돌이켜 보건대 나 자신도 나를 미련없이 버릴 수 있는 용기와 보살정신이 조금은 있었기에 불교를 만나게 된 것이 아닌가 하고 어려웠던 청년시절을 쓸쓸히 되돌아보며 자위해 본다.

내 나이 20세가 되던 해, 서울 생활을 시작하면서 부모님과 약속하기를,

"일 년만 생활비를 도와주시면 그 이후는 학자금도 생활비도 내가 벌어서 해결하겠노라."

하고 약속했었다. 그러나 매사는 마음대로 되질 않았다. 박정희 대통령 초기였으니 직장 구하기란 몹시 어려웠던 시절이었다. 요즘 같아서는 식당이나 찻집 주점 등 시간제 아르바이트 자리도 많지만 당시는 그렇지도 못했다. 그래도 의지할 곳은 부모님뿐인지라 약속보다 1년이 경과된 2년 가까이를 부모님께 의지하여 생활을 지탱하고 있을 때였다. 그 무렵 내게는 엄청난 행운이 오는 듯, 내 인생의 대 사건을 맞이하게 되었다.

요즘도 가수나 배우 등 스타 지망생이 많지만, 어려웠던 그 시절에는 배우가 되기만 하면 벼락부자가 될 수 있다는 생각 때문에 더욱 심했던 것이다. 그런데 그러한 행운이 나에게 너무 쉽게 오고 있었다.

신상옥, 최은희 부부가 운영하는 한국 최대의 영화사였던 '신필름연기실'에 들어가게 된 것이다. '신필름연기실'이란 신필름 영화사의 전속배우 양성소였으며 당시 여기에 들어가기란 대단히 어려웠다. 여기에 들어가려면 신필름 전속배우 모집에 합격해야 했으니 경쟁률은 약 500대 1 정도였다. 그 어려운 연기실에 입사하게 되었으니 그날 밤은 친구들도 마치 내가 유명한 배우가 된 것처럼 없는 호주머니들을 털어 학사 주점을 찾아 밤 늦도록 탁주를 마시고 젓가락을 두드리며 축하해 주었다.

신필름연기실에는 나의 자력으로만 입사하게 된 것은 아니었다. 시골 중학교 때 은사이셨던 최인현 감독의 추천에 의해서였다. 나 자신도 배우가 되었으면 하는 생각은 있었으나 너무나 엄청난 일이라 그림의 떡같이

멀리서 보고만 있었는데 마침 최인현 선생님이 영화감독으로 화려한 데 뷔를 하고 있었다. 최인현 감독은 시골 중학교 교편 생활을 할 당시에도 시골 청년들과 학생들을 동원해서 매년 일회 이상 연극을 제작·감독하여 시골 사람들을 즐겁게 해주기도 했던 연극광이었다.

최선생은 결국 교편 생활을 내던지고 신상옥 감독의 조연출로 가게 되었으며 조감독 8년 만에 '비운의 왕비 달기'라는 한 중합작 대형 영화의 감독을 맞게 되었고, 다행하게도 그 영화가 힛트하자 유명 감독이 되어 당시 신필름의 전속감독이 되어 있었다.

그 무렵 최인현 감독을 찾아가서 배우가 되고 싶다는 간청을 하게 되었고, 가능성 있다고 보셨던지 쾌히 승낙하시고는 신필름 연기실에 입사시켜 주었던 것이다. 최감독님은 과묵한 성품으로 이유를 설명하지 않는 실천주의 성품이었기에 나는 인정받은 것으로 알고 한껏 들떠 있었다.

당시 연기실에는 신성일, 태현실, 트위스트 김 등의 신인 배우들이 있었고 그들의 인기가 상승하기 시작할 무렵이었다. 자신도 스타가 된 기분이었다. 아니 머잖아 그렇게 될 것 같은 기분이었기에 꿈은 더욱 부풀어 있었다. 그러나 그러한 행운은 쉽게 오질 않았다. 크지 않은 키에 앳된 마스크(얼굴 표정) 때문이었던지 수개월이 지나도록 출세의 기미는 보이지 않았다. 물론 그 중에는 수년 동안 단역이나 조역만 간간이 하면서 세월을 보내고 있는 동료도 많았다.

연기실의 막내로서 성급하게 바라지는 말아야 했으나 생활이 날로 어려워져 가고 있었으므로 더욱 애타게 큰 역이 기다려지는 것이었다. 기다리다 못해 최인현 감독을 몇 번 찾아 뵙고 빠른 출연을 부탁드려 보았으나,

"연기수업이나 착실히 해 둬라."

는 말뿐이었다. 당시 연기실 소속원들에게는 급료는 없었고, 단역이라도

출연할 때만 그날의 식대 정도가 지급되고 있었다.

내가 1년 가까이 연기실에 나가는 동안 엑스트라 비슷한 한 두 캇트짜리 단역 출연은 몇 번 있었으나 그것으로 의식주 해결이 될 수 없었으니 이제 더 이상 연기실 생활을 버틸 수가 없었다. 더군다나 가끔씩 신세를 졌던 친구들도 하나, 둘 군에 입대하고 혼자 남았으니 날이 갈수록 어려운 환경은 목을 조여오고 있었다. 염치불구하고 고향 아버님께 몇 달 생활비만 보내주십사고 편지를 냈으나 "더 이상 보내 줄 것도 없으니 공부고 출세고 그만두고 군에 입대하라."는 최후의 통첩 같은 답신만을 받게 되었다.

며칠을 굶다가 동료들이나 친구들로부터 한 끼를 얻어 먹기도 하고 또 3,4일 굶기를 계속하다 보니 몸은 야위어갔고 얼굴색은 핏기를 잃어가고 있었다. 그러다보니 보는 사람마다 "어디가 아프냐."는 질문을 하기도 했다. 옛말에 "사흘만 굶으면 도둑질 안 할 사람없다."는 말이 있다. 그러나 도둑질도 선택받은 사람만이 할 수 있는 것이었다. 3, 4일을 굶으면서도 그대로 죽는다 해도 풀빵 하나 훔쳐먹을 생각은 없었다. 간혹 책이나 만년필을 맡기고는 빵이나 짜장면을 먹고 맡긴 물건을 못 찾은 경우는 있었다. 이젠 맡길 책도, 만년필도 없었다. 모든 걸 포기하고 낙향하는 수밖에 없었다.

그대로 물러서자니 너무나 억울했다. 마음 같아서는 머잖은 세월 안에 좋은 배역이 맡아질 것만 같았고 최감독님도 기회만 보고 있는 것 같았다. 곧 출세를 할 것 같았으나 의식주를 해결할 수가 없어서 물러가야만 한다고 생각하니 생각할수록 억울하고 자신이 너무나 불행하다는 생각에서 죽고 싶은 마음 뿐이었다.

그리하여 결국 자살하기로 결심했다. 가을 바람에 싸늘하게 식은 낙엽들이 뒹구는 남산길을 차비가 없어서 걸어 가던 날 결국 자살을 결심하게 되었다. 스물세 살의 나이로 나는 인생을 마감하기로 마음먹었다. 부모님 앞으로 유서를 써서 미납으로 보내고 어떻게 죽을 것인가를 생각했다. 차에 받쳐 죽자니 불구자가 되어 살아남을 염려도 있거니와 죄 없는 운전자가 고생할 것 같았고, 물에 빠져 죽자니 헤엄을 잘 치는 탓에 살아 나올 것 같았다.

마지막으로 생각한 것이 열차 자살이었다. 달려오는 열차에 뛰어들기만 하면 끝나는 것이니까 그 방법이 고통도 짧고 죽음도 확실할 것 같았다. 자살 장소는 자취방에서 가까운 서울~원주간 열차가 다니는 한남동의 강둑 철길을 택했다. 지금은 강남을 잇는 대교와 강변도로가 건설되어 있지만 당시는 한남동에서 강남까지 나룻배가 다니던 곳이었으니 밤이면 매우 한적했다. 캄캄한 어둠을 타고 보광동 쪽으로 철길을 걸어 인가가 없는 한적한 곳으로 갔다. 멀리 한강교와 동작동의 희미한 불빛만이 서럽게 반짝이고 있었다. 유서를 쓰면서 많이 울었던 탓인지 죽음 앞에선 차라리 가벼웠다.

열차를 기다리는 동안 뇌리에는 만감이 교차하고 있었다. 옛날 어머님의 생각이 가장 많이 차지하고 있었다. 그렇게도 지극 정성 기도드려 날 낳으시고 온갖 병치레에서 꺼져가는 생명을 건져주시기도 했고 온갖 사랑 다 베풀어 애지중지 키우셨던 어머님의 모습이 자꾸만 떠올랐다. 빨리 어머님 곁으로 가고 싶었다. 어머님은 반기실까, 노여워하실까? 그러나 어머니 곁으로 가고 싶었다. 그 누구도 원망하는 마음은 없었다. 다만 박복한 자신이 너무나 불행하다는 생각뿐이었다.

그런데 그날따라 열차는 왜 그렇게도 더디게도 오지 않았을까? 조금이라도 오래 살고 싶은 것이 아니라 괴로운 상념들을 잊기 위해서라도 빨리 목숨을 던지고 싶었다. 그래도 열차는 오지 않았다. 말없는 강물을 바라보며 열차를 기다리는 동안 끊임없이 이어지는 망상들은 죽음의 앞뒤를 생각하고 있었다. 죽음 후 부모 형제의 실망과 애통해하는 모습들, 그리고 두 동생이 죽음을 말리고 있었다. 그러나 모두 뿌리칠 수 있었다. 아무리 생각해도 죽음만이 최선의 방법이라는 생각뿐이었다. 그래도 열차는 오지 않았다.

얼마나 지났을까. 결국 생각생각 끝에 마음이 나약해 진 것은 분명코 아니었는데, 문득 죽음에서 건져 주는 하나의 용기가 떠오르고 있었다.

'죽었다고 생각하고 살면 어떨까?'
하는 생각이었다.

'이 도원은 오늘 죽은 것으로 하자. 죽음은 욕망도 희망도 다 버리는 것이다. 나 자신까지도 버리는 것이다. 그렇다면 얼마든지 보람된 일을 할 수도 있다. 고향으로 돌아가서 소처럼 양순하게 농삿일을 돕는 아버님의 머슴도 될 수 있고, 어디서 무엇을 하고 살더라도 어려운 사람들의 손발이 되어줄 수도 있다. 평생 바보처럼 사는 거다. 바보라고 생각하는 사람도 있겠으나 알고 하는 바보짓은 낙(樂)이 될 수도 있다.

그래 나는 죽었다. 허황된 꿈을 꾸던 도원은 죽었다. 이제 아래만 보고 사는 거다. 오직 만나지는 사람마다에게 이로운 바보가 되자.'

생각이 여기에까지 이르자 천근의 짐을 내린 것처럼 마음은 가벼웠다. 쓸쓸한 미소까지 일어나고 있었다. 그리하여 죽음에서 돌아서고 말았다. 욕망을 불태우던 도원은 죽고, 모든 것을 모두 버린 제2의 도원만이 살아서 돌아가고 있었다. 그 때까지도 열차는 오질 않았다.

죽음에서 다시 태어난 후 그간 기피해 왔던 군부터 입대해야 했었다. 연극 같은 군 복무를 마치고 부산에서 직장생활을 하게 되었다. 28세가 되던 해였으니 친구들은 하나 둘 결혼을 했고 부모 친척들도 나에게 선을 보라고 했다. 그러나 한 번도 선을 보지 않았다. 인간이 백화점의 물건을 고르듯 선을 본다는 것은 너무 잔인하다는 생각을 하고 있기도 했지만 나는 사실 죽음에서 다시 태어날 때 결혼을 하지 않겠다고 다짐했었다. 결혼을 하게 되면 봉사만 하는 자유인이 될 수 없다는 생각에서였다.

결혼이란 곧 가족을 만드는 것이요, 가장은 가족을 책임져야 할 의무가 있는 것이기에 그 생활에 집착해야 하기 때문이었다. 자신의 노력으로 인하여 부모형제가 행복하고 이웃까지 도울 수 있다면 최상의 행복이라는 생각과 그러기 위해서는 결혼을 하지 말아야 한다는 생각은 나만의 철학이요, 비밀이었다. 그러나 피할 수 없는 인연은 다가오고 있었다. 유유상종(類類相從)의 인연이 결혼을 하게 했다.

철둑길에서 다시 태어날 때의 마음은 변함이 없었다. 내 생활의 기본으로 자리잡고 있었고, 매사에 그렇게 응해지고 있었다. 속마음을 알 리 없는 주위 사람들은 자기들을 위해 줄 때 칭찬하는 마음을 보내줬을 것이고, 목숨까지 쉽게 버릴 수 있도록 이웃을 위하는 용기와 결과를 보고 머언 훗날 크게 호평받는 경우도 있었다. 그러한 작은 버림이 불교라는 거룩한 가르침을 만나는 인연이 되었다고 생각해 본다. 그리고 크게 버릴 인연이 전개될 수도 있을 것이다.

석가모니부처님도 자기를 버림으로 진리의 몸이 되셨다.

석가모니부처님께서는 옛 인도 가비라국 정반왕의 황태자로 태어나시었다. 6, 7세가 될 즈음부터 장차 국왕으로서의 인격을 갖추기 위하여 다각적인 교육을 시키기 시작했다.

그러나 황태자는 호화로운 궁중 생활 속에서도 혼자 고요히 사색(思索)하기를 즐겨 하시고 정치적인 공부보다는 자연과 인생에 관하여 그 진리를 알고자 하는 데 더 큰 관심을 갖기 시작했다. 세월이 갈수록 사회적인 학문의 깊이가 더해 갈수록 진리에 대한 의심은 더욱 커져 가는 것이었다. 세상에 존재하는 생명있는 모든 것들의 양육강식(弱肉强食)하는 모습과, 뺏고 빼앗기며 죽이고 죽음을 당하는 투쟁적인 삶의 모습을 보고 탄식하기도 했다.

그리고 인간이 태어나서(生) 늙고(老), 병들어(病) 죽음(死)을 당해야 하는 인생에 대하여 깊고 심각한 회의(懷疑)를 갖기 시작하였으니 정반왕을 비롯한 조정의 대신들을 당황하게 하였던 것이다.

한 국가의 국왕이라면 나라와 국민에 대하여 내 나라, 내 백성이라는 강한 이기적 애착이 있어야만이 국제사회에서 국익을 위한 정치를 펼칠 수 있고, 국가간의 전쟁이 있을 때는 수단과 방법을 가리지 않고 이겨야 하며 무역거래에 있어서도 상대국보다 많은 이익을 거둬야만이 국민의 윤택과 국가의 안정이 보장될 수 있다.

그러므로 국가적 이기심은 국왕의 당연한 도리이자 책임이기도 하다. 그러나 황태자 석가모니 마음은 고통받는 쪽, 약한 편에 동정심이 있을 뿐 투쟁적 삶에 대한 회의는 깊어져만 가는 것이었다.

때문에 호화의 극치인 궁중 생활 속에서도 진리에 대한 의심만 커져 가는 것이었다. 어느덧 성장하여 결혼도 하고 아들까지 얻게 된다. 그 때는 이미 감당하기 어려운 의문들이 뇌리에 꽉 차 오기 시작했다.

자연과 생명! 그 진리는 무엇인가? 왜 생로병사(生老病死)해야 하는가? 고관대작이거나 빈한한 서민이거나 짧은 일생을 마치고 나면 한 줌의 흙으로 돌아가는 것, 도시 허망할 뿐이다.

석가모니의 인자한 성품은 솟아오르는 깨달음의 싹을 지울 수가 없었던 것이다. 그러므로 인간 최상의 복덕이라 할 수 있는 황태자로서의 궁중 생활도 권태롭고 괴롭기만 하였으며, 감당키 어려운 의문이 출가를 재촉하고 있었던 것이었다. 깨달음이라는 목표 하나만으로 황태자의 자리를 헌신짝처럼 내던지고, 마침내 출가하신 석가모니는 처음으로 만난 사문과 누더기 옷으로 바꿔입고는 출가의 생활을 시작했던 것이다.

출가 당시 인도에는 바라문 등 구십여 개의 종파가 있었고, 저마다 자기들의 수행방법이 최고라 하고 자기네들의 스승이 도인이라 내세우고 자기들의 논리만이 진리라고 내세우고 있을 때였다. 석가모니께서는 어느 스승이 바르게 가르치는지 알기도 어려웠고 바른 구심점을 찾지 못하고 방황하기도 했다. 그리하여 처음 만나게 된 스승이 '알라라'였다.

이 스승으로부터는 무념(無念) 무상(無想)의 경지에 이르는 수행법을 쉽게 터득하셨다. 무념무상이란 모든 생각 또는 상념(想念)을 잊는 무아(無我)의 경지를 의미한다. 참선하는 선지자(先知者)들이 무기(無記)에 빠졌다고 하는 상태이다. 다시 말해서 아무 느낌까지도 없는 멍청한 상태를 의미하는 것이다. 그러므로 이 방법, 이 경지로는 생명의 진리를 깨닫는 데 미치지 못함을 아시고 다음 스승을 찾게 된다.

두 번째의 스승 '웃다카'를 만나게 된다. '웃다카'로부터는 비상비비상처(非想非非想處), 즉 정신세계의 사천(四天)세계까지 관조(觀照)하는 정신력을 터득하게 된다. 그러나 전생(前生)과 온갖 영혼세계까지 관찰할 수 있는 신통력이 있다 해도, 생사(生死)를 해탈할 수 있는 방법은 아닌 줄 알 수 있었으며, 아울러 생명의 진실을 깨닫는 데는 미치지 못함을 아시고는 다시 자리를 옮기게 된다. 그리하여 온갖 고행(苦行)으로 6년이라는 세월을 보내고 마지막으로 찾은 곳은 붓다가야의 숲, 여기에서 깨달음과의 마지막 승부를 걸게 된다.

'생명의 진리를 깨달아 생사에서 해탈(解脫)하기 전에는 결코 이 자리에서 일어나지 않겠다'는 굳은 각오로 보리수 그늘 아래 정좌하시게 된다.

자아(我)의 주체는 마음이요, 마음이 곧 생명의 주체이니 그 진리를 깨달아야 한다는 일념으로 목숨을 건 참선을 시작했던 것이다. 그리하여 마음을 돌이켜 보는 내관(內觀)에 전념하고자 하였으나 부처님에게도 지난 생애의 훈습들이 수천 억의 마구니가 되어 깨달음을 세차게 방해하였다.

그러나 부처님은 목숨을 건 불퇴전의 각오로 자성(自性)을 내관하는데 열중함으로써 온갖 장애를 물리칠 수 있었으니 정좌하신 지 칠 일째 새벽, 마침내 의식과 근본마음 자리가 계합되는 체험을 증득하시게 된다.

마음을 돌이켜 보고자 하는 의식과 근본의 마음자리가 계합되는, 즉 진리 자체가 되어보는 체험이 찰나간에 이루어졌던 것이다. 자신의 마음을 돌이켜 보았으니 견성(見性)이요, 그 체험이 바로 깨달음이며 성불(成佛)이었던 것이다. 칠흑 같은 어둠을 태양 같은 밝음이 번갯불처럼 순간에서 영원을 밝히는 순간이었다. 어떤 행동을 하거나 잠을 자거나 죽어도 꺼질 수 없는 밝음이요, 진리 당체가 된 체험이었다.

그리하여 육신통(六神通)이 구족(具足)하시게 된다. 물리학적으로는 물질이 기본이 되는 원자에서부터 삼라만상으로 현상하게 된 이치까지를 밝힐 수 있었고, 생물학적으로는 생명체 탄생과 진화의 원리를 관조(觀照)하여 진실 그대로를 밝힐 수 있었으며, 천문학에 있어서도 은하계의 모습을 현대 자연과학이 전자 현미경 카메라로 사진 찍은 것처럼 밝힐 수 있었으며 지구가 돌아가고 있는 지동설(地動說)까지 밝힐 수 있었던 것이다.

그리하여 중생들이 잠시 인연화합(因緣化合)하여 찰나간을 살고가는 인생을 잘 못 알아 환경인연에 끄달려 살게 되고, 끄달린 집착심에 의하여 고계(苦界)를 끝없이 윤회하는 모습을 보고 "나 이제 중생들이 윤회하는 근본을 알았노라. 중생들이 고난에서 벗어나는 길을 알았으니 중생들을 교화(敎化)하리다." 하시고는 녹야원의 첫 설법에서부터 불교라는 가르침은 시작되었던 것이다.

그러나 단세포 생명물질에서부터 오늘날 인간으로의 진화가 있기까지 수억만 년을 거쳐오면서 응어리진 훈습(熏習)을 버리게 하고 깨달음의 길로 인도하고자 하는 부처님의 가르침은 중생들에게 쉽게 먹혀들 수가 없었다. 초기 대중들을 상대로 진리관(眞理觀)을 화엄경으로 설법하였으나 초기에는 이해하거나 받아들이는 사람이 없어서 한때 크게 실망하신 적이 있었다고 한다. 그러나 알고 보면 너무나 단순한 중생병(衆生病)을 앓고 윤회고통에서 헤어나지 못하는 중생들을 생각할 때 그냥 버릴 수는 없었던 것이다.

모든 생명들은 생활환경 인연에 끄달려 생활하게 되므로 그 끄달린 생각과 행동이 잠재의식으로 쌓이고 쌓여 그것이 찰나도 쉴 사이 없이 망상을 일으키고 있으니 이것이 무명(無明) 철벽이 되어 가로막고 있으므로 자기의 참모습 진리의 당체(當體)를 못 보는 것이다.

모든 중생도 이 무명만 여의면 생사해탈(生死解脫)할 수 있는 법, 이러한 중생병(衆生病)을 외면할 수는 없었던 것이다. 실로 중생은 미래를 모르기에 사후의 문제를 신에게 구원해 달라고 기도하기도 하고 또는 미래세가 없는 줄 알고 체념하고 살기도 하는 것 아니겠는가.

그러나 윤회고는 현대 정신의학자나 최면술가들도 사실적으로 증명하고 있으니 믿지 않을 수도 없는 일이다. 모든 중생들은 윤회고를 중생병인 줄도 모른 채 앓고 있으니 병 중에도 최악의 병인 것이다. 아무리 업장이 두터운 중생일지라도 무명이 끝도 없는 윤회고를 자초하는 병인 줄을 안다면 누가 이 치료를 포기할 수 있겠는가. 더군다나 모든 중생에게 평등하게 자기 구원의 능력이 갖추어져 있고 자기를 밝힐 수 있는 자등광명(自燈光明)이 구족하여 있는 줄을 안다면 포기할 수도 없겠지만, 불행하게도 우리 중생은 병인 줄을 모른 채 심하게 앓고 있는 것이다.

그리하여 부처님께서는 어떻게 하든 구원의 방법을 가르치고자 단계적인 교육의 방법을 설정하셨던 것이다. 다시 말씀드리자면 중생들은 부처님의 진리관을 처음부터 이해하지 못하므로 믿을 수도 없을 것이라 여기시고 알아듣기 쉬운 눈에 보이는 세상 이치부터 알게 하고, 그 다음 단계로는 깨달음으로 인도하고자 하셨던 것이다. 이는 부처님께서 강설하신 경전의 연대에서 알 수 있는 사실들이다.

초기 설법은 아함경(阿含經)부터 시작된다. 여기에서는 인간으로서의 진실한 삶의 도리가 되는 자비심부터 갖게 하여 마음이 고요해지는 법부터 가르치면서 인간의 눈으로 보고 설명을 들어 이해 가능한 자연과 인생에 대한 이치를 가르치셨던 것이다. 아울러 인간의 육신도 모든 삼라만상도 끝없이 화하여 돌아가는 임시적 화합체(化合體)이므로 무상(無常)한 것임을 알게 하여 진리에 대한 관심을 갖게 하였으니, 그 교육기간이 12년이며 이 기간을 '아함시기'라고 한다.

그 다음 중등교육이 되는 심리학에 몰입케 하는 교육기간 방등시기(方等時期) 8년을 거쳐서, 고등교육기간이 되는 깨달음을 체득케 하는 반야시기(般若時期) 22년을 거쳐서 대학과정이라 할 수 있는 법화경(法華經)시기 8년을 끝으로 49년의 가르침은 막을 내린다.

이와 같이 부처님도, 역대조사(祖師)도, 현세의 모든 부처님도 자기를 버린 삶 속에서만이 진리를 증득할 수 있었던 것이다. 자기 버림이 곧 깨달음의 원동력이 되었던 것이다. 이기적이고 삿된 습성을 버리지 못하는 한 아무리 경전 공부를 열심히 해서 경전을 통째로 외우고 강의할 수 있다 해도, 문자 저 너머에 있는 진리의 벽은 허물 수가 없는 이치이다.

인연되는 중생마다 이익되고 편안하게 하며 베풀면서도 베푼다는 자만심이나 대가를 바라지 않는 순수한 보시심(布施心)은 자기 개발의 중요한 원인이 되는 것이며, 이러한 하심(下心)을 공부인은 기본으로 삼아야 하는 것이다. 불제자들이 받게 되는 계(戒)의 의미도 궁극적인 의미는 여기에 있다. 계는 곧 진리를 참구하는 공부인이 지키고 살아야 할 삶의 규칙이다. 불교는 원인(因)과 결과(果)를 믿고 깨달음을 추구하는 종교이다. 인과(因果)는 철칙(鐵則)이기에 중생의 윤회하는 과정에서도 필연(必然)으로 다가오는 것이기에 중요하겠으나, 현재의 삶도 인과에 의하여 진행되고 있고 깨달음 역시 원인과 결과를 거쳐야 하는 과정이다.

인과는 필연(必然)이다. 정신세계의 선인선과(善因善果) 악인악과(惡因惡果)의 인과는 한치의 오차도 없이 작용하는 것이기에 비수와 같이 무섭다고 한다. 절간 일주문을 들어서면 무서운 몸짓과 무기로써 악을 제압하고 있는 신장의 모습이 곧 정신세계의 인과를 나타낸 것이다. 모르면 예사로 지나칠 수도 있겠으나 알면 정말 가는 대로 살 수는 없는 것이다.

인생은 깨달음의 기회이다. 때문에 인생이라는 것은 살얼음판을 걷는 것과 같이 조심스럽게 살아야 하고 존귀하게 맞이하여야 하는 것이다. 말씀 잘 하시기로 유명한 H스님은 보시공덕에 대하여 다음과 같은 법문을 하신 적이 있다.

"베풀면서 대가를 바라면 이미 공덕이 될 수 없습니다. 베푼 만큼 얻어진다는 생각이 있으면 헛수고요, 마음속에 우러나는 베풂, 언제 어떠한 환경 속에서도 남을 위하는 습관적인 말과 행동 그리고 보시, 이러한 보시라야 선인(善因)이 되는 것입니다.

중국의 '양무제'가 전국에 걸쳐 수백 개의 절을 짓고 불상을 숭배하였으나, 선업을 많이 지었다고 자만하고 있는 양무제에게 달마 대사는 전혀 공덕이 못 된다고 하였습니다. 양무제의 보시는 공덕을 의식했던 상(相)

이 있는 보시였으며 자기를 버린 순수한 보시가 아니었던 것입니다. 어쩜 이 시대의 대부분의 불자들이 양무제의 보시를 하고 있다고 볼 수도 있겠지요. 종교를 공부하고자 할진대 의식을 바꿔야 하는 것입니다.

자기를 낮추거나 버릴 때만이 마음은 차분히 가라앉습니다. 세상살이도 그렇거늘 더군다나 진리를 깨닫고자 하는 공부인은 마음이 가라 앉아야만이 비로소 공부의 시작이 됩니다. 때문에 자기를 버려야 하는 것입니다. 모든 시비를 멀리하고 자기 행동을 다스릴 때 삿된 사념들은 점점 일어나지 않게 되는 것이지요.

수천 수만 배의 절을 시키고 참회기도를 하는 것도 자기를 버리는 훈련입니다. 그러므로 참회기도는 깨달음으로 가는 인(因)을 가꾸는 작업이기도 합니다. 참회는 곧 반성이니 반성은 곧 선하게 살겠다는 맹세가 됩니다. 때문에 참회기도는 선행을 실천할 수 있는 힘을 기르게 되고 마음 속의 사악한 잠재의식을 멸(滅)하는 기도가 되는 것입니다.

상 없는 보시가 어떤 것인지 어느 보살 얘기 하나 할까요.

어느 재벌의 부인이 유명하신 스님들에게도 많은 돈을 보시하고 여기저기 작고 큰 불사에 시주를 많이 했답니다. 그러다가 몹쓸 병에 걸려 죽음에 직면하여서는 '나는 보시를 많이 하였으니 극락세계에 왕생할 것이다.'고 생각하고 있었답니다. 그러다가 죽은 다음 그 영혼은 염라대왕 앞에 심판을 받으러 갔습니다. 염라대왕이 명부를 살펴 보더니 지옥으로 보내라는 판결을 하는 것입니다. 부인은 깜짝 놀라 천부당 만부당하다고 염라대왕 앞에 소리소리 치는 것입니다. 마치 생전에 보시하고 으시대며 스님이나 신도들 앞에서 큰소리 치듯이,

"아니 내가 왜 지옥가야 합니까? 나는 살았을 때 해인사, 직지사, 통도사, 송광사, 상원사, 월정사 등등 절 짓는 불사에 수억 원을 보시했고 청

담 스님, 성철 스님, 구산 스님, 만공 스님 등 여러 큰스님께 많은 돈을 드려 시봉했고 봉암사 선방, 통도사 선방 등 선방스님들에게도 가사장삼을 수백 벌을 보시했으며 관세음보살, 지장보살님께도 얼마나 많은 기도를 올렸는데 내가 왜 지옥가야 합니까?"

이 때 염라대왕은 혹시나 하고,

"그래?"

하고 명부를 다시 한번 살펴보고 나서,

"아무리 살펴봐도 너는 불사에 보시한 적도 기도한 적도 없다. 지옥으로 보내거라."

라고 하는 것입니다.

부인은 다급해졌습니다. 저승사자들은 지옥으로 끌고 가려는 것입니다. 부인은 그때야 기가 죽어서 울먹이며 모기만한 소리로 염라대왕께 다시 간청하였습니다.

"염라대왕님 제가 어느 안전이라고 거짓말을 하겠습니까? 한 번만 더 살펴 봐 주십시오. 혹시나 다른 사람의 명부를 보고 있지나 않으신지요. 저는 정말로 많은 보시도 하고 기도도 했습니다."

부인이 이렇게 간절히 간청하니 염라대왕도 측은하게 여기셨던지 다시 명부를 살펴 본 후 염라대왕은 말했습니다.

"여기 있기는 있구나. 관세음보살님을 딱 한 번 불렀구먼"

하시는 게 아닌가. 부인은 더욱 다급해졌다.

"염라대왕님 아닙니다. 다시 한 번 살펴봐 주십시오. 저는 수십만 번 이상 불렀습니다."

"어허! 너는 관세음을 단 한 번 했어! 61세 되는 어느 날 어린 손자를 데리고 길을 가다가 차가 오는 줄도 모르고 찻길로 뛰어드는 손자를 발견하고 급히 손자를 잡아안고 차를 피해 넘어지면서 관세음보살님을 부른 적이 있다. 관세음보살님을 부르려면 자기를 버린 무심의 보살심으로 간절히 염송하여야 이 명부에 기록되는 게지 상(相) 내고 복 바라고 했던 짓들은 모두 헛것이니라. 지상에서 70년을 살면서 딱 한번 관세음보살님 명호를 불러 놓고 극락 가고자 하였더냐? 그것도 가상히 여겨 감형하노니 지옥에 백 년만 살고 내생에는 진실하게 살도록 하라."

염라대왕의 판결이 떨어지기가 무섭게 그 부인은 지옥으로 떨어지고 말았답니다.

중생은 누구나 어느 정도의 내가 난데 하는 상(相)이 있고, 좋은 일 하고 나면 뽐내고 싶은 상이 있어서 때로는 자랑이 미덕이 될 때도 있습니다. 그러나 상없이 진심으로 우러나서 행하는 베푸는 마음이 평상심이 되도록 노력하고 실천할 수 있어야 공부는 진전이 있게 된다는 것입니다.

이 공부를 하고자 하는데 다른 생각이 떠오르는 것을 망상(妄想)이라고 합니다. 이 망상을 여의기 위하여 꼭 필요한 첫째 요건이 자기를 버리는 실천입니다."

라고 H스님은 힘주어 말하고 단상을 내려왔다.

스님의 어머니

　1980년 경이라고 기억된다. 경남 곤양면 '다솔사'에서는 부처님 진신사리 친견법회가 열리고 있었다. '다솔사(多率寺)'는 신라고찰이다. 다솔사 대웅전에는 옛날부터 전해져 오는 후불탱화가 보존되어 있었는데 어느 날 도둑이 다솔사의 탱화를 훔쳐가다가 다솔사에서 약 300m 떨어진 연못 둑에 가서는 그 탱화가 땅에 붙어서 떨어지지를 않아 결국 가져가질 못하고 연못 둑에 내버려둔 채 겁을 먹고 도망을 갔더란다.
　주지스님은 그 탱화를 다시 법당 제자리에 모시려고 하던 중 탱화 뒷면에 참종이로 발라 볼록하게 튀어나온 부분을 발견하게 되었다. 이상히 여기고 뜯어본 결과 놀랍게도 오색 찬연한 108과(果)의 부처님 진신사리를 발견하게 되었다. 도둑 덕분에 탱화에 봉안(奉安)된 진신사리(眞身舍利)를 친견하게 되었는데 바로 그 사리를 사리탑에 봉안하기에 앞서 친견법회가 열리고 있었다.
　그 때 부산에서는 매일 1~3대의 사리친견 버스가 신도들을 실어 나르고 있었는데 나와 장보살도 그 친견법회에 동참하게 되었다. 초장동에서 출발하는 다솔사행 버스를 타게 되었다. 버스가 시내를 벗어나자 그 날의 인솔 책임자격인 40대 후반의 보살 한 분이 인삿말을 하면서 그 날 친견하게 될 사리 출현에 대한 얘기도 해 주었다. 인삿말을 끝낸 다음,

"다음은 애지중지 키운 외동딸을 스님으로 출가시킨 스님 어머니 한 분을 소개하겠습니다. 보살님의 따님은 부산교육대학을 우수한 성적으로 졸업하였는데 2년 전에 출가하셨다고 합니다. 훌륭하신 스님을 길러주신 보살님의 말씀을 들어보기로 하겠습니다.(스님 어머니 되는 보살의 팔을 잡아당기며) 보살님 한 말씀 부탁드립니다."
라고 하면서 인삿말을 부탁했다.

"아이고 내가 무슨 할 말이 있습니까? 안 할랍니더."
하고는 몇 번이고 사양하다가 간곡한 부탁에 못 이겨 마이크를 잡는 것이었다. 합장 반 배를 하시고는,

"대단히 반갑습니더…. 딸을 출가시킨 것이 자랑이 될 수는 없다고 생각됩니더 …. 자랑이 아닙니더 …. 그러나 이왕 소개받았으니 한 말씀 드리겠습니다. 우리 딸아이도 다른 집 딸들과 다름없이 평범하게 자랐습니다. 다른 게 있다면 항상 양보하고 형제나 친구들에게 남달리 베푸는 것을 즐겨하고 자랐지예. 그러다가 부산교육대학에 진학하기에 참 인자한 선생님이 될 줄 알았습니다. 그리고 틈틈이 불교서적을 읽고 불심도 돈독하였습니다. 내가 믿는 불교를 딸이 열심히 믿고 공부해 주었으니 그렇게 고마울 수가 없었지예. 그러다가 학교를 졸업하고 교직발령을 받아놓고는 출근날을 기다리고 있었는데 어느 날 자고 나니까 애가 없어졌어요. 평소에 한 번도 허락 없이 나다닌 적도 없던 아이가 갑자기 없어졌으니…. 무섭고 불안한 마음으로 방안을 여기저기 살펴보았더니, 말끔히 치워진 책상 위에 편지봉투가 하나 있어서 급히 읽어보았지예. 바로 출가한다는 내용이었습니다. (눈물을 글썽이며)

'어머니 용서하세요'부터 시작해서 '어머니 저는 소꿉장난 같은 세속살이에 매달려서 살 수가 없습니다. 부처님께서는 어떤 학문과도 비교될

수 없는 진리를 일러주셨고 영원히 사는 법을 일러 주셨습니다. 이 귀한 인생을 의식주의 포로가 되어 허송세월하기는 너무나 아깝다는 생각이 듭니다. 어머니 훌륭한 딸이 될께요. 섭섭하게 생각지 마세요….'

대략 그러한 짤막한 글을 남기고는 떠난 거지요. 저는 처음에는 가슴이 찢어지듯 슬프고 애가 탔습니다만 하루종일 서럽다가 해질녘이 되어 생각해보니 내 딸이 정말로 장하다는 생각이 들었지요. 어린앤 줄 알았던 딸아이가 부모보다도 더 넓고 깊은 생각을 가졌다는 사실을 확인할 수 있었던 것입니다. 그 편지를 읽고는 나 자신도 출가하고 싶은 충동을 느꼈거든요. 처음에는 생각만 하면 눈물이 나곤 하였는데 이제 지금은 조금도 후회하지 않습니다. 우리 딸아이의 야무진 성품으로 봐서 크게 깨우쳐서 성불할 것을 저는 믿습니다(그래도 눈물을 닦고 있었다).

며칠 전 출가한 지 2년 만에 딸아이는 어엿한 스님이 되어 다니러 왔습니다. 호수보다 더 편안하고 지평선보다 더 아득하고 동요가 없는 어색하지 않은 스님이 되어 오신 것입니다. 딸 스님한테 나는

'산중생활이 너무 외롭지 않느냐, 고생스럽지 않느냐?'
고 물었더니,

'어머님, 외로운 게 싫고 고생이 싫었으면 왜 출가를 했겠습니까? 외로움은 고요를 얻을 수 있으니 공부인이 살아야 할 곳이요, 남보다 수고 조금 더 하다 보면 남을 편안하게 해 주되 게고 남이 편하면 내가 편해지는 법이지요. 고생이 어디 있습니까. 고(苦)는 욕심이 만드는 것이지요. 이제 어머님도 자식들 걱정 그만하시고 부처님 공부나 열심히 하세요.

오늘도 제가 집에 오다보니까 내가 여기 살 때부터 길가에서 찬거리 장사하시던 분들이 그대로 자리를 지키고 손님을 기다리고 있대요. 구멍가게는 구멍가게대로 큰 회사 사장은 사장대로 모두가 먹이사슬에 얽매여

자기를 잊은 채 사는 것이 우리네 인생입니다.

　(그 때 마침 형광등 밑에 쳐진 거미줄을 가리키면서) 어머니 저 거미를 보세요. 산길을 가다가 보면 나뭇가지 구석구석에도 거미줄을 치고 먹이를 기다리지요. 방안에 있는 저 형광등에도 밤이면 먹이들이 날아오는 줄을 알고 어디서 왔는지 거미줄을 치고는 먹이를 기다리고 있는 것이지요.

　모든 야생동물들도 마찬가지예요. 우리네 중생 모두가 저 거미와 같은 사고방식으로 살아가고 있는 것이지요. 저러한 미물 곤충들은 죽음을 생각할 줄도 모르고, 자기를 돌이켜 볼 지혜도 없기에 그날 그날의 먹이와 생활에만 도취되어 살아가고 있는 것입니다. 그러한 곤충과 짐승들의 삶과 우리 중생의 삶이 어디가 다르겠습니까?

　인간의 몸 한 번 받아 사람으로 태어나기 그렇게도 어렵다는데 달라져야 하는 것입니다. 분명히 다른 데가 한 가지 있지요. 인간은 깨달을 수 있는 능력을 가졌다는 점입니다. 깨달을 수 있는 능력을 누구나 갖고 있는데도 우리 인생은 대부분이 모르고 살고 있거든요. 어머니 이제 깊고 냉철하게 생각해 보세요. 인생은 찰나간에 지나쳐 버립니다. 늦지 않습니다. 누구나 마음만 먹으면 해낼 수 있다고 생각해요.'

하면서 딸 스님은 저를 오히려 타이르고 큰스님 같은 법문을 들려주시는 것입니다. 그러한 법문을 듣고 보니 지금까지 하였던 모든 걱정은 사라지고 장하다는 생각과 나도 공부를 바르게 해야겠다는 각오를 하게 되었지예. 여러 보살님들 우리 모두 발심(發心)합시다! 우리 딸스님의 말씀처럼 인생살이 이것은 생각할수록 소꿉장난 같고 싱거울 뿐입니다. 우리 참 좋은 인연되어 부처님의 가르침을 따라 열심히 참구해서 이 인생이 저물기 전에 모두 성불하시기를 기원하겠습니다. 감사합니다."

　과연 스님의 어머니다운 말씀이었다. 차내 보살 대부분이 눈물을 닦고 있었다. 그렇다. 참으로 인생은 싱겁고 소꿉장난에 불과하다. 오늘 갈지 내일 갈지도 모르고 기껏해야 백 년도 못 살고 자연으로 돌아갈 이 몸뚱이를 천하에 가장 귀한 보물로 여기고 먹이사슬에 끄달리고 인연에 끄달려 아웅다웅하며 자기를 모르고 사는 것이 중생의 삶이다. 인간에게 가장 소중한 것은 인간으로 태어났다는 점이다. 인간으로 태어났기에 진리를 참구할 수 있는 것이다. 참구하고 깨달을 수 있는 가치를 알 때 인생은 너무나 값진 것이다. 인간만이 가진 소중한 가치이다. 끄달림에서 해방되지 못하면 축생이나 미물곤충과 다를 바 없는 것이다.

  그 날 스님 어머님의 진실한 체험담을 들으면서 사무친 무상을 느꼈으며, 나의 출가 결심은 더욱 깊어지고 있었다. 다솔사에 도착해서 진신사리를 친견하고 '석가모니불'을 염송하며 법당을 도는 기도는 점심 때가 지나서야 끝이 났다.

금강경에 길이 있다

점심 공양이 끝난 후 아직 출발 시간은 두어 시간 여유가 있었다. 나는 주위 경관도 구경할 겸 뒷산으로 올라 잡초 사이 오솔길을 천천히 걸었다. 조금 걷다가 보니 다솔사 대웅전에서 약 200~300m 거리 산중턱에 시골집 같은 정겨운 암자가 보였다. 가까이 가 보았으나 인기척도 없었다. 성철 스님께서 십 년 이상 장좌불와하셨다는 성전암이 떠올랐다. 십 년 이상 외부와 일체 단절하고 철저한 보림(寶林:깨달은 바를 익힘)을 하셨다는 성전암과 같이 여기에도 큰 도인이 계실 것만 같았다.

성철 스님께서 성전암에서 장좌불와하실 때 누구라도 가까이 오면 돌을 던지면서 못 오게 하였다는 투철한 보림의 정진을 생각할 때 암자 안으로 들어서기는 두렵기도 하고 송구한 생각도 들었으나 그냥 돌아서기는 아깝다는 생각이 들기도 했다. 혹시나 큰 도인이 사신다면 한마디라도 바른 길을 묻고 싶기도 했다. 나는 '나도 이담에 출가한다면 반드시 인적이 없는 이러한 곳에서 수도해야지' 하는 생각을 하면서 암자 안을 들어서는 순간 깜짝 놀라고 말았다. 산신령 같은 노스님 한 분이 마당을 걷고 있었다. 눈썹이 하얗고 깡마른 노스님은 의외의 불청객이 나타났는데도 추호의 관심도 없는 것 같았다. 언뜻 보기에도 도인 같아 보였다. 합장하고 허리를 굽혀 인사를 드렸다.

잠시후 노스님은,
"어디서 왔는고?"
하고 물으셨다.
"부산에서 사리친견법회에 왔습니다."
하고 대답했다.

노스님은 아무 말 않으시고는 돌아서서 천천히 걷고 있었다. 폐를 끼치는 것 같아서 돌아올까 하다가 귀한 기회라는 생각이 들고해서 한 말씀 듣고 싶은 충동에 스님 곁으로 다가서서 용기를 내어 여쭈었다.
"스님 저는 불교를 열심히 공부하려는 사람입니다. 어떻게 하면 깨달을 수 있는지 한 말씀 하교(下敎)하여 주시면 좌우명으로 삼겠습니다."

노스님은 한참동안 말이 없으시더니,
"금강경을 읽었는가?"
라고 물으시는 것이었다.
"네 읽었습니다만은 아직 깊은 뜻은 모르고 있습니다."
라고 대답했다.

노스님은 잠시 후,
"금강경에 다 있어 금강경대로 행하고 공부하면 돼."
라고 하셨다.

더는 말이 없었다. 그리고 고요히 안으로 드시는 것이었다. 한 말씀 더 청한다면 무례가 될 것 같았다. 선 채로 삼 배를 드리고 돌아섰다. 금강경대로 행하고 공부하면 된다는 소중한 말씀을 보물처럼 간직한 채 오솔길을 내려왔다. 다솔사에 와서 그날 인솔 총무보살에게 다솔사 뒤 암자에 계시는 눈썹이 하얀 노스님이 누구냐고 물어보았더니 범어사 조실이신 지효 큰스님이라 했다.

'금강경대로'라는 말씀을 화두처럼 간직한 채 부산에 도착하자 바로 불교 서점에 들러 금강경 강의록 한 권을 샀다. 그런데 해설했다는 책이 원본보다도 더 어렵다는 생각이 들었다. 한 권을 다 읽었으나 도무지 이해가 잘 되지 않아 다음날 저자가 다른 강의록 한 권을 더 사서 읽어 보았으나 역시 비슷했다. 며칠을 금강경과 씨름하던 중 장보살이 이웃집 49재에서 법보시(法布施:부처님의 가르침을 보시함)로 얻어온 우리말 금강경을 읽게 되었다. 해설을 달지 않은 우리말 금강경이었는데도 수일을 금강경과 씨름했던 탓인지 바로 그 의미 속에 빠져 들 수 있었다. 금강경은 바로 깨달음의 지침서요, 구심점(求心占)을 제시하고 있었다. 그리고 금강경은 육바라밀(六波羅蜜)의 해설 그 자체였다.

육바라밀(六波羅蜜)

　육바라밀은 깨달음으로 가는 이정표와 같은 소중한 지침서이기에 불자라면 누구나 기본적으로 수지하고 실천해야 할 근본교의(教義)이기도 하다. 때문에 여러 법사님들도 육바라밀에 대하여 여러 각도로 강의하고 있다. 그 중에서도 춘원 이광수 선생의 육바라밀 시는 한글시대를 사는 많은 독자들에게 감명을 주고 있다.
　이광수 선생은 평양출신으로 독실한 기독교 신자였다. 어느 날 박한암 스님께서 주석하시는 사찰에 갔다가 하룻밤을 묵게 되었는데 잠이 오질 않아 스님께 말씀드려 책을 한 권 받아 읽게 되었다. 그 책이 『법화경』이었다고 한다. 그 날 밤을 새워 법화경을 읽은 이광수 선생은 바로 불교에 귀의하였다고 한다. 그 후 불교를 열심히 공부하고 신봉하게 되었으며 불교를 소재로 하는 많은 시와 소설을 남겼다. 그 중에서도 육바라밀 시는 대표적이라 할 수 있다.

　　첫번째 보시(布施)에 대하여
　　'님에게 아까운 것 없이
　　무엇이나 바치고 싶은 이 마음
　　나는 거기서 보시를 배웠노라' 라고 했다.

여기에서의 '님'이란 부처님을 가르킨다. 석가모니 부처님에게 국한된 님은 아니다. 모든 중생에게는 공히 불성(佛性)이 있고, 그 진리는 하나로 통하여 있기에 모든 중생의 근본은 부처이다. 그러므로 모든 부처님에게 즉 모든 생명들에게 평등히 아까운 생각없이 베풀고 조건없이 바치고 싶은 보살의 마음을 노래 한 것이다.

『금강경』에서도 첫 가르침이 깨달음으로 가는 사람의 마음가짐에 대하여 보시부터 실천하라고 하였다. 보살피고 베푸는 보살심이 없이는 깨달음의 문으로 들어갈 수 없기 때문이다. 때문에 진리를 참구하고자 하는 이는 이것부터 실천할 줄 아는 인성부터 갖추라는 것이다. 개인의 능력이나 환경에 관계없이 주어진 삶 속에서 모든 대상에 대하여 편안하고 이익되게 하는 자비의 정신부터 실천하면서 공부하자는 것이다. 보시는 바로 번뇌망상을 이기는 첫째 조건이 되기 때문이다.

두번째 지계(持戒)에서는
'님에게 보이고자
애써 단장하는 이 마음
거기서 나는 지계를 배웠노라' 라고 했다.

삼라만상 두두물물(頭頭物物)에도 불성(佛性)이라는 생명력이 있고, 그 불성은 하나의 우주적 에너지로서 두루 하나로 통하여 있으니 이 세상 어디인들 부처님 아니 계신 곳은 없다. 어디서 무엇을 하고 있어도 부처님과 같이 있는 것이니 생각도 행동도 조금도 감출 수 없는 이치이다. 그러므로 항상 생각과 말과 행동을 부처님 앞에서 하는 것처럼 예쁘고 아름답고 진실하도록 애써 자기를 다스린다는 것이다. 계를 지키는 삶을 애써 단정하는 마음으로 표현하고 있다.

세번째 인욕(忍辱)에서는

'님이 주시는 것이라면

때림이나 꾸지람이나 기쁘게 받는 이 마음

거기서 나는 인욕을 배웠노라' 라고 했다.

여기에서의 님이 주시는 것은 자기 자신과 인연되는 모든 이에 대한 자신의 생활태도를 노래한 것이다. 누가 나를 어떠한 방식으로 괴롭게 하여도 추호의 미운 감정을 일으키지 않고 감사하는 충고로 받아들이면서 살겠다는 의지가 된다. 모든 중생도 근본이 부처요, 석가모니 부처님과 하나인 법신(法身)이요, 부처님이기에 누가 어떠한 괴로움이나 고난을 주더라도 지극히 존경하고 부처님께서 주시는 방편으로 알고 달게 받겠다는 것이다. 부처님과 모든 중생과 천하대지가 한 몸이며 우주는 하나의 동체세계라는 부처님의 사상을 확고히 믿음으로써 자비의 사상은 실천되는 것이다. 인욕을 실천하게 될 때 자기 중심적 집착(着)에서 벗어날 수 있고, 집착에서 벗어날 때 그때야 비로소 대도(大道)의 문 앞으로 다가서게 되는 것이다.

네번째 정진(精進)에서는

'자나깨나 쉴 사이 없이

님을 그리워하고 님 곁으로만 도는 이 마음

거기서 나는 정진을 배웠노라' 라고 했다.

보시, 지계, 인욕까지는 극기(克己)이자 참선 공부인이 필히 지키고 실천해야 할 생활태도이다. 이러한 기본을 실천하여야 깨달음의 힘은 자라는 것이기에 보시, 인욕, 지계의 실천은 깨달음의 힘을 기르게 되는 공덕이 되는 것이다.

번뇌망상이라는 것은 집착하고 혹(惑)했던 잠재의식에서 일어나는 상념(想念)들이다. 우리 중생이 쉬이 깨치지 못하는 이유는 상념들이 찰나도 쉬지 않고 일어나 무명(無明)이 되어 심안(心眼)을 가리고 있기 때문이다. 그러므로 무명의 원인이 되는 이기적인 중생심부터 버리라는 것이다. 망상은 허공성이기에 버릴 수도 뗄 수도 없고 이기기도 힘들다. 이기는 길은 단 한 가지뿐이다. 보시, 인욕, 지계를 실천하는 속에서 일념으로 님을 생각하는 길뿐이다. 부처님의 마음이 부처요, 중생인 나의 근본마음도 부처이기에 나의 주인공인 이 마음이 부처님의 참소식을 갖다 줄 때까지 지극히 간절한 마음으로 님을 뵙고자 정진하는 길뿐인 것이다. 님을 그리워하고 뵙고자 애쓰는 마음, 그것은 바로 자기 마음을 보고자 하는 관심(觀心)이다.

이 시구(詩句)에서 '자나 깨나 쉴 사이 없이 님을 그리워 한다' 는 구절이 바로 자기 마음을 보고자 하는 간절한 마음이다. 마음이 부처이기에 부처님[님]을 그리워하는 마음은 곧 깨달음을 갈망하는 의미를 담고 있다. 자나깨나 님 생각만 하고 님 곁으로만 도는 마음으로 정진한다면 못 깨칠 이유가 없다는 것이다.

옛날 순치 황제가 왕위를 버리고 출가하여,

'일평생 수백 개의 절을 짓는 불사보시를 한다 해도 한나절 참선하는 것만 못하다' 는 출가송(出家頌)을 하였다. 중생계는 고계(苦界)요, 그것을 면하는 길은 참선뿐이기에 하는 말이다.

축생계를 수억만년 윤회하여도 사람의 몸 받기 지극히 어렵고 인간으로 태어났어도 불법(佛法) 만나기 더 더욱 어렵다고 하였으니 인생이 얼마나 소중한가.

해인사 전(前)방장 혜암 스님께서 몇 년 전 성도절 법어에서 말씀하시

기를,

"스님! 저는 왜 공부가 안 됩니까? 하고 묻는 이들이 있어요. 열중해 보지도 않고 안 된다고 한단 말이여! 언제 목숨 걸고 해보았간디! 왜 해보지도 않고 안 된다고만 하냔 말이여!"라고 하셨다.

다섯번째 선정(禪定)에서는
'천하 하고 많은 사람 중에
오직 님만을 사모하는 이 마음
거기서 나는 선정을 배웠노라' 라고 했다.

'천하 하고 많은 사람'이란 번뇌망상을 의미한다. 누구나 선방에 앉아 보면 찰나도 쉬임없이 번뇌망상이 떠오른다. 아무리 화두에만 열중하고자 해도 번뇌망상이 괴롭힌다. 그 많은 번뇌망상을 모두 뿌리치고 오직 자기 마음만을 돌이켜 보고자 관심(觀心)해 나아가면 진리의 소식은 오게 되어 있는 것이다. 오직 님만을 사모하는 마음이 자나깨나 계속될 때 님을 뵙게 되는 선정이 온다는 것이다. 님만을 사모하는 이 마음이 바로 관심이다. 깨닫기 위한 참구심이 사무칠 때 관심 하나에 전념할 수 있고 전념하게 될 때 자기의 주인공을 보고자 하는 마음과 근본의 마음자리는 합일(合一)되는 것이다. 옛 조사께서 경책하시기를 '오늘 바로 해치울 듯이 용맹스럽게 정진하라'고 했다.

여섯번째 지혜(智慧)에서는
'내가 님의 품에 안길 때에
기쁨도 슬픔도 님과 나의 존재도 잊을 때에
거기서 나는 지혜를 배웠노라' 라고 했다.

'님의 품에 안길 때에' 라는 시구는 깨달음을 의미한다. 보고자 하는 마음이 근본의 마음을 뵙고 보니 모든 감정도 자신의 존재까지도 잊어버리고 관심(觀心) 그 자체가 되었으니, 바로 생명의 진리 그 당체가 되어 있었다는 것이다. 이 체험은 님의 품이요, 애써 참구했던 마음이 진여(眞如) 자성(自性)과 계합하는 것을 의미한다. 이 마음이 허공성이요, 부처자리가 진공(眞空)하였으니 체험에 들고보니 부처님이 나요, 내가 부처님이며 내가 님이요, 님이 나라, 님과 내가 둘이 아니요(不二), 일불(一佛)이었던 것이다.

그러므로 님과 나의 존재도 잊고 성성한 체험만 있을 뿐이다. 의식작용(用)이 의식의 본체에 계합하고 보니 용(用)의 본래가 체(體)요, 체가 곧 용이었던 것이다. 그리하여 생명의 진리는 모든 너와 내가 따로 있는 것이 아니라 하나의 체(體)임을 체험으로 깨닫게 되는 것이다.

토굴 스님들의 결사정진(決死精進)

태백산 자락 경북 춘양에는 인각사가 있고 인각사 주위에는 일반 신도들의 출입이 금지된 동암(東庵), 서암(西庵) 등 토굴(土屈)이라 불리는 암자들이 있다. 그 토굴에는 결사(決死)의 의지로 용맹정진 하시는 스님들만 기거하고 있었다.

그중 서암에는 여덟 분의 스님이 계셨는데 그 스님들은 생식(生食)으로 일일일식(一日一食)하며 자리에 눕지도, 잠자지도 않고 용맹정진 하신다고 했다. 이 스님들이 공부에만 전념할 수 있도록 하기 위하여 생활비 일체를 부산 범일동 보살들이 매월 보내주고 있었다.

꼭 한 번 가보고 싶은 곳이었는데 내 나이 37세 되던 해 여름 범일동 화주(化主)보살들이 스님들의 허락을 받아 서암에 간다고 했다. 마침 장보살도 화주 중의 한 사람이었던 덕분으로 동참하게 되었다.

감자, 고구마, 오이, 양배추, 당근, 수박 등을 승합차에 가득 싣고 일행 5명은 춘양서암을 향했다. 인각사에 도착하자 서암의 젊은 스님 두 분이 마중 나와 있었다. 올망졸망 나누어 이고지고 꼬불꼬불한 산 비탈길을 올랐다.

길은 험하지는 않았으나 잡초가 무성하게 자라 있었다. 산과 길이 구분 안 될 만큼 자란 잡초를 보고 서암에 출입하는 사람이 없음을 짐작할 수 있었다.

　이 서암은 머지않은 옛날 산짐승들과 의사소통이 가능한 도인스님이 계셨는데 때로는 노루, 사슴 등의 짐승들이 스님의 팔베개를 베고 낮잠을 즐기기도 했다는 곳이었다. 낡은 시골집 같은 서암에 도착하자 스님들이 반가이 맞아 주시었다. 여섯 분의 스님은 보통스님들과 같이 수염도 단정히 깎고 있었으나 두 분은 산두령같이 까만 수염이 제멋대로 자라 있었다. 공부에만 전념하시느라 용모 따위는 염두에도 없는 것 같았다. 우리 일행은 식당 방에서 안내되어 스님들께 친견례를 드렸다.

　서암의 암주(庵主)가 되는 입승(立繩) S스님께서,

　"우리 스님들이 식량걱정 없이 공부할 수 있도록 생활비를 보내주셔서 고맙습니다. 덕택에 잘 지내고 있습니다."
라고 간단한 인사말씀을 했다.

　화주보살들은 합장하고 겸손의 답례를 했다.

　"모처럼 이렇게 오셨는데 불편이 많겠습니다. 우리 스님들은 오전 10시에 생식으로 일일 일식(一日一食)을 하고 한 시간쯤 보행하고는 낮 12시에 좌선에 들어갑니다. 그리고 그 다음날 오전 10시까지 좌선(坐禪)하고는 공양하게 되지요. 밥을 짓지 않는 곳이니 불편하겠지만 보살님들이 지어 잡수시도록 하세요."

　그리고 나를 보고는

　"처사님은 귀한 걸음하셨네요. 내가 알기로는 이 암자에 처사가 오기는 처음인 것 같소. 이 절을 지은 목수 외는 남자 신도는 처음일 겁니다. 이 암자에는 화주 보살님들도 출입을 금지하는데…. 좋은 인연되길 바랍니다."라고 했다.

　나는 합장하고 허리를 굽혔다. S스님은 일타 스님의 상좌라고 했다. 수

년 전 어느 암자의 주지직을 맡고는 일타 스님께 문안 인사차 갔더니 일타 스님은 S스님의 뺨을 후려치시며,

"주지해서 돈 벌려고 중 됐냐? 제 공부도 덜된 주제에 주지는 무슨 주지야!"

하고 호통을 치시더란다.

S스님은 그 길로 암자 주지직을 사표 내고는 여기에 오셨다고 했다. 우리 일행 때문에 스님들은 오늘 특별휴식을 취하고 있었다. 보살님들이 저녁공양을 준비 하는 동안 나는 암자 주위를 둘러보고 있었는데 젊은 스님 한 분이 안내하며 소상히 설명해 주었다.

암자 주위에는 통나무로 만든 돼지 우리 같은 토굴이 군데군데 있었다. 한 사람이 앉으면 알맞도록 토굴을 짓고 천막 또는 갈대로 지붕을 아무렇게나 덮어놓았다. 내부에는 방석이 깔려 있고 그 옆으로 물병이 하나씩 놓여 있었다. 안내해 주시는 젊은 스님은 스님들의 참선하는 시간과 포행 시간 장소 등을 소상히 일러주셨다. 법당으로 들어갔다.

유리관 속에 모셔진 자그만 부처님께 삼배를 올리고 불단 위를 살펴봤을 때 불상 바로 옆에는 뭔가를 싸 둔 보자기가 있었다. 내가 유심히 살펴 보자 젊은 스님은,

"아! 이것 구경하실래요?"

하고는 보자기를 풀어 설명해주었다. 보자기 안에는 누더기 가사 한 벌이 결사(決死)라는 글귀가 쓰여진 참종이로 덮혀 있었다.

"이 결사라는 것은 목숨을 걸고 깨달아 보겠다는 스님들의 의지입니다. 그리고 이 누더기는 옛 도인이 입으시던 것인데 지금 용맹정진하시는 스님들 중 먼저 견성대오(見性大悟)하시는 분이 입게 되어 있습니다."라고 설명해 주었다.

상상만해도 감격스러웠다. '언젠가 내가 저 옷의 주인이 되어 둥실둥실 무애가(無碍歌)를 불러야지' 나도 모르게 희열의 감정이 일어나고 있었다.

저녁 공양 시간이 되었다. 일행은 갖고 온 김치와 된장으로 밥을 지어 먹는데 스님들은 감자, 오이, 당근 등 생식으로 간식을 했다. 우리 일행 영접 덕분으로 그 날 하루의 일일 일식의 규칙이 무너지는 날이었다.

저녁공양을 마친 뒤 S스님은 다음과 같은 인사말씀겸 법문을 해 주셨다.

"깨달음이란 알았다는 의미가 됩니다. 그냥 이해하여 알음알이로 아는 게 아니라 진리 그 자체가 되어 보는 체험으로 깨닫는 것을 의미합니다. 과거, 현재, 모든 부처님이 그러하셨듯이 자기의 본래면목(本來面目) 그 자체가 되어보는 체험을 통하여 깨달음을 성취하고자 하는 것입니다. 팔만 사천의 불교경전 모두가 이 깨달음을 목적으로 강설되어 있으며 가지가지의 방편도 이 깨달음으로 만법귀일(萬法歸一)토록 되어 있는 것입니다.

부처님께서는 깨달음에 이를 수 있는 길을 묻는 제자에게 계(戒), 정(定), 혜(慧) 삼학(三學)에 의지하라고 하셨습니다.

만중생의 근기에 따라 가지가지 방편으로 깨달음의 길을 가르친 바가 팔만사천의 경전이요, 팔만사천의 가르침을 함축한 경전이『금강경』이며, 금강경을 더욱 함축한 가르침은 '육바라밀'이며, 팔만사천의 경전을 단 세글자로 함축한 것이 '계 · 정 · 혜' 삼학입니다.

'계(戒)'란 진실한 삶을 의미합니다. 그래야만이 진리를 공부할 수 있는 심성(心性)이 갖추어 진다는 것이죠. 그리고 그러한 심성부터 갖추어야만이 번뇌, 망상을 여읠 수 있는 힘이 생기고 나아가서는 청정한 마음으로 순조롭게 정진할 수 있게 되는 것입니다. 그래서 마음에 선근(善根)을 갖춤이 이 공부의 근본이라 하는 것입니다.

그러한 청정심으로 사무치게 화두에 전념(全念)할 때 그 힘에 의하여 일체 망상은 끊어지게 되고 마침내 자성(自性)을 관(觀)하는 마음은 자성관(自性觀) 자체가 되는 체험을 하게 되는 것이니, 그 때야 비로소 마음의 동요가 없는 진리관(眞理觀) 자체가 되는 경지에 이르게 되는 것입니다. 이 경지를 정(定)이라 합니다.

정(定)의 체험은 곧 진리 자체가 되어 진리를 아는 깨달음의 경지이니 깨달음은 곧 '혜(慧)'가 됩니다. 체험은 정(定)이요, 깨달음은 혜(慧)이니, 체험과 깨달음은 동시에 얻어지는 것입니다. 그러므로 옛 조사의 말씀에도 "정(定)과 혜(慧)가 다르다 하지 말라. 정이면 곧 혜(慧)이니라"라는 말씀이 있습니다. 오늘은 여러분들도 이곳으로 출가하셨으니 우리들과 같은 스님이 된 기분으로 이 법당에서 용맹스럽게 정진하여 보세요!"

스님들이 깊은 산사(山寺)에서 공부하시는 이유를 알 것 같았다. 말없는 대자연의 침묵이 있고 적막이 있었다. 그 속에서 듣는 법문은 도심의 포교당 법문보다 왠지 가슴에 와 닿고 감격을 느끼게 하고 있었다.

잠시 휴식을 취한 후 스님들은 각기 자기 자리로 가시고 신도들은 법당에 앉아 참선을 시작했다. 일곱시를 알리는 괘종시계 소리에 맞춰서 좌복 위에 앉았다. 해인사 백련암에서 삼천 배를 하고 성철 스님으로부터 받은 나의 화두(話頭)는 마삼 근(麻三斤)이었다.

어떤 선사(禪師)가 동산(洞山) 선사에게 묻기를,

"무엇이 부처입니까?"

했을 때 동산 선사께서는,

"마삼근(麻三斤)이니라."

라고 대답했다.

'왜 부처를 묻는 이에게 마 삼 근이라고 했을까?' 이렇게 간절히 의심해보라는 화두였다. 마(麻)를 생각하니 어릴 적 시골에서 어머니와 이웃

아주머니들이 밤늦도록 길쌈하는 것이 떠올랐다. 입으로 삼줄기를 물어 가닥을 내고 다듬어서는 무릎 위 허벅지에 대고 비벼서 삼줄기와 줄기를 끝없이 이어가는 작업이 떠올랐다. 그리고는 양잿물이라고 하는 표백제에 몇 번이고 담가두었다가 베틀에 올려 삼베를 짜는 모습 그리고 그 삼베로 가족의 치마저고리를 지어 입게 해 주었던 일들, 그러한 상념(想念)들만 끝없이 떠올랐다.

'왜 이것을 부처라 했을까?' 앉은 지 20~30분이 지났을까, 그 때부터 다리가 저려왔다. 시간이 갈수록 저리다 못해 아려왔다. 그런데 보살님들은 잘도 앉아 있었다. 소리라고는 적막 속에 가끔씩 들려오는 산새소리와 이름 모를 짐승들의 소리뿐이었다. 법당 안에서는 옷매무새만 고쳐도 기차 가는 소리만큼 크게 들릴 정도로 적막했다. 시간이 얼마나 지났는지 무릎이 쑤시고 아려 견딜 수가 없었다. 염체 불구하고 다리의 자세를 고쳤다. 과연 소리가 컸다. 그러나 고통을 면한 건 몇 초뿐 계속해서 다리는 아파 왔다. 화두와의 전쟁도 아니요, 망상과의 전쟁도 아닌 고통과의 싸움 그 자체였다. 드디어 한 시간이 경과됨을 알리는 괘종시계 소리가 여덟 번을 치고 난 뒤 노보살 한 분이 다리를 펴면서

"십 분 쉬고 합시다."

라고 했다.

그 말씀이 너무나 반가웠다. 다리를 펴고 두들겼다. 그리고 일어서서 다리 운동을 했다. 십 분도 안 돼서 보살님들은 자기 자리에 앉았다. 두 번 째의 시간이 시작되었다. 역시 마찬가지로 처음에는 망상과 싸우다가 십 분도 못되어 고통과의 싸움을 계속했다.

밤 열한 시가 되어 식당 방에서 보살님들과 같이 잠을 청했다. 그리고 새벽 3시쯤 일어나야 했으며 4시부터 6시까지 어제 밤과 같은 고문을 당

한 다음 꿀맛 같은 아침 공양을 먹을 수 있었다.

그 날도 오전 두 시간, 오후 세 시간 그리고 저녁 세 시간을 좌선(座禪)이라는 고문을 당하고는 삼 일째 되던 날 하산할 수 있었다. 스님들이 더욱 존경스러웠다. 우리는 한 시간을 못 채워 다리가 그렇게도 저리고 아팠는데 스님들은 20시간을 그대로 앉아 선을 한다는 것이었다. 깨닫고 아니 깨닫고는 접어 두고라도 장좌불와(長座不臥)한다는 그 자체가 이미 도인이라는 생각이 들기도 했다.

돌아오던 날 스님들이 손수 따서 담궜다는 머루포도주와 칡차와 솔차를 얻어 들고 돌아왔다. 스님들이 부러웠다. 크게 버린 분들이요, 크게 얻을 분들이라고 생각했다.

제4장
깨달음의 공식

인생의 진리부터 알라

　범일동 보살님들은 전북 변산반도 끝 월명산 꼭대기에 자리잡은 월명암(月明庵) 선방에도 스님들의 생활비를 보내주고 있었다. 그들이 생활비를 보시하는 곳은 모두 일반신도의 출입이 금지되어 있는 '토굴'이라는 명칭이 붙은 곳들이었다.

　1985년 경이라고 기억된다. 그해도 음력 7월 15일 전후 무더운 여름이었다. 그동안 생활비를 보시 받으신 스님들께서 하안거 해제일을 기하여 특별히 초청해 주셨다.

　부산에서 광주, 광주에서 전주, 전주에서 변산반도행 버스를 세 번 갈아타고 서해안의 넓은 갯벌들에 넋을 잃고 있노라니 어느덧 버스는 변산반도의 마지막 해수욕장이 있는 곳에 도착했다. 해발 500m라고 하는 월명산 길은 매우 비탈져 있었다. 일행 7명은 모두 여름과일이며 찬거리를 이고 지고 했던 터라 몇 번이고 쉬면서 기어가 듯 천천히 월명암을 향하여 걸었다. 가는 도중 도시마(道是麻) 보살님은 월명암의 유래에 대하여 얘기해 주었다.

　월명암은 옛날 '부설 거사'께서 창건하신 곳이야. 부설 거사님은 부인을 만나기 전에는 스님이었대요. 어느 날 부설 거사께서 같이 공부하는 스님(道伴) 세 분과 같이 탁발을 하면서 공부하기 좋은 곳을 찾아 나섰는데 지금의 전주 부근 어느 민가에서 한 밤을 신세지게 되었대요.

그 집 여주인은 말 못하는 딸아이 한 명과 단둘이 살고 있었는데 심성이 선한 분이고 불심이 지중해서 스님들을 잘 모셨답니다. 다음날 스님 일행이 떠나려고 하는데 스님들 방으로 황급히 달려온 여주인은 부설 스님 앞에 엎드리더니,

"스님 큰일 났습니다요. 우리 딸아이는 태어나서 지금까지 17년을 말 한 마디 못해 본 벙어리였습니다요. 그런데 어제 저녁 부설 스님을 뵙고 부터는 말문이 열렸습니다요."

두렵고 감격에 찬 음성으로 스님께 고하니 부설 스님 왈,

"그것 참, 큰일이 아니라 큰 경사가 아니겠소?"

라고 하자 여주인은,

"네 경사입죠. 그런데… 그런데 저것이, 부설 스님과 꼭 결혼해야 한다는 것입니다요. 스님 이일을 어쩌면 좋겠습니까요?"
라고 하면서 주모는 울음 섞인 애원을 시작했대요.

부설 스님은 너무나 엉뚱한 요구를 듣고는 웃으면서,

"보살님 우리는 세속인연을 잊은 지 오래외다."

"네 스님 저도 불자인데 왜 모르겠습니까요, 저 애를 얻었을 때도 부처님께 빌고 빌어 얻은 자식입니다요. 저도 스님께 불경죄를 짓지 않으려고 딸 애를 밤새도록 달랬습니다만 이제 스님들이 떠나시려고 하니 스님과 결혼 못할 바에는 지금 당장 죽어버리겠다고 합니다요. 스님"
라고 하자 부설 스님은,

"여보시요. 부인, 우리 스님들은 오직 불도(佛道)를 구하려고 모든 인연 다 뿌리치고 입산했던 산승(山僧)들이오. 그런데 이제 와서 속가인연을 맺

을 수는 없는 일 아니겠소. 자, 스님들 떠납시다."
라고 하자 스님들은 자리에서 일어나는데 부인은 부설 스님의 장삼자락을 잡으며 울먹이면서 더욱 간절하게 애원했던 기라.

"스님 어떻게 하시든지 떠나시더라도 우리 딸아이 목숨은 구해주고 가셔야 합니다요."

하니 이 때 이 어처구니 없는 일을 보고만 있던 다른 스님 한 분이 호통을 쳤는기라.

"어허 부인, 대장부 일대사(一大事)가 그렇게 쉽게 그르칠 수는 없는 거요. 우리는 이 구도행(求道行)을 목숨을 버려도 포기할 수 없는 거요. 썩 물러나시오."

호통을 치는데도 부인은 아랑곳하지 않고 계속 애원을 하는 기라.

"스님 가련한 우리 딸아이 목숨을 구해 주십시오. 스님 태어나서 열일곱 살이 되도록 말 못하던 벙어리가 스님을 뵙고 말문이 열렸으니 이 또한 예사 인연은 아닌 것 같습니다요. 정히 가셔야 한다면 결혼만 해주시고 몇 년 아니 몇 달이라도 여기 사시다가 딸애 목숨만 구해주시고 떠나십시오. 스님 정히 오늘 이대로 떠나신다면 스님 보는 앞에서 우리 모녀는 죽어버리겠습니다요, 스님."

하고 너무나 간절히 애원을 하니 부설 스님은 할 말을 잊은 채 깊이 생각하시는데 도반스님들은 빨리 떠나자고 재촉을 하는 기라. 그 때 부설 스님은 큰 각오라도 한 듯 도반스님들을 향하여,

"스님들 먼저 떠나시오. 나는 보살님의 딸과 결혼을 해야겠소이다."

부설 스님이 결혼을 한다니까 도반스님들은 너무나 뜻밖이라 할 말을 잊었지요. 부설 스님의 인품과 투철한 구도정신은 스님들의 귀감이 되어왔던 터라 신뢰와 존경을 한 몸에 받고 도반들도 의지하고 지내 왔었는데

오늘에 와서 여주인의 딸과 결혼을 한다고 하니 도반스님들의 배신감과 실망은 너무나 컸겠지요. 물론 부설 스님에게 파계승(破戒僧)이라고 욕설을 하는 스님도 있었고, 원망하고 악담을 하면서 도반들은 떠났답니다.

그리하여 부설 거사는 여주인의 딸과 결혼하게 되었고, 이 부부는 딸을 하나 얻었대요. 그 딸애의 이름을 '월명'이라 지었답니다. 이 세 식구는 속세와 단절된 이곳에서 철저한 구도행(求道行)을 실천하는 도반이 되었답니다. 그리하여 마침내 이 가족 도반들은 모두 확철대오(確徹大悟)하였답니다.

'도시마' 보살님의 월명암 전설을 듣는 동안 우리 일행은 월명산 정상에 와 있었다. 시원한 바람이 땀을 식혀주는 오솔길을 따라 월명암이 가까워 올 때 산 더덕 향기가 진동을 했다. 사루는 향내보다도 더욱 엄숙하고 청정하게 부설 거사님의 법향(法香)인 양 느껴지기도 했다. 부설 거사님께서 일구신 밭과 익어가는 옥수수 울타리 안으로는 채소와 오이들이 손님을 기다리듯 탐스럽게 자라고 있었다.

드디어 월명암이 나타났다. 토굴이라 이름 붙여진 암자들이 그러하듯 월명암도 역시 그랬다. 시골집 같은 법당지붕에는 하늘색 천막으로 덮여 있었고, 그 서쪽 옆으로 시골 오두막집 같은 두 칸짜리 요사채가 초라하게 서 있었다. 비는 새고 수리비가 없어서 그대로 방치해 두고 있는 것이었다. 암자의 남쪽은 탁 트인 바다가 펼쳐져 있고 동쪽으로는 멀리서 지리산이 구름 속에 솟아 있었다. 눈 푸른 납자들이 용맹 정진하시는 토굴마다에서 느껴보는 조용한 절경과 안온(安穩)함, 역시 이런 곳에서 도인이 나올 수 있었다는 생각이 들었다.

스님들께서 반갑게 맞아주셨다. 그런데 더욱 반가운 것은 자장암에서 밤늦게까지 내게 바른 신심과 구도의 기초지식을 일러주신 그 젊은 스님께서 여기에서 정진하고 있었다. 하룻밤의 짧은 인연이었던 터라 스님은 기억하지 못했으나 자장암에서의 일을 말씀드리니 알아보시고는 더욱 반갑다고 하셨다.

월명암에는 여덟 분의 스님이 계셨다. 50대 중반의 입승스님과 30대, 40대 초반으로 보이는 스님들이셨다. 이 암자의 스님들은 생식하지는 않았다. 저녁 7시 입승스님께서 법문을 해 주신다고 했다. 죽비소리에 맞추어 삼배 올리는 간단한 죽비예불을 마치고 앉았다. 법상도 색깔도 없는 초라한 불단 앞에 현성 스님은 엄숙히 정좌(淨座)하셨다.

입정을 알리는 죽비소리는 고요를 뚫고 감동적으로 다가왔다. 한 티끌의 움직이는 소리까지도 담을 수 있도록 나의 귀는 열려 있었다. 아주 천천히 입승스님의 손 움직임는 소리에 이어 법문이 시작되었다.

깨달음의 정법을 구하는 마음으로 여기까지 오셨으니 여러분은 부처님과 특별한 인연이 있는 분들입니다. 아마 부처님도 감응하리라 믿습니다. 이제 깨달음 공부에 들어가기 전에 인생진리가 뭔지부터 진실하게 알아야 무너지지 않는 신심으로 정진하고자 하는 마음이 생길 것입니다.

부처님은 인생진리를 사성제(四聖諦), 즉 고(苦), 집(集), 멸(滅), 도(道)라 하였습니다. 인생이란 전도된 생각(迷惑)에 의하여 가설된 괴로움의 집단(集)이니, 이 고인(苦因)을 멸(滅)하여 진리를 깨쳐서 생사에서 해탈해야 하는 것이 인생진리라고 하신 것입니다.

첫째, 인생을 왜 고(苦)라고 했을까요. 우리 중생들은 인생살이가 이만하면 행복하다고 생각하는 사람도 있을 것이요, 불행하다고 생각하는 사람들도 있을 것이고 이 정도면 살 만하다고 생각하는 사람도 많을 것입니다. 그런데 대부분 다시 태어나도 인간으로 태어날 것을 갈망한다고들 그래요. 행복했던 사람은 그 행복을 다시 누리고 싶고 불행한 사람도 내생에는 행복하게 살고 싶기 때문이겠지요.

그러나 이러한 소망은 무지한 중생의 바람일 뿐입니다. 가난하거나 신체적 장애이거나 투쟁에서의 패배자이거나, 시기질투에서 생기는 괴로움이거나 이러한 삶의 고통은 잠시 지나가 버리는 것이니 인내할 수도 있겠지요. 그러나 피할 수 없고, 끝도 없는 윤회고(輪廻苦)라는 것이 기다리고 있으니 그 고통은 지옥도의 그림처럼 수 억만 겁 헤아릴 수 없는 미래세에 다가올 연속적인 고통이 된다는 것입니다.

부처님의 말씀을 예사로 들으니까 고를 고인 줄 모르고 허송세월을 하는 것이 우리 일반 불자들이요, 중생들입니다.

현실을 사무쳐 바로 보아야 합니다. 우리의 육신은 진짜 내가 아닙니다. 지난 날 나의 영혼이 생각하고 행동했던 인과에 의하여 잠시 나타난 현상일 뿐입니다. 이 몸과 환경은 내 마음의 그림자요, 의복일 뿐입니다.

우리의 육신은 이 순간에도 찰나도 쉬지 않고 바뀌고 있으며 그러므로 지금의 나는 어제의 내가 아니오, 잠시 전의 내가 아닙니다. 그러나 우리 중생은 태어나서 지금까지 항상 이 몸을 나라고 생각하고 이 몸을 천하에 제일 소중한 것으로 생각하고 환경인연에 얽매여 살아가고 있습니다. 환경과 인연에 끄달린 삶! 이것이 고(苦)의 원인인 것입니다.

두번째를 집(集)이라고 했습니다. 우리 중생의 육신은 자기 육신을 자기라고 생각하고, 그 집착된 업감(業感)에 의하여 창출되었고 아울러 지나온 과거생에 있었던 모든 느낌과 행위는 이 육신의 생명력 속에 잠재하고 있으면서 미래에 다가올 고통의 원인으로 작용하게 되므로 이 육신을 가리켜 '고통의 집(集)'이라고 했던 것입니다. 흔히들 아집(我執)이 강하여 자기 주장을 굽힐 줄 모르는 사람을 고집불통(苦集不通)이라고 하지요. 고집이 강하여 도저히 의사가 통하지 않는 사람을 고집불통이라고 합니다.

그렇다면 어떻게 하여 이 고계(苦界)를 벗어날 수 있을까요. 부처님은 말씀하시기를 '착(着)을 놓아라' 고 하셨습니다. 집착을 놓을 때 지혜가 생긴다는 것입니다. 인생살이에서 관찰해봐도 알 수 있듯이 집착을 놓으면 지혜가 생깁니다. 다만 이 착은 적게 버릴 때 적은 지혜가 생(生)하고 크게 놓을 때 큰 지혜가 생(生)하는 것입니다. 버린 만큼 지혜가 얻어지게 되는 것이지요.

공자, 맹자, 소크라테스도 집착에서 벗어난 만큼 진실을 말할 수 있었던 것이지요. 그러나 그들은 완전히 벗어날 수 없었기에 중생의 세상살이 범주 내에서의 인간적인 진실한 삶만을 얘기할 수 있었던 것입니다. 공자, 맹자, 예수를 세상 사람들이 성인(聖人)이라고 부르기도 합니다. 우리 일반 중생들에 비하면 성인이라 존칭할 만한 분들임에 틀림이 없습니다. 그러나 그분들에게는 진실한 인간미는 있었을지언정 혜안(慧眼)은 없었던 것입니다. 그분들은 생명의 진리를 깨닫지 못했기 때문입니다.

그분들은 우주생멸의 이치와 생명의 진리에 대하여 말할 수 없었던 것이지요. 그러나 부처님은 모든 집착을 완전히 놓아버렸으며, 완전히 놓아버릴 수 있었으므로 생각의 지혜가 아닌 혜안이 열리는 깨달음을 성취할 수 있었던 것입니다.

그리하여 생사(生死)에서 완전히 해방되는 대자유(大自由)를 얻으셨던 것이며 우주의 모든 이치까지도 통찰할 수 있는 혜안이 구족(具足)하시게 되었던 것입니다.

공자, 맹자, 예수와 부처님의 다른 점은 바로 혜안에 있습니다. 생각의 지혜(知慧)와 지혜광명이 되는 혜안(慧眼)은 차원이 다른 것입니다. 부처님의 혜안은 생명의 진리에 대한 체험적 깨달음에 의하여 열리셨던 것이며 그 혜안으로 내면적 정신세계가 되는 생명의 진리와 우주 생멸의 이치에 이르기까지 모든 우주의 진실을 한마음으로 관(觀)하여 밝힐 수 있었던 것입니다. 그 혜안으로 보신 생명의 진리는 본래도 지금도 밝고 아름다운 광명 그대로인데 다만 중생들이 자기 육신과 육안으로 보이는 것에 속아 거기에 끄달려 생활하게 되므로 그것이 고인이 되어 너무나 처참한 윤회세계를 헤매이고 있다는 사실을 확연히 보셨던 것입니다.

집착은 잠재의식이 되고 잠재의식은 번뇌망상을 일으키고 번뇌망상은 진리를 보지 못하게 하는 무명(無明)의 장벽이 되어 중생의 눈을 가리고 있는 것입니다. 그러나 부처님은 깨달으신 뒤 모든 중생의 정신세계의 근본을 보시고는 '기재기재(奇在奇在)'라 하시며 탄식했습니다. 모든 중생들도 부처님과 같은 마음을 가지고 있고 누구나 마음만 먹고 노력하면 깨달을 수 있는 조건과 능력까지도 내재하고 있음을 보셨던 것입니다.

현재의 마음으로 본래 마음을 보면 누구나 체험적 깨달음을 성취할 수 있고 그 깨달음이 바로 영원한 대자유를 얻는 자기 구원의 길임을 알 수 있었던 것입니다. 진리란 알고 싶은 사람에게는 알아지고 관심이 없는 사람은 멀어질 뿐입니다. 따라서 진리를 참구하는 사람의 정신세계는 점점 맑아지게 되고 관심없이 삶에 끄달려 살게 되면 갈수록 정신은 어두워지게 되어 있는 것입니다. 진리의 참구는 정신의 진화요, 정신의 진화는 곧 영혼의 진화가 됩니다.

축생이나 인간은 본능은 같습니다. 배고프면 먹을 줄 알고 위험이 있으면 피할 줄 알고 먹이를 축적할 줄도 알고 자기편을 가릴 줄도 압니다. 모든 중생의 영혼은 평등하게 그저 캄캄할 뿐입니다. 따라서 윤회의 세계도 같은 것입니다. 캄캄한 그 영혼은 평등히 저승사자의 지시에 따르듯 지은 대로 흘러가는 것입니다. 우리 인간이 죽어 다시 인간으로 온다면 얼마나 좋겠습니까마는 축생의 세계로 떨어질 수도 있으니 한 번 떨어지면 어느 세월에 다시 인간으로 오겠느냐 말입니다. 인간과 축생이 다른 점은 인간에게는 차원 높은 형이상학적(形而上學的) 사고력이 있다는 점입니다. 이러한 사고력을 가졌을 때 발심하여 무명(無明)에서 벗어나지 못하면 다시 인간으로 태어나기는 지극히 어렵다는 사실을 믿어야 하는 것입니다.

이러한 고집(苦集)은 누가 만들어 주는 것도 아니요, 자기 스스로 만드는 것이기에 한 생각만 바꾸면 지울 수도 있고, 무명을 광명으로 바꿀 수도 있는 것입니다.

셋째, 멸(滅)이란 곧 업(業)의 소멸을 의미합니다. 부처님은 중생들의 고집(苦集)으로 쌓인 정신세계를 거울에 먼지 쌓인 것에 비유하기도 하셨으며 이 먼지를 무명이라 표현하였습니다. 이 무명의 먼지만 닦아내면 본래의 밝은 바탕은 들어낼 수 있다고 하셨습니다. 거울에 먼지 닦아내듯 잠재의식으로 쌓인 무명을 소멸시켜야만이 진리를 보는 혜안을 얻을 수 있는 것이기에 사성제의 세번째를 멸(滅)이라 하였습니다.

자, 윤회의 원인이 되는 이 고집(苦集)을 어떻게 하면 멸할 수 있겠습니까? 그 길은 오직 깨달음뿐입니다. 즉, 수행이 필요한 것입니다.

우리 중생의 육신은 찰나를 살다가는 무상하고 허망한 것이며 자기의 의식이 타고 다니는 나룻배와 같은 것입니다. 이 나룻배를 운전하는 마음이라는 것은 참으로 신묘(神妙)하여 운전하기에 따라 신통묘용을 드러내기도 합니다. 차력사(借力士)가 정신통일이 될 때 불가사의한 힘이 나오기도 하고 무당이 정신통일이 될 때 시퍼런 작두 위를 맨발로 걷기도 하며 최면에 들어가서는 영혼의 세계를 보기도 합니다. 그러나 위와 같은 경우는 한 가지 상념(想念)에 집착할 때 나오는 신통입니다.

우리는 간혹 가족끼리 앉아서 텔레비전을 본다거나 담소할 때에 그 장소와 관계없는 다른 상념에 빠질 때가 있습니다. 그런 때에 텔레비전 소리도 옆사람이 얘기하는 소리도 안 들릴 때가 있습니다. 그러한 일념으로 진리를 참구해야 합니다. 그러나 재가 신도이거나 출가 스님이거나 참선한다고 앉아보면 망상이 일어납니다. 수억만 겁 유전되어 온 잠재의식이 있기에 그 망상을 이기기가 어렵기도 합니다.

그래서 부처님은 그 망상을 여의는 첫째 방법으로 진실한 인성부터 갖추고 베풀면서 사는 법부터 습관화하라고 하신 것입니다. 업(業)이란 소멸시킬 수 없는 이치이나 다시는 불선업(不善業)을 짓지 아니하고 선업(善業)만을 쌓아갈 때 불선업은 점점 미약해질 것이며 선업만이 성숙될 수 있습니다. 그렇게 하여 점점 선한 업만을 쌓아갈 때 점점 정신이 맑아지고 아울러 구도(求道)하는 힘도 커지는 것입니다. 이 도리는 누구에게도 차별이 있을 수 없습니다. 출가승이거나 재가 불자이거나 자기 행실 하나 바로 다스리지 못하면 절대로 깨달을 수는 없습니다.

옛날 명나라에 '배정'이라는 쌍둥이 형제가 살았답니다. 이 쌍둥이 형제는 유복자(遺腹子)로서 태어난 일주일 후 어머니와도 사별하여 천애의 고아가 되었답니다. 그리하여 그들의 외삼촌이 그 쌍둥이 형제를 키우게 되었답니다. 그들은 점점 자라면서 외가댁의 농삿일을 도우며 살고 있었는데 10세쯤 되던 해 어느 날 마루에 앉아 쉬고 있는데 스님 한 분이 탁발을 왔습니다. 외숙모가 스님에게 쌀을 한 조박 보시하자 돌아가려던 스님은 배정 형제를 물끄러미 바라보더니 외숙모에게 묻기를,

"저 아이들은 누구입니까?"

외숙모는,

"예, 저의 생질들 입니다."

라고 대답했습니다.

그런데 스님은 고개를 갸우뚱 하시면서 혀를 끌끌 차시더니 탄식하시기를,

"참 안 됐구려, 참으로 불행한 아이들입니다. 저 아이들은 너무나 박복하여 평생 어려운 생활을 면키 어려울 것이요, 가는 곳마다 불행을 달고 다닐 것이니 고용하는 집마다 망할 것이요, 주인까지 불행하게 할 안타까운 사주로다. 나무관세음보살."

그 스님은 그 한 마디를 하고는 가버렸는데 그 말을 배정 형제가 엿듣게 되었지요. 그때 배정 형제는 의논하기를,

"우리는 복이 없어서 태어날 때부터 불행한 사람이지만 우리가 살게 되는 집까지 망하게 된다고 하니 어릴 때부터 지금까지 우리를 키워주신 외삼촌댁을 우리로 인하여 불행하게 해서는 되겠느냐. 우리가 빨리 이 집을 떠나자."

이렇게 합의를 하고 두 형제는 외삼촌댁을 떠나게 되었답니다. 그리하여 그들은 취직자리를 찾아 헤매다가 배정은 어느 사찰의 나무꾼이 되고 아우는 나룻터의 뱃사공이 되었답니다. 절간 나무꾼 배정은 매일 산을 누비며 나무하는 일에만 열중하였답니다. 큰절이라 많은 신도들의 내왕이 있었는데 어느 날 유심히 보니 지체높은 귀족으로 보이는 부녀자들이 와서 수천배의 절을 하는 것입니다. 배정이 부목스님에게 물었습니다.

"저분들은 왜 날마다 저렇게도 많은 절을 하면서 기도하는 것입니까?"

"참회기도를 하는 것이란다. 사람은 누구나 수많은 과거생을 살아오면서 알게 모르게 많은 잘못을 저지르고 살아왔기 때문에 그 과보(果報)는 누구나 피할 수 없거든, 때문에 저렇게 열심히 참회기도를 하여 과거 잘못된 업을 소멸하고자 참회기도를 하는 것이야. 참회란 과거의 잘못을 진

심으로 뉘우치고 다시는 잘못 살지 않고 진실하게 살겠다는 맹서를 하는 것이다. 그리고 저런 기도를 많이 하면 사주팔자가 바뀌는 법이야."

스님의 설명을 들은 배정은 심각하게 생각했다. 그리고 다시 질문했답니다.

"스님 그럼 저도 참회기도를 하면 악업이 소멸되는 것인지요?"

"그럼 부처님은 차별이 없어요. 누구나 진심으로 참회하면 업은 소멸되는 게지."

배정은 생각하기를,

'나는 전생의 죄가 얼마나 크길래 조실부모하고 고아신세가 되었고, 그것도 모자라 내가 살게 되는 집까지 망한단 말인가, 전생의 죄업이 얼마나 큰지를 모르지만 열심히 참회기도하여 부처님께 용서를 빌어보자.'
는 원을 세웠던 것입니다.

그때만 하여도 중국에서 불교는 양반계급의 귀족들만 하는 종교로서 상민 노비들은 법당(法堂) 안에 들어가지도 못하는 법도가 있었답니다. 때문에 배정은 법당 안에서 참회기도를 드리지 못하고 헛간 창고에 가마니를 깔고 매일 저녁시간과 새벽시간을 이용하여 하루 수천 배의 절을 하는 참회기도를 시작했던 것입니다.

그러한 참회기도를 십년을 했답니다. 생각이 바뀌면 행동이 바뀌는 법이라 십년 참회기도드린 배정의 심성은 자비심 그 자체가 된 것입니다. 산에 가서 나무할 때도 산짐승, 벌레 한 마리에게까지 자비심을 베풀 수 있을 정도가 된 것입니다. 11세부터 21세까지 십년을 참회 속에서 성장하였으니 생각이 선하면 표정이 선해지고 선한 얼굴 그대로 세포가 구성되었으니, 추악한 표정은 온데간데 없고 인자한 얼굴에 자비의 심성만을 갖게 된 것입니다.

그러던 여름 어느 날 계곡에 목욕을 가게 되었습니다. 어느 마을이나 여름철의 마을 옆 계곡은 그 마을의 공동목욕장소가 되어 왔으며 그 마을의 계곡에는 목욕의 규칙이 있었습니다.

초저녁에는 여자들이 목욕하고, 부녀자의 목욕이 끝난 다음 남자들이 목욕을 하게 되어 있었습니다. 또한 상민 노비는 아랫쪽에서 목욕하여야 하므로 배정은 가장 아랫쪽 계곡에서 목욕을 하고 옷을 챙겨입고 있을 때 바로 옆 수풀 속에서 반짝이는 광채를 발견하고 가까이 가서 그 물체를 확인하여 보니 그것은 칠보로 장식된 여자의 허리띠였습니다. 당시만 하여도 보석이 귀할 때라 고관대작의 가족이 아니고는 가질 수 없는 귀한 보석이었으며 배정의 생각에도 어마어마한 가치가 있을 것 같았습니다. 팔아서 돈으로 환산하여도 평생 부자로 살 수 있을 만큼 큰 재산의 값어치가 있다는 것도 알 수 있었습니다.

그러나 십년이라는 세월을 참회기도로써 닦은 배정의 마음 속에는 남의 물건을 탐하는 의식은 없어지듯 미약하고 선업만이 가득차 있었으니 그 보물을 주인을 찾아 돌려줘야 한다는 생각을 하게 되었어요. 보물을 잃은 사람이 찾아올 것이라 생각하고 기다렸답니다.

그러자 멀리서 등불 빛이 나타났고 길옆의 수풀을 헤쳐가며 뭔가를 찾으며 다가오는 것입니다. 귀부인으로 보이는 주인과 하녀 두 명이었습니다. 그 보석의 주인이었습니다. 그 부인은 배정에게 어디 사는 누구냐고 묻고 사례하고자 하였으나 배정은 아무 생각도 없이 거절하고 돌아갔습니다.

며칠 뒤 배정 형제는 십년 만에 상봉하여 외삼촌댁을 방문하게 되었답니다. 그날 우연하게도 10년 전 그 스님이 탁발을 왔습니다.

곡식 한 조박을 보시받은 그 스님은 외삼촌에게 묻기를,

"저 청년들은 누구입니까?"

"네, 소생의 생질들입니다."

이렇게 대답이 오간 다음 스님이 말씀하시기를,

"아! 참으로 귀한 상이로다. 얼마 안 가서 이 나라의 큰 재상이 될 것이로다."

하는 것이 아닌가, 외삼촌은 전혀 뜻밖의 스님 말씀에 반문하기를,

"스님께서는 10년 전에 이 자리에서 저 아이를 보고 지독하게 사주가 좋지 않는 아이라고 하시고, 저 아이들은 물론 저 아이들을 고용하는 주인 집까지 망하게 될 것이라고 하시지 않았습니까?"

라고 질문하자 그 스님은 "나무관세음보살" 하고 중얼거리시고 사라졌습니다. 배정의 외삼촌은 이상하다고만 생각하였을 뿐이었습니다. 그러나 스님의 말씀은 현실로 다가오고 있었습니다.

며칠 후 배정은 관가에서 나온 포졸들에게 납치되듯 끌려갔습니다. 불려간 곳은 지금의 국무총리에 해당하는 재상댁이었습니다. 이유인즉 허리띠의 주인은 재상의 부인이었으며 그 부인이 배정의 인품이며 고마운 사연을 재상에게 고하였고, 재상은 사례할 목적으로 배정을 초대했던 것입니다.

재상은 배정을 유심히 살펴보는 것입니다. 아무리 보아도 상민으로 있을 상이 아닌 것입니다. 그 기품이 온화하고 늠름하며 풍기는 통찰력이 능히 나라의 큰 일을 맡아 충성할 상이요, 많은 부하를 다스릴 관상을 하고 있었던 것입니다.

그날부터 배정은 재상의 배려로 그 집에 머물면서 학문을 배우게 되었답니다. 10년 참회기도 하였던 배정의 잠재의식에는 걸림이 있을 수 없었습니다. 선업만이 충만하여 마음이 평온해서 망상은 일어날 틈이 없고 공

부에 전념할 수 있었으며 망상이 일어나지 않으니 맑고 진공한 정신그릇에는 하고자 하는 공부만이 담아지는 것입니다. 빈 그릇에 물을 담을 수 있듯이 잠재의식이 맑게 비어 있으니 공부가 담아지는 것입니다. 머리가 명석하니 학문의 진도가 빠르고 행동이 성인군자 같으니 날로 신임은 커지는 것입니다. 그리하여 관직에 등용되고 수년 후에는 나라의 대재상이 되었다고 합니다. 이 이야기는 중국의 역사에 기록되어 있는 실록(實錄) 얘기입니다.

우리는 이 참회기도에서 업(業)이 멸(滅)하는 이치를 알 수 있습니다. 배정의 전생악업은 현생에 와서는 어려운 환경과 악연(惡緣)과 추악한 관상으로 나타났으니 그것은 바로 전생업(前生業)의 그림자였던 것이며, 10년 이상 열심히 참회기도 하였던 그 선업은 현실로 다가온 선업의 그림자였던 것입니다. 육신은 곧 마음의 그림자, 즉 업(業)의 그림자입니다.

마음먹기에 따라 얼굴표정이 지어지고 조건없이 반성하는 그 심성대로 얼굴세포가 재구성되니 바로 관상이 바뀐 것이며 사주가 바뀐 것이지요. 그리하여 악연으로 다가올 상대적인 잠재의식들도 원수 갚으러 오다가 상대가 너무 어질고 착해 있으니 오히려 은혜를 주고 싶은 것과 같은 이치가 성립된 것입니다. 10년의 참회기도는 배정의 관상과 업장까지도 돌려 놓게 된 것입니다.

그러므로 업(業)이 실체(實體)요, 육신은 업의 그림자라고 하는 것입니다. 이러한 기도로써 얻어지는 환경과 의식의 변화를 부처님의 가피라 표현하기도 합니다. 부처님은 길을 가르쳐 주시는 분이지 복을 주시는 분은 아닙니다. 인간이 자기 몸이라고 생각하는 이 육신은 무상의 철칙에 의하여 지수화풍(地水火風)이라는 사대 성분이 임시 화합(化合)된 가아(假我)

입니다. 그러므로 이 육신은 나(我)가 아닙니다. 가아(假我)인 이 육신을 자기라고 생각하는 그 마음도 진짜 내가 아닙니다. 헛것에 속은 망상일 뿐입니다. 이제 모두 그 무거운 고집(苦集)의 짐을 놓으시고 진아를 찾아 영원한 피안의 세계에 안주토록 합시다.

입승스님의 법문이 끝난 뒤 모두 처소를 찾아들었다. 스님들의 처소가 되는 요사채는 우리 일행이 묵게 되었는데 잠이 올 것 같지가 않았다. 자고 싶지도 않았다. 입승스님의 법문만이 의식 가득히 지워지질 않고 되뇌이고 있었다.
'이제 그만 무거운 고집(苦集)의 짐을 내려 놓으시고 진아(眞我)를 찾아 영원한 피안의 세계에 안주토록 합시다.'
하늘에는 무겁토록 많은 별들이 적막 속에 반짝이고 있었고, 유난히도 큰 보름달은 월명(月明) 도인을 뵙는 것 같았다. 암자 주위를 둘러보았다. 낯설지도 않고 웬지 내 집 같았다. 빨리 출가해야 한다는 충동이 더해왔다. 바위에 앉아보았다. 몇 년 전 다솔사 갈 때에 들은 스님 어머니의 말씀이 떠올랐다.
세속의 삶이란 너무나 소꿉장난 같은 삶일 뿐이다. 태어나서 부모님 슬하에서 자립의 힘을 키우고 결혼하여 자식 낳고 물질의 풍요가 행복인 양 아웅다웅 살다가 백 년도 못 살고, 흙으로 자연으로 돌아가버리는 허망한 인생계, 찰나를 살다 가는 인생인 줄 망각하고 그날 그날 목적의 달성과 이익을 위하여 끄달려 사는 삶, 진정 자식들에게 대물림해야 할 가장 소중한 재산은 진리임을 모른 채 물질적인 풍요를 지상의 행복인 양 여기고 그것만을 대물림하고자 끝없고 부질없는 욕망만을 불태우는 삶, 이러한 중생의 삶은 스스로 자기를 포기하는 결과일 수밖에 없다.

몇 년 전 송광사 구산(九山) 스님은 대중법상(法席)에서 말씀하셨지.
"개는 먹이만 주면 누구에게나 졸졸 따라 다닌다. 이익만 찾아 졸졸 따라다니는 사람은 개와 같은 인생이다."

먹이만 찾아 졸졸 따라다니는 중생들은 그 영혼의 가치가 개와 꼭 같다고, 그래서 같은 윤회의 수레바퀴에 돌아가는 것이라고. 그래서 모든 생명을 통칭하여 중생(衆生)이라 한다고. 언제 떠날 것인가 빨리 떠나야 한다. 그리고 깨달아야 한다. 출가를 상상할 때 뜨거운 눈물이 볼을 적시고 있었다. 어린 자식들 데리고 고생할 아내와 내 몸보다 소중히 여겨왔던 자식들을 떠올리니 더욱 마음이 쓰리려 왔다.

다음날 도량석 치는 소리에 눈을 떴다. 새벽예불을 마치고 먼 산이 희뿌옇게 보이기 시작할 때 스님들은 빗자루 하나씩을 들고 쓸어 낼 것도 없는 법당 마당에 빗자루 자욱만 내고 있었다.

자장암에서 오신 젊은 스님께서 다가와 정상에 올라가서 일출(日出)을 보겠느냐고 하여 정상을 향했다. 월명암은 정상 가까이 자리잡고 있었기에 금세 도착했고 스님은 사방의 지형을 설명해 주었다.

북서쪽을 가리키면서,
"저 산밑이 동아일보 창건주 김성수 옹의 고향입니다. 나중에는 나주 평야쪽으로 이사를 하였답니다. 이주하게 된 데에는 일화가 있습니다. 도깨비들이 김옹댁의 여자 속옷을 훔쳐내어 마을 앞 사람의 손이 미칠 수 없는 높다란 버드나무 꼭대기에 걸어두는 것입니다. 그것도 한 번이 아니고 계속해서 그런 일이 있었기에 이상히 여기고 어느 스님에게 물어보았더니,

'도깨비들이 김옹댁이 이주(移住)하면 큰 부자가 된다고 일러주는 것이니 빨리 이사하는 것이 좋겠다.'고 하더랍니다. 그리하여 김옹댁은 나주

평야쪽으로 이사하게 되었는데 그곳에서 호남갑부가 되었답니다."
　유명하신 분의 얘기라 흥미가 있었다.
　스님은 동쪽을 가리키면서 가장 멀리 보이는 산이 지리산이라 했다. 드디어 지리산의 안개 속에서 보름달 같은 모습으로 태양이 솟아올랐다. 까마득히 산들은 정지된 파도처럼 한 장의 산수화가 되어 펼쳐져 있고, 그 너머에서 태양은 솟고 있었다. 부설 거사님도 월명 도인도 이곳에 머문 수많은 도인들이 보아왔을 그 아름다움에 넋을 잃고 있노라니 금세 해는 높다랗게 눈부셔 오고 있었다.

바른(正見) 구심점부터 가지라

　월명암 스님들이 지어주신 옛날 군부대 밥맛 같은 아침공양을 마치고 모두들 휴식을 취하고 있을 때 나는 암자 옆 채소밭의 옥수수 울타리 너머 오이넝쿨 사이로 산책을 하고 있었다.
　매연도 먼지 한 톨 미칠 수 없는 곳에 무공해 채소들이 싱그럽게 자라고 있었다. 약 일천 사백 년 전 부설 거사님의 가족에서부터 수많은 도인들이 툭 트인 혜안으로 무심(無心)히 가꾸어 오셨던 그 밭이었다.
　오랜 세월 동안 옛 도인들의 허기를 달래주기도 하고 도인의 몸으로 나투기도 했다가 다시 또 비옥한 흙이 되어 후세 많은 도인들의 몸으로 나투기도 할 땅, 부처님의 사리를 친견하듯 조심스럽게 걸었다. 밭둑 한쪽에는 스님들이 밭일을 하면서 캐서 던져놓은 듯한 돌멩이와 옛 도자기 파편들이 흩어져 있었다. 옛 도인들이 아껴 쓰셨던 보물들이었다. 몇 개를 주워 이리저리 맞춰보았더니 용케도 세 조각이 하나의 잔대가 되었다. 이때 아내 장보살이 찾아왔다.
　"처사님(절에 갔을 때는 나를 처사님이라고 부름), 스님께서 법문하십니다. 빨리 갑시다."
라고 했다.
　"이봐요 나는 엄청난 보물을 주웠어. 옛날 부설 거사님께서 사용하셨던 찻잔대."
하며 보여 주었더니
 "그런 것 집에 가지고 가는 게 아닙니더. 버리세요!"
라고 했다. 나는 책상 위에 두고 옛도인의 정취를 느끼고 싶어 도자기 파편을 소중히 싸서 베낭에 넣고는 스님의 방으로 갔다.
 법회장소는 평소 현산 스님께서 거처하시는 작은 방이었다. 스님을 중심으로 일행보살들은 둘러 앉아 있었다. 스님께서 달여주시는 선차를 들면서 참선법을 묻는 말에 답변을 하다 보니 알찬 법회가 되었던 것이다. 현산 스님께서는 우리 일행이 비좁게 둘러앉은 가운데 찻잔을 앞에 두고 설법을 하고 계셨다.
 "모든 교리(敎理)도 참선공부하는 데는 군더더기지만 다만 깨달음에도 공식이 있는 법, 그 공식부터 알아야만이 능률적이고 바르게 깨칠 수가 있는 것입니다.
 수리(數理)를 푸는 데도 수학적(數學的) 공식(公式)이 있고 사업하는 데도 경영학적 공식이 있듯이 뭐든지 공식을 바로 알면 쉽게 풀 수 있는 것입니다. 그렇다면 깨달음을 증득코자 할 때 바른 공식은 무엇이냐?
 밭에 곡식이나 채소를 심을 때도 씨뿌리기 전에 땅부터 비옥하고 부드럽게 해야 싹은 잘 자라고 알찬 수확을 할 수 있듯이, 마음공부 하고자 할 때도 생각과 행동부터 다스려 마음밭을 부드럽고 청정히 가꾸어야 법(法, 眞理) 종자는 잘 자라게 되어 있는 것입니다. 그런 다음 바른 공식을 접해야 그 모든 가르침이 피와 살이 되는 것입니다.
 그 공식이 무엇이냐 하면 바로 팔정도(八正道)라 합니다. 팔만사천의 모든 법문도 이 팔정도를 여러 방편으로 설법해 놓은 것이지요. 물론 깨달음의 지침서는 육바라밀도 있습니다만 팔정도와 육바라밀은 대동소이

(大同小異)한 지침서입니다. 굳이 뭐가 다른가 묻는다면 육바라밀은 온화하고 여유가 있는 것이라한다면 팔정도는 직설적이면서 오직 깨달음을 목적으로 목숨까지 걸고 참구하라는 간절함이 담겨져 있다 하겠습니다.

사물의 이치를 바르게 인식하는 바른 눈(眼目)부터 가지라는 것입니다. 바른 견해가 있어야만 무너지지 않는 믿음이 싹트고, 그러한 믿음 속에서 깨닫고자 하는 마음도 생(生)하는 것입니다.

이 우주의 모든 존재는 그 무엇도 고정된 채 존재할 수 없으며, 찰나도 쉬지 않고 화(化)하여 돌아가는 무상의 동체세계(同體世界)요, 우주는 일화(一花)라는 실상(實相)의 이치부터 바로 알아야 하는 것이지요. 산도 강도 들도 찰나도 쉬지 않고 화하여 돌아가고 있는 무상(無常)한 것입니다. 그 속에 일물(一物)인 인간의 육신도 찰나를 살다가는 무상입니다…. 생각하면 생각할수록 어처구니 없이 허망한 것이지요. 너무나 허망하여 말문이 막혀야 정견입니다.

죽음은 예고없이 슬그머니 다가오기도 하고, 갑자기 다가오기도 합니다. 저승가는 데는 나이 순서도 없습니다. 그저 인연대로 일찍 가기도 하고 늦게 가기도 합니다. 지금 바로 죽는다고 생각해 봅시다. 가물가물 의식을 잃어가면서 무엇을 생각할까요? 대개 죽음을 느끼면서 사후의 일들을 상상하기도 하고 이것 살고 말 것을 평생 그 고생을 하고 살았었냐고 후회하기도 하고, 인생이 허망하다고 탄식하기도 할 것입니다.

그리고 불자들은 생각하기를 가끔씩 보시도 하고 살았으니 내생에는 좋은 곳에 태어날 것을 바라고 원하는 사람도 있을 것이고, 기독교인들은 하나님의 구원을 받고 천국으로 간다고 생각할 것입니다. 그리고 신앙이나 종교를 믿지 않는 현실 최상주의자들은 인간은 누구나 태어나면 죽음은 당연한 것으로 생각하고 도살장에 끌려가는 소나 돼지처럼 숙명론적 체념으로 어쩔 수도 없는 죽음을 맞이하기도 할 것입니다.

우리 가족 중에 한 사람이 사형선고를 받고 교수형을 받을 시간을 기다린다고 생각해 봅시다. 살을 여미듯 가슴아프겠지요. 중생의 윤회고란 교수형보다 몇 천 배로 괴롭고 슬픈 것입니다.

이 정견은 순수한 객관성에서 나오는 것입니다. 씨름이나 야구, 축구 등 여러 운동경기에서 심판을 보는 사람도 삶 속에서 시비(是非)를 가림도 순수한 객관이 없이는 정견이 나오지 못합니다. 인생을 사는 데도 집착의 마음을 객관으로 바꿀 때 행복의 문은 열립니다.

인간은 육신과 영혼의 공동체입니다. 육신만 있고 영혼이 없으면 시체이고 영혼만 있고 육신이 없으면 귀신이 됩니다. 이 육신을 적재적소에 운전하고 다니며 생활을 연출하는 이 마음이 자기의 주인공이요, 생명의 주체성(主體性)입니다.

나의 주체성 이것의 진리를 깨치고자 하는 것이 불교의 목적입니다. 바로 깨치려면 바른 구심점(求心點)이 있어야 합니다. 바른 구심점을 갖는 것이 정견의 핵심이 되는 것입니다. '무엇을 어떻게 깨달을 것인가' 바른 구심점부터 가져야 이 공부는 바로 해 낼 수 있는 것이지요.

불성(佛性)은 허공성으로서 우주 전체에 두루하는 하나의 체(體)이면서 생명체마다에 생각하고 행동하는 것으로 작용(作用)하고 있으니 개별적 생명력으로 쓰인다 하여 용(用)이라 합니다. 하루살이는 하루살이만큼 인간은 인간으로서의 의식작용이 있는 것이지요. 이 의식은 허공성이라 육안으로 볼 수 없으니 의식(意識)으로 의식의 본체를 관(觀)으로 보아야 깨달을 수 있으므로 구심점은 바로 관심(觀心)이 되는 것입니다. 자기가 자기를 보는 것입니다. 부처님도 달마대사도 역대조사(祖師)도 관심(觀心)으로 깨달으셨으며 관심을 가르쳤습니다. 관심외 다른 길은 없습니다. 어떤 화두로 참구하더라도 여기에 귀일(歸一)하여야 하는 것입니다.

'귀일'이란 마음을 관하고자 애쓰는 정진의 마음과 마음의 근본 진리와 계합되는 체험을 말합니다. 부처님의 가르침 중에도 많은 방편이 있고, 불법이 역대조사님들을 거치면서 더욱 많은 방편이 나왔습니다. 개인별 인식능력에 따라 일러주시다 보니 그것이 팔만사천의 경전이요, 그 모두가 하나의 깨달음으로 인도하는 가르침이 되는 것입니다.

부처님께서는 마지막 설법 『열반경(涅槃經)』에서 내전(內典), 외전(外典)이 즉시 불법(卽是佛法)이라 하셨습니다. 내전이란 부처님의 말씀인 것이며 외전이란 불교경전 외의 일체의 가르침을 의미합니다. 동화책도 소설도 기복위주의 다른 신앙교의 경전까지도 깨달음에 도움이 된다는 것입니다. 무엇이든 읽고 바르게 느끼는 바가 있으면 의식의 진화에 도움이 될 수 있기 때문입니다.

예를 들자면 동화책에 보면 늑대 얘기가 나옵니다. 거짓말을 하면 늑대에게 물려죽게 된다는 얘기지요. 쓸데없이 우는 아이에게는 호랑이가 와서 잡아간다고 하는 얘기도 있습니다. 이러한 얘기를 받아들이는 어린이는 그 방편을 진실로 알고 믿으므로 선(善)한 성품을 가꾸게 되는 것이니 구경에는 깨달음에 도움이 되는 것이지요. 그러므로 내전, 외전이 모두 불법(佛法)이라 하신 것입니다. 그러나 성인(成人)이 되어서도 거짓말하면 늑대가 잡아간다는 말을 사실 그대로 믿는다면 바보라 하겠지요. 따라서 깨달음을 공부하는 사람은 방편을 방편인 줄 알아 근본의 목적의식을 잃지 않고 깨달음을 향하여 나아가야 하는 것입니다. 방편을 방편인 줄 모를 때 방편에 얽매이기 쉽습니다.

나옹 스님의 말씀에 '정인(正人)은 삿된 법(邪法)을 들어도 정법(正法)

으로 받아들일 줄 알고, 삿된 이는 정법을 들어도 삿된 법으로 받아들인다'고 했습니다. 진실을 아는 정견을 말씀하신 것입니다. 인격자란 바른 사고력(思考力)을 갖춘 사람을 말합니다. 악(惡)을 보고 선(善)을 알아야 하고, 추함을 보고 청정함을 알아야 하며, 사교(邪敎)를 보고 종교(宗敎)를 알아야 합니다.

누운 풀처럼 낮추고 바른 생각을 가지라〔正思惟〕

여기에서 말하는 '정사유'란 인생에 있어서 윤리 도덕적인 개념만을 말하는 것은 아닙니다. 깨달음을 궁구하는 사람의 바른 사관(思觀)과 공부인의 바른 관념까지를 의미합니다.

말(言語)이란 서로 의사를 주고 받는 것이기에, 좋은 말에는 좋은 일이 돌아오게 되고 나쁜 말에는 나쁜 일이 돌아오게 됩니다. 때문에 좋은 말은 공부에도 도움이 될 수 있겠으나 나쁜 말은 상심(傷心)의 인(因)이 되고, 번뇌망상을 일으키는 원인이 되기도 합니다. 때문에 말이나 행동하기 전에 바른 생각부터 가지라는 것입니다. 다시 말해서 자기 중심적 사고(思考)아닌 평등하고 자비스런 사고방식을 습관화하자는 것입니다.

매사를 객관적으로 볼 줄 아는 사람은 사리를 바르게 판단하는 지혜가 있습니다. 상대방의 입장이 되어 바꿔 생각해 볼 줄 알아야만 합니다. 바꿔 생각해 본다는 것, 이것은 깨달음의 훈련이기도 합니다. 공부인은 상대방의 입장이 되어 보는 자비심이 습관화되어야 하고, 그러한 삶 속에서 참구하여 나아가 부처님의 마음이 되어 볼 때 그것이 깨달음입니다.

이 생각이 일어나면 이 세계가 벌어지고 저 생각이 일어나면 저 세계가 벌어집니다. 한 번 잘못된 인식(認識)을 갖게 되면 잘못된 정신 세계가 한없이 벌어지게 되어 있는 것입니다.

공부인의 구심점이 바르지 못할 때 잘못된 상상의 세계가 나래를 펴고 가지가지 환상의 그림을 보는 경우가 허다히 있는 것입니다. 어떤 이는 관세음보살님을 친견하였다 하고, 어떤 이는 구천을 떠도는 귀신들과 놀아나기도 하고, 어떤이는 아무 느낌도, 생각도 없는 멍청한 무기(無記)에 빠져 그 고요함을 깨달음으로 착각하기도 합니다.

조사(祖師)님의 말씀에 '참선중에 부처가 나타나면 부처를 죽이고, 부모가 나타나면 부모를 죽이고, 친권속이 나타나면 친권속을 죽이라'고 하였습니다. 이 말씀은 참선중에 어떤 형상이 떠오르면 참구하는 바 화두 또는 관심(觀心)에 더욱 열중해서 상상을 물리치라는 것입니다. 그 떠오르는 현상에 끄달리거나 현혹되었다가는 깨달음은 커녕 정신병자가 될 수도 있는 것입니다. 때문에 바른 관념은 매우 중요한 것입니다.

바른 관념이 무엇인지 몇가지 예를 들어 봅시다. 기독교를 믿고 하나님을 신봉(信奉)하는 사람들은 '하나님이 우주와 인간을 창조하였고 구세주이시다'라는 강한 믿음을 갖고 있으며, 사후에는 하늘나라로 구원받는다는 논리를 절대적으로 믿게 됩니다. 이러한 인식에 사로잡힌 사람이 열심히 기도하게 될 때 무아지경에 이르러서는 그 상념(想念)만이 남게 되고, 그 상념은 상념하는 바의 가지가지 상념의 세계를 그려냅니다. 마치 잠재의식이 꿈 속에서 환상의 세계를 그려내듯이 하나님으로부터 어떤 계시를 받았다거나 하나님과 대화를 했다거나 등등 여러가지 상상을 체험하는 경우가 허다히 있습니다.

이러한 경험을 하는 사람들은 대부분이 그 상념에 현혹되어 그 잘못된 인식이 그려낸 상상의 세계를 진실인 양 믿게 되고, 믿게 될 때 잘못된 인식의 세계는 한없이 벌어지게 되어 있습니다. 그 대표적인 예가 몇 년 전에 있었던 휴거 사건입니다. 휴거를 발상한 그 교 집단의 대표자는 기도 중에 이 지구의 종말이라는 날짜를 계시받았던 것입니다. 그리고 많은 무지한 사람들을 현혹, 휴거설을 믿게 하여 자기 집단에 들어오게 하였으며, 많은 신도들이 휴거설에 매료되었습니다.

직장인이 직장을 버리고 학생은 학교를 버리고 교회로 가출하였으며, 어떤 임산부는 휴거 때 하늘 나라로 가려면 몸이 가벼워야 한다고 유산을 시켰으며, 그리고 어떤 이는 미리 자살까지 하는 등 많은 가족들이 엄청난 피해를 보고 절망하기도 했습니다.

S개신교단의 유명한 J목사님의 경험을 예로 들어봅시다. 몇 년 전 MBC TV 일요일 아침시간을 수억 원에 사서 J목사가 설교를 했던 일이 있었습니다. 어느 날 우연하게도 어느 사찰에 다니러 갔다가 그 목사의 TV 설교를 시청하게 되었는데, 그 날 그 목사 말씀이 '여러분 하나님은 있습니다. 열심히 기도하여 보십시오. 여러분도 하나님의 나라를 체험할 수 있습니다. 한 시간 두 시간 기도하여도 안 됩니다. 다섯 시간 이상 열심히 기도하여 보십시오. 여러분도 하나님의 나라를 체험하고 하나님의 나라에 헤엄칠 수 있습니다.'

이렇게 설교하고 있었어요. 이러한 경우도 휴거를 주장하는 사람과 꼭 같은 경우인 것입니다. 다만 생각하고 인식했던 바가 달랐기에 각자 다른 상상의 세계를 본 것이지요. J목사 역시 하나님이 이 우주를 창조하신 주님이시며 믿고 따르는 자 구원받을 수 있다는 성경책 그대로의 의미를 절대로 믿었던 것입니다. 그리고 '하늘나라(天國)에는 구세주 하나님이 계신다'는 절대적인 믿음을 갖고 있었던 것입니다.

그리하여 열심히 기도할 때 하나님의 세계를 생각하는 일념(一念)의 힘으로 무아지경에 이를 수 있었고, 그 무아지경에서 마치 꿈 속에서 하늘을 날 듯 그러한 느낌을 하나님의 나라라고 생각했던 것이지요. J목사는 있지도 있을 수도 없는 하나님과 천국이 있다고 강하게 믿고 있었기에 무아상태의 상상적 느낌을 '하나님의 세계가 바로 여기로구나' 또는 '이런 것이로구나' 하고 착각하게 된 것입니다.

그리고 내가 잘 아는 천주교인 한 사람은 기도 중에 성모 마리아를 친견한 예도 있었어요. 자기 집에서 열심히 기도하고 있는데 성모 마리아님이 둥둥 떠서 자기 주위에서 온화한 미소를 지으며 돌더랍니다. 이러한 경험은 불교인들에게도 더러 있습니다. 어떤 사람은 관세음보살의 명호를 부르며 열심히 정근기도를 했는데 관세음보살님이 온화한 미소를 띠며 나타났더랍니다. 관세음보살을 친견하였다고 자랑하는 경우가 허다히 있습니다. 그 외에도 사경을 헤매다 살아난 사람들이 무의식 상태의 체험을 흔히들 얘기합니다. 어떤 불자는 사경에서 깨어나 '염라대왕도 만났고 업경대(業鏡臺)도 보았다.' 라고 했습니다. 그리고 의미도 모르는 경전이나 주문을 열심히 외우다가도 그러한 환상을 보는 경우는 승속(僧俗)간에 허다히 있습니다. 그런 사람들 대부분이 자기 스스로 그려본 허상을 허상인 줄 모르고 자기는 어떤 부처님이나 나반 존자를 친견하였다고 자랑합니다.

이러한 사견(邪見)으로 본 허상에 빠질 때 불교인의 경우에는 마치 자기가 부처님이나 관세음보살의 화현(化現)인 것으로 착각하는 경우도 있고, 기독교인일 경우에는 마치 자기가 예수의 재림으로 착각하고 새 종교를 만들어 스스로 교주가 되는 경우도 허다히 있는 것입니다. 이러한 현상을 보고 그것을 진실인 것으로 믿는 경우는 어떤 대상을 신격(神格)으로 믿는 사람에게만 나타나게 됩니다. 믿지 않는 사람에게는 그러한 잠재의식이 없기에 나타날 수가 없는 것이지요. 이 모두가 자기의 상념에 도취되어 그 상념이 그려낸 꿈과 같은 것입니다. 꿈이란 각자의 과거와 현재의 생각과 행동이 입력된 잠재의식이 바탕이 되어 그 잠재의식이 스스로 가지가지의 상상의 세계를 그린 것입니다.

　관세음보살이나 성모 마리아나 하나님은 기도하는 사람이 한 생각에 의지하고 잡념을 잃어버리는 데 필요했던 방편입니다. 한 생각에 의지하지 않고는 잡다한 생각을 놓을 수가 없지요. 이러한 경우들이 모두가 허구인 것이며 번뇌망상과 놀아난 경험들인데도 그러한 사람들은 분명히 보았으니까 진실이라 믿기 마련이지요. 참선하는 사람들도 목적의식을 잃고 무아지경이 되어 헛것을 보는 경우가 허다히 있습니다. J목사의 경우도 선(禪)의 구심점을 모르거나 잃은 사람이 느끼게 되는 무아상태와 같은 것입니다.

　이와 같이 잘못된 인식은 잘못된 쪽으로 잘못된 정신세계가 한없이 벌어지게 되어 있는 것입니다. 그러므로 참구인은 정사유로써 무상의 현실을 바로 인식하고 바른 구심점을 갖고 항상 그것을 잃지 않아야 합니다.

　'정사유'의 목적은 사무치게 분심을 내어 꼭 깨치겠다는 서원을 잃지 않고자 하는 데 있는 것입니다.

해야 할 말만 하라(正語)

이 공부인은 진실한 말만 해야 한다는 것이지요. 진실한 말이란 바른 말만을 의미하는 것만은 아닙니다. 바른 말만을 하게 될 때 상대에게 마음의 상처도 줄 수 있고, 그로 인하여 쌍방이 괴로움을 당할 수도 있는 것이 현실입니다. 언어란 상대방과 의사를 주고 받는 것이기 때문에 자기가 표현하는 언어에 의하여 상대방의 생각과 행동을 유발시키는 원인이 됩니다. 속가인(俗家人)도 진실한 언행을 실천할 수 있어야 사회적인 신용과 인품을 인정받을 수 있고, 그 반대로 언행이 진실하지 못할 때 그에 따르는 정신적인 고통과 물리적인 고통이 따르기 마련입니다.

더욱이 진리를 참구하는 공부인은 정신적인 안정이 우선되어야만이 이 공부를 순일하게 해낼 수 있기 때문에 공부인의 정어는 더욱 중요한 것이니 말부터 조심하라는 것입니다. 마음의 평정(平靜)을 유지하기 위해서도 구업청정(口業淸淨)은 필수이기에 당연히 지켜야 할 계율이 됩니다.

십계율(十戒律)에 의하면, 몸으로 짓는 신업(身業)에 관한 계율이 셋이고, 생각으로 짓는 의업(意業)이 셋이며, 말로써 짓는 구업(口業)은 넷으로 되어 있습니다. 구업을 가장 크게 다루고 있지요.

우리가 일상생활에서도 알 수 있듯이 가장 평상적인 삶이 언어로부터 시작되고 있습니다. 언어에 의하여 물질적으로나 정신적으로 얻기도 하고 잃기도 하며 생활하게 됩니다. 그러므로 언어는 고(苦)와 락(樂)을 선택하는데 있어서 가장 큰 비중을 차지하게 되는 업인(業因)이 되는 것입니다. 『십지경(十地經)』에 의하면 진실어(眞實語)를 셋으로 논하고 있습니다.

① 첫 번째 실어(實語)는 바른 생각으로 바른 말만 전달하는 심언일치(心言一致)를 의미합니다. 사리를 바르게 판단하고 바르게 말하라는 것이죠.

② 두 번째는 제어(諦語)라고 하였는데 제어란 틀림없고 절제된 진실만을 말하라는 것이며,

③ 세 번째를 시어(詩語)라고 하였는데 시어란 대상과 때와 장소에 따라 상대방을 편안하고 이익되게 하자는 것입니다.

진실하면서도 적절한 언행을 의미하는 것이지요. 진실어의 의미가 남을 이익되고 행복하게 하여 주는 데 목적이 있는 것이므로, 때와 장소에 따라 때로는 어머니처럼 따뜻하게 베풀기도 하고 때로는 맹호처럼 무섭게 보이기도 하며, 공부인에게는 상대방이 이해할 수 있도록 여러가지 방편의 말로써 바른 공부를 할 수 있도록 이끌어 주어야 한다는 의미가 담겨져 있는 것입니다. 주관·객관이 일치되는 언어만으로는 모든 사람이 이해하고 만족하지 못하므로, 때와 장소와 상대의 인식 정도에 따라 이해 가능토록 적당하게 일러주는 융통성을 갖자는 것입니다.

어머니가 아이를 달랠 때도 쓸데없이 울면 호랑이가 잡아간다고 하는 것은 거짓된 얘기이긴 하나, 아이는 사실적으로 받아들이게 되므로 아이의 트집을 고쳐주고 울음을 달래기 위한 하나의 방편이 됩니다. 유치원 어린이에게 거짓말하면 늑대가 와서 잡아간다 하는 것도 어린이의 심성을 아름답게 가꾸기 위한 방편입니다.

부처님께서도 이와같은 방편의 말씀으로 많은 중생을 제도하셨습니다. 불교를 포교하는 데 있어서는 없어서 안 되는 것이 시어이며, 특히 깨달

음을 참구하는 선(禪) 공부인에게는 시어 없이는 불가능하다 하겠습니다. 그래서 일천칠백 가지의 공안(公安) 화두가 생긴 것입니다.

구도(救道)정신 하나로 살아라 [正業]

　진실하게 살면서 항상 구도심(求道心)을 잃지 않는 삶이 되어야 되겠습니다. 일반 사회 생활은 환경과 인연을 위주(爲主)로 하는 삶이기에 물질적인 소유와 정신적 행복을 추구하게 됩니다. 그러므로 개인 또는 단체적 이기심은 필연적으로 따르게 되어 있습니다. 다만 인간사회가 보편 타당하다고 인정하는 인간적이고 윤리 도덕적인 기준이 있을 뿐이죠. 그러나 도를 구하는 구도자의 삶은 추구하는 바가 오직 깨달음이기에 깨달음에 이르기 위해서는 티없이 맑고 청정히 살아야 한다는 것입니다. 때문에 항상 하심하고 매사에 끄달리지 말고 평상심으로 살면서 참구하는 삶이 구도자의 정업이 되겠습니다. 언제 어디서든 그 역할만큼 항상 주위를 위하고 보살피는 생활을 습관화하자는 것입니다.
　출가스님이거나 속가인이거나 할 것 없이 주위를 위하고 보살피는 삶을 실천할 때 지혜가 생(生)하는 것이며, 이러한 정신으로 수행할 때 나아가서는 집착(執着)과 갈애(渴愛)가 원인이 되어 쌓였던 불선업은 자취를 감추게 되는 것입니다. 원인에 의한 결과 그 응보(應報)는 어차피 피할 수도 없는 자작(自作)인 것입니다. 때문에 불선업이라는 것은 생각에서부터 일어나지 않아야 하는 것이기에 계(戒)를 지키고 보살행을 실천하여 잠재의식부터 정화해 나아가야만이 공부에 장애가 되는 망상을 이길 수 있는 힘이 생기는 것이지요.

　학생들이 하는 공부도 마찬가지입니다. 우등생이거나 문제 학생이거나 모두가 공부를 잘 했으면 좋겠다는 마음은 있습니다. 그런데 공부 잘 하는 학생은 강의시간에 잡생각 없이 선생님의 가르침에 열중할 수 있으며, 열중할 수 있으므로 기억이 잘 됩니다. 빈그릇에 물을 담을 수 있듯이 망상이 없는 마음에는 지식을 담을 수 있는 이치입니다. 그런데 성적이 좋지 않은 학생은 공부시간만 되면 자기도 모르게 마음은 다른 곳에 가버립니다. 때문에 선생님은 강의하고 있어도 가르침은 귀에 들어오지 않게 되지요. 공부 잘 하고 못 하고는 열중이 잘 되느냐 안 되느냐의 차이일 뿐입니다. 학생이거나 진리를 참구하는 공부인이거나 이 시간 이전에(또는 과거생에) 어떤 일에 얼마만큼 집착하고 살아왔느냐에 따라 그 잠재의식은 망상으로 작용하게 되어 있는 것입니다. 그러므로 공부인은 바르게 살면서 바르게 참구하는 법부터 익혀야 하는 것입니다.

자기를 버려라 [正命]

　직설적인 의미는 바르게 사는 것이 되겠으나 공부인에게 요구하는 정명이란 자기를 버린 삶을 의미합니다. 자기를 버린 삶이란 삶의 포기나 허무주의를 말하는 것은 아닙니다. 행동은 보살이요, 마음은 풀처럼 누운 낮춤이요, 그리고 인간의 일생을 가장 가치있게 인식하고 불퇴전의 각오로 목숨걸고 깨닫고자 함이 정명(正命)입니다.
　인간으로 태어난 현생을 가장 소중하게 생각하고 깨달음만을 지상과제로 삼는 것이 참 불자입니다. 먼저 현실의 자기를 버릴 수 있어야 하는 것입니다. 언제 어떠한 환경조건에서도 이기적인 욕구에 끄달리지 않고 오직 부처님의 마음이 되어보기 위하여 전념하는 삶에는 '나는 나인대' 라고 하는 상(相)은 있을 수가 없습니다.
　자기를 버렸을 때 순수하고도 진실한 행동이 연출될 수 있습니다. 따라서 선업(善業)만이 성숙될 수 있는 것입니다. 하심하지 못하고 자기지식에 도취되어 더 이상 진보하지 못하는 경우가 허다히 있습니다. 하심과 객관성을 유지하고 평등자비심으로 살 수 있는 힘은 이러한 정명(正命)에서 생(生)할 수 있고 그러한 인식과 생활에서 도를 얻는 힘이 생(生)할 수 있는 것입니다.
　그러므로 앞에서 말씀드린 사성제(四聖諦) 고(苦), 집(集), 멸(滅), 도

(道)의 도리를 사무쳐 인식하고 실천하는 것이 도제(道諦)의 정명인 것입니다. 신구의(身口意) 즉 말로써 짓고 몸으로 짓고 생각으로 짓게 되는 세 가지 업(三業)을 엄히 다스려 정업(正業)을 실천한다는 것은 정명(正命)의 원인(因)을 심는 것이며, 안정된 정진의 힘으로 나아가서 얻게 되는 정명의 보(報)는 부처님의 마음이 되는 깨달음이 되는 것입니다. 이 깨달음이 바로 생명의 진리 그 자체가 되어보는 체험이며 윤회로 끌려 가지 않을 수 있는 유일한 길이며 자기구원의 길입니다. 여기에 이르기 위해서는 이제 정진하는 것 오직 한 길뿐입니다.

오늘 해치울 듯이 용맹스럽게 정진하라〔正精進〕

　깨달음의 마지막 관문은 선(禪)이요, 바른 구심점을 갖고 참선정진하는 것이 정정진입니다. 참선하는 데는 모든 알음알이도 장애일 뿐 오직 생명의 진리요, 자기의 본래면목(本來面目)인 근본의 마음자리를 철견(徹見)키 위한 일념으로 정진해야 한다는 것입니다. 찰나에 지나쳐 버리는 인생살이를 붙들고 아무리 아옹다옹해 봤자 어느 새 육신은 북망산 무덤이 되고 맙니다. 끄달리면 끄달릴수록 고집〔苦家〕만 커질 뿐입니다. 누가 내 대신 죽어줄 수도 없듯이 그 누구도 나를 구원해 주지는 못합니다. 깨쳐야만이 생사에 끌려다니지 않을 수 있는 대자유가 얻어지기 때문입니다. 그래서 깨쳐야 합니다. 불교의 목적은 깨달음이고 깨치기 위해서는 오직 외길 참선, 정진뿐입니다. 생명의 진리 그 자체가 되어보는 체험을 통하여 확연히 깨치고자 함이 참선의 목적이요, 불교의 종지(宗旨)입니다.

　그런데 이 참선공부가 현대에 와서는 잘못 가르치는 곳도 많아졌고, 따라서 잘못 알고 있는 분이 많은 것 같아요. 제법 유식한 사람도 와서 질문하는 것을 보면 참선 아닌 것을 참선으로 알고 있는 사람이 많아요. 바른 목적의식과 참구 방법을 바로 알아야 좋은 결과를 얻을 수 있는 것입니다.

　석가모니 부처님 이래 제 28대 법제자(法弟子)인 달마 대사로부터 동양의 선맥은 뿌리를 내렸고, 달마 대사로부터 6대가 되는 육조(六祖) 혜능 대사에 이르러 그 선풍(禪風)은 크게 펼쳐져 많은 역대조사를 탄생시켰습니다. 임제종(臨濟宗), 위앙종(潙仰宗), 조동종(曹洞宗), 운문종(雲門宗), 법안종(法眼宗), 법안대익(法眼大益) 선사에 이르기까지를 선가오종(禪家五宗)이라고 합니다.

이 선가오종은 달마 대사로부터 이어받은 같은 종지(宗旨)의 선맥입니다. 선가오종 중에 우리 나라의 선사상(禪思想)에 가장 크게 영향을 미쳤던 종맥은 임제종과 조동종이라고 합니다. 임제종은 임제 선사의 법맥을 이어왔음이며 조동종은 조계산(曹溪山)에서 법을 전하고 육세손(六世孫) 양개(良价)가 동산(洞山)에서 크게 법을 펼쳤다 하여 조동종이라 합니다.

한국불교는 임제종의 선맥을 이어받아 오늘에 이르고 있습니다. 임제종의 선법(禪法)은 가부좌 자세로 앉아 화두(話頭)에만 전념케 합니다. 조동종에서는 좌선할 때 단전호흡을 기본으로 가르쳤다고 합니다. 결가부좌(結跏趺坐)하고 허리를 곧게 세우고 단전호흡이 원활히 되게 하여 신체적 건강을 오래 유지하면서 진리를 깨치고자 하는 것입니다. 그런데 단전호흡 자체를 선(禪)으로 알고 가르치는 곳이 많으니 속지 말아야 할 것입니다.

선의 목적은 생명의 진리를 깨닫고자 하는 것이요, 생명의 근원은 마음이니 이 마음의 본바탕을 깨달아야 하는 것입니다. 어떤 화두로써 참구하였거나 귀일점(歸一占)은 생명의 진리 당체(當體)가 되어보아 그 진리를 아는 것으로 만법귀일(萬法歸一)해야 함을 거듭 명심해야 합니다.

우리 인간은 찰나도 쉬지 않고 뭔가를 생각하며 살아가고 있습니다. 그런데 이 일을 하고자 할 때 이 생각만 하면 될 것인데, 이 일 하려는데 저 생각이 일어납니다. 참선을 하고자 하는데 자꾸만 지난 일들이 떠오르기도 하고 다가올 일들을 상상하기도 하고 미운 얼굴, 좋은 얼굴이 한없이 떠오르기도 합니다. 너무 오랜 세월 동안 생사윤회하면서 보고 듣고 생각하고 행동하였던 그 습기에 의하여 찰나도 쉬지 않고 상상은 나래를 펴는 것입니다. 상상으로 일어나는 생각들이 번뇌망상이요, 그 번뇌망상이 진리를 보고자 하는 그 눈을 가로막고 있는 것입니다.

모두들 느껴 보셨겠지만 초심자의 참선은 번뇌망상과의 전쟁입니다. 자 어떻게 하면 이 번뇌망상을 이길 수 있을까요? 그것은 화두에 사무치게 열중하는 길뿐입니다. '화두'란 글자 그대로 해석하면 말(言語)의 머리(頭)라는 뜻이 되는데 말의 머리란 말이 나오기 전 어디에서 나오느냐 하는 것을 알라는 것이지요. 물론 말은 마음이 하는 것입니다. 관심(觀心)과 직결되는 것이지요. 이 화두에 열중하는 힘으로 고집의 업 보따리인 번뇌망상을 여의고, 화두 그 자체가 되어보는 체험을 통하여 깨달음을 증득하고자 하는 것입니다. 체험이란 생명의 진리, 그 진리당체(眞理當體)가 되어보는 경지를 의미합니다.

깨달음이란 알았다는 뜻입니다. 알았다는 뜻이되 이해하여 알았다는 것이 아니고 체험적으로 깨달음을 의미합니다. 자기 자신에게 이미 구족(具足)되어 있는 자기의 주인공 자리 그것의 진실을 알자는 것입니다. 부처님 당시에는 화두라는 말은 없었으며 달마 조사 당시에도 화두(話頭)는 없었습니다. 부처님께서는 관심(觀心)으로 깨달으셨으며 달마 대사도 관심으로 깨달음을 증득하셨습니다. 그리하여 부처님은 '마음이 부처'라 하셨고, 자기 마음을 자기가 보아 깨달음을 스스로 증득하도록 가르쳤습니다. 그래서 달마 대사도 오직 관심(觀心)을 가르쳤습니다.

『달마관심론(達磨觀心論)』에 의하면 달마 대사께서 혜가 스님의 물음에 답하시기를 '마음을 관(觀)하는 이 법이 일체를 다스리니 가장 간단하고 중요한 법이니라. 마음은 모든 것의 근본이므로 모든 것이 마음에서 생기나니 마음을 알면 만 가지 수행이 다 갖추어 지느니라. 비유하건대 큰 나무의 가지와 꽃과 열매 등이 모두가 뿌리로 인하여 있는 것이니라.' 라고 하셨습니다.

　달마 대사는 고대 인도 향지왕의 셋째 아드님이셨습니다. 부왕이 가신 후 대사님의 맏형이 왕위를 이어가다 돌아가시자 맏형의 아들 이견왕이 왕위를 계승하고 있을 때였답니다. 대사님의 조카가 되는 이견왕(異見王)이 사도(邪道)에 빠져 불교를 크게 비방하였답니다. 대사님은 크게 염려하시고 제자 '바라제' 존자를 보내 이견왕을 제도하도록 하였습니다. 이견왕은 삼촌 달마 대사가 보낸 바라제 존자를 접하고는 질문했습니다.

　"무엇이 부처입니까?"

　존자가 대답하기를,

　"견성(見性)한 그 마음이 부처입니다."

　이견왕이 다시 묻기를,

　"스님께서는 스님의 마음을 보았습니까?"

라고 묻자 존자가 대답하기를,

　"네, 나는 보았습니다."

　"그 성품이 어디에 있습니까?"

　"네 성품은 작용하는 데 있습니다."

　"그 성품이 어떻게 작용하기에 나는 보지 못합니까?"

　"지금 질문하는 것으로 작용하고 있지만, 왕 스스로가 보지 못할 뿐입니다."

　그래도 이해하지 못한 이견왕은 다시 질문했습니다.

　"저한테도 그것이 있습니까?"

바라제 존자는 더욱 구체적으로 설명했습니다.

"왕께서 지금 저에게 질문하는 그 마음이 불성(佛性)의 작용(用)입니다. 작용하는 그 마음을 보지 못하면 그 작용(用)의 본체(體)도 보지 못합니다." 라고 하자 이견왕은 다시 또 질문했습니다.

"그것이 작용할 때는 몇 군데나 나타납니까?"

하고 좀더 구체적으로 설명해 줄 것을 간청했습니다. 존자는 더욱 상세히 설법하기 시작했습니다.

"그 작용은 여덟 가지가 있습니다. 태 속에 있을 때는 태아라고 하고, 세상에 태어났을 때는 사람의 몸(身)이라 하고, 눈으로 볼 때는 보아서 아는 것으로, 귀로 소리를 들을 때는 들어서 아는 것으로, 코로는 냄새를 아는 것으로, 혀로는 말하는 것으로, 손으로는 물건을 잡는 것으로, 발로는 다니는 것으로 작용합니다. 이 불성(佛性)은 평소 의식(意識)이라는 것으로 작용하나 이것의 근본은 진공(眞空)하여 우주 전체에 하나로 통하여 있으니 크게는 우주 전체에 두루하고 적게는 티끌 속에도 차지합니다. 아는 이는 이것을 불성이라 하고 모르는 이는 정신이다, 혼이다라고 부르기도 합니다."

존자께서 이렇게 설명하자 이견왕은 즉시에 깨달았다고 합니다.

여기에서 불성의 작용처를 크게 나누어 여덟 군데라고 설명하고 있으나 상세하게 따져 보자면 수백만 작용처도 넘는다고 할 수 있습니다. 털 끝 한 개마다에도 땀 구멍 하나에도 작용은 일어나고 있기 때문입니다. 털 끝에 파리 한 마리가 날아와 앉아도 느껴 알 수 있듯이 무수히도 많은 처처에 보아서 아는 것으로 작용하고 있는 것입니다. 이와 같이 달마 대사께서는 그토록 상세하게 관심의 이치를 가르쳤던 것입니다.

화두의 의미란 바로 관심(觀心)이 되는 것입니다. 이러한 의미로 볼 때 부처님 당시나 달마 대사께서 가르치셨던 관심(觀心)도 일종의 화두라고 할 수 있는 것입니다.

화두가 생기게 된 까닭은 제자들이 단박에 자기마음을 관(觀)하도록 할 수 없었기에 개인별 근기(根機)에 따라 참구방법을 일러 주어야 했습니다. 그것이 일천칠백 여 종류가 되는 공안화두(公案話頭)가 된 것입니다. 그리하여 역대 수많은 선지식께서 이 공안화두로 깨치셨습니다.

그러나 특히 재가신도들은 분별없이 받은 그 공안화두로는 참구하기도 어렵고 깨치기는 더욱 어렵다고 여기게 됩니다. 그 이유는 공안화두는 대개 사물을 비유하였고, 사물은 모양이 있고 의미가 따르기에 그 화두의 의미가 망상을 불러 일으키는 소지를 갖고 있기 때문입니다.

경허 스님의 말씀에 '자기에게 맞는 화두는 자기가 선택하여 참구하라'는 말씀이 있습니다. 만인의 업식이 다르므로 생김새와 생각과 인식의 능력이 다릅니다. 같은 가르침을 받아도 받아들이는 견해가 조금씩 다릅니다.

그러므로 사람마다 자기 적성에 맞고 의심이 잘 되는 관법(觀法)이 있는 것입니다. 때문에 직관법(直觀法)이 되는 관심을 화두로 하든지 많은 공안 화두 중에서 집중이 잘 되는 화두를 자기가 선택하여 참구하라는 것입니다. 목적지는 하나라도 가는 길은 여러 갈래가 있습니다. 같은 길을 가도 가는 사람의 생각과 관념도 다릅니다. 그러므로 진리를 보지 못하게 하는 경계도 다르기 마련입니다.

그러나 서울가는 사람은 목적지를 잃어서는 안 됩니다. 산이나 강이 나타나도, 산적이 나타나도, 목적지가 서울임을 잃지 말아야 마침내 목적지에 도달할 수 있습니다. 도를 구하는 공부인의 목적은 생명의 진리를 깨침에 있어야 합니다. 누가 일러 주는 이 없어도 진실한 방편에 의지하고, 계(戒)를 지키고, 마음을 청정히 닦으며 삼학(三學)에 의지하여 정진하는 정도(正道)를 가야 하는 것입니다.

 진아(眞我)가 무엇인지 알면 성불(成佛)입니다. 바른 길을 두고 십만 팔천 리나 둘러갈 이유가 없습니다. 이 몸의 주체는 마음입니다. 이 마음이라는 것은 형체가 있을 수 없으니 주(住)하는 곳도 없습니다. 그리고 형체가 없으면서도 있으니 진공묘유(眞空妙有)라 하였으며 나(我)라는 의식으로 작용하니 묘용(妙用)이라 하였습니다. 이 작용[用]은 본래가 진공하니 모든 너와 내가 따로 있을 수 없고 비었으니 두루 통하여 하나의 체(體)입니다. 그러므로 작용[用]의 근본을 알면 전체적 체를 알게 되는 것입니다. 그러므로 나(我)라는 의식으로 작용하고 있는 이 용(用)을 붙들고 진리당체를 체험시켜 줄 때까지 끝까지 전념해서 물고 늘어져야 하는 것입니다.

 자기가 자기를 본다는 것, 마음으로 마음을 본다는 것은 세상에서 가장 어려울 수도 있고 가장 쉬울 수도 있습니다. 사무치게 전념하는 이에게는 쉬울 것이고 장난삼아 여가 봐가면서 취미생활 정도로 생각한다면 십만 팔천 리보다도 더 멀어질 것입니다.

 죽는 사람마다 49재를 올려 극락왕생을 기원하기도 합니다. '재' 라는 의식은 재를 지내주는 산 사람의 공부일 뿐이지 49재 잘 지내준다고 그 영혼이 극락왕생하겠습니까? 이것 또한 큰 병폐입니다. 재 잘 지내 준다고 극락왕생한다면 아무렇게나 살다가 죽고 난 뒤 큰스님 모셔다가 재 잘 지내주면 되겠지만 그게 그런 게 아닙니다.

 불교는 평등입니다. 부처님도 분명히 말씀하셨지요. 당신께서도 '중생의 업은 대신할 수 없다.' 고 하셨습니다. 이 말씀은 바로 업(業)은 지은 대로 스스로 갈 뿐이지 당신께서도 어쩔 수 없다고 하신 것입니다. 때문에 인간일 때 이 찬스를 놓치지 말고 스스로 깨쳐야 한다는 것입니다. 다만 수억만 겁 지나도록 쌓인 업식(業識) 때문에 쉬울 수는 없겠지요. 어렵기 때문에 정진하자는 것입니다. 젖은 장작나무가 쉽게 불타지 않듯이 업식이 배인 중생의 마음은 바로 깨치기는 어려운 것이지요. 젖은 장작을 불에 넣으면 젖은 습기를 점차적으로 연기로 날려보낸 다음 타게 되지요. 우리 중생의 깨침도 젖은 나무를 태우는 것과 같은 이치지요. 깨달음의 불길 위에 몸을 던졌어도 젖은 나무가 습기를 연기로 날려보내듯 마음속의 무명을 날려 보낸 다음 그때야 비로소 내 몸은 황금빛 불꽃이 되어 밝음을 내뿜게 되지요. 젖었던 나무가 불꽃을 내며 타듯이 나를 버린 참구심으로 끝없이 노력할 때 수억만 겁토록 훈습(薰習)된 어리석은 업식(業識)은 젖은 나무의 연기처럼 날려보내고 비로소 깨치게 되는 것입니다. 승속(僧俗)간에 하다가 아니되면 '아이고 나는 업이 두터워서 도저히 안 된다'고 생각하고 포기하는 사람이 많지요. 성취가 있기 전에 포기하는 것은 인간임을 스스로 포기하는 거와 같습니다. 인간의 능력은 마음먹기에 달려있어요.

스님들 중에는 '이생(現生)에는 포교활동이나 하고, 내생에는 깨달아야겠다'고 말하는 사람이 흔히 있어요. 대단히 잘못된 사고 방식입니다. 그런 분은 부처님의 근본가르침을 이해 못한 사람들입니다.

천수경에도 '사람의 몸받아 태어나기 백천만 겁 지나도록 그렇게도 어렵다'고 했는데 날마다 천수경을 노래하는 사람들이 인생을 예사로 생각하고 안일하게 방심하여 살고 있는 것입니다. 불교를 바르게 이해한다면 그런 말이 나올 수가 없어요. '이 생은 적당히 살고 내생에 가서 열심히 참구하겠다!' 누구 마음대로! 방심하여 살면서 내세를 기대한다는 것은 인과(因果)의 철리(哲理)를 모르고 하는 말입니다. 사소한 방심은 무명(無明)만 자라게 할 뿐이며, 작은 혹(惑)에 끄달릴 때 후회하게 되는 업(業)이 자랍니다. 때문에 사람으로 태어난 현생을 지극히 얻기 어려운 기회로 삼고 이 육신을 신성한 법당으로 삼아 생명이 다하기 전에 꼭 깨달아야 하는 것입니다. 방심하여 살면서 내생을 기대한다는 것은 대단히 잘못된 생각입니다.

부처님 시대에 살인 행위로 파계(破戒)한 두 비구가 있었습니다. 두 비구는 살인행위를 크게 뉘우치고 우바리 존자를 찾아갔습니다.

"우바리 존자님 저희는 살생을 하여 파계하였으니 어떻게 하면 좋겠습니까? 저희들도 참회하면 성불할 수 있겠습니까?"
하고 울면서 여쭈었답니다.

"살인자가 어떻게 성불할 수 있단 말인가?"

우바리 존자는 단호히 성불할 수 없다고 했습니다. 그 후 두 비구는 크게 참회하고 통곡을 하면서 세월을 보내고 있었답니다. 어느 날 두 비구는 길거리에서 통곡을 하고 있을 때 어떤 행객이 지나치다가 이 모습을 보고 통곡하는 연유를 묻고는,

"저 마을에 유마 거사라는 도인이 계시는데 그 분은 법(法)을 통달하신 분이니 그리로 가 보시오. 해결방법이 있을 겁니다."
라고 했답니다.

두 비구는 유마 거사 처소로 찾아가 살인 파계(破戒) 행위를 말씀드리고는

"살인자도 성불(成佛)할 수 있겠습니까?"
하고 간절히 가르침을 원하자 유마 거사께서 일러주시기를,

"자성(自性)이 본공(本空)이니 죄식(罪識)도 본공(本空)이니라."
라고 대답하였답니다.

즉, 생명의 근본 진리가 본래 비었으니(空), 죄(罪)라는 업(業)의 본래 모습도 비었다(空)고 했던 것입니다. 이 말을 들은 두 비구는 즉시에 깨달

았다고 합니다. 살인죄업(殺人罪業)을 지었더라도 진심으로 사무친 참회를 할 때 멸(滅)은 오는 것입니다. 이것을 발로(發露)참회라 합니다. '혼탁하고 추한 업을 이슬처럼 맑고 청정하게 닦는다.'는 의미가 됩니다. 자신이 살인을 당한 것처럼 가슴 아파하고 죽은 사람을 위하여 목숨이라도 감사히 바치고 싶은 사무친 반성이 발로참회입니다.

이러한 발로참회를 계속할 때 혼탁한 정신세계는 청정히 비워지는 것이며 청정히 비워질 때 진리의 가르침은 담아지는 것입니다. 그리고 의심이 사무칠 때 깨달아지는 것입니다. 살인비구도 성불하는데 왜 우리가 못해내겠습니까? 살인비구들처럼 분심을 내서 도를 구할 때 우리는 반드시 깨칠 수 있습니다. 사무친 마음이 없이 안일하게 하니까 깨닫지 못하는 것이지요. 이따가 오후에는 스님들과 같이 법당에서 참선 실습을 해보도록 합시다.

모두 합장 반배하고 일어섰다. 스님의 법문은 나와 보살들의 참구심을 일깨워 주었고, 모두들 상을 다버린 구도자처럼 한없이 풀이 죽어 있었다. 오후가 되자 법문시간을 알리는 목탁소리가 월명산을 울릴 때 스님들과 우리 일행들은 법당으로 갔다. 선방이 따로 없는 월명암 법당에는 불단 쪽과 전면 벽을 향하여 좌복(방석)들이 두 줄로 가지런히 놓여 있었다. 불단에 모셔진 불상을 향하여 삼배를 드리고는 면벽(벽을 향하여 앉음)하고 앉았다. 맨 나중에 들어오신 입승스님께서도 부처님을 향하여 삼배 올리시고는 부처님 상 바로 앞 좌복 위에 정좌하시면서,

"모두들 나를 보고 앉으시요"

라고 하셨다.

수좌스님들과 우리 일행 모두는 스님을 향하여 자리방향을 고쳐 앉았다.

입정(入定)을 알리는 죽비소리가 세 번 울렸다. 잠시 후 스님은 손을 움직여 바스락 소리를 내시며 설법을 시작하였다.

"자 이제 참선을 실습해 봅시다. 모두들 화두(話頭)는 받았겠지요?"

하고 스님이 묻자 몇사람이 고개를 다소곳이 숙이며,

"네."

하고 대답했다.

"화두가 무엇이지요?"

하고 D보살에게 물었다.

"네 저의 화두는 무(無)자(字) 화두입니다."

"그래요, 무자 화두를 어떻게 들고 선을 합니까?"

하고 스님이 묻자 D보살은 멋적게 웃으며,

"그냥 무(無)를 생각하면 무(無)라는 글자모양이 떠오르고 없다라는 글자의 의미도 생각되다가는 금세 까먹고 맙니다."

라고 했다.

스님은 또 H보살에게 물었다.

"보살님은 화두가 뭔가요?"

"네 저는 '이뭣꼬?' 입니다"

"그래요, 이뭣꼬 화두를 어떻게 들고 참구합니까?"

라고 질문하시자 H보살도 자신 없는 멋적은 표정으로,

"저의 몸을 운전하고 다니는 이 마음 이것이 무엇인고 하고 의심합니다."

"그래 의심하니까 어때요?"

"뭐 어떻다고 할 것도 없고예, 이것이 무엇인고 하고 의심하다보면 금세 의심을 잃어버리고 딴 생각이 떠오르기도 하고 그렇습니다."

"네, 모두들 안일하게 하니까 못 보는 것입니다. 사무치게 의심하지를 못하니까 그래요. 수행(修行)이란 절에서만 하는 것도 아닙니다. 가정에서도 마음만 먹으면 얼마든지 할 수 있습니다. 따라서 깨달음은 출가하신 스님들만의 전유물이 아닙니다. 재가불자들도 꼭 해내겠다는 각오만 선다면 누구나 깨달을 수 있는 것입니다.

부처님 당시에도 유마 거사를 비롯한 500여 분의 재가불자들이 부처님과 동등한 깨달음을 증득하셨고, 이 월명암의 창건주이신 부설 거사와 그 가족들도 생활 속에서 정진하여 해탈하신 재가 도인들입니다. 그분들도 특별한 방법이 있었던 것도 아니요, 모두가 사무치게 의심하고 정진하였던 것뿐입니다.

생명의 진리가 무엇인지 사무친 의심을 일으켜야 하고 그 의심에 전념하여야 하는 것입니다. 자, 이제 정신을 바짝 차리고 들어봐요. 무슨 화두로 참구하든지 간에 그 화두에 의지해서 자기 마음을 관하는 것으로 사무치게 돌이켜 봐야 바른 정진입니다.

'무(無)' 자 화두를 쓰는 사람은 부처가 무엇인지를 묻는 제자에게 왜 '무(無)' 라 했을까를 의심할 때, 무(無)를 의심하는 그 마음을 관하여 보려고 애쓰는데 사무치게 열중해야 하는 것입니다.

그리고 이뭣꼬? 화두를 참구하는 사람은 사물을 보아서 무엇인지를 아는 이 마음을 지극히 의심하여 돌이켜 살펴보고자 사무치게 애써야 되는 것입니다. 지극한 마음으로 자기 마음이 무엇인지 돌이켜 살피는 것이 내관(內觀)이요, 관심(觀心)입니다. 내 마음이 부처인 줄은 요즘 와서 너무나 흔한 말이 되어서 불자가 아니라도 이해하는 말일 것입니다.

자기 몸을 운전하고 다니며 생활을 연출하는 이 마음을 부처라고 하는 것도 이해할 줄 압니다. 다 알기는 알면서도 왜 쉽게 잡을 수 없습니까? 이유는 깨닫겠다는 사무친 의심이 없기 때문이요, 관념이 황당하기 때문입니다. 왜 황당하냐? '내 마음이 부처다' 이 정도로 생각하고 이것을 보려고 하면 너무나 범위가 넓다는 말입니다.

이 마음이라는 것은 찰나간에 고향도 가고 어린 시절로 돌아가기도, 미국이나 달나라도 오가는 등 한없이 바쁘게 동분서주하고 있습니다. 때문에 범위가 너무 넓어 황당하단 말이죠. 선방에 앉아 내마음 내가 잡으려 하는데 어느새 마음은 집이나 시장 저잣거리에 가 있기도 하며 전체 우주가 제 세상인 양 오대양 육대주 달나라 별나라까지 찰나간에 오간단 말입니다.

이렇게 황당한 것을 잡으려고 하니 마치 넓은 강물 속에 도망다니는 물고기를 맨손으로 잡으려는 것과 같고, 넓고 높은 야산에 도망다니는 토끼를 맨손으로 잡으려는 것과 같은 이치입니다.

이와 같이 우리의 마음이라는 것도 너무나 빠른 속도로 자리를 옮겨가며 망상을 피우고 있기에 잡으려 하면 도망가고 관하려 하면 딴 생각을 하곤 하지요. 이것을 잡으려면 막다른 길목이나 절벽 밑으로 몰아야 합니다. 한 발짝도 더는 도망갈 수 없는 벼랑 밑으로 몰아야 잡을 수 있습니다.

물고기도 물 속 좁디좁은 돌구멍 속에 들면 맨손으로 잡을 수 있고, 토끼도 더는 도망갈 수도 없는 좁고 좁은 벼랑 밑 막다른 곳으로 몰았을 때 쉽게 잡을 수 있습니다. 이와 같이 이 마음도 잡으려면 더는 한 치도 도망갈 수 없는 벼랑 밑으로 몰아야 잡을 수 있습니다. 면벽하고 앉아 참선한다는 것은 도망다니는 그 마음을 내 코 앞으로 몰아 잡기 위한 것입니다. 잡기만 하면 견성(見性)이요, 깨달음입니다.

이 깨달음의 과정을 목동이 잃은 소 찾는 것에 비유하여 그린 십우도(十牛圖)라는 그림이 있습니다. 대개 사찰마다 벽에 그려져 있지요. 동자가 소를 잡을 때 어떻게 잡느냐 하면 처음 소를 발견하고 소를 쫓아갑니다. 한눈 팔 여유도 없이 전력을 다하여 쫓아갑니다. 그리하여 마침내 도망가던 소는 한 발짝도 더 도망갈 수 없는 절벽을 만납니다. 그때에 이르러 동자는 쉽게 소를 잡습니다. 참선도 동자가 소 잡듯이 해야 하는 것입니다. 자! 지금 이 자리에 앉은 채로 한 번 잡아봅시다. 지금 여러분은 내가 하는 말을 알아듣고 있습니다. 내 말을 들어서 무슨 말인지 아는 그것이 여러분의 현재 마음입니다. 이 마음을 잡아 봅시다. 자! 이제 모두들 벽을 보고 앉아 봅시다."

우리 모두는 벽을 향하여 돌아 앉았다. 스님의 말씀은 계속되고 있었다.
"이제 부처님의 눈 같이, 눈을 살며시 자연스럽게 뜨고 벽을 봅시다. 보이는 것은 벽뿐입니다. 이때 우리는 앞에 보이는 벽의 색깔이나 무늬를 보면서 '저것은 벽이다'라고 보아서 벽인 줄 압니다. 벽의 색깔이나 무늬가 눈에 비치니까 벽인 줄은 마음이 아는 것입니다. 그러므로 벽을 보아 벽인 줄 아는 이것은 내 마음입니다. 이 때 우리는 내 마음을 자세히 관찰해 봅시다. '저것은 벽이다'라고 벽인 줄 알 때 이때는 이미 나를 망각하고 벽에 끄달린 상태가 되어 있지요.

다시 말하자면 벽을 보아 벽인 줄 알 때 내 마음은 나를 떠나서 벽의 모양새에 집착되어 있는 것이지요. 이 때(벼락 같은 큰 소리로!) 벽을 보아 벽인 줄 아는 이것을 돌이켜 보세요! 벽을 보지 말고 벽을 보아 벽인 줄 '아는' 이것을 돌이켜 봐요!"
하고 큰 소리로 할(喝)을 했다. 침묵이 흘렀다. 약 5분간의 적막이 흐른 다음 스님은 다시 법문을 시작했다.

"보아서 아는 이것을 계속 돌이켜 보세요. 잡힐 듯 하다가 도망가면 또 다시 돌이켜 봐요. 도망가면 또 잡아들여요. 사무친 각오로 계속 돌이켜 보세요! 보아서 아는 이 마음을 돌이켜 보는 것! 이것이 내관(內觀)이며 관심(觀心)입니다. 견성하는 길은 이 길뿐입니다. 어떤 화두로 참구하든지 간에 귀결점은 여깁니다. 잡힐 듯하다가 도망가면 또 돌이켜보고 또 다시 도망가서 망상을 피우면 또 잡아들여요. 잡으려 하면 잡힐 듯 하다가 도망다니며 망상을 피우는 그 마음을 쫓고 쫓아 한 발짝도 더는 도망갈 수 없는 지경이 될 때까지 애써 잡아보시오.

지금 여기에 앉아 벽을 보고 벽인 줄 아는 이것을 보는 데 전력을 다해 열중하는 것 이것이 바로 소를 잡으러 가는 목동의 마음이요, 자기 마음을 돌이켜 봄에 전념하여 일념이 될 때 이때가 바로 도망가던 소가 더는 한 발짝도 도망갈 수 없는 절벽 아래 막다른 코너에 몰린 경우와 같은 것입니다. 이 때에 이르러서는 소를 쉽게 잡을 수 있듯이 우리의 견성(見性)도 관심에 일념이 될 때 저절로 견성이 성취되는 것입니다. 계속해서 돌이켜 보는 것에 열중하세요."

또 적막이 흘렀다. 좌선이 계속되고 있었다.

나는 스님의 말씀대로 벽을 보아 벽인 줄 아는 이것을 돌이켜 보고자 애를 썼으나 고장난 라디오처럼 사이클은 맞아지질 않았다. 돌이켜 보일 듯하다가는 끊어지고 잡힐 듯하다가는 돌아가 그저 벽을 보고 있었다.

벽시계가 시간을 알리는 종을 울릴 때 십 분 휴식을 알리는 죽비 소리에 맞추어 모두 일어나서는 보행으로 법당을 돌며 다리를 풀고 그렇게 몇 번을 거듭하자 저녁 때가 되었다. 망상(妄想)과의 전쟁만 하다가 해가 저물었던 것이다. 답답하고 쓸쓸하기만 했다. 경허 선사의 참선곡이 떠올랐다. '예전 선사 참선할 때 하루 해가 가게 되면 다리 뻗고 울었거늘 나는 어이 방일한고', 옛날 선사님들은 하루해가 지는 걸 아쉬워하며 오늘도 깨치지 못한 것이 너무나 억울해서 다리를 뻗고 울었다는 것이다.

스님의 가르침대로 돌이켜 보면 잡힐 것 같으면서 닿을 듯 닿을 듯, 잡힐 듯 잡힐 듯 연결되지 못하는 것이다. '왜 나는 안될까?' 법당을 나설 때 서쪽 바다에는 일몰(日沒)의 장관이 펼쳐지고 있었다. H보살님이 "저것 보래" 하고 감탄했고 다른 보살들도 "야!, 야!" 하고 감탄하고 있었다. 서쪽 바다 수평선 끝에는 부드러운 태양이 서서히 수평선 저 너머로 빠져들고 있었고, 온 하늘을 황금색으로 물들여 놓았다. 나에겐 이미 아름답다고 감탄할 만한 여유가 없었다. 오늘의 마지막을 장식하는 근엄한 장송곡 같기도 했다. 삼분의 일(1/3)…, 절반…, 삼분의 이(2/3)…, 사분의 삼(3/4)… 어느새 태양은 가버렸다.

까마득하도록 먼 하늘까지 펼쳐졌던 찬란한 황혼도 서서히 제 색을 잃어가고 있었다. 마치 싱싱한 생명체가 죽어 서서히 창백해졌다가 잿빛으로 되어 가듯이…. 취침시간이 되었으나 잠이 오질 않았다. 마음을 보고자 애쓰는 마음뿐이었다. 가슴이 답답해 누워 있을 수가 없어서 살며시 이불을 밀치고 밖으로 나왔다.

둥근 달은 중천에 떠 있었다. 둥근 달을 볼 때마다 잊혀지질 않고 살아나는 추억이 있었다. 4~5세쯤 어린 시절이었다. 외조모 기일(忌日)에 어머님을 따라 외가댁을 갔었다. 그 날도 둥근 달밤이었다. 야밤 어머님의 손을 잡고 몇백 미터 떨어진 작은 외삼촌댁을 다녀오는 중이었다. 달을 쳐다보니 달은 우리를 따라오고 있었다. 그리고 우리 마을 하늘에 뜨는 달과 꼭 같았다. '우리 마을에 있는 달이 여길 따라 왔을까?', '마을마다 달이 하나씩 있는 것일까?' 하도 의심스러워서 어머니께,

"엄마 저 달 우리 동네서 따라왔나?"
하고 물었다. 어머니는,
"달은 한 개뿐이다. 높이 떠 있으니까 이 마을에도 보이고 저 마을에도

보이는거지"
라고 하셨다.

그러나 나의 의심은 풀리지 않았다. 우리 마을 위의 하늘과 외갓집 마을 하늘은 다른데 달은 같다? 그래서 다시 물었다.

"엄마 우리동네 하늘하고 외갓집 하늘하고 하늘은 다른데 달은 우째 같노?"

하고 되물었으나 어머니는 내가 이해할만한 답변을 주질 못했다. 푸른색이 하늘이라 생각했고 마을 위마다 푸른색의 하늘이 있으니 마을마다 하늘이 따로 있는 것으로 생각했던 것이며 텅빈 허공인 줄을 몰랐던 것이다. 그래서 의문을 풀지 못한 채 참으로 이상하다고만 생각했었다.

그때의 그 단순한 의심이 당시는 심각했던지 잊혀지지 않고 있다가 요즘도 달만 보면 떠오르는 것이었다. 그러한 추억을 떠올리면서 월명암의 뜰앞 끝에 놓여져 있는 반석 위에 앉았다. 저 멀리 끝없이 펼쳐진 하늘에는 별들로 꽉 차 있었고 간혹 유성이 길게 빛을 그으며 사라지기도 했다.

반석 위는 그 옛날 부설 거사 가족 도인들도 그 자리에 앉아 해탈의 경지에서 아름다운 저 하늘을 보며 법담(法談)을 나누었을 자리였다.

스님의 말씀대로 하늘의 영롱한 별들을 보며 보아서 아는 이 마음을 돌이켜 보고자 애를 썼으나 법당에서 벽을 보고 앉았을 때보다도 더 집중이 되질 않았다. 그러나 계속해서 칠흑같은 숲 속으로 시선을 두고 돌이켜 보고자 애를 썼고 그렇게 관(觀)하고 있었다.

법당의 괘종시계가 두 번을 칠 때 그때야 내가 졸고 있었음을 알 수 있었다. 다음날 아침 우리 일행은 저마다 배낭을 챙겨메고 스님들과 하직 인사를 했다. 당찬 법문으로 사자후를 내리셨던 입승스님의 모습은 부처님같이 우러러 보였다.

스님께 하직 인사를 올리니 스님은,

"처사님 열심히 해봐요. 반드시 좋은 일 있을 꺼요."라고 하시며 악수를 해 주었다.

너무 감사했다. 나는 마음 속으로 '꼭 이 공부를 해내겠습니다' 하고 다짐했다. 자장암의 스님이 다가와서 다정히 악수를 해 주었다.

"스님 감사합니다. 부디 견성하셔서 저희를 잊지 말아주십시오."

"다같이 성불합시다!"

라고 답례하시는 스님들을 뒤로하고 일행은 경사가 급한 월명산을 내려와 전주행 버스를 탔다. 나란히 앉은 장보살이,

"절도 좋고 너무 좋은 법문을 들어서 그런지 나는 마 업장이 다 녹는 것 같네요."

라고 했다. 선(禪)쪽에는 전혀 관심이 없던 아내가 뭘 느꼈는지 궁금했다.

"스님 법문이 어렵지 않던가?"

하고 물었다.

"그만큼 쉽게 해주는 법문이 어디 있는교! 우리도 애들 대학입학 때까지만 기도하고 참선 공부합시더. 우리는 아직 젊으니까 그때부터 해도 됩니더."

라고 한다.

옛말에 '선방 문고리만 한 번 잡아도 그 인연공덕으로 내생에는 성불한다' 고 하더니 장보살도 선방 문고리 몇 번 잡아 본 인연공덕이 이제야 효험이 오는 것 같았다.

버스 안에서도 나의 의심은 계속되고 있었다. 앞좌석의 뒷면을 보면서, 보아서 아는 이 마음을 돌이켜 보고자 애쓰다가 어느새 잠이 들고 말았다.

제5장

깨달음

진리 당체가 되어 아는 체험은 찰나에 온다

'공부〔參禪〕는 오늘 끝내겠다는 각오로 사무치게 해야 한다.'라고 하신 옛 조사스님의 말씀이 떠올랐다. 아니 마땅히 그렇게 되어야 하는 것이었다. 월명암을 다녀온 그 날도 새벽이 되도록 앉아 화두에 애써 전념하고자 하였으나, 전념(全念)은 되질 않았다. 사무치게 화두를 들고 놓치지 않으려고 애를 썼으나 자꾸만 보이는 것에 끄달리고 들리는 소리에 끄달리면서 왔다갔다 하고 있었다.

구도의 힘이 약하기 때문이었다. 옛 도인들이 제자들에게 알쏭달쏭한 화두를 주어 오랜 세월 화두 한 생각만 하게 하였던 이유를 알 것 같았다. 구도의 힘을 기르기 위함이었으리라. 구도의 힘이란 화두에 전념(全念)하는 그 힘에 의하여 다른 망상을 여의는 참구의 태도를 의미한다. 우리 속가 생활 속의 불자들은 생활 속에서 훈습된 업식(業識)이 구도의 습보다 강하게 잠재되어 있기에 아무리 화두에 전념코자 해도 강한 습대로 상념(想念)은 일어나는 것이었다.

때문에 구도의 힘부터 길러야 한다. 그리하여 망상을 제압하고 자성(自性)을 보는 데 전념할 수 있어야 한다. 그 길은 오직 화두에 전념하는 길뿐이다. 자기에게 집중이 잘 되는 화두를 선택하여 전념하는 길뿐인 것이다. 그렇게 전념하여 나아갈 때 마침내 참선의 장애가 되는 번뇌망상은 사라져 갈 것이다. 새벽녘이 되어서야 조급하게도 답답해하는 자신을 돌아보고 쓸쓸한 생각이 들었다.

"얼마나 닦았다고 이렇게 과욕을 부린단 말인가."

돌이켜 보건대 깨닫겠다는 생각과 의지만 있었지 참구심을 가꾸는 데는 시간도 노력도 턱없이 부족했던 것이었다. 불교에 귀의한 이후 하루도 빠짐없이 부처님의 가르침을 읽고 배우긴 하였으나 그것은 환경에 끄달린 생활 속의 절반도 안 되는 취미생활에 불과했던 것이다. 하루종일 가지가지 인생살이에 끄달려 나를 잊고 살다가 야밤이 되어서야 조금씩 부처님의 가르침을 음미해 왔던 것이다.

물론 때때로 사무친 각오로 깨닫겠다는 서원도 했고 출가 할 결심도 하였으나 그 사무친 마음은 끄달린 사회생활에 허물어져 왔던 것이다. 사무쳤다가 허물어지고 사무쳤다가 허물어지는 너무나 나약한 자신이었지 않았던가. 그런 자신이 오늘은 지금 당장 부처되겠다고 몇 밤을 잠 못 이루며 조급한 마음으로 답답해 하고 있었다. 그리하여 내일 당장 어느 선방이건 입방(入房)부터 해서 하루도 빠짐없이 수행하며 무명을 잠재워 보겠다는 생각을 하면서 밤을 세웠다.

다음날 매일 정진할 수 있는 선방을 찾아 나섰다. 욕심 같아서는 범어사 선방에 입방(入房)해서 수좌 스님들의 모습과 분위기를 채찍 삼아 스님들 틈에서 정진해 보고도 싶었으나 그 곳은 재가불자(在家佛子)들이 출입할 수 있는 곳이 아니었다.

그 전에 몇 번 범어사 조실 지유 스님께서 주석하시는 원효암에 가본 적이 있었다. 지유 스님은 매월 첫째주 토요일 밤이면 선법문(禪法門)을 하셨는데 나는 지유 조실스님으로부터 적잖은 감화를 받은 터였다.

그날도 원효암까지 올라가 보았으나 큰 절 주차장에서 30~40분이 소요되는 산비탈 길이라 직장이 있는 생활불자들이 매일 출입하기란 힘든 곳이었다. 이제 선(禪)의 바른 길을 알았기에 꼭 선방이 아니라도 좋다고 생각했다. 혼자서라도 조용히 앉을 수 있는 암자가 있다면 좋겠다는 생각으로 범어사 산내 암자를 둘러 보았다. 안양암, 계명암, 금강암, 청련암을 둘러보았으나 마땅한 자리를 찾지 못했다.

오후 네 시가 넘어서야 내원암 가는 길을 올라가고 있었다. 그 때 승용차 한 대가 내원암 쪽에서 내려 오고 있었다. 무심히 비켜 섰는데 승용차는 내 바로 옆에 세워졌다. 원호였다. 원호는 진실한 불자로서 불교를 깊이있게 공부하고 있는 고향 친구였다. 그가 불교와 인연 맺게 된 것은 모 재벌회사 부장으로 재직 당시였다고 한다. 부산에서 근무하다가 서울 본사 발령을 받고 본의 아니게 가족들과 떨어져 혼자 서울에서 생활하게 되었는데 우연하게도 하숙하게 된 곳이 서울 조계사 뒷편이었다고 한다.

그 때까지는 종교에 대해서는 전혀 문외한이었는데 조계사 옆을 출퇴근하다 보니 매일 법회가 열리고 있더란다. 불교가 무엇인지 알고 싶던 차에 어느 날 호기심으로 처음 법회에 참석하게 되었는데 마침 그날 당시 통도사 강주이셨던 서종범 스님께서 12연기법을 강의하는 날이었단다.

12연기설은 우주와 삼라만상의 창출의 이치를 밝히는 불교의 근본교리이다. 자연과학적이고 이치와 논리가 합당한 우주와 인생의 창출의 진리를 밝히는 종범 스님의 강의를 듣고 그 때부터 불교에 귀의하고 공부하기 시작했다고 한다. 그 후 독서와 법회를 통하여 앞으로 공부해 나아갈 바, 바른 길을 알게 되었던 것이다. 그간에도 원호와 나는 법우(法友)로서 좋은 책이나 법문 테이프가 있을 때는 서로 구해 주기도 했으며, 가끔씩 아는 만큼의 교리토론을 갖기도 했었다.

그리고 여러 고승을 찾아 다니면서 친견하고 간단한 법문을 간청하기도 했었다. 선방 찾아다니다 몇 달 만에 만났으니 더욱 반가웠다. 서로 반갑게 악수를 나누고 여기에서 만나게 된 경위를 이야기하고 난 뒤, 매일 참선할 자리를 찾아 왔노라고 했더니,

"그거 잘 되었네. 내가 몇 달 전부터 저 위에 있는 내원암 선방에 다니고 있거든."

라고 했다. 원호의 승용차에 올랐다. 차를 돌려서 다시 내원암을 향했다.

"거기는 재가불자들도 스님들과 같이 참선하는가?"

"그럼, 재가불자들을 위해 만든 시민 선방이야. 입승스님은 범어사 선원에서 40년 넘게 참선만 하시던 분이시고, 가끔씩, 범어사 선원장스님께서 법문을 해주시기도 하지. 그리고 능가 스님께서는 초하루 날엔 법문을 해주시지."

"그래 그런 곳도 있었구나…."

"우리 재가 불자들에게는 아주 좋은 선방이지, 낮이나 밤이나 항상 열려 있어 시간나는 대로 앉을 수 있으니까. 나도 오늘은 낮에 시간이 있어서 두어 시간 앉았다가 오는 길이야."

라고 했다. 나는 좋은 곳을 찾았다고 생각하고는 원호의 공부진도가 궁금해서 질문을 했다.

"여기 다닌 지 얼마나 됐는데?"

"응. 이제 삼개월 다 되어가나 본데…."

"그래 선방에 앉아 보니까 어때? 무슨 소식이 있던가?"

라고 물었다. 불가의 소식이란 깨달음을 맞봄, 즉 체험을 의미한다.

흔히들 견성(見性)한 사람을 한 소식했다고 표현한다. 그래서 무슨 소식이 있었는지 궁금해서 물었던 것이다.

"소식은 무슨 소식…. 해야 한다는 걸 알았으니 해보는 거지…. 소식이

그렇게 빨리 오겠나…"
라고 한다.

　우리는 이런 저런 불교 공부 이야기를 하면서 내원암에 도착했다. 내원암에는 능가 스님께서 암주(庵主)격으로 주석하시는 곳이었다.

　능가 스님은 왜정 당시 일본 대학에서 철학을 전공하신 스님으로서, 고풍(古風)과 신사고(新思考)가 어우러진 스님의 법문은 현대의 많은 지식인들을 감동케 하였으며 특히 카톨릭의 신부님들이나 교회의 목사님들과도 폭넓은 교분을 가진 분으로서 한국종교협의회를 창립하신 분이기도 했다. 능가 스님께서 다른 종교지도자들과 교분을 가지게 된 데는 특별한 이유가 있었다. 그는 성경과 불경이 다르지 않다는 견해를 갖고 있는 분이었기 때문이었다. 성경의 하나님을 마음이나 부처라고 생각하면 성경도 하나의 불경이라는 견해였으며 그렇게 보아야만이 성경이 바로 해석된다는 논리였다. 때로는 신부님들이 찾아와서 성경의 해석을 토론하기도 한다는 것이다. 나는 능가 스님의 설법회에 몇 번 동참한 적이 있었는데, 스님의 박식하고 유창한 설법에 매료되기도 했었다.

　언젠가 시내 B신문 큰 강당에서 며칠동안 『법화경』 강의를 했었는데 법화경의 사상을 현대 학문적으로 설법하여 많은 지식인들을 불교에 귀의케 하였던 것이다. 내원암의 시민선방도 능가 스님께서 신설하시었고 이 선방은 결제와 해제일이 따로 있는 것도 아니고 연중 무휴(年中無休)로 열려 있다고 했다.

　원호와 나는 입승스님의 방으로 가서 인사를 드렸다. 원호가 나를 소개하고는 같이 내원암 선방에서 공부하고자 왔노라고 말씀드렸다.

　"어디 다른 선방에 다녀 보았나요?"
하고 70세가 훨씬 넘어 보이는 입승스님께서 나에게 물었다.

"아닙니다. 선방은 처음입니다."

스님은 찻물을 끓이시느라 전기 주전자 스위치를 올리고는 다시 물으셨다.

"화두는 받았나요?"

"네…."

"어디서 받았나요?"

"네, 백련암 '성철' 스님으로부터 마삼근(麻三斤) 화두를 받았습니다만…. 그 화두로는 집중이 잘 되질 않아서 요즘은 관심(觀心)을 하고 있습니다."

"뭘 하고 있다고?"

하고 되물으셨다.

'관심(觀心)'을 화두라고 부르는 경우가 없기 때문에 듣도 보도 못한 화두를 말씀드려서인지 되물으셨던 것이다.

'이뭣꼬?' 화두를 '관심(觀心)'이라 이름하게 된 것은 내가 지어낸 내 화두의 이름이었다. 이유는 '관심'이나 주인공의 관(觀)이 바로 '이뭣꼬?'이기 때문이었다. 왜냐하면 육신을 운전하여 다니면서 생활을 주도하는 '이것이 무엇인고?' 또는 보아서 '아는' '이것이 무엇인고?' 하고 의심하는 것이 '이뭣꼬?' 화두 드는 법인데, 그 의심의 초점은 마음이다.

그러므로 '이뭣꼬?'의 목적은 근본 마음자리를 관하여 그 진리 자체가 되는 체험을 통하여 깨치고자 함이다.

'관심'도 마찬가지다. 보아서 '아는' 그 마음을 돌이켜 보아(觀心) 그 진리 자체가 되는 체험을 통하여 깨치고자 함이다. '이뭣꼬?'는 의심을 거쳐서 근본 마음자리를 체험코자 함이요, '관심'은 바로 마음자리를 직관(直觀)코자 하는 것이 된다. 실천하여 보면 같다. 그러나 관심은 한 단계를 절약하는 관법이 되고 있으므로 경제적이라 할 수 있다.

그러나 나는 스님께서 되묻는 의도를 알았으므로 다시 대답했다.

"'이뭣꼬?' 화두로 참구하고 있습니다."

하고 다시 고쳐 말씀드리자 스님은 고개를 끄떡이시며,

"그래요…. 그럼 그 화두로 해요."

라고 하셨다. 스님께서 차를 따라 주시며,

"두 처사님은 좋은 도반이시구먼…. 열심히 해보세요. 이따가 원주스님한테 가서 입방 인사하시고, 올라 오신 김에 오늘부터 앉으시지요."

라고 하셨다. 입방 인사란 선방 참가비를 내라는 뜻이었다. 원호가 원주스님께 가서 인사하고 입방비 보시금을 내고 오자고 했다.

젊은(30대) 원주스님께 인사를 드린 다음 저녁공양을 먹고 선방으로 안내되었다. 너무나 조용하고 시원했다. 이중으로 된 문틀엔 방충망이 쳐져 있고 깔고 앉은 좌복(방석)도 깨끗하고 알맞았다. 선방을 밝히는 전구도 점점 밝아지고 점점 어둡도록 조절할 수 있는 편리한 것이었다. 서암, 동암, 월명암 등에 비하면 호텔 같다는 생각이 들기도 했다.

7시가 가까워 오자 20여 명의 재가 공부인들이 모여 들었다. 모두들 자리에 앉자, 누군가가 전등의 촉수를 낮추었고, 잠시 후 입승스님의 입정 죽비 소리에 모든 동작은 정지되었다. 바로 옆 계곡의 물소리만이 정막을 깨트리고 있었다. 자신이 넘치고 힘이 솟는 것 같았다.

사무친 마음으로 화두 앞으로 다가 갔으나 그래도 화두는 온 천지를 도망다니고 있었다. 애만 태우다가 어느 새 아홉시가 되었다. 입승스님의 죽비소리가 세 번 울리더니 스님께서는,

"모두들 나를 보고 잠시 앉으시요. 오늘은 새로 오신 도반도 있고 하니 한말씀 드리겠소."

라고 하셨다. 모두들 스님을 향하여 앉았다.

"이 마음이라는 것은 하나도 아니요, 둘도 아니요, 있는 것도 아니요, 없는 것도 아니라. 그저 공(空)할 뿐이니, 잡을 것도 버릴 것도 본래 없는 거요. 깨닫고 못 깨닫고는 각자가 얼마만큼 열심히 하느냐에 달려 있으니 모두들 결석하지 말고 열심히 해 보도록 하세요."

대략 이런 요지의 법문이었다고 기억되나, 그때도 나의 정신은 내마음을 보고자 하는 화두만 생각하고 있었으므로 별다른 의미나 감동을 느끼지도 못했다. 모두들 스님께 예를 올리고 선방을 나섰다.

오늘도 경허선사님의 참선곡이 떠올랐다.

'… 다리 뻗고 울었거늘 나는 어이 방일한고.' 쓸쓸한 마음으로 원호의 승용차에 합승했다.

"어때? 선방이 조용하고 좋지?"

원호가 물었다.

"그래, 참 좋은 곳이구먼…."

라고 대답했다. 큰 절 주차장까지 와서 내리려고 할 때 원호가 녹음테잎 네 개를 주며,

"이 테이프 들어 봐, 지유 스님께서 선문촬요(禪門撮要) 법문 하신 건데, 아주 골수 법문이야."

라고 했다. 내일, 또 선방에서 만나기로 하고 헤어졌다. 차에 타자마자 카테이프를 틀고 출발했다. 원호의 말대로 구심점을 찌르는 골수 법문이었다. 맑은 음성으로 항상 쉽게 법문하시는 지유스님의 법문도 주제는 관심(觀心)이었다.

빨리 깨닫고자 하거든 오직 자기 마음을 돌이켜 보라는 것이었다. 달마대사께서 동쪽으로 오신 까닭도 관심을 일러 주기 위해서였다. 대사께서

는 열반하실 때까지 오직 관심만을 가르치셨다.

어떻게 하여 내 마음을 돌이켜 보아 그 자체를 체험할 것인가, 참으로 마음은 묘했다. 핸들을 잡으니 복잡한 길 잘도 비켜가며 집을 찾아올 줄 알고, 집에 도착해서는 양치질하고 세수도 하고 있었다. 참으로 신묘(神妙)하다고 생각하면서 세수를 하는데 문득 어린 시절의 기억 하나가 떠올랐다. 이 때 양손으로 세숫대야의 양쪽 둘레를 잡은 채 쭈그리고 앉아 떠오르는 어린 시절을 보고 있었다.

6~7세였을 것이다. 오랜 질병에서 회복단계에 있을 때였다. 따뜻한 햇살을 받으며 마루에 걸터앉아 텅 빈 마당 가운데를 멍청히 내려다 보면서 문득 사는 게 뭔가를 의심처럼 생각하고 있었다. 순수한 객관이 되어 나의 모습을 돌이켜 보고 있었다. 그 때 참으로 이상한 체험을 느끼게 되었다. 마치 자신이 허공이 된 것처럼 완전한 객관(客觀)이 되어, 자신이 생활하는 모습을 보고 있었다. 경상도 사투리로 '참 희안하다'고 생각했다. 가고 오고 아프고 하는 모든 것이 묘하게 느껴졌던 것이다. 그 순간 몸이 공중에 떠버린 것 같은 느낌을 의식하면서 '내가 왜 이러나' 하고 이상하고도 놀라운 느낌을 받으면서 순간적으로 그 감정에서 벗어날 수 있었다.

지금 생각해도 꽤나 깊이있게 관찰하고 있었음을 알 수 있었다. 그러한 어린 시절의 감정을 읽으면서 '어릴 적에도 그렇게까지 관찰할 수 있었는데, 왜 지금 나는 나를 못본단 말인가!' 서둘러 세수를 마치고 나니 온 집이 조용했다. 새벽에 가게에 나갈 장보살은 곤한 잠에 빠져 있었고 애들은 저마다 공부를 하는지 자는지는 알 수 없었으나 온 집이 암자같이 조용했다. 멀리서 희미한 자동차 소리만 내원암의 계곡 물소리같이 들려 오고 있었다. 거실 한 쪽에 정좌했다. 그 날따라 늦더위가 기승을 부리고 있었다. 바람 한 점 없는 날씨에다 종일토록 데워진 집의 열기 탓인지 몹시도 더웠다. 그러나 선풍기는 틀지 않았다. 시끄러워서였다.

　정좌(正座)한 채 월명암 입승 스님의 말씀을 떠올리며 보아서 아는 그 마음을 돌이켜 보기 시작했다. 그대로 앉아 멈추지 않았다. 그래도 마음은 찰나간에 관심(觀心)과 망상 사이를 왔다 갔다 하면서 제자리를 찾지 못하고 있었다. 돌이켜 보는 관심에 열중될 때는 뭔가 잡힐 것 같은 고물고물한 느낌을 받기도 했으나 고장난 라디오처럼 싸이클은 맞아지질 않았다. 그러나 뭔가 돌이켜 보아질 것 같은 예감이 오고 있었다. 이마쪽의 가려움을 느끼면서 한손으로 이마를 문지르며 벽시계를 돌아 보았다. 열두 시가 가까워지고 있었다. 앉은 지 한 시간이 훨씬 지나고 있었다. 망상과 전쟁하는 동안에도 시간은 빨리 갔던 것이었다.

　부채를 찾아 부채질을 하면서 다시 앉았다. 부채질 하면서 참선을 하고자 했던 바는 아니었으나 잠시 부채질을 하다가 놓을 참이었다. 부채질 하는 동안에도 '벽을 보아 벽인 줄 아는' 그 마음을 돌이켜 보고자 애쓰는 관심은 계속되고 있었다.

　그때, 돌이켜 관하는 데 집중되는 듯했는데 부채가 뇌성벼락같은 굉음을 내면서 거실바닥에 떨어졌다. 그 순간 나의 귀에는 그렇게 들렸다. '돌이켜 보고자 하는 의식'이 '보아서 아는 마음'을 관하고자 간절히 열중하고 있었고, 그 열중심은 주위의 잡다한 소리들도 들리지 않을 만큼 집중되고 있었으며 시간이 얼마나 지났는지 알 수 없었으나 일념(一念)의 적막이 계속되고 있었다. 그때 돌이켜 보는(觀心)데 일념(一念)됨과 동시에 부채질하던 팔의 동작이 멈춰지면서 부채를 잡았던 손가락의 힘도 풀리고 부채는 떨어졌던 것이다. 적막을 깨뜨리는 그 소리는 천둥번개 같은 폭음으로 정신을 맑게 일깨워주는 활(活)이 되어 자성(自性)을 관(觀)하는 힘이 되어 주었을까. 그순간 나는 깜짝 놀란 것 같았다. 그리고 놀란 것 같은 감(感)과 동시에 희열(喜悅)하는 묘한 감동으로 빠져들고 있었다. 가슴 서늘하고 뭉클한 느낌과 동시에 공허(空虛)의 통(通)함 속으로 빨려 들어가 버린 것 같기도 하면서 묘하고도 분명한 공감(共感)의 체험이 열리고 있었다.

백척간두진일보(百尺竿頭進一步)라는 옛조사님의 말씀이 있다. 백길 절벽 끝에서 허공 속으로 한걸음 내디뎌 앞으로 나아가라는 말씀이 바로 이를 두고 하신 말씀 아니던가!

마치 자동차를 타고 교외를 질주하다가 전방이 보이지 않는 아스팔트 언덕을 넘어설 때처럼 공중에 뜬 것 같기도 하고, 천길 절벽 위에서 내려다 보는 감(感) 같기도 한, 가슴 서늘한 찰나! 뭉클하는 한 구비 너머에 밝고 분명한 관심(觀心) 자체가 된 체험이 열리고 있었다. 칠흑 같은 어둠을 번갯불이 밝히듯 찰나에 열린 분명함으로 확트이는 체험!

장마 끝에 푸른 산야를 분명하게 드러내는 활짝 개인 맑음처럼 생생한 공감(共感) 아닌 공감! 나는 그 체험 안에 있었다. '이뭣꼬?'의 '이것' 자체이며 관념은 구심점(求心点)으로 사라졌다. 보아도 보아도 너무나 분명하여 의심의 여지가 없는 관성(觀性) 그 자체가 된 체험이었다. 일어서서 걸어보았으나 그래도 체험은 생생하고 분명하게 살아 있었다. 충격적인 감동이요, 안심(安心)의 환희였다. 분명 내관(內觀 : 자기 마음을 봄)의 문 없는 문은 열린 것이었다.

보고자 하는 의식과 본래 면목(本來面目) 사이를 가로 막고 있던 무명(無明)의 은산철벽(銀山鐵壁)은 사라진 것이다. 나는 쥐를 잡았고(사무친 참구심을 고양이가 쥐잡는 모습에 비유) 나는 소를 잡았음(사무친 구도심을 잃어버린 소를 찾는 목동에 비유(十牛圖참조)한 그림)을 분명히 알 수 있었다. '이것(心)!'의 관(觀)에 빠져 있었고 감격해 있었다. 춤을 추고 싶었다.

불문(佛門)으로 인도하여 발심시켜 주었던 아내 장보살, 수십 번의 삼천 배 참회기도를 하게 했던 성철 스님. 해인사, 범어사, 통도사, 송광사 등지에서 법어를 내리셨던 구산 스님, 성철 스님, 월하 스님, 혜암 스님 그리고 철두철미한 구도심을 불어 넣어주신 성수 스님과 현산 스님의 법문은 너무나 감사했다. 또한 태백산의 서암, 동암 등지에서 용맹정진하는 모습으로 경각심을 일깨워주었던 여러 스님들. 특히나 항상 나를 덕 높으신 스님 곁으로 인도해 주신 범일동 보살님들. 화엄경의 '선재동자'가 53 선지식을 만나 가르침을 받아가며 깨달음을 증득하였듯, 나에게도 수백인의 소중한 선지식이 있었고 그분들의 은혜로 모든 의문을 풀 수 있었던 것이다.

다시 앉아 보았다. 망상과의 전쟁도 끝났다. '이뭣꼬?' 도 없어졌고 분명한 체험 그 자체였다. 옛 도인은 '둥글고 밝다' 하기도 하였고 '빛(光明)'이라고 하기도 하였으나 둥근 모양도 아니요, 빛도 아니었다. 생생하고 분명한 공감(空感) 그 자체가 된 체험뿐이었다. 그 체험은 저절로 진행되고 있었다. 분명하고 생생하며 고요한 그 속으로 한없이 빠져들어 가는 것 같은 감을 느끼며 몰입되어 있었다.

시간을 알리는 가냘픈 시계 음악소리를 들으며 벽시계를 쳐다 봤을 때 어느덧 새벽 세 시가 되어 있었다. 망상과의 전쟁도 끝이 났고 편안해져 있었다. 잠을 자야겠다는 생각을 했다. 성철 스님께서 주장하시던 숙면일여(宿眠一如) 또는 확연대오(廓然大悟)라는 말씀이 떠올랐다. 육신이 잠을 자도 견성의 체험상태가 한결같음을 의미하는 것이며, 그래야만이 완전한 깨달음이요, 성불(成佛)이며 해탈이라고 했다. 이렇게 깨인 채(체험된 채) 잠잘 수 있으면 얼마나 좋을까? 하는 생각을 하면서 자리에 누웠다. 잠자리에 들 때는 깨어 있었다. 눈을 감아보았다.

다음날 아침 아내 장보살이 흔들어 깨울 때 잠에서 깨어났다. 며칠 잠을 설쳤던 탓이었던지, 어젯밤 잠자리에 들 때는 깨어 있고자 하였으나, 눈을 감는 순간 깊은 잠에 빠졌던 것 같았다. 잠에서 깨어 나자마자 나는 잃어버린 물건을 찾듯이 '내 것!' 하고 어제의 체험을 챙겼다. 분명하게도 체험은 그대로 있었다.

도인도 추락할 수 있다

보임(保任)이란 깨친 이의 참선을 의미한다.

보(保)자는 깨친 바의 체험 그 마음자리를 의미하는 것이며, 임(任)자는 마땅히 지킴의 행(行)함을 의미하고 있다. 자성을 돌이켜 보는 견성(見性)을 하였더라도 우리 중생은 수억만 겁 윤회하면서 훈습된 습이 남아 있기에, 생활 중에는 견성 상태를 잃고 현실에 끄달리는 중생심이 작용할 수 있으므로 중생의 습을 완전히 제거하고 행동하거나 잠을 자도 항상 깨어 있고자 함이요, 그래야만이 생사에서 대 자유를 얻는 완전한 해탈이 되기 때문이다.

이러한 보임을 보림(寶林)이라 표현하기도 한다. 경에 의하면 '극락정토의 칠보(七寶)의 나무숲'이라고도 하나 그 의미는 해탈에 있다. 즉 행동하거나 잠을 자도 항상 깨어 있는 상태를 의미하는 것이다. 깨달음의 체험을 보배 보(寶)자로 표현했고, 림(林)자는 수풀 림자이다. 나무 한 그루를 수풀 림(林)이라 하지는 않는다. 산등성이 가득히 나무들이 군락(群落)을 이룸을 의미한다.

초견성(初見性)을 나무 한 그루에 비유하고 견성한 바의 체험상태를 익혀 생활중에나 잠을 자도 항상 깨어 있도록 노력하는 참선이 보림이며, 어떤 환경 어떤 때에도 한결같이 깨어 있게 되면 보림의 완성이다. 번갯

불과 태양빛에 비유할 수도 있다. 초견성은 번쩍하는 순간적인 밝음을 맛보는 것에 비유한다면 보림이란 번쩍하는 그 밝음이 대낮같이 항상 밝아 있도록 하고자 노력하는 것이다. 초견성이라는 나무 한 그루가 온 세상 빽빽히 수풀을 이루면 보림인 것이다.

그러므로 보림은 초견성한 바의 체험을 참선할 때만 깨어 있을 것이 아니라, 사회생활할 때나 숙면 중에도 항상 깨어 있도록 체험한 바 상태를 익히고 성숙시키고자 하는 것이다. 보배를 보배인 줄 모르는 어린애에게 수백 캐럿짜리 다이아몬드를 잡혀줘도 가치를 모르므로 던져 버릴 것이다. 이와 같이 우리는 생명의 진리를 스스로 갖추고 그것으로 살면서 그것이 있는 줄도 모르고 보배인 줄도 모른다. 다만 그 진리를 관(觀)으로 보아 견성한 사람만이 그것이 보배인 줄을 안다.

그러므로 여기에서의 보배는 자기 마음을 돌이켜 보아 '돌이켜 봄' 그 자체가 된 체험, 즉 견성(見性)한 체험을 의미하는 것이다. 그러나 우리 중생은 수억만 년 길들어 온 습이 있기에 견성을 했더라도 그 체험 상태가 한결같이 유지되지 못한다. 생활 중에 상대방과 의견을 나눌 때나, 화날 때나 잠을 잘 때는 견성의 체험을 잃고 마는 것이다. 생사(生死)에서 해탈하려면, 생활할 때나 숙면중에도 깨어 있어야 사후에도 깨어 있을 수 있는 것이며 윤회에 끌려다니는 고에서 벗어날 수 있는 것이다. 그래서 보임 또는 보림을 해야 하는 것이다.

그토록 애타게 돌이켜 보고자 하였던 관심(觀心)의 체험이 있고 난 뒤 즉, 내마음 내가 보고자 하는 의식(意識)이 일어나기 전의 본래 마음이 되어 보는 체험이 있고 난 뒤, 그 때부터는 참선 시간은 즐겁기만 했다.

그토록 괴롭히던 번뇌 망상과의 싸움이 끝났기 때문이었으며, 애타게 갈구하던 소원이 성취되었기 때문이며, 답답하던 마음이 개인 날씨처럼 확 트였기 때문이었다. 선방에서 좌선할 때는 물론이거니와 걸어다닐 때나 운전할 때 등 혼자일 때는 항상 분명한 체험을 유지 할 수 있었다. 그러나, 대화할 때나 일의 처리를 생각할 때는 체험은 잊혀지 곤한다. 다만 생활하면서의 체험과 좌선할 때의 체험은 차원이 다르다고 표현할 수 있다. 좌선할 때의 관심(觀心)은 분명하고, 생생한 고요 속으로 한없이 빠져 들어가는 것 같은 체험 속으로 더욱 깊이 몰입되어 가고 있었으며, 깨달은 바 체험상태로 생활한다는 것은 그 체험 속에서 현실을 판단하여 의사를 표현하고 행동함을 의미한다.

그러나 사건에 따라서 짧거나 길게 그 사건에 집착된 상태에서 그 사건을 사고(思考)할 때 그 순간 체험은 중단되고 있는 것이었다. 예를 들자면 직업상 상대적으로 대화하거나 일의 처리를 생각하거나 논의할 때는 체험(體驗)을 잃어버리는 상태가 되고 있었으며, 깨어 있는 체험을 잃어버린 채 그 일만 생각하게 되는 것이었다. 다만, 체험이 있기 전보다는 그 일에 현혹(眩惑)되지 않을 수는 있었다. 초견성한 자가 견성의 체험 상태를 잃고 생활에 끄달린다는 경우는 아직 중생으로서의 습기가 남아 있기 때문이다. 그러므로 선사들은 초견성(初見性)을 했더라도 그 체험을 완전히 익혀 어떤 감정이나 일에도 끄달리지〔動하지〕 않고 잠을 자도 항상 깨어 있어야 확철대오(廓徹大悟)라고 했다. 그래야만이 죽은 후에도 깨어 있을 것이며 생사윤회에서 해방될 수 있는 것이다.

옛날 어느 선사(禪師)가 견성성불(見性成佛)하였는데, 속세(俗世)의 수명이 다하였던지라 저승사자가 잡으러 왔다. 그런데 잡아가야 할 스님의 영혼이 보이지를 않는 것이었다. 성불하면 업(業)이 없어지기〔空〕 때문에, 업이 없어지면 잠재 의식이 없음이요, 잠재의식이 곧 영혼이기에 영혼이 공(空)하여 보이질 않는 것이었다.

저승사자들은 그 선사가 비록 견성은 하였으나 아직 깨달은 바 체험이 한결같지 않아서 간혹 화가 날 때는 중생심이 작용하고 있음을 알고는 어떻게 하면 잡아갈 수 있을 것인가를 논의했다. 한 저승사자가 무릎을 치며 제안하기를,

"알았다. 이렇게 하면 잡아 갈 수 있다!"

라고 하면서 손뼉을 치고는,

"그 스님을 화를 내게 하면 잡아 갈 수 있다."

라고 했다. 화는 집착에서 오는 것이며 화를 내면 중생이요, 중생의 영혼은 저승사자의 눈에 보이게 되므로 그 때 잡아가자고 하는 것이다.

"그래! 그런데 그 스님을 어떻게 화내게 할 수 있는 방법이 있나?"

"있지. 그 스님은 시물(보시로 받은 식량 등)을 아주 소중히 여기거든, 며칠 전에도 그랬어! 시자가 쌀을 씻다가 쌀알을 몇 톨 흘렸는데 그때 크게 화를 내고는 시자를 호통했다네! 그러니 그 스님 방문 앞에 쌀을 흘려 두자! 그러면 그 스님이 나오다가 그걸 보고 화를 낼 것 아닌가! 그 때 잡아 가자!"

이렇게 제안했다. 저승사자들은 그 방법이 좋겠다고 생각하고는 그 선사의 방문 앞에 쌀 한 줌을 뿌려 두었다. 아니나 다를까. 그 선사는 방문을 나서다가 흩어진 쌀을 보고 기겁을 하며 화를 내는 것이었다.

"너 이놈! 시자야! 어느 놈이 이 귀한 쌀을 흘렸느냐!"

하며 크게 화를 내며 소리치다가 쓰러졌다. 이때 바로 저승사자들이 선사를 잡아 갔다고 한다.

이와 같이 견성을 했다 하더라도 오고 가거나 잠을 자거나 온갖 생활 중에서 깨어 있어야 생사에서 해탈할 수 있는 것이다. 그러기 위해서는

견성을 했더라도 그 깨달은 바의 체험을 한결같이 깨어 있게 될 때까지 꾸준히 정진하여야 하는 것이다.

성철 스님도 깨달으신 후 성전암에서 10년 이상 보림하시지 않았던가. 공드려 견성했거나 공부 중에 어떤 체험을 하고는 성철 스님을 찾아가서 법거량(깨달은 바의 체험담을 주고 받는 것)을 청해 오면 빠뜨리지 않고 던지는 말씀이,

"깨친 바가(견성 見性) 잠을 자면 어떻던가? 잠을 자도 깨어 있던가?" 하고 물으셨다고 한다. 보림이 성숙되었는가를 묻는 것이었다.

집착하는 생각과 행동이 업이며, 그 업의 집단이 영혼이다. 진리 자체가 된 체험 상태란 전체 우주에 두루 통하여 하나인 생명의 진리 자체요, 법신(法身)자체가 되어 있는 상태이기에 온 우주가 내 몸이라 집착심이 일어날 수가 없기에 중생적 잠재의식이 나올 수도 쌓일 수도 없는 것이다.

그래야 비로소 생활 자체가 진리요, 도(道)가 되는 것이다. 자기 마음을 돌이켜 보아 문득 보려는 마음과 근본 마음자리가 계합되는 체험이 견성이요, 이 견성의 체험상태가 어떠한 경우에도 깨어 있어야 중생적 사고(思考)에 끄달리지 않는 것이다. 이 경지가 보림의 완성이요, 해탈이 되는 것이다.

달마 대사를 비롯한 역대조사도, 현대의 모든 선지식도, 이러한 보림의 과정을 거쳐서, 깨달음의 체험상태가 생활하거나 잠을 자도 한결같은 경지에 이를 수 있었던 것이다. 때문에 번쩍하는 밝음을 익혀 나아가, 사소한 그림자에도 끄달리지 않게 될 때 비로소 윤회에서 해방되는 것이다. 초견성을 했더라도 보림의 수행을 하지 못했을 때는 생활의 끄달림에 현혹(惑)될 수 있고, 혹에 끄달림은 무명을 만드는 것이기에 마음은 다시 어두운 중생심이 되고 마는 것이다. 때문에 비록 속가 불자이지만, 귀하게

얻은 보배이기에 보림을 완성시키고자, 다부진 각오로 모든 모임을 접어 둔 채 저녁이면 선방에 앉았다.

　그러나 해가 바뀌어도 때로는 수마에 시달리고 수마가 달고 온 혼탁한 상념에 홀리기도 했다. 졸음이 오는 듯하면 어느새 망념은 고개를 내미는 것이었다. 속가 생활인의 견성도 어렵거니와 보림은 더욱 어려운 게 아닐까 하고 염려스러울 때도 있었다. 속가 생활이란 번뇌망상을 만드는 공장에 불과한 것이라고 생각되었다. 온 종일 많은 사람들과 만나 물질적 이익을 추구하는 생각과 행동을 해야 하므로 아무리 부처님을 잊지 않으려 해도 순간 순간 잃어버리지 않을 수 없는 생활이 되고 있기 때문이다. 물론 스님들의 수행도 나름대로의 생활은 있지만 속가의 생활과는 판이한 것이다. 스님들의 생활이란 대부분이 개인적인 이기심은 없어도 되는 것이기에, 그만큼 공부는 쉬울 수도 있다고 할 수 있다.

　부설 거사님과 그 가족이 가족적인 생활을 하면서 보림을 완성할 수 있었던 것도, 우리네 시가지 중생의 생활과는 판이한 환경에 있었기 때문에 더 유리했던 것이다. 그것은 이기적 신경을 쓰지 않아도 되는 자연의 환경 속에서만 살 수 있었기 때문이었다. 다시 말하자면 부설 거사님의 경우는 감정의 상대(相對)가 없었기 때문에 더욱 용이했다고 할 수 있다. 계절따라 씨앗 뿌리고 밭 매고, 싹이 돋고 열매 열리는 대로 거둬들이고, 배고프면 먹고, 쉬고 싶으면 쉬면서, 그 분들의 보림은 완성되었을 것이다. 그러나 직업인으로서는 참으로 어려운 것이었다. 사람과 사람과의 심리전이 직장이기 때문에 출가는 자꾸만 맴돌고 있는 것이었다.

　그러나 차마 떠날 수가 없었다. 넉넉지도 않는 살림에 삼남매의 어린 자식들을 그대로 장보살에게 맡기고 가자니 너무나 양심의 가책이 느껴지는 것이었다. 자식도 환경도 모두가 자신의 업덩이인 것을…. 그래서

미루고 미루어 왔던 것이었다. 그러나 일단 출가 준비를 해야 했었다. 장보살도,

"자식들 대학공부 다 끝나고, 모두들 제 밥그릇 챙기게 될 때 꼭 참선해야겠다" 고 했듯이…. 장보살이 참선의 의미를 사무치게 이해할 그 때 떠나야겠다는 생각을 하게 되었다. 그 때는 이해할 수 있으리라는 생각에서였다.

마침 살던 집이 팔리고 조금 넓은 집으로 이사를 하게 되었다. 출가 준비의 일환으로 새로 산 집을 아내 장보살 명의로 등기했다. 장보살은,

"왜 귀찮게 내 이름으로 하느냐?"
고 물었다.

"나는 재운(財運)이 없는 사람이라 당신 이름으로하면 더욱 재수 좋은 재산이 될 것 아니냐."
고 했더니 장보살도 이해하는 것 같았다.

마침 그 해 가을 가게도 옮기게 되었는데 그것 또한 장보살의 명의로 등기를 마쳤다. 이제 내 이름의 재산은 한 평도 없었다. 아직 출가는 하지 않았지만 웬지 한 걸음 내디딘 기분이었다. 언젠가는 출가한다는 생각으로 그렇게 정리하고 싶었던 것이다. 홀가분한 기분 속에서 보림의 고삐를 늦추지 않았다.

이러한 공부 속에서 어느 날 견성한 스님의 엄청난 퇴보를 확인 할 수 있었다. 90년대 초. 범어사 A암자에는 용성 스님의 손상자(孫上子) 되시는 A스님이 주지로 계셨다. 스님은 젊은 시절 일찍이 견성하신 분으로 명성이 자자 하였다고 한다. 그 문중의 위신력과 법력 때문이었던지 스님은 A암자의 주지직을 수십 년 수행하였다. 그러나 그 스님은 보림을 게을리하고 막행막식하였으며, 그러한 연고로 스스로 자기를 망치고 말았다. 초

견성도인이라는 아만에 젖어 중생의 습이 가시기도 전에 보림을 게을리하고 주색(酒色)을 가까이 했던 것이다. 그리하여 기도왔던 어느 보살과의 사이에 자식도 얻게 되고, 암자의 보시금은 사욕을 채우는 시물이 되고 말았다. 그러한 생활이 수십 년 계속되다 보니 드디어 스님은 육신의 병고와 정신적인 이상까지 오게 되었다.

1991~2년 당시 그 암자에 가면 암자가 아니라 도깨비 소굴 같기도 했다. 법당 부처님의 좌단 앞에는 스님의 때묻은 옷가지가 널려져 있었고, 법당 바닥에는 대낮인데도 자고 난 이불이 그대로 깔려 있었으며, 스님의 방에는 접시마다 썩은 반찬이며 곰팡이 난 과일이 담겨져 있고, 냄비마다에는 말라붙은 라면이며 음식들이 썩어 있었다. 그 모양으로 살다가 보니 신도들이 들어오면 욕설을 퍼부어 쫓아 버리고 암자는 폐가가 되고 있었다. 공양을 지어 먹을 근면함도 상실했고 그릇들이 썩은 음식으로 담겨져 있었으니, 공양시간이 되면 범어사 공양간이나 주위 암자를 찾아 다니며, 거지처럼 빌어 먹기도 하고, 산내스님들의 놀림감이 되었던 것이다.

정신이 오락가락하는 그를 산내스님들은 '안양도인'이라고 부르기도 했다. 그런데 그 스님은 몇 년 전 열반하였지만 죽을 때까지 주지직에 있었다. 많은 신도들이 그런 스님이 왜 주지직을 맡고 있는지 의아해하기도 하였으나, 신도들은 스님의 스승되시는 분의 명성 덕택 아니겠는가 하고 추측하기도 했다.

심정극락(心淨極樂), 마음이 맑고 고요하면 위없는 행복이라는 옛말이 있다. 비록 저녁마다 두세 시간 앉는 선방 생활이긴 해도, 재미가 붙은 즐거움이었다. 벌써 산사의 밤공기가 차가워오고 있었다.

사찰마다 입시기도 현수막이 걸리고 법당마다에는 입시생 어머니들이 붐비고 있었다. 우리 집에도 어느새 맏딸 '희'가 입시생이 되어 있었다.

누군가 입시기도는 지장기도(지장보살님께 소원을 발원하고 기도함)가 제일이라 하더란다. 그래서 아내 장보살은 범어사 지장전에 입시기도를 올렸다.

우리 부부는 매일 저녁 범어사로 올라가서, 아내는 범어사 지장전에서 입시기도를 했고, 나는 내원암 선방에 앉기를 일과처럼 계속 했었다. 아내에게 기도와 선은 다른 게 아니라고 말해주었으나 들은 척하지도 않았다. 바라는 바가 다급할수록 더욱 집착하게 되는 것이 중생의 마음이다.

찬바람이 불자 아내의 바람은 더욱 다급하고 간절해졌던 것이다. 장보살의 믿고 바라는 신앙심은 변함이 없었다. 부처님의 위신력을 믿었으며, 가피를 믿고 있었다. 믿고 기도한 만큼 복을 받는다는 믿음이었다.

나는 기복의 신앙을 부정하지는 않는다. 법당에 간다는 사실 자체가 마음공부요, 수행이며 건강과 행복한 삶을 가꾸는 데도 도움이 되기 때문이다. 어떤 목적으로 기도하더라도, 그 행위는 심성을 진실되게 가꾸는 수행이 되는 것이기에 선업이 되는 것이며, 선인선과는 철칙이기에 삶의 행복에 밑거름이 되는 것이다. 그리고 그 기도는 번뇌망상을 여의는 수행이 되는 것이기에 나중에 참선을 하는 데도 도움이 되는 기초적 수행이 되고 있는 것이다. 그러므로 기도와 선은 둘이 아니라고 할 수 있다. 때문에 나는 아내의 기도를 한 번도 나무란 적이 없으며 때로는 복을 비는 기도에 동참해 주기도 했었다.

기도 의식을 관찰해보면 기도는 바로 참선의 기초를 닦는 수행이 되고 있음을 알 수 있다. 목적에 관계없이 기도할 때는 대개 『천수경』부터 시작된다. '마음가짐도 말도 지극히 조심하고 선행을 실천하여 마침내 진리의 몸 얻고자 간절히 발원하는 것' 이 천수경의 의미이다. 천수경의 내용에는 물질적 복을 바라고 비는 의미는 한 군데도 없다. 그리고 기도 때마다 봉독하게 되는 반야심경의 내용도 기도의 목적과는 너무나 상반되는 의미를 담고 있다.

'부처님께서 깨달으신 바 혜안으로 우주와 인생의 진실을 관하여 보니, 인간을 비롯한 우주 삼라만상은 일시적 화합체요, 무상일 뿐이라 우리 중생들이 너와 내가 있다고 생각하는 그 자체가 잘못된 인식이며, 그로 인하여 고계가 벌어졌으니, 어서 빨리 진리를 깨달아서 생사에서 해탈하자'는 것이 반야심경의 의미이다. 우리 불자들은 이러한 내용의 경전의 의미도 모른 채 남의 나라말로 열심히 외우면서 복을 빌고 있는 것이다. 기도의 목적과는 너무나 동떨어진 의미이다.

그러나 진리를 가르치고 깨닫고자 발원하는 경전을 외운다는 것, 그 자체가 선업을 가꾸는 수행이며, 선업에는 선과가 있는 법이니, 기도는 삶의 행복을 가꾸는 공덕이 되고 있는 것이며, 아울러 깨달음으로 가는 수행이 되고 있는 것이다. 왜냐하면, 어떤 목적을 바라는 기도이든 기도할 때는, 경전을 외우거나, 석가모니불, 지장보살, 관세음보살 등의 명호를 장시간 외우게 된다. 외우는 데 열중하다보면 잡다한 상념들도 잊게 되고, 복을 비는 마음까지도 잊어버리게 된다. 모든 상념을 잊는다는 것은 바로 마음을 닦는 수행이 된다.

그리고 내 정신이 맑으면 주위의 정신들이 맑아진다. 그러므로 입시생의 정신에도 미칠 수 있는 것이며, 아울러 참선의 기초를 가꾸는 수행도 될 수 있는 것이다. 그러므로 기복의 방편도 소중한 방편이라고 할 수 있는 것이다. 사정이 다급해서 찾아온 신도들에게 '인생은 무상한 것인 즉 모두 놓고 깨달음 공부나 하자'고 가르친다면 인생고가 다급한 중생의 귀에 통하겠는가. 때문에 환경인연의 집착에서 벗어나지 못하는 신도들에게는 기도 방편도 꼭 필요한 수행인 것이다. 내가 스님이었더라도 그러한 방편으로 신도들을 지도하였을 것이라고 생각된다.
　장보살의 믿음은 대단한 것이었다. 기도에 열중하다보면 흔히 무아상태를 체험하는 경우가 있었다. 백련암에 다닐 때 능엄신주 기도를 열심히 하였는데 그때도 무아를 체험하였다. 며칠을 발이 땅에 닿는 줄도 모르고 걸어 다녔다고 한다. 그리고 그것이 견성이 아닌가 하고 환희스러웠던 때도 있었던 것이다. 그러한 아내 장보살의 믿음과 집중력이 시절이 되면 언젠가는 진리를 참구하는 밑거름으로 돌아올 것을 믿고 있었다.

버스기사 스님의 보임(保任)

아내의 기도의 효험이 있었던지 막딸 '희'는 무난히 합격했다. 그리고 범어사 지장전 입시기도팀 자제들이 한 사람도 낙오없이 합격했다고 장보살은 부산을 떨었으며, 특히 지장전 기도팀에서 서울 법대 합격생이 나왔다고 야단이었다.

입시철이 끝나자, 밤낮없이 긴장감 속에서 그토록 간절했던 아내의 기도는 해제되었으며, 나의 야간선방은 계속되었다. 그 많은 세월을 귀를 곤두세우고 선지식의 말씀을 듣고자 헤매이기도 하였으나, 이제 다니며 구하던 마음도 없어졌고, 선방 재미에 젖어 있었다.

그러던 어느 날, D보살님으로부터

"도인 한 분 만나 볼려노?"

하고 전화가 왔다. 항상 나를 바른 길로 인도하여 주셨던 선지식들을 친견케 해 주셨고, 특히 월명암으로 인도하여 마음의 눈을 뜨게 해주신 D보살님이셨기에 그날은 어떤 선지식을 만나게 해줄지 몹시 궁금했다.

도반(道伴) 원호에게 같이 가자고 하였더니 몹시 반가워했다. 선지식을 뵈러 갈 때는 원호와 같이 다니는 게 좋았다. 원호는 예의가 바르고 질문 예의도 바르기 때문에 같이 가면 나는 가만히 있어도 되었다. 해운대 K선원 J스님을 뵐 때나 원효암 J스님 등의 선지식을 뵐 때도,

"한 말씀 주시면 좌우명을 삼겠습니다."
하고 원호가 청법(請法)하였었다. 불법(佛法)이란 깨달음을 가르친다는 의미가 된다. 그러므로 진리를 참구하는 데 꼭 필요한 질문을 하는 것이 법을 간청하는 예의가 된다. 신앙(信仰) 상담은 신앙을 가르치는 스님에게 물어야 예의이며, 법을 가르치는 선승(禪僧)에게는 법을 묻는 것이 예의이기 때문이다. D보살님과 만나 원호가 운전하는 승용차 안에서,

"오늘 뵙게 될 분은 어떤 분입니까?"
라고 물어보았다. D보살은

"40번 시내버스를 운전하는 환속(還俗) 도인입니다."
하는 것이었다. 첫 소갯 말부터가 귀를 쫑긋하게 만들고 있었다.

"아니, 도인이 환속했단 말인가요?"
하고 물었다. 어떻게 도인이 환속할 수 있었느냐고 물은 것이었다.

"네, 내 하고는 지리산 토굴에서 정진할 때부터 인연이 있으신 분인데, 대단하신 분이지요. 토굴에서 정진하실 때는 하루 한 끼 생식으로 용맹정진했지요. 그 때 참선 삼매(三昧) 체험담을 얘기 들었지요. 삼매에 들면 자기가 별이 되어 끝도 없는 하늘 위로 솟구치기도 하고, 별빛 같은 빛이 되어 그 빛이 비 내리듯 내리기도 하더랍니다.

그러던 어느 날 공부에 자신감을 갖고 백련암 '성철' 스님께 법거량(깨친 바를 견주어 보는 것)을 하러 갔답니다. 그런데 '성철' 스님은 방문도 열어주지 않고 문전박대하더랍니다. 그래서 '성철' 스님의 방문을 걷어차고 돌아갔답니다. 그후 다시 지리산 토굴로 들어가서 참선을 계속하였는데 좌선만 하면 부인과 딸의 영혼이 계속 나타나서 '우리는 다 굶어 죽게 내버려두고 당신만 부처되면 다냐!' 고 앙탈을 부리더랍니다.

출가하기 전에 결혼해서 딸을 하나 두고는 출가했더래요. 그 권속들의

영혼이 좌선(坐禪)만 하면 나타나는 통에 좌선이 안 되더랍니다. 그래서 환속하여 가정으로 돌아와서는 지금은 시내 버스운전을 하면서 참선공부를 계속하고 있어요. 해운대 가면 D선원이라는 암자가 있는데 운전하고 쉬는 시간에는 거기서 좌선을 하고 일할 시간이 되면 또 나가곤 하지요. 그런데 요즘은 운전을 하면서도 참선공부가 그렇게도 잘 된답니다.

D보살님의 소갯말은 대단히 흥미로웠다. 그러나 그분의 공부정도가 D보살의 말대로라면 도인이라 하기엔 모순이 많다는 생각이 들었다. 마음에는 별도 있을 수 없고 빛도 있을 수 없다. 그런데 별이 되고 빛이 되어 하늘로 솟기도 하고 비오듯 내리기도 하였다니, 그러한 체험은 구심점도 화두의 의미도 모르는 참선자가 무아지경에서 자기가 그린 환상에 놀아났음이요, 헛것에 현혹된 경우였음이 분명했다. 화두의 의미도 모른 채 참선에 열중했을 때 이와 유사한 체험을 하는 경우는 허다히 있을 수 있는 것이다.

나의 경우에도 그랬다. 마음을 돌이켜 관함의 체험이 있기 전의 일이었다. 성철 스님의 『돈오입도요문론(頓悟入道要門論)』을 읽을 때였다. 중도(中道)를 가르치는 대목에서 중도(中道)…, 중도(中道)…, 중도(中道)…, 하고 되뇌이면서 중도의 의미에 골몰하다가 앞에 놓인 백지 한 장을 거의 무의식적으로 찢고 있었다. 중간에 그어진 선을 따라 찢어지는 종이의 중간을 보는 순간 마치 허공 속에 빠지는 것 같은 감을 느끼면서 무게 감각을 잃었고, 온 몸에는 오한을 느끼듯 소름이 끼쳐오고 있었다.

그 때도 혹시나 이것이 깨달음의 체험이 아닐까? 하고 좋아하기도 했다. 왜냐하면 옛날 어느 선사가 마당을 쓸다가 돌을 하나 주워 던져버렸는데 그 돌이 대나무에 정통으로 맞아 큰 소리를 내는 순간 깨달았다는 글을 어디서 읽었기에 같은 경우가 아닐까 하는 생각에서였다.

그 이후 절에서나 집에서 혼자 자주 참선을 한답시고 가부좌 틀고 앉아
'이것이 무엇인고?' 화두에 골몰하다보면 마주 접어 원을 그린 손가락과
허리엔 힘이 풀리고 무아(無我)지경이 되곤 하였다.

이러한 상태의 무아지경을 한 시간 넘게 체험하고난 뒤 깨어나서는,
'이것이 깨달음의 체험이 아닐까?' 하고 생각하기도 했다. 왜냐하면 '무
심(無心)이 부처다' 하는 선사들의 말씀을 읽어왔던 터라 마음에 상념(想
念)이 끊어져 무아지경이면, 그 자리가 부처가 아니겠느냐 하는 추측 때문
이었다.

그 때 혹시나 내가 견성(見性)한 것이 아닐까? 하고 큰스님들께 나의
체험을 문의 드려볼까 했다가 그것이 아님을 알 수 있었기에 그만 둔 적
이 있었다. 선사들이 말하는 무심은 결코 없다는 무심이 아니라, 분명히
도 공(空)한 마음의 근본을 관(觀)하는 성성(惺惺)한 체험을 말하는 것이
었다.

관심(觀心)을 바로해서 내관(內觀)할진대, 그러한 상상의 세계는 나타
날 수도 없거니와 혹시 혼침에 빠져 그러한 경계(境界)가 왔더라도 그것이
혼침임을 스스로 알게끔 되어 있는 법이다. 그러나 그분의 공부경지야 어
떻든 만나 본다는 자체가 흥미롭다는 생각으로 D선원으로 갔다. 속가인
의 머리에 우리와 비슷한 연세로 보였다. D보살님의 소개로 인사를 나누
고 법당 한 쪽에 방석을 깔고는 둘러앉았다. D보살님은,

"이 처사님들도 선방에 열심히 다니는 분들입니다. 좋은 말씀 좀 일러
주십시오."

라고 했다. D보살님은 그분을 도인으로 보고 도인으로 대우하고 있음을
알 수 있었다. 그러므로 우리들에게 잘 가르쳐 줘서 바른 길로 인도해 주
십사고 부탁하는 것이었다. 나는 나의 참선 체험담을 아직 그 누구에게도

얘기 해 본 바는 없었다. 다만 달마 관심론(觀心論)과 금강경 등에서 나의 관해(觀解)가 확실함을 스스로 확인할 수 있었기 때문이다. 누가 알아주도록 바라는 마음이 있다면 이미 바른 공부가 아니라고 생각하고 있었다.

그런데 '돌이켜 봄(內觀)' 그 자체가 된 체험이 있고 난 후부터는 고약한 버릇이 하나 붙어 있었다. 다른 스님의 글을 읽는다거나 법문을 들을 때 그 스님의 공부정도를 들여다보는 버릇이 생긴 것이다. 아니 그렇게 보여지는 것이었다.

D보살님이 기사스님께 청법의 간청을 드렸으나, 스님은 적당한 말씀을 찾고 있는 듯 말이 없었다. 기다리다 못한 원호가 말문을 열었다.

"저희들은 오면서 보살님으로부터 스님의 말씀을 잘 듣고 왔습니다. 어떻게 하면 바른 공부가 성취되는 것인지 한 말씀 주시면 감사하겠습니다."

잠시 후 기사스님은 되물었다.

"처사님들은 어떻게 공부를 하고 있는데요?"

"네, 범어사 내원암 선방에 다니고 있습니다만 아직 아무것도 모릅니다."

기사스님은 천천히 말을 이었다.

"뭐…. 공부하는 방법이야 특별한 방법이 따로 있겠습니까. 참선하시고 계신다니. 화두 잡는 법도 아시겠고…, 그렇게 열심히 해 나아가면 소식이 오겠죠."

그리고는 또 침묵이 흘렀다. 기다리던 원호가 어려운 듯 자세를 고쳐 앉으며 구체적인 질문을 시작하는 것이었다.

"스님께서는 운전을 하시면서도 참선을 하시는 것으로 알고 있습니다만, 저의 경우는 좌선할 때 화두에 열중이 될 때는 앞으로 모아 접었던 손도 힘이 빠져 풀어지고, 온몸의 무게감각을 잃기도 합니다. 그런데 스님께서는 삼매에 드신 채 운전도 하신다고 들었습니다. 저의 좁은 소견으로는 어리둥절할 뿐입니다. 저의 참구 방법이 잘못 되었으면 바른 지도를 부탁드립니다."

기사스님은 이제 할 말을 찾은 듯 눈빛이 밝아지며 답변을 시작했다.

"처사님의 화두가 무엇이지요?"

"네, '이 뭣꼬' 입니다."

"네, 처사님의 참선 관념은 화두를 챙기는 기초는 옳다고 하겠으나 진행 과정은 모순이 있는 것 같네요. 참선 중에 모았던 손의 힘이 빠진다거나, 무게 감각을 잃는다거나 어떤 현상을 보게 되는 경우 등등은 화두를 놓친 경우입니다. 화두를 놓치게 될 때 무게 감각도 잃고 무기(無記)에 빠지기도 하고 잠재의식에 따라 어떤 현상을 보기도 하는 것입니다. 저 자신도 처음 참선할 때는 처사님과 비슷한 경험을 했고 그러한 경험 속에서 계속하다 보니 잡다한 현상이 나타나기도 했는데, 그땐 그것이 도(道)인 줄 알고 큰 스님들을 찾아다니며 큰소리 치기도 했지요…. 그 후 화두 타파〔깨달음〕하신 스님의 체험담을 듣고 보니 내 공부가 바른 공부가 아님을 알게 되었습니다.

화두에 열중하다가 자성(自性)을 돌이켜 보는 관심(觀心)을 잃고 무아(無我) 상태가 된 거였어요. 화두를 의심하는 데 열중하다가 열중하는 그 마음까지도 잃어버리고 무아가 되었으니 아무 생각도 없는 무기(無記)에서, 찰나간에 꿈꾸듯 어떤 환상을 느끼는 체험을 했던 것이지요.

자기 마음을 '이뭣꼬' 한다거나 어떤 소리를 관하거나 주력을 하더라도 자기 마음을 돌이켜 보는 관심(觀心)을 잃지 않아야만이 바른 참구법이라고 할 수 있는 것이죠. 그리고 관심을 잃지 않는다면 무기(無記)에 빠지는 경우는 있을 수도 없는 것입니다.

참선을 모르는 일반인들도 어떤 작업을 하다가 문득 다른 생각을 심각하게 하게 될 때, 하던 동작이 멈춰지는 경우가 종종 있게 됩니다. 처사님이 화두에 열중하다가 손에 힘이 풀어지는 경우도 이와 같은 것입니다. 자기 마음을 돌이켜 보는 관심이 사무쳐 일념(一念)이 되면 자성(自性)을 보는 견성의 체험이 있게 되는 것이며, 그러한 무아의 경지라면 이미 견성입니다. 그러나 관심의 힘이 미약할 때는 결국 자기 마음을 보지 못하고, 무기에 빠진다든지 환상에 빠지게 되는 것입니다.

그리고 아까 처사님은 처사님이 하는 좌선과 생활하면서 하는 선에 대하여 물으셨지요? 처사님이 참선하는 경우는 화두 의심에 전념하고자 애써 정진하는 것이며, 생활하면서 참선한다는 것은 자기 성품을 견성(見性)한 체험상태를 행동하면서도 이어가고자 노력하는 경우라 하겠습니다.

견성의 체험이 안 된 상태에서도 행동하면서 화두 의심을 한다고 느끼는 사람도 있겠으나, 그러한 경우는 의심이 찰나간에 이어졌다 끊어졌다 하기 때문에 의심에 집중될 수가 없으며, 때문에 아주 미약한 의심일 뿐입니다.

화두를 타파해서〔깨닫고 난 뒤〕진리 자체가 된 체험을 하고 난 뒤, 그 깨친 바 체험상태를 생활하면서도 이어가고자 하는 경우는 행동선(行禪)이며, 이것을 보임(保任)이라 하는 것입니다. 자기 성품을 돌이켜보아 근본 마음자리 자체가 된 체험을 하게 되면 '바로 이것이로구나' 하는 분명하게 확 트이는 체험은 있게 마련이며, 그 분명한 체험상태가 생활하거나 잠을 자도 깨어 있어야만이 완전한 깨달음이요, 해탈이기에 그 체험을 보존하고자 생활하면서도 정진하는 것입니다. 그러나, 우리 인간은 너무 오랜 세월 끄달려 살아 왔기에 생활 중에 고민거리가 생긴다든가 상대방과 사무적 협의 상황이 발생하면 그 일에 집착해야 하고, 집착하다 보면 깨달은 바 체험상태를 잃고 말지요. 때문에 어떠한 일 속에서도 끄달리지 않고 깨어 있고자 보림을 해야 하는 것입니다.
 이것이 살아있는 선(禪)이라 할 수 있겠습니다. 관심(觀心)을 잃은 선은 죽은 선이 됩니다. 내가 전문 법사가 못 되어서 설명이 미흡합니다만 도인들은 모든 생활 속에서 깨어 있다고 합니다."
 여기까지 설명이 이르자 우리는 더 질문할 말을 잊고 심각한 침묵이 흐르고 있었다. 기사스님의 말씀을 듣기 전, D보살님의 소갯말만 듣고는 아이들 꿈같은 망상과 놀아난 사람이 성철 스님을 괴롭히고 왔구나 하고 얕보고 갔었으나, 기사스님의 말씀을 듣고 보니, 대단한 공부인으로 돋보였다. 그날도 소중한 분을 뵙게 된 좋은 날이 됐다. 기사스님은 일 나갈 시간이 되었다며 자리에서 일어섰다.
 그러나 그 기사스님의 보임(保任)은 보림에 미치지 못하는 행선(行禪)이었다. 시내버스 운전을 하면서 하고 있다는 행동의 선(禪)은 공부를 이어가기 위한 수행의 정진일 뿐이었다. 행동 중에도 깨어있고 잠을 자도 깨어 있게 되는 확철대오(廓徹大悟)의 경지는 그렇게 해서 얻어지는 게 아니다.
 확철대오의 경지에 이르려면 반드시 아무 것에도 영향을 받지 않을 수 있는 조용한 곳에서 좌선으로 깨달음의 체험상태에 들어 장기간 몰입(沒入)하는 데 열중해야만이 그 경지에 이를 수 있는 도리이기 때문이다.
 견성(見性)한 경우에도 그 체험상태를 들고 행동을 하면서 관찰하여 보면, 행동하면서 그 체험에 들어있고자 해도 의식작용이 일어나 찰나간에 체험과 현실 사이를 왔다갔다 하고 있다는 사실을 관찰할 수 있다.
 찰나간에 현실을 의식하고 분별심을 일으키면서 금세 체험에 들긴 해도〔화두를 들기는 해도〕너무나 짧은 순간에 왔다갔다 하니까 자기는 체험 속에서 일을 하고 있는 것으로 착각할 수도 있고 또 그 경지가 공부가 다 된 확철의 경지로 여기는 경우도 있으나 그것 또한 착각임은 분명한 사실인 것이다.

자기 마음자리를 체험하고(見性) 체험한 바에 들어 좌선을 하여 보면, 그 체험한 바 그 고요의 경지에 한 없이 몰입(沒入)되고 있음을 알 수 있고 그 경지는 모든 분별심이 일어날 틈도 없게 된다. 이러한 체험이 잠을 자도 이어질 때까지 보임의 정진을 해야만이 비로소 행동 중에도 깨어 있게 되는 확철의 경지에 이르게 된다는 것이 역대 조사(祖師)의 경책인 것이다.

이 경지에 이르고자 이 시대를 살다가신 숱한 도인들도 10년 넘도록 깊은 산속에서 혼자만의 세계에서 몰두했던 것이다.

때문에 운전을 하면서나 어떤 일을 하면서 견성한 사람이 그 체험상태에 머물고자 하는 노력은 공부인이 마땅히 그 공부를 놓치지 않고자 하는 노력이므로 공부인다운 행동임은 분명한 사실이기에 공부인은 그러한 정신을 가져야 한다. 그러나 확철로 진보하는 데는 미치기 어렵다는 사실이 숨겨져 있는 것이다.

그 후 기사스님은 결국 가정을 정리하고 다시 출가했다고 했다. 바른 보임의 길을 알고 떠났을 것이다.

대자유인

　어느 날 범일동의 노보살 도반 한 분이 『대자유인(大自由人)』이라는 제목의 책을 몇 권 가지고 와서 '유발(有髮) 도인이 쓴 책'이라며 나누어 주었다. 이 책의 저자는 재가 신도로서, 어린 시절부터 싹터왔던 불심이 자라 확철 대오(大悟)하였다는 내용이었는데, 수행경력의 소개나 옛 선지식 어록인용 등은 배울 점이 많았다. 그러나 그 책에는 유감스럽게도 성철 스님에 대한 사적(私的)인 감정이 노출되어 있었다.
　성철 스님께서 백련암에 계실 당시, 성철 스님을 뵙고자 육 년에 걸쳐 1년에 한 번씩 찾아갔으나, 번번이 거절당했다고 적고 있다. 그리고는 성철 스님의 저서에 대하여 비판하고 있었다. 내용인즉, 성철 스님의 저서에 '숙면시(宿眠時)에도 화두가 역력히 들려 있어야 한다.' '오매일여(寤寐一如)의 깊은 경지에서도 화두를 힘써 참구해야 한다.'라고 하는 성철 스님의 해설에 대하여 다음과 같이 비판하고 있다.
　'성철 스님은 숙면시에도 화두를 드는 것으로 알고 그렇게 해석하여 책을 내었으니 대단히 잘못된 것이다. 이 책들이 앞으로 불교계에 미칠 영향을 생각할 때 아주 중대한 문제가 아닐 수 없다'고 적고 있다.
　이는 저자의 잘못된 견해인 것이다. 왜냐하면, 화두라는 것은 깨달음에 이르기 전에 깨달음을 얻고자 하는 방편이요, 정신을 집중하므로 망상을 여의게 하는 방편이며, 자기의 근본 마음자리를 돌이켜 보기 위한 방편이다.

그러므로 화두는 깨달음으로 풀어야 할 숙제이며, 깨달음은 곧 화두의 답이 된다. 화두는 깨닫기 위한 방편이며, 깨치고 보면 화두는 이미 화두가 아닌 화두의 답이 되어 있는 것이다. 다시 말해서 자기 마음을 돌이켜 보아 근본 마음자리 자체가 된 체험 상태가 깨달음이다. 생명의 진리를 깨닫기 위하여 화두를 참구했고 화두에 의지해서 진리자체가 되어 보는 체험이 깨달음이다.

'숙면시에도 화두가 들려 있어야 한다'고 표현한 것은 깨달은 분의 체험을 말하는 것이며, 깨달은 분의 화두는 이미 화두가 아닌 화두의 답을 들고 있는 것이다. 그러므로 바른 이해는 '숙면시에도 깨친 바의 체험상태를 잃지 아니 하여야 해탈이다' 라는 의미가 된다. 예를 들자면, '이뭣꼬'의 화두란, 보고 듣고 말하는 등 자기 몸을 운전하여 다니며 생활을 주도하는 마음 이것이 무엇인고 참구하는 것이다. 사무쳐 참구할 때 '이뭣꼬' 화두 의심에 정신을 집중하는 것이며, 전념하여 집중하게 될 때 자기 마음을 돌이켜 보는 일념(一念)이 되는 것이며, 그 일념에서 찰나 간에 '이것이로구나!' 하는 체험이 있게 된다. 이때를 당해서는 화두는 사라지고, 그 화두의 답이 되는 진리 자체가 된 체험이 있을 뿐이다.

그러므로 '숙면시에도 화두가 들려 있어야 확철히 깨친 것이다' 라고 하신 성철 스님의 말씀은 '숙면시에도 깨침의 체험 상태가 끊어짐이 없이 깨어 있어야 확철히 깨친 사람이다' 라는 말씀이 된다.

옛 조사님들께서나 성철 스님께서 숙면일여의 경지에도 화두라고 이름 붙인 것은 화두라는 말 대신 써야할 마땅한 단어가 없었기 때문이며, 보림을 가르치는 대목에서도 '화두 든다'로 표현했던 것이다. 바른 공부인이라면 '육신은 깊은 잠에 빠져 있어도 깨친 바 체험상태가 끊어짐이 없이 항상 깨어 있어야 확실히 깨친 사람이다' 라고 읽으면 되는 것이다.

그런데 『대자유인(大自由人)』의 저자는 성철 스님을 육 년 동안 여섯 번이나 찾아 갔으나 만나주지 않았던 탓으로 서운함을 적고 있는 것 같았다.

'정인(正人)은 삿된 법(邪法)을 들어도 정법(正法)으로 받아들일 줄 알고, 사인(邪人)은 정법(正法)을 들어도 삿된 법으로 받아들인다.'
라고 하신 '나옹' 스님의 말씀은 진리를 참구하는 공부인이 수지해야 할 소중한 말씀이다.

장보살의 깨침

1989년 가을 추석연휴를 맞이하여 설악산 봉정암엘 가게 되었다. 언젠가 한 번은 꼭 가보고 싶었던 차에 어느 신행 단체의 전세 버스에 동승하게 되었다. 장보살과도 같이 가려고 하였으나 당시에는 건강이 좋지 않았던 터라 혼자 가게 되었다.

저녁 아홉 시에 출발했던 버스는 밤새껏 달려 다음날 아침 일곱 시 경에야 설악산 오색 입구에 도착했다. 봉정암 오르는 길은 일곱 시간 가까이 땀을 흘리고 나서야 도착할 수 있었으니 꼭 삼천 배하는 힘과 시간이 소비된 셈이었다. 봉정암. 그곳은 바로 옛도인의 청정한 구도행각(求道行脚) 그것이었다. 고행 길이긴 하였으나, 우람한 경관이며 옛 도인들의 발자취를 대하고 보니 너무 편안히 도를 구하고 있다는 생각이 앞섰기에 그저 숙연할 따름이었다. 그 높은 봉정암을 거쳐가신 도인들은 저 너머 천불동(千佛洞)의 말 없는 부처님들과 벗하며 바로 이곳을 서방정토(西方淨土)로 삼고 환희작약하며 사는 바 없는 삶을 살다 갔으리라.

우리 일행이 도착했을 때는 이미 전국에서 모여든 신도들로 법당과 요사채는 초만원이 되어 비집고 들어갈 틈도 없을 정도였다. 도반 몇 명은 부처님의 진신사리(眞身舍利)가 모셔진 사리탑 앞 반석 위에 앉아 좌선으로 밤을 새우기로 하였으나 늦은 밤이 되자 온도는 급강하하였다. 추위에 못 이겨 잠자리를 찾아보았으나, 방마다 비집고 앉을 자리도 없었다.

  우리는 라면을 끓여 꿀맛 같은 밤참을 먹고 천막 밑에 쭈그리고 앉아 잠시 졸다가는 밤을 새웠다. 고된 여행이었으나 환희스런 고행이 되었다. 2박 3일의 여행을 마치고 밤 열한 시가 넘어서야 집에 도착할 수 있었다.

  그런데 장보살의 모습이 큰 걱정거리라도 생긴 듯 조용해져 있었다. 땀이 배인 몸을 씻고 왔을 때는 12시 가까이 되었는데도 장보살은 TV에 눈을 댄 채 쭈그리고 앉아 있었다. 유난히도 초저녁잠이 깊은 아내였기에 평소 같아서는 벌써 곤한 숙면에 취해 있을 시간이었다.

  그런데도 오늘은 마음은 딴 데 있으면서 TV화면에 눈만 비추고 있음이 역력했다. 혹시 애들 때문에 속상한 일이라도 있었는가하고 조심스레 물었다.

  "무슨 일이라도 있었나? 기분이 안 좋은 것 같은데?"

  잠시 말이 없던 장보살은 TV를 끄고는 다가앉으면서

  "여보! 난 도저히 원통해서 못 살겠소. 참선을 어떻게 하는 것인지 좀 가르쳐 주소!"

라고 하는 것이 아닌가. 그제야 안심이 되었다. 그러나 아닌 밤중에 홍두깨라더니 이런 경우를 두고 하는 말일 께다. 처녀 시절부터 지금까지 수십 년을 절에 다니면서 부처님께 빌고 관세음보살님께 빌고 지장보살 산신령님 등 온갖 대상에 매달려 그토록 간절하게 복을 빌던 아내가 아니었던가! 10년 넘도록 새벽마다 삼백 배 이상의 절을 하며 참회기도를 했던 순박한 신심뿐인 장보살이었다. 간혹 참선이야기를 들려줘도 귀를 닫고 있었는데 오늘은 참선을 배우겠다는 것이 아닌가. 그것도 예사로 묻는 게 아니라 원통하리만치 분심이 난 채 다그쳐 묻는 것이 아닌가. 며칠 사이에 왜 이렇게도 마음이 변했는지 무엇 때문에 발심하게 되었는지 동기가 몹시 궁금했다.

"당신 어딜 갔었나?" 묻자

"대적선원에 다녀왔어요."

라고 했다. 대적선원은 통도사 건너편 천성산의 가장 높은 곳에 위치하였고, 신라시대 원효 대사께서 수도하셨다는 곳이다.

대적선원은 수십 년 전부터 H노선사께서 주석하시었고 H노스님께서 부산 내원정사 조실로 가신 이후 S선사께서 주석하시게 되었다. S스님은 범어사 선원을 거쳐 태백산 등지의 토굴에서 용맹정진도 하셨고 최근에는 문경 봉암사 선원에서 중책을 맡고 계시다가 뜻한 바 계시어 천성산에 주석하시게 된 것이었다.

노선사께서 주석하실 때에 자주 다니기도 하였으나 노스님께서 내원정사 조실로 가신 후에는 가 뵌 적이 없었다.

아내는 바로 그 S스님을 뵙고 온 것이었다.

"그래, 대적선원에서 무슨 일이 있었는데?"

아내는 잠시 말이 없다가 경위를 얘기하기 시작했다.

"그저께 범일동 형님들 따라 대적선원엘 갔었는데요. H큰스님 후임으로 S스님이라는 분이 오셨거든요. 그날 처음 뵙게 되었는데 스님께서 나보고,

'어느 절에 다녔냐?' 고 물으시기에,

'백련암에 다녔습니다고 했지요.'

'백련암에 얼마나 다녔냐?' 고 또 물으시기에,

'한 15년 다닌 것 같습니다.' 고 말씀드렸지요. 그랬더니 이번에는,

'15년 동안 뭘 어떻게 공부했나요?' 하고 물으시는 겁니다.

그래서 삼천 배하고 '아비라' 기도를 했다고 말씀드릴까 하다가 스님께

서 원하시는 바가 그런 기도에 대한 질문이 아닌 것 같아서 좀 머뭇거렸지요. 그랬더니 스님께서,

'15년~20년이나 절에 다니면서 얻은 게 뭔지 보따리를 풀어보시오!'
하고 다그치시는 거라요. 그런데 아무리 생각해도 한 마디도 대답할 게 없어요. 그래서 안절부절하고 있는데 또 다시

'보따리를 풀어보라!'

고 화난 음성으로 다그치셨는데 결국 한 마디도 못하고 물러 나왔어요. 생각해 보니까 너무 억울한 거라요. 20년 넘도록 절에 다니면서 내 욕심만 빌었지, 아무 것도 배운 게 없다는 것을 알았어요. 참선을 알아야 대답할 말이 나올 것 같아요. 도대체 참선을 어떻게 하는 것인지 당신이 좀 가르쳐 줘봐요."라고 했다. 그때야 안심이 되었다.

장보살의 말대로 대단하게 분통이 터져 있었다. 그간 여러 차례 참선하자고 권하기도 하였으나 여자이기에 감수성이 예민한 탓인지 애들의 학교성적이 떨어지거나, 가게 영업이 잘 안 될 때도 조상님들의 천도기도에다 지장, 관음 등 온갖 기도에 온 정열을 바치다가 백련암에 다니고부터는 3000배 참회기도와 아비라 기도만 열심히 하면 만사가 형통할 줄 알았던 아내가 이번에는 임자를 만났던 것이었다. 너무나 분심이 나 있었다. 그러나 도(道)가 물건이던가. 아무리 분심이 났다해도 누가 단방에 도를 안겨줄 것인가. 그래서,

"그래, 참 잘됐네 뭐. 이제 참선해야겠다는 마음이 났으니 내일부터 나하고 같이 선방에 다니자. 오늘은 늦었으니 그만 잡시다. 난 무슨 일이라고."라고 하였더니,

"잠이 와야 자지요!"라고 하는 게 아닌가.

"옛날 어느 수자스님이 간절한 구도심으로 어느 도인스님을 찾아갔대

요. 그리고 그 암자에서 온갖 궂은 일 마다않고 열심히 일하면서 가르침을 고대하였으나 삼 년이 지나도록 공부에 대한 가르침은 한 마디도 해주지 않으셨대요.

그리하여 그 수자스님은 이 암자에서도 도를 구하기는 어렵겠다고 생각하고는 바랑을 챙겨메고 하직하였답니다. 암자 맞은편 비탈길을 올라가고 있을 때 누군가가 큰소리로 자기 이름을 부르는 소리가 들렸어요. 돌아보니 도인스님께서 부르고 계셨대요. 이때 도인스님 왈, '야 이놈아 도(道) 받아라!' 라고 큰소리로 외치시며 던지는 시늉을 하셨답니다.

이때 수자스님은 큰 감동과 동시에 즉시에 깨치셨다고 해요. 이와 같이 도란 욕심으로 얻어지는 게 아니거든. 열심히 하다가 보면 우리도 아는 날 오겠지 뭐."

그러나 장보살의 수심은 더 깊어지는 것 같기만 했다. 한참 생각 끝에 방석 두 개를 방바닥에 깔고 벽을 보고 나란히 앉았다.

"지금부터 정신 바짝 차리고 내 말을 들어요. 내 마음이 부처라는 얘기는 많이도 들어봐서 잘 알 터이고, 마음이 부처이기에 내 마음 내가 보는 것이 견성(見性)이요, 성불이라는 것도 다 아는 사실이지요. 이제 어떻게 마음을 보느냐 하는 문제만 남았어요!

'마음이 부처다' 라고 생각하고 마음을 보려고 해 봐요. 너무 범위가 넓어 황당하게 느낄 수 있지요! 왜냐하면 마음이라는 것은 찰나도 쉬지 않고 이 생각, 저 생각을 하면서 여기저기 다니면서 망상을 피우는 것이기에 그 마음을 따라다니다가는 잡을 수가 없어요.

그러므로 따라다니지 말고 잡아들여야 합니다! 어떻게 잡아들이느냐! 이제 벽을 봅시다! 지금 내 마음이 어디 있는지부터 살펴봅시다! 지금 당신의 마음과 내 마음은 벽을 보고 있고, 벽을 보아 벽인 줄 알고 있다! 벽을 보아 벽인 줄 '아는' 이것이 당신의 마음이다! '저것이 벽이다'라고 보아서 알 때는 당신의 마음은 벽에 끄달려〔집착하여〕벽의 색깔이나 무늬를 보고 있다! 벽을 보아 벽인 줄 아는 그 마음을 어떻게 하면 보겠어요? 보는 방법은 단 한 가지뿐이요!

 벽을 보아 벽인 줄 아는 이것을 돌이켜 봐야 하는 거요! 벽을 보아 벽인 줄 아는 이것! 보아서 아는 이것을 돌이켜 봐요! 보려고 애쓰다가 보는 마음이 흔들려 벽의 생김새에 끄달리면 또 돌이켜 관(觀)해요! 또 다른 망상이 일어나면 또 돌이켜 봐요! 계속해서 도망가면 잡아들이고 도망가면 잡아들여요! 일념으로 계속해 봐요! 눈은 뜨고 있어도 보는 바 없고, 안도 아니고 바깥도 아니면서 분명한 자기 마음을 보는 확 트이는 체험이 있게 될 때까지 계속 돌이켜 봐요!"

 그리고는 앉아 있었다. 약 30분이 지났을까. 장보살은,

 "방법은 알아듣겠는데 잘 안 되네요."

하고 한숨을 쉬며 다리를 뻗었다.

 "그게 그렇게 빨리 될 바에야 도인 못 될 사람 어디 있겠소? 안 되니까 공부하는 거지. 오늘은 이만 잡시다."

 봉정암의 피로가 엄습해 왔음인지 나는 금새 깊은 잠에 빠졌다.

 다음 날부터 장보살은 생기가 넘치는 듯 명랑해 보였다. 어젯밤 내가 들려준 참선얘기를 듣고 이제 공부방법을 알아서 그랬는지 그토록 가득 찬 수심은 온데 간데 없었다. 그리고 다음 날부터 간청에 따라 장보살도 선방에 입방했고 이제 저녁마다 같이 다니게 되었다. 장보살은 고등학생 자녀가 둘이나 있었던 탓에 공부 뒷바라지하느라 매일 가지는 못했다. 그러나 용맹스런 새벽 참선이 시작됐다. 새벽마다 능엄주(楞嚴呪)를 외우기도 하고 300~500배의 참회기도를 하던 그 시간이 참선시간으로 바뀐 것

이었다. 장보살의 신심을 알기에 머잖아 무슨 소식이 올 것 같은 예감이 들기도 했다. 그후 약 보름이 지날 무렵, 선방에 갔다오는 차 안에서 말문을 열었다.

"여보, 어디 가서 내가 하는 참선이 바로 되고 있는 것인지 좀 알아 봤으면 좋겠는데요? 어느 스님께 물어보는 게 좋을까요?"

장보살이 뭘 느꼈음을 직감하고, "어떤 느낌이 왔는데?" 하고 되물었다.

"사실은요, 당신 봉정암 갔다오는 날 참선하는 법을 묻고 같이 좀 앉았 잖아요. 그날 당신은 일찍 잤지만 나는 스님한테 '보자기'에 대한 답을 드리지 못한 것이 마음에 걸려서 잠을 잘 수가 없었어요. 가슴도 답답하고 잠도 오지 않아 마루를 닦았지요. 걸레질을 하면서도 의심은 멈추지 않았고 '도대체 걸레질하는 이것이 뭐꼬!' 하는 순간 일체 망상이 끊어지고 고요적막한 찰나! 뭣이 갑자기 분명한 감(感)이 확 열리는데 '바로 이거다.' 하고 무릎을 쳤지요. 너무나 감격해서 소리를 칠 뻔 했어요. 보아서 아는 이것이 분명히 잡히는 거라요. 혹시 이런 체험이 견성이라 하는 것인지 큰스님께 여쭈어 보았으면 싶네요."

라고 하는 게 아닌가. 몹시 기뻤다. 봉정암 다녀온 그 다음날부터 웬지 장보살의 표정이 밝아 보이더니 그날 바로 해 낸 것이었다.

"그 느낌이 지금은 어떻는데?" 하고 묻자,

"지금도 분명하지요. 가게 일을 보거나 길 가다가도 마음만 내면 분명하거든요."

"그럼 앉아서 참선할 때는 어떻던가?"

"선방에 앉으면요. 분명한 그 속으로 한없이 깊이 빠져드는 것 같은 체험 속에 빠지지요."

라고 했다. 그저 생각으로 헤아려 마음의 진공(眞空)한 도리를 이해한 것이 아니라 분명하고 정확한 체험을 하였음이 분명했다.

"전에도 기도하다 무아지경이 되어 보는 경험은 몇 번 있었거든요. 이번에는 그러한 느낌이 아니고 체험이 분명해요. 그때와는 다르거든요. 그때는 자성을 본다거나 화두 자체를 몰랐을 때였으며 느낌 자체도 마음 돌이켜 보는 체험이 아닌 무아지경이었다고 할 수 있죠. 이번에는 그때와는 판이하게 달라요. 지금도 분명히 체험되고 있거든요."

장보살은 자신감에 벅차 있었다.

"내가 보기엔 공부가 바로 되고 있는 것 같으니까. 내일 H노스님께 가서 궁금한 것 여쭈어 보도록 하지."

장보살의 체험은 정확한 것이었다. 기복에만 매달려 전혀 선(禪)에 대해서는 관심조차 없다가 J암 S선사님을 뵙고 충격을 받아 분통이 터지도록 알고 싶은 3일 만에 터진 것이다. 마치 어미 닭이 계란을 품었다가 병아리로 깨어날 정확한 시간을 맞추어 계란을 쪼아주므로 병아리가 태어나듯이 S스님의 일격에 힘입어 장보살은 깨어난 것이다. 항상 베풀고자 애쓰는 사람은 진실하게 살 줄 알고, 진실하게 살 줄 아는 사람은 열심히 기도할 줄 알며, 기도에 열중할 줄 아는 사람은 참선도 열중할 줄 알고, 참선에 열중할 줄 아는 사람은 빨리 깨닫게 된다는 사실을 보여주고 있었다.

앞으로 어느 정도 보림(寶林)을 하느냐 하는 문제만 남은 것이다. 나 역시 마음을 돌이켜 보는 체험을 하고 난 뒤 자신의 체험을 어떤 스님이나 도반에게도 얘기한 바가 없었다. 말씀드려볼 자리를 찾다가 『선문촬요(禪門撮要)』한 권으로 자신의 공부를 확인할 수 있었던 것이다. 그 책으로 확인할 수 있었던 것은 달마 대사나 보조 국사에게 물어본거나 마찬가지였기 때문이었다. 장보살이 초견성(初見性)한 후 약 보름이 지날 무렵 장보살과 나는 내원정사 H조실 스님께 갔다. 노스님께서 반가이 맞아 주셨다. 노스님께서 일 배만 하고 앉으라고 하셨으나 법(法)을 물으러 왔기에 삼 배를 올리고 앉았다.

노스님은,

"어쩐 일이야, 하도 오랜만에?"

자주 오지 않았다는 질책 같았다.

"스님, 오늘은 뭘 좀 여쭈어 보려고 왔습니다."

하고 말씀드리자 스님께서는,

"그래, 물어봐. 어디 별이라도 하나 따기라도 했나?"라고 하셨다.

"저 사실은 우리집 보살이 요즘 갑자기 참선 공부를 하겠다는 발심이 된 것 같습니다."

"그래? 듣던 중 반가운 소식이구먼. 그래서?"

"우리집 보살은 기도할 때도 남달리 열중할 줄 알았는데, 이번에는 참선에 열중하게 되었습니다. 화두는 '이뭐꼬'로 하였나 본데 의심이 사무치다 보니까 집안 청소하면서도 의심이 계속 되었나 봅니다."

"그래서?"

스님께서도 대단한 관심거리라도 생긴 듯 설명을 재촉하고 있었다.

"네, 그날도 저와 같이 좌선을 하다가 저는 일찍 잤는데 이 보살은〔아내를 가리키며〕잠이 오질 않아 마루에 걸레질을 하였답니다. 걸레질을 하면서 '도대체 걸레질하는 이것이 뭐꼬?' 하는 순간 자기 근본 마음자리를 관(觀)하는 체험이 있었나 봅니다."

"그래?!"

"네, 어떤 감(感)이 잡혔는지 모르겠습니다만은 공부가 바로 되고 있는 것인지 스님께 여쭈어 보려고 왔습니다."

"그래…?"

하시고는 아무말 없이 앉아 있는 아내를 보고,

"어떤 감이 왔는지 느낀 대로 얘기해 봐."

아내는 멋쩍은 듯 고개를 숙인 채,

"아니예, 드릴 말씀이 없는데예."

라고 한다. 다시 스님께서는,

"아니, 느낀 걸 얘기해야 내가 뭐라고 답변을 해 주지?"

라고 다그치셨다. 머뭇거리던 아내는,

"그냥 아무 것도 없던데요." 라고 했다.

"에이! 아무 것도 없으면 되나. 뭔가 알아져야지?" 라고 하신다.

"뭐라 말씀드릴 단계도 안 됩니더."

아내의 말은 뭐라고 표현할 길이 없다는 뜻이었다. 사실이 그렇다. 말할 수 없는 것이다. 그렇다고 옛 고승들의 오도송(悟道頌)처럼 산이 물 위로 간다고 한다던가 맑고 신령스런 한 물건이라고 표현할 수도 없는 것 아니겠는가. 물론 깨친 사람이라면 자기법〔自己가 깨친 바의 체험〕은 있어야 한다. 맑고 신령스런 그 자리를 견성하고 나면, 그 자리는 천상천하만리(天上天下萬里)가 진공(眞空)히 계합되고 통일되는 자리기에 어떻다고 표현할 길은 없다.

부처님도 그랬고 달마 대사와 혜능 조사도 그랬다. 부처님도 달마 대사도 표현치 못했거늘 어이 범부가 그 속을 말할 수 있으랴. 영원히 꺼지지 않은 광명스런 트임을 보았으면 그것을 영원히 보존할 수 있는 보림이 필요할 뿐이다. 노스님은 다시 다그치신다.

"그래 그것이 어떻게 생겼는지 뭘 느꼈는지 느낀 대로 말을 해봐."

그래도 아내와 나는 할 말을 찾지 못하고 있었다.

"에이, 답답해라. 티끌만큼이라도 말을 해야 뭐라고 일러주지."

우리는 그저 멋쩍게 앉아 있었다. 그리고는 내심, 도인은 공부인의 마음을 물어보지도 않아도 훤히 알 수 있었으면 좋겠다는 생각이 들기도 했다. 스님은 드디어 자기의 법을 내 놓으시기 시작했다.

"이것 봐요."

스님께서는 사인펜 하나를 두 손가락으로 거꾸로 들고는 우리를 보라고 했다.

"말 안 하겠다면 할 수 없지. 내가 한 마디만 일러주지."

하시고는 볼펜을 좌우로 흔들어 보이시면서,

"시계 추는 이렇게 왔다 갔다 하지. 왔다 갔다 하지만 무게 중심은 항상 중간에 있어. 사람의 마음도 이와 같아. 왔다 갔다 하는 데 따라다니면 중생이고, 중도(中道)를 알고 느끼면서 왔다 갔다 하는 걸 보는 바 없이 볼 줄 알면 부처야. 요즘 납자들은 참선하다가 밖에서 애들 노는 소리만 나도 벌떡 일어나 시끄럽다고 소리를 치지. 그게 도가 아니야. 자기 자성(自性)을 관(觀)하고 있으면 밖에서 뇌성벼락이 친들 무슨 상관이야. 관하는 상태〔체험상태〕에서 봐주면 되는 것이지. 자기 마음을 바로 보았다면 소리를 들으면서도 관(觀:체험상태)이 되어 있어야 해. 이 시계추의 중심이 그대로인 것처럼 공부인의 마음은 관(觀)의 체험 그대로 지속되어야 해. 다시 말하자면 견성(見性) 그대로이면서 만사를 볼 수 있어야 바른 공부에 들어선 거여."

스님은 여기까지 말씀하시고는 땅콩, 잣, 해바라기씨 등이 담긴 과자 그릇을 우리들 앞에 내려 놓으시고는 권했다. 이때 장보살은 엉뚱한 질문을 하나 꺼내는 것이었다.

"스님, 한 가지만 여쭤보겠습니더. 한날 좌선을 하는데 내가 풀잎 속으로 들어가는 걸 보았거든예…."

이때 스님께서는 아내의 말이 끝나기도 전에,

"예끼 이놈!" 하시며 몽둥이 찾는 시늉을 하시고는,

"망상에 놀아난 게야! 중생꿈을 꾼 거여! 그게 무슨 공부여!"

라고 하셨다. 장보살은 혼침상태에서 찾아든 망상을 본 것을 얘기했으니 스님께서 야단치신 것이다. 나 역시 그런 비슷한 경험이 있었다. 참선하는 중에 졸림이 오는 것과 동시에 망상이 일어났던 것이다. 어떤 때는 생생한 꿈과 같은 망상을 경험하기도 했고 어떤 때는 내 마음이 엉뚱한 세상을 시찰하기도 했다. 그러한 망상에서 깨어나서는 망상인 줄 알 수 있었으며, 그런 때일수록 더욱 확고하게 돌이켜 봄을 챙겼었다. 그런데 장보살은 그러한 망상을 혼침인 줄 몰랐던 것이었다. 노스님은 다시,

"입정(入定)에 들어서는 관념만이 성성이 살아있어야지 참선 중에 빛이 나타난다던가 어떤 형상이 나타나면 공부 아니여."

아내는 합장하고 반 배를 드렸다.

"잘 알겠습니다."라는 표시였다.

"그래도 보살은 소질이 있어, 열심히들 해봐! 그리고 어떤 경계가 나타나면 혼자 끙끙 앓지 말고 찾아와요. 잘못하다가는 무당되는 수가 있어."

라고 하셨다.

스님으로부터 인정받고 못 받고는 문제가 아니었다. 그 시계추 논리는 자기 법(法)이었던 것이다. 그리고 장보살의 체험도 틀린 것은 아니었다. 다만 혼침을 혼침인 줄 몰랐던 탓에 끌려 다닐 뻔했던 것이 바로 잡아졌으니 큰 법을 얻었던 계기였다.

며칠 후 J암으로 갔다. 기복신앙에만 혹(惑) 빠져 있던 아내를 단시일에 인도하여 주신 S선사님을 뵙고 싶기도 했고, 아내의 고귀한 법의 소식을 전하고 싶었다.

S스님께서 대적선원에 주석하시고부터는 대부분이 선(禪)공부 하고자 하는 신도들만 모여들었다. 대중들 보는 앞에서 장보살의 경우를 질문하여 대중들의 공부로 삼고 싶었다. 약 십여 명의 신도들이 스님과 좌담을 하고 있을 때 말을 꺼냈다.

"스님, 우리집 보살이 지난 추석 때 스님을 뵙고 와서부터는 참선을 열심히 하고 있습니다. 그런데 며칠 전 뭘 느꼈던 모양입니다. 스님께서 잘 보살펴 주시면 감사하겠습니다."

그런데 스님께서는 냉정하게,

"공부 잘 되면 좋지 뭐." 하며 자리에서 일어나시는 것이었다.

신도들도 영문도 모른 채 일어나 법당으로 갔다.

육조 혜능 대사께서 5조 홍인 대사로부터 인가(認可)를 받을 때도 야반삼경에 남몰래 득도인가를 하셨듯이 그러한 절차는 엄밀히 문초하시려 했을까. 다른 사람이 알아서는 피차 도움이 되지 못하기 때문일까. 다음 날 남몰래 장보살은 스님의 처소로 갔다. 자초지종을 말씀드린 장보살은 드디어 길을 열어주신 스승으로부터 바른 공부의 길로 들어섰다는 인정을 받은 것이다. 그것도 오조(五祖) 홍인 대사와 육조(六祖) 혜능 대사 사이에 있었던 인가처럼 스님과 제자만의 비밀로 해 둔 채, 스님들도 해내기 힘든 이 공부를 첫대면 하였던 여신도(女信徒) 하나가 해낸 것이다. 인연이란 참으로 묘하다는 생각이 들었다. S스님께서 아내의 법기(法機:깨달을 수 있는 가능성)를 보았음일까. 수십 명의 보살 중에 오직 아내에게만,

"20년 동안 무슨 공부하였는지 보따리 내 놔라!"

하고 얼굴이 홍당무가 되도록 야단을 치신 것도 이것 또한 기특한 시절(時節) 인연이 아니고 뭣이랴.

바른 구심점 모르면 외도(外道)되기 쉽다

　무더운 여름날이었으니 하안거(夏安居)기간이었다고 기억된다. 한가한 날이라 오후 일찍 범어사 경내를 참배하고 내원암 선방으로 가던 중 후문 은행나무 고목 옆에 서 있는 낯익은 스님 한 분을 뵙게 되었다. 태백산 서암(西菴)에서 용맹 정진하시던 스님 중의 한 분이었다. 그 때 서암에 갔을 때, 서암의 유래며 법당 부처님 옆에 엄숙하게 봉해서 모셔진 결사(決死)의 의지가 담긴 보자기를 풀어 설명해 주셨고 맛있는 다래주를 선물로 주셨던 그 스님이셨다.

　내가 본 암자 중에 항상 잊혀지지 않는 토굴(土窟)은 서암과 월명암이었다. 봉암사 선방도 위엄있고 서슬 시퍼런 칼날 같았다. 월명암과 서암은 과연 도인될 사람들이 공부할 곳으로 보였던 곳이다.

　요즘도 때때로 월명암과 서암의 스님들이 용맹 정진하시는 모습이 떠올랐으며, 기회가 된다면 꼭 그러한 곳에서 보림해보고 싶었던 차에 너무나 반가웠다.

　"스님! 안녕하십니까?"

하고 반갑게 인사드렸으나, 스님은 기억이 안 나시는지 지나치는 신도들의 인사를 받을 때처럼, 가볍게 답례하고는 외면하고 있었다.

　"스님! 저 기억 못 하시겠습니까?"

그래도 기억이 안 나시는지 물끄러미 보고 있었다.

"몇 년 전에 범일동 화주 보살님들과 서암에 가서 뵌 일이 있습니다."

그때서야 반갑게 손을 내밀었다.

"네! 이제 기억이 나네요. 아이고 처사님 반갑습니다. 보살님들도 잘 계십니까?"

"네, 모두 잘 계십니다. 그런데 스님 여긴 어떻게 오셨습니까?"

"네, 비구계를 받으려 왔습니다."

"네, 서암의 스님들 모두 안녕하신지요?"

"그 때 같이 계셨던 스님들은 모두 헤어졌습니다. 저도 요즘은 해운대 K선원 J스님 계시는 곳에 있습니다. 공부가 진보가 없어서 J스님 밑에 지도 받아볼까 하고 왔지요."

라고 하는 것이었다. 동시에 나는 실망하고 있었다.

길도 모르는 사람들이 용맹 정진했단 말인가. 아직 구심점도 모르는 스님들이기에 그렇게도 공부하기 좋은 서암을 버리고 아직도 길을 묻는 나그네가 되어 있는 것이 아닌가, 알 수가 없었다. 출가하신 스님들이 왜 공부하는 길도 모르는 것인지. 참구하는 길을 바로 알았다면, 새 스승을 찾아다닐 이유가 없지 않은가. 바른 구심점도 모르면서 일일일식(一日一食)으로 생식(生食)하며 잠 안 자고 그 고생을 했단 말인가. 그러나 입승이셨던 S스님만은 큰스님이 되어 있을 걸로 믿고,

"S스님께서는 요즘 어디 계시는지요?"

하고 물어보았다.

"네, 지리산에 암자를 하나 마련했답니다. 그런데 그 스님은 국선도(國仙道)를 한다고 그래요. 왜 옛날에 신선(神仙)이 된다는 도(道)있잖아요!"

라고 하신다.

"국선도라니요?"

실망은 더욱 커져 갔다. 우리가 서암에 갔을 때는 옛조사 스님들의 말을 인용해 가며 도인 행세를 하던 그가 결국 정법을 깨치지 못하고 외도(外道)에 빠진 것이었다.

국선도란 단전(丹田) 호흡과 체조로써 건강을 위주로 하는 수련이다. 국선도에 달인(達人)이 되면 옛날 전설에 나오는 신선처럼 장수하게 되고 나아가서는 생사를 초월한다고 주장하는 수행단체이다. 아연 실색하지 않을 수 없었다.

S스님의 스승, 일타 스님은 손을 촛불에 태워 연비를 하셨고, 상좌이신 S스님도 스승을 따라 손가락을 태워 연비까지 하시며 성불의 단호한 의지를 보이셨던 분이셨다. S스님은 철두철미한 계행과 수행을 하셨으므로 범일동 보살님들은 그 분의 화주가 되었던 것이다. 그런데 그 분이 외도에 빠지다니 너무나 한심했다. 결사(決死)의 보자기도 허울좋은 장식품이었고 생식도 일일일식도 장좌불와도 전시용이었단 말인가. 기회만 주어진다면 월명암이나 서암에서 보림하고 싶었는데 그분들이 득도에 실패하고 전국을 헤매이는 나그네가 되었다니 너무나 한심했다.

내원암에 도착했을 때는 오후 3시경이었다. 선방으로 바로 갈까 하다가 일찍 온 김에 입승스님께 인사부터 드리고 앉으려고 스님방으로 갔다. 다른 때도 간혹 일찍 왔을 때는 스님방으로 가서 인사를 드렸고, 그때마다 스님께서는 구수한 작설차를 내어 놓으시고는 옛날 선방 덕담을 들려 주시곤 했다. 그날도 스님의 덕담이 듣고 싶어서 스님방부터 가고 싶었던 것이다. 그런데 스님이 계시지 않았다. 불길한 예감이 들었다. 특별한 경우를 제외하고는 외출이 없으신 분이었고, 특히 안거 기간에는 외출하시는 일이 없는 분이셨다. 공양간으로 가서 공양주 보살님의 얘기를 듣고 J스님이 이 암자를 떠나신 것을 알 수 있었다. 사유인즉, 30대 젊은 원주스님과 말다툼 끝에 70대 노스님만 떠나게 된 것이었다. 원주스님이 노스님을 대할 때 지나치게 멸시하고 업신여기는 줄은 우리 도반들도 알고는 있었다.

그러나 노스님이 암자를 떠나야 할 만큼 심각한 줄은 몰랐었는데 그 날 일이 벌어지고 말았던 것이다. 입승 노스님은 고목나무 같으신 분이었다. 당신의 자리만 지키실 뿐 남의 일에 관여하는 분도 아니었다. 그런데 왜 그 연세에 암자를 떠나야 했을까. 집안 어른이 별세한 것처럼 선방이 텅 빈 것 같았다.

아홉 시가 가까워 자리에서 일어서면서 몇몇 도반들이 저마다 한마디씩 원주스님의 오만함을 성토하고 있었다. 어느 처사가 말했다.

"스님들도 공부 잘해서 도인 되든지, 주지로 나가서 돈벌이 잘 하든지 양단간에 하나로 선택해야 노후가 편안하답니다. 우리 모두 분발합시다."

좌중은 모두들 서글픈 웃음을 뒤로 하고 하산했다. 그 다음 날부터 도반들은 거의 오지 않았다.

J스님은 어느 보살이 운영하는 암자에 주석하시게 되었고, 대부분의 도반들은 J노스님을 따라 그쪽으로 자리를 옮겼던 것이다. 그 무렵 시내는 자동차가 늘어나 출퇴근 시간의 도로는 정체가 일어나기 시작했고, 퇴근 후에 내원암까지 가기에는 너무 많은 시간을 차 속에서 보내야 했다. 그리하여 우리는 내원암 선방을 졸업하게 되었고, 대적선원 선방으로 자리를 옮기게 되었다. 아내를 일깨워 주신 S선사가 계셨기 때문이다.

스승보다 먼저 깨치기도 한다

　고대 중국 당(唐)나라 '백장(百丈:720-814)' 스님께서 선기(禪氣)를 떨치실 당시, 어느 사찰에서 주지스님을 시봉하던 시자가 말없이 자취를 감추었다. 떠난 지 약 3년째 되던 어느 날 시자가 돌아왔다. 시자스님은 그 전과 다름없이 목욕물을 데워 주지스님을 모셔다가 등을 밀어 주고 있었다. 때를 밀면서 시자스님은 혼잣말로 "법당(法堂)은 좋건마는 효험이 없구나."라고 하는 것이다. 주지스님도 부처님과 같은 몸, 같은 마음을 가지셨건만 깨닫지 못하고 있다는 뜻이었다.
　주지스님은 그 뜻을 알아차리고 '이놈 봐라!' 라고 하듯이 뒤로 힐끗 돌아보았다. 이때 또 시자의 말씀이 "응? 효험도 없는 부처가 방광(放光)을 하네!"라고 하는 것이 아닌가.
　그때야 주지스님은 예사롭지 않은 일이 있었다는 것을 직감할 수 있었다. 어디서 무엇을 공부하고 왔는지 자초지종을 물었다. 시자스님은 '백장' 스님께 가서 가르침을 받아 일을 마치고 왔노라[깨치고 왔노라]고 설명하는 것이다. 그때야 주지스님은 그간의 방일함을 크게 뉘우치고 용맹 정진하여 마침내 크게 깨치셨다고 한다. 이와 같이 마음먹기에 따라 스승보다 먼저 깨달을 수도 있고, 스승은 깨치지 못했어도 제자는 깨칠 수도 있는 것이다.

현세에 와서도 바르게 공부하는 사람들 속에는 승속(僧俗)간에 스승보다 먼저 깨친 이는 더러 있었다.

매서운 추위가 시작되던 어느 날 경북 군위군 제2 석굴암엘 가게 되었다. 범일동 노보살님이 석굴암에는 젊은 도인이 왔노라고 친견하러 가자고 해서였다. 당시 그 석굴암에는 주지스님 혼자 절을 지키시며 현재의 대 사찰을 중창하고 있을 때였다. 주지스님의 상좌 중에는 정오라는 젊은 스님이 계셨는데, 스님은 일찍 견성(見性)하시고 벌써 십 년 넘도록 장좌불와(長座不臥)하신 젊은 도인이라며 노보살님은 입이 닳도록 자랑하는 것이었다. 그 젊은 도인스님이 지리산의 어느 토굴에서 정진하시다가 스승이 계시는 석굴암에 다니러 오셨던 것이다.

일행은 부산에서 초저녁에 출발하여 밤 열 시 경에야 석굴암에 도착했다. 보살님들이 준비해 간 상단예물(떡, 과일 등)을 석굴 부처님 앞에 올리고는 야반삼경이 넘도록 기도한 후 처소로 가던 중 새로 지은 선방마루에서 참선삼매에 드신 스님을 발견했다.

"저 분이 정오 스님이다. 삼매에 드셨구먼."

우리 일행은 큰 구경거리라도 만난 것처럼 숨을 죽이고 보고 서 있었다. 스님은 가부좌 자세로 차가운 마룻바닥에 앉아 산들바람 만난 수양버들처럼 느리고 부드럽게 흔들리면서 참선삼매에 들어 있는 것이었다.

스님은 십 년 넘도록 사철주야 야산에서 수행하다 보니 따뜻한 선방 실내보다는 바깥 기온에 익숙해져 있었던 탓에, 영하 20도에 가까운 추위인데도 선방이 아닌 마룻바닥에 앉아 참선하고 있는 것이었다. 다음날 아침 공양을 마치고 정오 스님이 거처하시는 방으로 갔다. 무슨 말씀이든 도인의 말씀을 듣고 싶어서였다. 스님은 아무 장식도 침구도 없는 텅빈 방에서 하나뿐인 방석 위에 단정히 앉아 계셨다.

절을 올리자 스님도 같이 맞절로 인사를 받아주셨다.

"처사님은 부산 신도라지요?"

스님이 물었다.

"네. 뵙게 돼서 대단히 반갑습니다."

하고 스님과 마주 앉았다. 한동안 우리는 말이 없었다.

도(道)에 대하여 물어보고 싶었으나 실례가 될까봐 주저하고 있었다. 그러다가 엉뚱한 질문을 던지고 말았다.

"스님께서는 오랜 세월 장좌불와를 하신다고 들었습니다. 지금도 눕지 않으시는지요?"

"아니요, 이제 장좌불와는 풀었습니다."

장좌불와를 풀었다는 말은, 이제 눕기도 하고 잠도 잔다는 말일 것이다. 그리고 보림이 완성되었다는 의미도 담고 있다고 생각했다.

"네…. 그럼 앞으로 여기 계실 건가요?"

"아니요, 주지스님은 자꾸 있으라고 하시지만 오랜 세월 조용한 곳에서 적막과 벗하고 살아왔던 탓인지 여긴 시끄러워서 못 있겠네요. 또 가야죠."

라고 했다.

"여길 떠나시면 어디서 거처하십니까?"

"네, 내가 갈 곳은 큰 절이나 암자가 아닙니다. 어느 곳이나 빗물 피할 곳이면 족하니까요. 지리산 어느 토굴에 있을 겁니다."

D보살님의 소갯말이 떠올랐다. 정오 스님은 텐트와 쌀자루만 짊어지고 지리산 속으로 사라졌다가 가끔씩 양식을 구하러 내려오신다고 했다. 이미 전국 선방마다에 젊은 도인으로 소문나 있다고 했다. 스님들께서는 견성하여 깨달음에 이르고 나면, 조실스님 또는 방장스님으로부터 깨쳤다는 인가(認可)를 받는다는데 스님은 어떻게 누구로부터 인가받으셨는

지, 오도송은 어떠한지가 궁금했다. 그렇다고 어느 스님으로부터 인가를 받으셨냐고 물어 볼 수도 없고 해서,

"스님 지리산에 계신다면 가야산은 가까운 곳인데, 혹시 성철 스님 계시는 백련암에도 가끔 들리시는지요?"

나는 내심 성철 스님으로부터 인정을 받았느냐고 물은 것이었다.

"네. 몇 번 뵌 적이 있습니다. 성철 스님께서 '앞으로 어떻게 살거냐?'고 물으시길래 '평생 부처님같이 살겠노라.' 고 말씀드린 적이 있습니다."

인가를 의미하고 있었다.

성철 스님의 성품으로 봐서, 인정 되지 못하는 사람에게 '앞으로 어떻게 살 거냐?' 고 물어 볼 분이 아니기 때문이었다.

다시 또 침묵이 흘렀다. 어떻게 질문해서 스님의 법담을 들을 수 있을까를 궁리하다가,

"스님 한 가지만 더 여쭙겠습니다. 활구(活句)참선이 무엇인지요?"
하고 질문을 드렸다. 잠시 생각하시던 스님은 다시 설명하기 시작했다.

"활구참선이란 『조사어록(祖師語錄)』에 의하면 '말 가운데 말이 없는 것'을 활구라 하고, 의미가 표현되고 논리적인 것, 즉 의로(意路)가 통하는 말을 사구(死句)라 하였습니다. 대개 이렇게 표현하나 이것으로 설명이 미흡하겠지요. 생명의 진리며 근본 마음자리는 순수하게 텅 비어 진공(眞空)할 뿐이기에 언어 수단으로는 표현 불가한 그 진리의 실상을 가리키는 것이니 의로가 타당한 말이 있을 수가 없겠지요. 진공이나 성성(惺惺)하다는 표현 자체도 달을 가리키는 손가락에 불가한 것이지 달은 아닙니다.

활(活)이란 생명의 진리 그 자체를 표현하는 것입니다. 활구할 때 구(句)는 글자 그대로 부분을 가리키는 것이니 활구라는 단어 자체를 풀이하자면 진리의 부분을 가리키는 언어가 됩니다. 진리 자체는 진공하기에

허공을 나눌 수가 없듯이 진리의 체(體)는 부분(句)이 있을 수가 없지요.

그런데 구(句)라고 하여 부분을 가리키고 있으니, 이것은 의식작용(用)이라는 용(用)에 해당된다고 생각할 수 있겠으나, 그것도 아닙니다. 여기에서 구(句)는 의식작용으로 쓰이는 용(用)이 아닌 근본 마음자리를 철견(徹見)하고 관(觀)하는 힘을 가리키는 것입니다.

허공의 부분이 있을 수 없는 것이기에 생명의 진리도 부분이 있을 수 없으며 공하여 하나로 통하여 있으니 하나의 체(體)라 합니다. 부분이 곧 체이고 체가 곧 구(句)입니다.

그러므로 구(句)를 체험으로 관(觀)함이 전체를 관하는 것이 됩니다. 이것이 활구입니다. 무심(無心)이되 자성(自性)의 진리를 철견(徹見)하는 체험으로서의 무심이며, 자기 의식작용을 돌이켜 내관하여 의식이 일어나기 전의 본래를 체험하는 관(觀)이 활구(活句)인 것입니다.

납자(衲子)들에게 활구 참선해야 한다 함은, 다만 깨치기 전이라도, 자성을 보는 데 열중하라는 교훈으로 받아들여야 합니다. 화두의 의미 따위를 그림 그리는 데 열중하라는 것이 아닙니다. 활구의 체험이 깨달음이요, 공체이니 둘이 아니라 하는 것입니다. 못 깨친 이는 깨치기 위해서 활구선(禪)에 전념해야 하고 깨친 이는 활구 속에서 보림해야 하는 것입니다.

처사님 같은 재가불자(在家佛子)라고 불가능한 것도 아닙니다. 열중하는 정신력에서 깨침은 순간에 이루어지고 얻어지는 것입니다. 밝고 성성한 체험이 진리의 참소식을 갖다 줄 때까지 용맹스럽게 정진하는 길뿐입니다. 사무친 전념(念)만이 이 공부의 생명이요, 마지막 관문(觀門)임을 잊지 말아야 합니다. 자신도 많은 스승님들이 둘러치는 말씀에 많이도 헤매었으나 지나고 보니 모두가 감사할 따름입니다. 어떤 스님은 세 번을 깨쳤다고 하는 분이 있으나 도리는 그런 게 아니에요. 한 번 견성이면 관문(觀門)을 통과하는 것입니다. 한 번 이상 깨칠 게 없어요. 다만 보임(保任)이 있을 뿐이죠.

생명의 진리는 진공체요, 체(體)가 공(空)하니 용(用)도 공했고, 본체도 부분도 공했으니 체와 용이 본래 하나로 통하여 있는 법신(法身)이라 하지요. 흔히 바다에 비유하기도 합니다.

체(體)는 전체적 바다를 가리키며 의식작용(用)은 파도에 비유합니다. 바다 따로 있고 파도 따로 있는 것이 아니며, 바다가 있으므로 파도가 있고 파도는 곧 바닷물입니다.

한 방울의 바닷물 맛을 보고 전체 바닷물의 짠맛을 알 수 있듯이, 의식작용의 용(用)을 내관하여 그 근원을 견성(見性)할 때 전체적 체성(體性)의 진리를 보는 것입니다. 파도가 바다요, 용(用)이 곧 체(體)이기 때문입니다. 허공이 '작은 허공' '큰 허공' 따로 있을 수 없듯이 나의 본래 성품이 텅비어 진공함을 알 때, 동시에 본체(本體)의 공함도 깨닫게 되는 것이지요.

팔정도(八正道)에서 정정(正定)이라고 표현하는 것이 바로 자성(自性)의 본래 모습을 관(觀)으로 체험하는 선정(禪定)을 의미하는 것입니다. 자기 몸을 운전하여 생활하는 이 의식작용을 내관하여 의식이 일어나기 전의 참모습 상태를 체험하게 될 때, 용(用)과 체(體)는 일체하는 것이며 일체하니, 주관(主觀)과 객관(客觀)을 여읜 중도관(中道觀)이며 이것이 정정(正定)이요, 선정(禪定)입니다.

선정(禪定)을 선나(禪那)라고도 하며 선나를 정(定)이라 표현하는 것은 동요와 산란심이 끊어져서 공적(空寂)한 경지를 체험하는 상태를 중점적으로 표현하고자 번역한 것이라 합니다. 선나(禪那)의 진정한 의미는 '적정(寂靜)하다' 라는 의미만으로 만족하지 못하고 일체 망상이 끊어진 고요한 마음 상태에 이르러, 동시에 성성(惺惺)하고 분명한 밝은 지혜의 광명이 구족하게 되는 상태를 의미하는 것입니다.

흔히들 '부처님께서 무엇을 깨달았느냐 하면 연기법을 깨달았다'고들 말하는 사람이 있습니다. 바르게 표현하자면 '생명의 진리'를 최초로 깨달으신 것입니다. 그리고 연기법이란 깨달음의 혜안(慧眼)으로 살펴 관하여 알아진 지견(知見)입니다. 연기법은 하나의 깨달음의 지견(知見)이요, 관해(觀解)인 것이죠.

삼세제불(三世諸佛)도 자성(自性)의 진리를 깨달으신 것이지 연기법을 먼저 깨달으신 것은 아닙니다. 깨달음이란 곧 부처님의 마음이 되어보아 부처님의 마음을 알아보는 자리입니다. 부처님의 마음과 일체(一體)하는 것이므로 일불(一佛)이라고도 하지요. 이 자리가 만법귀일(萬法歸一)의 자리이며, 수만 가지 방편 중에 어느 방편으로 진리를 참구하였든지간에 이 경지에 귀일하여야 하는 것입니다. 일불(一佛)의 경지에 몰입하는 체험이 귀일입니다.

일불의 자리는 하나의 공체이기에 모든 너와 내가 따로 보일 수 없으며 따라서 차별이 있을 수도 없습니다. 그러므로 이 자리는 화두 자체도 없어진, 즉 화두가 타파된 자리입니다. 화두관(話頭觀)의 일념(一念)이, 진리의 체(體)와 계합된 자리인 것입니다. 즉 무명(無明)이라는 모든 경계가 허물어진 것이며 무명이 걷어진 자리이니 진공(眞空)한 본체(體)만이 체험으로 성성할 뿐입니다.

옛 조사는 물을 마시는 제자에게 말했습니다.

'물맛이 어떤가?'

'참 좋습니다.'

'도(道)도 그와 같은 거야.'

물에 맛이 들어가면 참물이 아니듯이 도도 그와 같다는 의미가 됩니다.

육조 스님의 말씀에 '정(定)과 혜(慧)가 다르다 하지 말라. 정(定)은 혜(慧)의 본체(本體)요, 혜(慧)는 정(定)의 작용이다. 혜안(慧眼)이 정(定)에서 생(生)하였으니, 정(定) 안에 혜(慧)가 있음이며, 이 도리를 알면 정(定)과 혜(慧)는 같이 얻게 되나니, 도(道)를 공부하는 사람은 먼저 정(定)이 있고서야 혜(慧)가 온다거나 서로 다르다 하지 말라. 이러한데 논란이 있는 사람은 법(法)에 두 가지 모양을 두는 것이다.' 라 하셨습니다.

선정(禪定)이란 순수한 활구(活句) 관(觀)이며 진실한 정(定)이며, 밝은 진리관(眞理觀)의 체험인 것이니 자성(自性)의 체(體)는 하나도 아니요, 둘도 아닌 본래 통하여 진공체(眞空體)라, 정(定)이면 바로 혜안(慧眼)이 구족(具足)하게 됨을 이르신 말씀이라 하겠습니다."

정오 스님은 D보살님의 말씀대로 젊은 도인이셨다. 언젠가는 정오 스님과 같은 딱부러진 보림을 하고 싶었다. 며칠 후 스님은 또 다시 바랑을 메고 어디론가 떠나셨다고 했다.

학교 선생님들도 그렇지만, 깨달음을 증득하신 도인도, 염불만 하는 염불스님도, 사주팔자 봐주며 기복만 가르치는 스님도, 교회의 목사님도 성당의 신부님도 제자나 신도들에게 가르칠 때는 자신의 견해대로 기도나 공부의 방향을 가르치게 된다. 그 대부분의 지도자는 자기의 가르침이 최상의 가르침인 것처럼 설교하기도 한다.

그리고 그 가르침을 받아들이는 신도나 제자들은 각자가 느끼고 인식하는 정도에 따라 그 가르침을 따르기도 하고 공부의 방향을 선택하기도 한다. 그 많은 가르침 중에서 진실을 가릴 줄 아는 눈을 가져야만이 바른 공부인이 될 수 있고 스승보다 먼저 깨칠 수도 있는 것이다.

바른 선택과 방향 이것이 문제다. 인식하는 정도에 따라 기독교인도 되고 불교인도 된다. 그리고 같은 불교인이라 할지라도 기복 쪽으로만 흐를 수도 있고, 진리를 참구하는 공부인이 되기도 한다. 자기 인식의 벽을 허물지 못하면 진보는 없다. 인식의 벽을 부수려면 순수한 객관성부터 가져야 한다. 항상 마음을 활짝 열고 무엇이 바른 것인지를 알고자 노력해야 하는 것이다. '내가 아는 것이 최고다' 하고 마음의 문을 닫고, 자기 인식에 도취된 채, 거기서 헤어나지 못 할 때 그것은 고집(苦集)이 되고 마는 것이다.

책을 한 권 써서 크게 히트했던 덕택으로 유명스님이 되신 S스님은 수백 명이 모인 대중법회에서 흔히 말하기를,

"요즘 선방(禪房)에는 많은 재가불자들이 참선한다고 앉았는데 출가하신 스님들도 못 해내는 깨달음을 재가불자들이 어떻게 해낼 수 있겠어요? 헛수고 그만하고 열심히 지장기도나 해서 내생에는 극락 왕생하도록 하세요."

이렇게 말한다. 물론 S스님의 말씀이 옳다고 인식하는 신도가 많기에 그 스님 사찰에는 신도 수가 많다. 자기가 안 된다고 모두가 안 되는 것은 아니다. 부처님께서도 '기재기재(奇在奇在)라!' 감탄하셨다. 인간은 누구나 평등히 불성을 갖추고 있고 마음먹기에 따라 누구나 깨달을 수 있다는 이치를 보시고 하신 말씀이다. '깨달음' 그것은 쉬울 수는 없다. 도인의 흉내내는 스님들이 흔히 말하기를 "깨치기가 세수하다 코 만지기보다 쉽다."고 하신다. 어느 도인이 그렇게 쉽게 깨쳤던가. 개성에 따라 다르겠지만 참으로 어려운 것이 사실이다. 부처님도 역대 조사도 목숨을 건 노력에 의하여 증득되었던 것이다. 미생물에서 인간으로 진화하기까지의 그 많은 생각과 행동들이 잠재의식이 되어 끝없이 망상을 그려내고 있기에 그 망상이라는 무명(無明) 때문에 나에게 그대로 자재(自在)한 진리의 참 모습을 뵙기 어려운 것이다. 자비심을 실천하고 욕심을 다스려 고요하고

선(善)한 심성부터 갖추고 바른 구심관(求心觀)으로 참구한다면 누구나 깨달음은 가능하다는 것이다.

그러나 그 무명은 하루 아침에 떠나주지 않는다. 출가하신 스님이거나 재가불자이거나 간에 바른 구심점을 갖고 참선 정진한다 해도 처음에는 도저히 화두에 전념(全念)되지를 않고 번뇌망상과 놀아나게 된다.

이 마음은 찰나간에 장소를 옮겨 다니며 가지가지 망상을 그려내고 있는 것이다. 정신을 차려 다시 마음을 잡아보면 또 도망가고 다시 또 정신을 차려 앞에 잡아 두려 해도 이 마음은 망상이 되어 고향에도 갔다가 달나라에도 갔다가 싸움질도 했다가 미운 맘, 성내는 맘, 탐하는 맘 등 온갖 처처에 옮겨 다니며 망상을 그려내고 있는 것이다.

그러나 그럴수록 다부진 각오로 잡아오고 또 잡아와서 내 코 앞에 잡아두고 사생 결단코 보려고 노력해야 하는 것이다. 되고 아니 되고는 마음먹기에 달려 있는 것이다. 이제 우리 주변에는 하나둘씩 재가불자들이 깨달음을 체험하고 있다. 확철 또는 숙면일여(宿眠一如:잠을 자도 깨어 있는 상태)의 경지까지 체득하느냐 하는 문제도 마음먹기에 따라 불가능한 것도 아닌 것이다.

자기 근본의 마음자리를 처음 체험하는 초견성(初見性)의 경지에 깨어보면 그 가능성은 보이게 되어 있는 것이다. 초견성을 체험하신 분들에게 물어보면 모두 한결같이 '견성의 열쇠는 사무친 구도정신(求道精神)에 있었던 것'이다. 얼마만큼 사무치게 진리를 참구하느냐에 달려 있는 것이다. 사무친 구도정진이 없이는 수억만 년 길들여진 무명의 벽을 허물 수가 없는 것이다. 번뇌망상은 과거 자기가 생각하고 행동하였던 그 잠재의식들이 만들어내는 상념(想念)이다. 그 잠재의식은 어디로 보낼 수도 지울 수도 없다.

그러므로 중생의 업(業)이라는 것도 떼어 버릴 수 없다. 다만 진리를 관하고자 열중할 때만이 망상은 일어나지 않게 되어있는 것이다. 그리고 진아를 체험할 때 그 마음자리는 본래도 현재도 청정하여 업(業)도 없고 고(苦)도 없는 자리이기에 무명이 일어날 자리도 없는 것이다. 그리하여 무명이 없으니 윤회할 이유도 없어진 밝음 자체가 되는 것이다.

어제의 슬픔을 빨리 잊을 수 있는 방법은 그 슬픈 사연보다 더욱 가치있는 기쁜 일이 생기면 그 슬픈 일은 상념에서 점점 사라져 가게 된다. 이와 마찬가지로 중생살이(人生)보다 깨달음이 엄청나게 귀중함을 사무쳐 자각할 때 사무친 의심은 일어나게 되고 사무친 의심이 심각하게 진행된다면, 인생살이에서 원인된 상념들은 자연히 약화되어 더욱 심각하게 의심에 전념할 수 있게 되고, 문득 '이것이구나!' 하는 감(感) 진리의 체험이 있게 될 때 화두는 타파되는 것이다. 이러한 첫 체험이 있고 난 뒤부터는 앉으면 바로 정(定)에 들 수 있고 망상이 쉽게 퇴치되긴 하나 장시간의 좌선에는 이기지 못하고 잠이라는 '마구니'와 망상이 같이 달려들기도 한다.

또 하나의 장벽이 있다. 인생살이 하다가 보면 피할 수 없는 고난이 찾아오기도 한다. 그리고 꼭 근심에 집착해서 해결해야 할 때도 있다. 천하 없는 장사라도 이기지 못할 걱정거리가 생기기도 하는 것이다.

이러한 때를 당해서는 공부인도 화두 잡기가 힘들 때를 당하기도 한다. 때문에 재가불자의 구도의 길은 출가스님들보다 험난하고 고달프기도 하다. 그리고 보림의 길은 더욱 어렵기도 한 것이다. 무책임하게 도망갈 수도(出家) 없는 현실 아니던가.

나와 장보살은 공부하는 재미에 TV방송극이나 영화 등은 관심을 잃은 지 오래되었다. 어느 날 나와 장보살은 십여 년 만에 화엄경이라는 영화를 관람하게 되었는데 선재 동자가 여러 스승들을 어렵게 어렵게 만나 깨달음을 증득했을 때 나도 눈물을 흘리고 있었고 장보살도 울고 있었다.

영화가 끝난 다음 아내 장보살에게, 웃으면서

"왜 울었냐?"고 물었더니

"선재동자에 비해 우리는 너무나 편안하게 도를 구했다는 생각에서 울었다."는 것이었다. 장보살도

"당신은 왜 울었는데요?"

하고 물어왔다.

"선재 동자가 여러 스승들을 만나 깨달음을 증득하였듯이 우리도 그렇게도 고마우신 스승들을 만날 수 있었기에 깨칠 수 있었지. 선재 동자의 깨달음이 곧 우리의 깨달음이라고 생각하고 너무나 감격했나 보다."

라고 했다.

대도무문(大道無門)

깨달음에 이르는 길을 대도(大道)라 하고, 그 깨달음에는 문(門)이 없다 하여 무문(無門)이라 하였다. 불교가 추구하는 깨달음의 목적은 생명의 진리이다. 생명의 주체는 마음이다. 생명은 인간을 비롯한 모든 생명체들에게 가장 소중한 것이며 그 진리의 깨달음이 대도(大道)이다.

그 진리는 허공성이므로 모도 없고 방향도 없으며 통체(通體)이다. 허공에 들어가는 문이 없듯이 확트여 있기에 들어가는 문이 따로 있을 수 없다. 그러므로 '대도무문'이라 하였다. 자기 마음을 보려는 마음과 본래마음이 계합되는 체험이 되면 견성이요, 성불이다. 이것이 '대도무문'이다.

그런데 대도의 의미를 모르는 일부 정치인들은 자기가 성취하고자 하는 어떤 욕망을 대도라 하고, 그 욕망을 달성하는 데는 문이 없는 것으로 해석하여 대도무문이라고 표현하고 있다. 도(道)란 욕망도 시비(是非)도 끊어진 자리이다.

욕망이 남아 있는 한, 바람이 남아 있는 한, 도에 근접할 수가 없다. 욕망이나 바람은 집착에서 나온다. 그러므로 삶 속에서의 행복을 부처님이나 어떤 신(神)에게 바란다는 것은 중생적 근기만 자라게 할 뿐이다. 바라는 마음은 항상 상상적 세계를 만들고 정신만 복잡하게 하여 무명(無明)만 쌓아갈 뿐이다. 바라는 마음에 집착하고 기도하는 사람들은 흔히들 자기

이로운 쪽으로 꿈도 꾸게 된다. 갈망하는 바 잠재의식이 이로운 쪽으로 상상의 세계를 그려내는 것이다. 부처님의 가피도 자기 마음속에 있고 일이 잘 풀리고 안 풀리는 것도 자기 마음이 하는 것이다. 업(業)이 곧 사주팔자일진대, 사주팔자를 바꾸려면 업의 창고인 잠재의식을 비워야 하는 것이다.

비우고 싶다고 쉽게 비워지지는 않는다. 이 업의 창고를 비우기 위하여 어떤 스님은 뜻도 모르는 '다라니' 경을 몇 천 독 수십만 독 외우라 하기도 하고 능엄주를 외우라고 하기도 한다. 순수한 마음으로 외우는 사람들은 번뇌망상을 여의는 도구가 되기도 하고 심성을 아름답게 가꾸는 수업(修業)이 되기도 한다. 유치원생이 대학의 과정을 이해한다면 유치원과정을 공부하려고 하지는 않을 것이다. 쉬운 길이 있다는 것을 안다면 뜻모르는 경을 외우고 앉았지는 않을 것이다. 외워도 알고 외워야 하는 것이다. 그것이 염불(念佛)이다.

이제 숨기지 말고 바른 길을 가르쳐야 이 시대를 사는 많은 지식인들에게 포교가 되는 것이다. 대도에 이르는 지름길은 부처님께서나 달마 대사께서 하신 바대로 하면 되는 것이다. 오직 관심(觀心)이었던 것이다. 보아서 무엇인지 아는 이것! 이것을 보는 데 전념(全念)해야 하는 것이다. 사무치게 자기의 주인공인 마음을 관(觀)하되 망상으로 도망가면 다시 돌이켜 관하고 도망가면 또다시 챙겨 주인공〔見性〕을 관하는 것으로 전념코자 노력한다면 어느 날 갑자기 일순식간에 대도(大道)의 문이 열리는 것이다. 사무친 의심과 불퇴전(不退轉)의 각오로 임한다면 누구나 가능하다는 것이다. 연습삼아 또는 취미삼아 안일한 생각으로 몇 번 앉아보고는 안 된다고 포기한다면 이것은 인간이라는 가치관의 상실이요, 참으로 혹독한 자기구원의 포기가 되는 것이다.

옛 조사들은 흔히 제자의 해태한 태도를 책망할 때 중생을 똥주머니에 비유하였다. 인간이 자기 욕망에만 끄달려 산다는 것은 똥 만들어내는 기구에 불과하다는 것이며 내세에 다가올 고인(苦因)만을 짊어지고 다니는 고통주머니에 불과하다는 말씀이다. 일생(一生)은 기껏해야 백년도 못 살고 죽어, 육신은 흙으로 물로 바람으로 또다른 에너지로 돌아가 버린다. 지난 세월이 빨랐듯이 남은 세월도 금세 지나가 버릴 것이다.

우리 중생의 근본은 영원하다. 물질계도 정신계도 그 근본은 아무일 없이 편안한 그대로이다. 영원한 입장에서 볼 때 일생은 찰나에 지나지 않는다. 인간의 육신! 도시 허망할 뿐이다. 아무리 성형수술을 하고 화운데이션 칠을 하고 분칠을 해도 인생은 늙어가고 죽어간다. 그냥 갈 수 없는 것이다. 포기할 수 없는 것이 인생이다. 그냥 간다면 저 우둔한 축생들과 뭐가 다르겠는가! 어느 법회에서 전 종정이신 서암 스님께서 말씀하셨다.

"인생을 돌아보아 몇 년을 살았는가를 보지 말고 몇 년을 죽었는가를 생각해보라."

남은 인생의 소중함을 일러 하신 말씀이었다. 그리고 사무쳐 허망함을 알라는 것이었다. 그리고는,

"진리를 모르면 똥주머니요, 알면 부처다. 고집(苦集)의 공장인 이 몸뚱이를 세상에서 가장 존귀한 자기라고 생각하고 좋은 것 골라 먹이고, 좋은 옷 입히고 온갖 상(相) 다 내며 호사부려봐도 인생은 춘몽(春夢)이요, 남은 것은 한치 앞도 분간 못하는 캄캄한 영혼뿐이라."

고 하셨다.

부처님께서 "중생의 업(業)은 대신할 수 없다."고 분명히 말씀하셨고 "사람의 몸 받기 백천만 겁 지나도록 그렇게도 어렵다."고 하셨으며, "사람으로 태어났을 때 깨쳐야 한다."고 하였다. 캄캄한 그 영혼은 귀도 없고

눈도 없는데, 죽고 나서 영가천도의식 치뤄준다고 극락왕생하겠는가! 부처님도 못한다 했거늘 그 누가 남의 업을 감해 줄 수 있겠는가. 천도재는 산 사람의 공부기회가 될 뿐이다. 재의 목적은 사무쳐 허망함을 깨닫고 더욱 분발하는 기회로 삼아 재를 계기로 보다 많은 사람들을 발심토록 해야 하는 의미가 있을 뿐이다. 인연 있으면 만나지는 법, 내세 언젠가는 내 공부가 조상님의 공부에 도움이 될 수도 있으니 내 공부가 조상님의 공부가 되기도 하지 않겠는가.

성철 스님께서는 평생 영가천도재를 받아 준 적이 없다. 언젠가 한 번 성철 스님을 가까이 모셨던 보살댁에서 부모상을 당하여 백련암에서 49재를 모시고자 큰스님의 허락도 없이 혼백을 모시고 왔던 일이 있었다. 성철 스님께서는 처음에는 야단을 치시다가,

"이왕 갖고 왔으니 이번만은 허락한다! 다시 이런 일이 있으면 다 쫓아낼끼다! 49재를 지내되, 너들끼리〔가족끼리〕조용히 지내라!"

하시며 허락하신 일이 있었다 인간을 비롯한 모든 생명은 평등하다. 평등하기에 자기 업은 자기 것일 뿐이다. 만약에 부처님께서 돈 많이 들여 큰스님 모셔다가 천도재 잘 올려주는 영혼은 극락으로 보내고, 가난하여 천도재도 못 올리는 백성의 영혼은 지옥으로 보낸다면 부처님의 생각은 중생보다 못하다고 할 수 있을 것이며, 믿을 필요도 없을 것이다. 다행하게도 그런 부처님은 없는 것이다.

부처님은 한치의 오차도 없는 자기 구원의 길을 가르쳐 주실 뿐이다.

염라대왕이 가지고 있다는 업경대(業鏡臺) 역시 염라대왕이 있고 업경대가 있는 것이 아니라, 업경대는 살아온 생각과 행동이 담겨진 잠재의식일 뿐이며, 그 잠재된 업(業)이 원인이 되어, 그 원인에 따라 과보를 받게 되어 있는 이치를 비유한 것이다. 죽어서 내생으로 가는 길은 염라대왕이

심판하여 보내는 것도 아니요, 자기 과보(果報) 자기가 만들어 그 과보대로 흘러가는 것이니, 자기 재판 자기가 하여 갖고 다니는 이치인 것이다. 대도는 문이 없다. 항상 열려 있다. 들어가고자 하는 이는 항상 들어 갈 수도 있고, 생각 없는 사람은 들어가지 못한다.

해인사 방장 혜암 스님께서는 부산 해인선원 창립1주년 기념법회에 오셔서 다음과 같은 법문을 하셨다. 법상에 앉으신 스님은 손가락으로 등 뒤에 모셔진 불상을 가리키며,

"이 불상을 내가 지금 땅바닥에 내동댕이쳐 부셔버린들 저 불상(佛相)이 뭐라 하겠노! 이 불상 모셔진 불단은 연극무대인 게야! 이런 무대를 만들어 놓아야 너희들 중생들이 찾아오기 때문에 울긋불긋 무대장치를 하는 게야!"

라고 하셨다.

이 때 앞에 앉아 법문을 경청하시던 노보살 한 분은,

"스님 참 이상한 사람이네. 큰스님이라는 사람이…."

라고 하는 것이었다. 우리 부부는 마주 보고 웃었다. 그리고 다른 신도들의 신심(信心)이 떨어질까 조바심나기도 했다.

제6장
그냥 갈 수 없는 길

대신할 수 없는 죽음

　1983년 경 어느 날 부산 B학원을 경영하는 친구 B원장이 어디 좋은 기도처에 득남(得男) 기도를 가자는 것이었다. 그 친구는 순진하면서 베풀 줄 아는 착한 친구였는데, 결혼 후 연달아 딸 넷을 얻고는 아들 낳기를 포기하고 지내왔다. 그 때 막내딸이 국민학교 1~2학년 때였으니깐 10년 가깝도록 아들 낳기를 포기하고 피임해 왔던 터였다.

　불교를 믿고 공부하는 사람은 아니었으나 그의 어머니께서 지극한 불자시고, 주위 친구 몇 사람이 불교대학을 나왔거나 불교를 신봉하는 불자였기에 초파일에 연등을 달 정도로 불교쪽에 마음을 두고 있었다.

　어느 사찰로 인도할까를 생각하다가 기도처로 유명한 지리산 칠불암에 가기로 했다. 칠불암은 1900년 전 가락국 시대에 창건되었으며 김수로왕과 허 황후의 일곱 왕자가 출가하여 성불했던 절이라 하여 '칠불암'이라 이름했다고 한다.

　이른 가을 어느 토요일 오후였다. B원장 부부와 우리 부부 그리고 친구 몇 명이 일행이 되어 칠불암에 갔다. 두 손으로 귀여운 아기를 포근히 감싸 안 듯 우람한 산세는 칠불암을 에워싸고 있었다. 주지 통광 스님께 B원장의 득남기도를 접수하고, 일행은 새벽까지 기도를 했다. 그 후 기도 효험 때문이었는지는 몰라도 그 친구는 아들을 얻었다. B원장의 나이 40

세였다고 기억된다.

그후 5~6년이 지난 후 B원장은 부산 남천동 성당에 나가는 카톨릭신자가 되었다. 알고 본 즉, B원장의 부인이 처녀시절 성당에 다녔던 인연으로 성당쪽에 관심을 두었었고 주위의 권유로 성당엘 다니게 되었다는 것이었다. B원장을 남천성당에 나갈 수 있도록 절대적인 역할을 했던 사람은 그 당시 남천성당의 총무를 맡고 있었던 B원장의 친구 B씨였는데, 그 친구가 B원장을 카톨릭으로 인도하고 그를 보증하는 대부(代父)가 되었던 것이다.

그 때 대부인 친구는,

"내가 죽고 나면 니가 총무인계 받아라."

고 했고 B원장은,

"그래 그럴께."

라고 하는 농담을 주고 받았다고 한다.

그후 2년이 채 못 되어 B원장의 대부인 성당총무는 암으로 죽고 말았다. 그리하여 B원장이 총무직을 맡게 되었으며 말이 씨가 되었던지 그때의 농담은 현실이 되고 말았다. 그는 대단히 열성적으로 성당 일을 보았다. 그런데 B원장이 총무직을 맡은 지 2년 가까이 되었을 무렵 그에게는 무서운 죽음의 그림자가 다가왔다. 골수암이었다. 마침 서울 카톨릭 병원의 부원장이 B원장의 친처남인지라 그 병원에 입원하게 되었고, 최선을 다한 수술을 받게 되었다. 입원기간은 약 7개월 계속 되었다. 부산과 서울은 먼거리인데도 성당의 교우들은 조를 짜서 교대교대로 병문안을 와주었고, 그의 완쾌를 하나님께 기도해 주었다.

불교계에는 그러한 단결력과 성의가 없다. 저마다 개인주의요, 자기 복만 빌면 그만이라는 식이다. 불교는 신행단체의 구성도 어렵고, 사찰신도회 조직도 어렵다. 불교인들도 신행단체와 신도회에 가입하고, 서로에게 베풀면서 그 단체의 조직과 활성화를 위하여 묵묵히 동참하고 다정한 이웃을 한 사람이라도 더 동참시키려고 노력한다면 자신의 발전이 되고 그 단체의 발전이 되어, 나아가서는 많은 이웃이 부처님의 품안에서 행복스런 삶을 가꾸게 될 것이다. 그런데도 불교 신도의 대부분은 이기적 기복에만 혹하여, 개인주의가 되어 있는 것이다. 불교 신행단체와 신도회는 대부분 이러한 원인 때문에 활성화되지 못하고 있는 것이 현실이다.

B원장은 사경을 헤매면서도 친구들이 문병가면 손을 잡고 애원하듯 '하나님을 믿으라'고 했다. 그리고 하나님과 대화를 했다며 자기가 '살아나가면 이제 남은 인생은 하나님의 말씀을 전하는 전도사가 되어 남은 여생을 보내겠다'고 했다.

그러나 B원장은 입원한 지 약 1년 만에 죽었다. B원장은 행정학의 권위자였다. 그가 저술한 『행정학 강의』는 3~4판까지 재판되기도 하였으며, 부산에서 7급 내지 사무관급 시험을 치른 공무원은 그를 모르는 사람이 없을 것이다. 그리고 B대학의 강의를 나가기도 했다. 그러한 석학도 종교 앞에서는 객관성을 상실하고 맹종하는 맹신자가 되고 말았던 것이다.

부처님의 말씀이 떠올랐다.

"인연 없는 중생은 제도할 수 없느니라."

여기에서의 인연이란 각자의 이해력, 즉 인식의 능력이라 해도 될 것이요, 성격이라 해도 될 것이다. 불교에 관한 책이라면 거부감부터 느낀다든가 읽는다 해도 이해력이 따르지 못하는 이치를 인연 없다고 표현할 수 있을 것이다.

그리고 근본교의(根本敎義)를 알고자 마음 낸 바 없기에 근본교의를 바르게 알 기회를 상실하고 신을 믿고 구원을 바라는 미신(迷信)교를 믿게 되는 경우도 인연 없는 중생이다.

    생명체 탄생의 원리와 진화론이 과학적으로 인정되고 그러한 학문을 고등학교 교과서에서 가르치고 있으며 저것이 바로 불교의 연기법(緣起法)인데도 사람들은 왜 천지만물을 유일신(唯一神)이 창조하였다는 설을 믿고 신에게 구원을 비는가.

    B원장도 그의 가족도 그리고 성당의 교우들도 그가 살아나도록 하나님께 애원하였는데도 그 애원을 하나님은 들어주지 않았고 그는 죽었다. B원장의 성격으로 보아서 죽으면서도 하나님 곁으로 간다고 생각하였을 것이다. 그리고 캄캄한 어둠 속으로 빨려 들어갔을 것이다. 그의 가족도 교우들도 하나님이 필요해서 빨리 천당으로 데리고 갔다고 생각할 것이다. 그들은 절대적인 믿음이 있었기에 원망 따위는 있을 수도 없었던 것이다. 사랑하는 순진한 친구 B원장은 캄캄한 어둠 속으로 가고 말았다. 오랜 세월 병고에서 시달리면서 부자의 정도 끊어졌던지 칠불암에서 철야기도 끝에 얻은 열 살짜리 그의 외아들은 조금도 슬픈 기색이 보이질 않았다.

    나는 종가댁 장손으로서 맏상주 노릇을 네 번을 치루었다.
    어머님(生母), 아버님, 할머님, 새어머님의 순서였다.
    생모는 15세에 별세하셨고, 그때는 종교가 뭔지도 모를 때였으므로 죽음 이후의 생각보다는 죽음이 무섭고 그저 슬프다는 생각뿐이었다.
    그로부터 18년 후 아버님께서 63세의 일기로 별세하셨는데, 그 때는 내 나이 35세였으니, 불교에 입문하여 불교공부에 막 재미가 붙었을 때였다. 그 때 나는 사무친 허망함과 무상을 느꼈었다. 아버님은 연세에 비하여 건강하셨기에 장수하실 것으로 믿었고, 머잖아 장남인 내집에서 노년을 편히 모시고자 하였으나, 어느 날 갑자기 오환을 느끼고 병원을 찾았을

때는 간암 말기가 되어 있었다. 임종하시던 날 아버님은 눈물을 흘리시며,

"형제간에 우애있게 살아라. 한 삼 년만 더 살면 막내 장가까지 보내고 가련만, 이젠 다 틀렸다."

라고 하셨다. 아니 하셔도 될 평범한 말씀을 유언으로 남기신 채 눈을 감으셨다. 그때까지 아버님은 시골에 사셨고, 우리는 부산에서 살았기에 편히 한번 모시지 못한 게 한스러워 서럽기 그지 없었다. 너무나 허망했다. 평소 농담 잘 하시고 힘자랑하시며 호쾌하시던 그 성품은 어디로 가고 육신은 싸늘하게 식어갔다. 경허 스님의 참선곡만이 뇌리 가득한 상념으로 무상(無常)을 일러주고 있었다.

"인생! 그것은 순간의 꿈이로다. 부귀영화, 영웅호걸도 북망산 무덤일 뿐, 그 누구인들 황천객을 면할소냐. 오호라 인간의 육신은 풀 끝에 이슬이요, 바람 속에 등불과 같도다."

생각하면 생각할수록 허망한 게 인생 아니던가. 아무리 아웅다웅 애태우며 살아봤자 백 년도 못 살고 한줌의 흙으로 돌아가는 것, 가는 데는 예고도 순서도 없고 일평생을 애써 생각하고 행동하였던 업식(業識), 그 고인(苦因)의 주머니는 천길만길 낭떠러지에 버려둔 채 육신은 말없이 흙 한 줌이 되고 마는 것이다. 그 누가 대신하여 줄 수도 없는 자업자득(自業自得)인 윤회의 세계에 앞 못 보는 나그네가 되어 정처없이 떠나가는 것이었다.

이 땅 위에 태어나 이 땅에서 자란 다채로운 음식과 산소로 끝없이 새 세포를 갈아입으시고, 그 육신은 수십 번 바뀌었건만, 당신께서는 당신의 몸을 천하에서 가장 귀한 자기인 줄 아시고, 환경인연의 포로가 되어 거

기에 혹(惑)한 채 살아지는 대로 사시다가, 자기가 뭔지도 모른 채 황천객이 되고 말았던 것이다. 임종하신 시간부터 금강경 테잎을 틀어 마지막 가시는 길에라도 부처님과 인연되시라고 간곡히 기원하였다.

아버님이 가신 지 3년째 되던 해 할머님이 가셨다. 40세에 혼자 되신 후 큰며느리인 어머님과 작은며느리인 숙모, 그리고 장남인 아버님까지 저 세상으로 앞세우시고, 쓰라린 마음을 안고 사시다가 83세의 일기로 눈을 감으셨다. 마지막 가시는 길에 염주를 잡혀주고 '나무아미타불'을 염불하시라고 일러드렸더니, 꺼져가는 기력으로 아미타불을 염하시다가 염불을 감추며 숨을 거두셨다.

그해부터 새어머님을 내집에서 모시게 되었다. 새어머님의 성품은 강하면서도 온화하셨고, 정직하셨기에 대소가 어른들로부터 신임이 두터운 어른으로 존경받기도 했다. 새어머니는 18세에 첫 결혼을 하셨고, 자식을 생산하지 못하자 남편되시는 분은 새 장가를 드셨단다. 그 시절에는 한 지붕 밑에 두 사람의 아내를 거느리는 남자는 더러 있었으나 새 식구가 아들을 낳고 찬밥신세가 되자 어머니는 그 집을 나왔다고 한다. 그리하여 44세에 우리집에 새어머니로 오시게 되었고, 61세부터 내가 모시게 된 것이었다.

장보살은 친어머니처럼 잘 모셨고 시어머니 잘 모신다고 집안 어른들도 칭찬이 자자하였으므로 나 역시 몹시 고맙게 생각했다. 그런데 새어머님은 불심(佛心)이 약했다. 우리는 새어머님이 절에 자주 가셔서 불심이 깊어지도록 유도하였으나 절에 가는 자체를 좋아하지 않으셨다. 어느 해 해인사 장경불사(藏經佛事) 때였다. 새어머님은 고모님을 따라 해인사엘 가게 되었는데 다녀오셔서 하시는 말씀이,

"아이고 나는 이제 절대로 절에는 안 갈끼다. 죽을 고생만 했다."

라고 하시는 것이었다. 이유인 즉, 해인사 장경불사에는 수천 명의 신도들이 동참하였고, 잠잘 방이 부족해서 새우잠을 잤으며 공양을 얻어 먹는 데도 꽤나 고생이 되었던 것이다. 나와 장보살도 지금껏 사찰의 대소행사에 여러 번 동참했었고 어머님의 고생과 비슷한 경우는 많았다.

그러나 우리는 그것을 고생이라고 생각해 본 적은 없었다. 복잡한 행사일수록, 대중을 위해 봉사할 일거리를 찾아했으며, 남보다 좀 더 수고하려고 애를 쓰곤 했었다. 우리에겐 이러한 사고 방식이 당연스레 여겨지고 있었다. 그러나 어머님은 그것을 '죽을 고생'이라고 생각했던 것이었다.

나는 그래도 새어머님이 불연(佛緣)이 깊어지도록 하기 위하여 한글 천수경과 금강경을 드리고 자주 읽으시라고 권했다. 가끔씩 늦은 밤 어머님의 방에서는 금강경 읽는 소리가 새어나왔다. 인생, 그것은 어떤 업적을 남겼거나 어떻게 중생의 삶을 살았느냐가 문제가 아니다. 죽음의 준비를 어떻게 하느냐가 문제인 것이다. 인생은 찰나를 살다가는 것이지만 정신세계는 끝없이 윤회하는 것이기에 죽음을 준비한다는 것은 더없이 중요하지 않겠는가.

명상과 참선

 월명암의 H선사께서는 지리산에서 자그마한 암자를 마련하시고 수자들을 지도하고 계셨다.
 어느 날 선사께서는 부산 신도들을 접견한 자리에서 선(禪)과 명상(瞑想)에 대하여 다음과 같이 설법하셨다.
 "참선이란 글자 그대로 진짜 선(禪)이라는 말이 됩니다. 무엇이 진짜 선인지를 안다는 것은 깨달음의 지름길이 됩니다. 외국에서는 선과 명상(瞑想)을 같은 의미로 알고 그렇게 통용되고 있지요. 그래서 그런지 한국에도 신학문을 공부한 사람들은 같은 의미로 보는 경향이 많으나 사실은 판이하게 다릅니다.
 '명상'이란 눈을 감고 고요히 한 가지 생각에 열중하는 것이고, '선'이란 생명의 진리를 깨닫기 위하여 참구하는 데 열중하는 것이지요. 그러므로 선과 명상은 진리를 깨닫느냐, 고요한 경지를 바라느냐의 차이가 있게 됩니다. 눈을 감고 아무것도 보이지 않는 캄캄한 세계 그것만을 관(觀)한다거나, 어느 경치 좋은 곳 한 군데를 설정하여 그것을 상상한다거나, 자기가 믿는 종교의 어떤 대상에 깊이 몰두하여 그 한생각에 열중하는 것들이 명상입니다. 그러므로 부처님의 명호를 부르며 부처님의 모습을 떠올리거나 관세음보살, 지장보살, 나반존자 등을 염(念)하면서 기도하는 것도 명상이 되는 것이며, 단전호흡이나 수식관(數息觀)도 일종의 명상이 되는 것입니다. 그리고 하나님이나 예수님, 성모마리아를 생각하면서 기도에 열중하는 것도 명상의 방법이라 할 수 있는 것이죠.

그리고 버마, 스리랑카 등 남방불교에는 '위빠사나'라는 수행법이 있어요. 좌선하는 자세로 앉은 다음 눈을 감고 숨을 배꼽 아래 단전(丹田)까지 들이쉰다는 생각으로 천천히 들이쉬면서, 들이쉴 때 산소가 체내에 들어올 때 느끼게 되는 감각을 일념으로 관찰하면서, 들이쉰 공기로 인하여 아랫배가 불룩 튀어 나올 때 마음 속으로 '일어남'이라 뇌이고, 자연스럽게 천천히 내쉬면서 내쉬는 감각을 느끼고 관찰하면서 '사라짐'이라 뇌입니다. 즉, 숨으로 들이쉰 공기가 몸 속으로 들어오므로 느끼게 되는 감각과 내쉬면서 느끼게 되는 감각을 살피는 데 열중하는 것이지요. 이렇게 '일어남' '사라짐'을 계속하는 것이 '위빠사나' 선입니다.

남방불교 스님들의 수행법에는 동양불교에서 말하는 '화두'라는 말조차도 없으며, 깨달음의 방법은 오직 '위빠사나' 관법뿐이라고 주장합니다.

단전호흡이나 수식관 그리고 '위빠사나' 등의 수행법은 참선을 받아들이지 못하는 사람들에게 참선의 기초훈련으로 가르치신 방편으로 봐야 합니다. 그쪽 주장에 의하면 우주의 모든 현상은 일어나고 사라지는(成住壞空) 무상(無常)한 것이요, 위빠사나 관법을 통하여 인체의 일어나고 사라지는 이치를 깨달을 수 있다는 것이며, 인체는 소우주와 같은 것이기에 인체 성멸(成滅)의 이치를 깨달으면 아울러 우주 전체의 일어나고 사라지는 이치를 깨칠 수 있다는 것입니다.

이 관법에서 두 가지 오류를 지적할 수 있습니다. 첫째 구심점이 잘못 되어 있고, 둘째 눈을 감고 선을 한다는 점입니다. 위빠사나 관법에는 구심점이 생명의 진리에 있는 것이 아니라 물리적인 이치에 있음을 알 수 있습니다. 일어나고 사라진다는 성주괴공의 이치는 물질구성과 소멸의 이치를 의미하는 것이니 바로 연기법입니다.

연기법은 부처님께서 생명의 근원에 대하여 깨달으심으로 해서 그 혜안(慧眼)으로 밝히신 하나의 지견(知見)일 뿐입니다. 물질구성의 이치인 연기법은 수행하지 않은 현대 자연과학자들도 실험에 의하여 전자현미경으로 보아서 확인할 수 있는 학문이 되었습니다. 학자들이 연기법을 알았다고 해서 생사의 자유를 얻을 수 있겠습니까? 윤회고에서 해방되는 대자유를 얻으려면 생명의 진리 그 자체가 되는 체험적 깨달음이 아니고는 다른 방법이 있을 수가 없는 것입니다. 때문에 참구자의 구심점은 생명의 진리에 있어야 하는 것입니다. 그리고 눈을 감고 선을 한다는 것은 선의 초심자가 임시적으로 보이는 것이 없으니 잡념을 잊는 데 도움이 되는 것으로 느낄 수 있으나, 깨달음에는 미칠 수가 없어요.

체내의 감각을 관하는 것과 어느 경치 좋은 곳이나 성인의 모습을 상상하는 관법 등은 그것을 상상하는데 열중함으로 해서 망상을 여의고자 하는 명상일 뿐입니다. 이러한 명상법으로는 망상을 여의고 고요에 빠질 수는 있어도 진리와는 거리가 멀 뿐더러 삿된 견해에 빠지기 쉽거든, … '관세음보살'을 일념으로 염했던 기도자에게는 '관세음보살님'이 나타나고 '성모마리아'를 일념으로 염했던 기도자에게는 '성모마리아'가 나타나는 경우가 허다히 있듯이 구심점이 바르지 못한 사람이 눈 감고 참구하다가는 망상을 보게 되고 망상에 끄달려 헤어나지 못하는 경우가 종종 있어요. 관념이 대상(對像)에 있으니 그들은 관념의 상(相)을 그려보는 상상의 세계가 수행의 종착역이기 때문입니다. 그래서 공부인에게 가장 중요한 것은 바른 구심점을 갖고 사무쳐 정진해야 하는 것입니다. 바르게 깨치려면 먼저 바른 관문(觀門)으로 들어서야 하는 것이지요.

구심점이 진리를 철견(徹見)하고자 하는 데 있어야 하고 삿된 관해(觀解)에 빠지지 않으려면 '이 마음이 부처'라는 말을 잊지 말아야 하는 것입니다. 그리고 눈을 똑바로 뜨고 화두의심에 열중하거나 자기 마음을 돌이켜 보는 데 열중하는 길뿐입니다. 사물을 보는 데도 밝은 눈이 필요하지만 보아서 무엇인지를 아는 이 마음을 돌이켜 보는 데도 눈을 뜨고 돌이켜 봐야 견성하는 데 용이한 것입니다. 역대 조사님들의 생생한 체험에서 나온 교훈이니 구도자는 명심 또 명심해야 합니다.

눈을 감으면 잠재의식계와 연결되기 쉽기 때문이며, 이는 망상과 연결되기 쉽다는 의미도 되고 잠재의식계가 영계(靈界)이니, 영혼세계와 연결되기 쉽다는 의미도 됩니다. 눈 감고 기도하는 사람들은 어떤 상념에 도치되어 헛것에 놀아나는 경향이 허다히 있는데 무당이 따로 있는 것이 아니라 헛것 보고 헛것을 믿고 놀아나면 무당이 되는 것입니다. 이러한 기도로는 한치도 진화할 수 없으며 무명만 두텁게 쌓아 갈 뿐입니다.

요즈음도 그런 사람이 더러 있어요. 구심점도 모르는 사람이 자기 기도에 도취되어 허상을 그려보고는 그것이 도(道)인 줄 알고는 마치 자기가 부처가 된 것으로 착각하게 됩니다. 그리고 신도들 사주팔자나 봐주고 현혹하다가 신도들이 좀 모여들면 그만 제머리 제가 깎고 큰스님 행세를 하는 것이지요. 그러다가 신흥종파를 만들어 종정이 되기도 하는데 도를 바로 아는 사람이라면 그런 경우는 있을 수도 없는 겁니다.

때문에 신도들도 바른 스승을 찾을 줄 아는 바른 눈을 가져야 해요. 바른 눈을 가지려면 우선 불교의 근본교의와 궁극적인 목적부터 알아야 되겠지요. 그래야만이 바른 스승을 찾게 되는 것이죠.

기복에만 치우친 신앙생활만 하다가는 바른 스승은 눈에 보이지도 않을 뿐더러 부처님 근처에도 갈 수 없는 이치인 것입니다.

　절간으로 찾아오는 대부분의 신도들은 불전에 몇푼 올리고는 수천 수억짜리 복을 달라고 기도하지요.

　속가의 어떤 아들이 몇 천원짜리 선물을 사들고 와서는 아버지께 수천만원 달라고 하는 것과 뭐가 다르겠어요. 그것도 한 번이 아니고 자주 와서 그래 보세요. 아버지가 반갑다 하겠어요. 저만치 오려다 피해버리겠지요.

　아마 부처님도 그런 신도가 오면 골치 아픈 신도 왔다고 자리를 피해버리실 겁니다. 그러니 부처님 근처에도 갈 수 없는 것이지요. 때문에 바른 불자는 마땅히 바른 구심점을 알아 옛조사 스님들의 경책을 생명처럼 간직하고 실천해야 하는 것입니다.

　보림이 완전한 도인은 눈을 감아도, 육신이 잠들어도, 죽어도 깨어 있게 되지만 진리를 참구하는 공부인은 유의해야 합니다.

　눈을 뜨고 사무친 마음으로 보아서 '아는 이것'을 돌이켜 봐야 지름길입니다. 번뇌망상이 수천 억의 마구니가 되어 세차게 방해할지라도 그럴수록 더욱 모진 마음으로 계속해서 돌이켜 보아 견성의 힘을 길러야지요. 마구니 물리치는 길도 이 길뿐입니다. 그러다가 마침내 진리 당체가 되어 보는 체험은 찰나간에 이루어지는 것이니 이때부터가 참선이 되는 것입니다.

　견성(見性)한 바의 체험은 잠을 자도, 행동하여도 항상 깨어 있기 위하여 익히는 보림(寶林)이며, 보임(寶任)을 의미하는 것입니다. 옛 조사도 "견성한 뒤 그때부터가 참선이다."라고 했습니다. 자기 마음을 돌이켜 보는 체험이 있기 전의 선은 망상과의 전쟁이요, 길을 찾아 헤메이는 구도자일 뿐입니다. 초견성함으로써 망상과의 큰 전쟁은 끝이 나는 것이니 그

때부터 진리 당체가 된 체험이 이어지는 삼매(三昧)의 선이 되는 것이지요. 이러한 의미에서 볼 때, 선은 구도자의 수행일 뿐이며, 참선은 견성자가 경지에 이르고자 하는 보림이 되는 것입니다.

견성 후에도 쉬지 않고 정진하여 숙면시나 대화 중에도 깨친 바의 성성한 체험이 한결같이 깨어 있도록 보림의 참선을 해야 한다는 것입니다. 그래야만이 비로소 인과(因果)에서 해방되는 대자유인(大自由人)이요, 해탈인(解脫人)이요, 부처가 되는 것입니다.

부처님께서도 이러한 체험에서 육신통(六神通)의 혜안이 열리신 것입니다. 육신통이란, 첫째로, 진리 그 자체가 되는 체험을 하고 보니 우주의 모든 생명들이 너와 내가 따로 있는 것이 아니라, 진리본체(體)요, 법신(法身)이라고도 하는 생명에너지는 순수한 허공성(虛空性)으로서 본래로 지금도 두루 통하여 하나의 체(體)임을 깨달으신 것입니다.

그러므로 제법무아(諸法無我)라 하여 모든 생명은 하나라고 하셨고 청정법신(淸淨法身)이라 하신 것입니다.

모든 생명이 하나의 법신이니 우주만유(宇宙萬有)가 나(我) 아님이 없어, 만유의 모든 이치를 진실 그대로 아는 혜안(慧眼)이 열리신 것입니다. 맑고 고요하며 분명히 열린, 스스로 자기 마음자리를 밝힌 지혜광명, 그 자등(自燈)은 위 없는 법등(法燈)이 된 것이죠.

두 번째로, 원만하고 분명한 지혜광명 대원경지(大圓鏡智)를 얻으셨습니다.

생명의 진리를 깨닫고 보니, 그 진리는 우주적 하나의 공체(空體)이고, 하나의 공체가 되고 보니 이 우주에 존재하는 물질, 비물질(非物質)이 그 안에 있음이며, 그 안에 있으니 하나의 거울 안에 다 비춰진 것 같으니, 그 실상의 진리를 차별없이 관조하여 확연히 밝히는 지혜를 얻으신 것입니다.

세 번째로, 평등성지(平等性智)를 얻으신 것입니다. 모든 생명의 근원이 본래도 현재도 영원히 변할 수 없는 하나의 체(體)이니, 마치 태양이 그 빛을 온 세상에 평등히 비추는 이치와 같이 모든 생명을 차별없이 이익되게 하는 지혜이며 법향(法香)이 되는 능력이 얻어지신 것입니다.

우주 전체를 형성하고 있는 근본 소재들은 우주 대자연 환경 속에서 서로가 서로에게 미치지 않을 수 있는 그 환경에 의하여 더불어 성주괴공(城住壞空)하며, 화(化)하여 돌아가는 것이라, 우주 전체는 한 티끌도 뺄 수 없는 동체세계(同體世界)요, 하나의 몸이며, 그 허공성(空)의 생명력은 처처에서 모양과 생김새에 따른 끝없는 작용(用)이 있을 뿐임을 밝히셨습니다. 그러므로 우주 전체는 물질적으로도 하나의 몸이며 생명에너지도 하나의 체(體)라 하신 것입니다. 이 생명에너지는, 생긴 바도 변한 바도 변할 수도 없는 진리의 체(體)로서, 영원히 밝고 고요한 진공체(眞空體)이니 우주전체에 두루 통하여 하나의 법신(法身)이라 하는 것입니다. 하나의 법신이니 우주 전체가 나(我) 아닌 바 없어, 차별심이 일어날 수도 없는 부동의 경지 그 자체가 되는 것입니다.

그러므로 차별심이 일어날 수도 없으니 만중생을 내몸같이 대자대비심을 베푸셔서 차별없이 보살피시고 가지가지의 방편으로 성불케 하시려고 불교를 펴신 것입니다.

네 번째로, 우주삼라만상 모든 이치를 불가사의한 혜안으로 관찰하시어 모든 것에 관한 참 이치를 진실 그대로 밝혀주는 묘관찰지(妙觀察智)가 열리셨으니 물리학적으로는 수십만 배의 전자현미경으로 확인한 바보다 더욱 명확하게 원소의 성(性)과 질(質)을 밝히셨고, 물질구성의 원리인 연기법과 생명체가 창출되는 원초적 이치까지 밝히셨으며, 단세포 이전의 화합생명물질에서부터 생명체가 진화되어 온 이치까지를 업감연기(業感緣起)설로 밝히셨던 것이다. 천문학적으로는 삼천대천(三天大天)세계까지 관조하여 밝히시는 지견이 열리셨던 것입니다.

다섯 번째로는, 모든 중생을 이익되게 하고 안락케 하는 여러 가지 지혜로 나투어 이끌어주는 신통력 성소작지(成所作智)의 능력이 자재하시게 된 것입니다.

그리고 인간의 육안으로 볼 수 없고, 인식으로 미치지 못하는 모든 것을 밝히는 신통(神通)과, 과거와 미래세(未來世)를 확연히 관하시는 육신통이 얻어지신 것입니다. 이러한 신통으로써 허공이 다하고 미래세가 다하도록 관조하시어, 중생들이 윤회고(輪廻苦)에서 헤매이는 근본을 보시고 탄식하여 이르시기를, '삼계(三界), 즉 욕계(欲界), 색계(色界), 무색계(無色界)는 윤회의 근본이다. 모든 중생은 자기 육신에 처한 주위환경 인연에 집착하여 그 집착의 미혹(迷惑)에 끄달려 벗어나지 못하므로, 그 생각과 행동이 무명(無明)의 업식(業識)이 되어 생로병사(生老病死)하는 윤회고에서 헤어나지 못하는 것이니 나 이제 모든 중생이 윤회고에서 벗어나는 길을 알았으니 중생을 교화(敎化)하리라.' 이렇게 해서 불교는 시작되었던 것입니다.

실로 중생의 윤회고(輪廻苦)는 모든 중생이 병인 줄도 모른 채 앓고 있는 병 중에도 최악의 병이지요. 무명에서 벗어나면 쉽게 치유될 수 있는 단순한 병이기도 합니다. 그러나 이 무명은 부처님의 입장에서 보면 너무나 단순하고 어리석은 병이었으나, 중생의 입장에서는 태산과도 같은 중병(重病)임에는 틀림이 없는 것입니다.

그러나 아무리 업장이 두터운 중생일지라도 그 무명이 지옥도의 그림처럼 끝도 시작도 없는 윤회고(輪廻苦)를 자초하는 병인 줄 알게 된다면

그냥 갈 수 없는 길 377

누가 이 치료를 포기할 수 있겠는가…."

　모르는 것이 병이지요. 야밤에 나방들은 죽는지도 모르고 불꽃을 향하여 날아들었다가 불에 타 죽듯이, 중생의 삶도 이와 같은 이치인 것입니다. 중생살이에 집착해 산다는 것은 나방들이 불 속으로 날아드는 것과 같은 이치이니, 모두 인생을 바로 알고 발심해야 참 인생을 맞이하는 것입니다.

용과 여의주

　단풍이 고운 가을, 방장 스님을 뵐 일이 있어서 통도사로 갔다. 영축산 문에 도착하자 평소 낯익은 매표소 일을 보시는 키 작은 아저씨가 차를 세우더니,
　"처사님 저것 좀 설명해 주고 가이소."
라고 했다.
　"뭘요?"
하고 되묻자,
　"저기 대학생들이요. 일주문 위에(손가락으로 가리키며) 저기 조각되어 있는 용이 구슬을 물고 있는 모습을 보고 무슨 의미냐고 묻는데 내가 알아야 대답을 하지요. 아시거든 설명 좀 해주고 가이소."
라고 했다. 그 수위 아저씨는 내가 통도사에 자주 오니까 평소에도 입장료 내라는 말 대신 반갑게 인사를 해주었고, 불교에 대해서도 많이 아는 불자라고 생각했던지 나에게 설명을 부탁했던 것이다.
　나는 대답 대신 인사를 하고는 도로 한쪽에 차를 세우며 잠시 어떻게 설명할 것인가를 생각했다. 경전이나 조사어록(祖師語錄)에는 생명의 진리를 표현할 때 보배 보(寶) 또는 그대로 여(如)자로 표현하기도 한다. 영원불변의 생명의 진리를 의미한다. 그러므로 진여본성(眞如本性)이라고

표현하기도 한다. 그대로 여(如), 마음 의(意), 구슬 주(珠), 즉 여의주 보배란 견성성불(見性成佛)을 의미한다는 생각이 전광처럼 스쳐갔다. 남녀 대학생들은 모여서서 일주문을 쳐다보고 있었다. 나는 학생들 앞으로 다가가서 서로 반갑게 인사를 나누고 설명을 시작했다.

"용이라는 동물은 실존하는 동물은 아닙니다. 다만 우리 인간이 가장 신성하게 여기는 동물이며, 가장 용맹스럽고 인내력 있는 상상의 동물입니다. 그러므로 용은 용맹스럽고 강한 인내력을 표현하는 것이며 그러한 정신력을 나타내는 것이지요.

그리고 저 용이 물고 있는 '여의주' 라는 구슬도 실존하는 구슬이 아닙니다. '여의주' 란 이 지구에서 가장 존귀한 보배를 의미합니다. 가장 값어치 있는 보배란 무엇이겠습니까? 우리들의 생명이지요. 우리들에게 생명의 진리가 되는 마음의 본바탕을 진여(眞如)라 표현합니다. 그리고 이것을 보배라고 표현하기도 합니다. 그 보배의 이름을 여의주라고 표현하기도 하는 것입니다. 여의주 보배란 바로 생명의 진리를 의미합니다.

그러므로 저 조각의 의미를 설명드리자면, 용은 용맹스럽고 강한 인내력을 상징하는 것이니 선방(禪房)에서 생명의 진리를 깨닫고자 용맹스럽게 정진하시는 눈 푸른 수좌스님들의 정신력을 표현하는 것이며, '여의주' 보배구슬은, 그 용맹스러운 정진으로 얻어진 '깨달음' 을 의미하는 것입니다.

우리 인간의 몸은 마음이라는 것이 운전하고 다니는 것이며, 마음이 곧 육신의 주인공입니다. 육신과 마음의 이별을 죽음이라 하지요. 그러므로 마음은 생명의 근원이 됩니다. 의식작용이 일어나기 전, 우리 마음의 참모습을 체험으로 깨닫는 것을 견성성불(見成成佛)이라 합니다.

다시 설명드리자면, 의식적으로 자기의 마음을 관(觀)으로 보고 자기의 의식과 의식작용이 일어나기 전의 본래 마음과 계합되는 자리가 견성입니다. 즉 마음으로 마음을 보는 것이죠. 우리의 마음은 주(住)하는 처도 없으며 허공성(虛空性)이기에 허공이 작은 허공, 큰 허공, 니 허공, 내 허공 따로 있을 수 없으며 두루 통하여 있듯이 모든 생명의 본래모습도 하나의 공체(空體)라 합니다.

그러므로 생명의 진리 또는 생명 에너지라 하는 것은 우주 전체에 두루 통하여 하나이며 그 진리를 여의주 보배라 표현하는 것이니 그 보배를 값으로 따질 수가 없는 것이지요. 그러므로 조사님들은 '여의주 보배를 눈썹만큼 떼어 가진다 해도 이 지구를 내 이름으로 등기하고도 여유가 있을 만큼 값진 것이라' 했습니다."

라고 설명했더니, 학생들은 주의 깊게 들어주었다. 그리고 한 학생은,

"용과 여의주의 의미는 대충 이해하겠습니다마는 진리는 좀 어렵네요."

라고 했다.

"허허, 그게 어렵기 때문에 선방스님들은 목숨을 걸고 공부하는 것이랍니다. 쉬울 수가 없는 것이죠."

라고 하였더니 한 학생이,

"깨달으면 뭐 하는데요?"

하고 물어왔다.

"네, 그게 의문이 되겠지요. 우리 모든 생명은 살아 온 지난 날이 있으므로 지난 날의 생각과 행동이 쌓인 잠재의식을 갖고 있습니다. 그 잠재의식이 영혼입니다. 이 잠재의식은 사후에도 없어지지 않고, 거기에 비례되는 과보(果報)를 받게 된다고 합니다. 깨닫지 못한 중생은 끌려가는 죄인과 같은 이치가 되고, 깨달음을 얻은 이는 윤회고에서 해방되는 대자유를 얻게 되는 것입니다. 종교란 작은 문제가 아니니, 학생들 각자가 공부

해 보도록 하세요."

하고 설명을 끝냈다. 학생들은 일제히,

"감사합니다."

라고 인사를 했다.

나는 용과 여의주 조각에 대한 글을 읽은 적도 없고, 설명을 들은 바도 없었다. 그런데 내 입에서는 그러한 설명이 나왔다. 다만 통도사 적멸보궁 옆 연못이 구룡지(九龍池)라는 얘기와 그 연못에 아홉 마리의 용이 살았는데 모두 하늘로 승천(昇天)하였다는 전설을 들은 적이 있었다.

그러나 인공위성이 달나라에 왔다갔다하는 첨단의 과학을 배우고 있는 학생들에게는 그러한 전설적인 얘기는 먹혀 들 수가 없을 것이다. 그래서 위와 같이 설명을 했던 것이다. 아마, 용과 여의주의 조각을 발상한 창시자는 분명히 내가 설명한 대로 용맹정진의 정신을 용에 비유하고 깨달음을 여의주라 표현했을 것이다.

현대인은 불교의 연기법을 학문으로 배우고 있으면서도 그것이 부처님이 최초로 밝힌 우주 구성과 생명체 탄생의 원리인지는 모른다. 이제 불성(佛性)이라는 생명에너지의 의미도 쉽게 이해할 수 있는 시대가 되었다. 그러므로 이제 전설과 귀신 얘기 등으로 포교할 시대도 지났고, 기복신앙의 시대도 흘러가고 있다. 때문에 이 시대의 젊은이들에게는 정법(正法)만을 일러주어 정신적 혼돈을 예방해 줘야 할 것이다.

'캘리포니아 주립대학'의 교수들처럼 불교의 근본교부터 알게 하여, 많은 대중이 불교에 귀의하고 정법으로 참구할 수 있도록 하는 교육의 방법이 선행되어야 할 것이다.

버스 속에서 깨친 보살

그간 신행생활을 해 오면서 "불교를 왜 믿느냐?" 또는 "불교가 무엇이냐?"고 묻는 이웃이나 친구가 있을 때면 믿게 된 경위와 불교의 근본교의에 대하여 간단하게 설명해 주기도 했다. 그리고 보살님들과 같이 사찰 참배시 더러는 참선에 대한 질문을 받기도 했고 그 때마다 아는 만큼 일러 드리기도 했는데 돌아오는 소문으로 봐서 꽤나 효과가 있는 것 같기도 했다.

1991년 경 어느 윤달 범일동 상가 불자들은 버스를 전세 내어 삼사(三寺) 순례를 가게 되었다. 목적지는 쌍계사, 칠불암과 송광사였다.

버스가 진영휴게소에서 잠시 쉬었다가 출발할 때쯤 그 행사를 주선했던 노처녀 보살님이 내곁으로 와서는,

"거사님, 법문(法門)좀 해주이소."

라고 하는 것이었다.

"쓸데없는 소리 하시네. 내가 무슨 법문을 해요?"

라고 하니까,

"오늘 거사님들도 많이 오셨는데, 포교 좀 하입시다. 부처님이 혼자 불교 믿으라 하시던교?"

하고는 마이크를 잡고,

"도원 거사님께서 법문을 하시겠습니다." 하며 거창하게 소갯말을 곁

들이며 마이크를 내밀었다. 할 수도 없고, 안 할 수도 없는 처지가 되고 말았다. 잠시 망설이다가 그날은 불교를 믿지 않는 남자들이 아내를 따라 많이 동참하고 있었기에 불교의 근본 가르침을 일러주어 불교와 인연맺게 해 주고픈 심정으로 마이크를 잡게 되었다.

먼저 불교를 믿게 된 경위와 우주 삼라만상이 창출된 이치와 생명체 탄생의 원리가 되는 업감연기(業感緣起)설을 설명했고, 업감연기법이 바로 탄생과 진화(進化)의 근원임을 일러 드렸다. 그리고 잠재의식이 곧 영혼의 실체(實體)인 것과 그 영혼이 윤회하는 이치에 대해서도 설명을 드렸다.

그 날 말씀드린 내용들이 그분들 모두가 알고자 했던 문제들이었던지 차 내 대중들은 모두가 열중하여 들어주고 있었다. 특히 불교에 관심이 적었던 남자들이 적잖은 감화를 받은 것 같았다.

근본 교리만을 얘기하고 난 뒤 여기에서 강연을 중단하려고 했다. 이제 기본 교리에 대한 얘기는 모두 했고 남은 것은 깨달음에 관한 선(禪) 법문이 될 수밖에 없었기 때문이었다.

나 자신이 대중 앞에서 선 법문을 한다면 지나친 월권 행위가 될 것 같기도 했고, 특히 깨쳤다는 아상(我相)으로 보일 것 같기도 했다.

차 내를 살펴 보았다. 제법 오랜 세월 선방 출입을 하시는 보살 몇 분도 보였다. 그래서 그 분들에게 기본의 틀을 부셔주고 싶기도 했고, 바른 참구법을 일러 주는 것이 좋겠다는 생각을 하면서 말을 이어 갔다.

"이제 어떻게 하면 깨달음에 이를 수 있는가에 대해서도 한 말씀 드리도록하겠습니다. 부처님께서 깨달음으로 가는 정법(正法)을 계(戒), 정(定), 혜(慧) 삼학(三學)이라 하였습니다.

'계(戒)'란 진실한 인간부터 되라는 말씀입니다. 언제 어디서나 남을 위하고 베푸는 보살의 심성(心性)부터 갖추어야만이 생명의 진리에 대한 강한 의심도 일어날 수 있는 것이며, 나아가서는 번뇌 망상에 이길 수 있는 힘이 생길 수 있기 때문입니다. 때문에 깨달음으로 가는 자는 기본으로 보살다운 성품부터 갖추라는 것입니다. 그래야만이 일념으로 정진할 수 있는 것이며 일념으로 정진할 수 있어야만이 그 다음 단계가 되는 정(定)에 이를 수 있는 것입니다.

'정(定)'이란 정신 통일을 의미합니다. 우리 인간은 찰나도 쉬지 않고 뭔가를 의식하고 상상하면서 살아가고 있습니다. 이 생각이라는 것은 한 곳에 머물지 못하고 사방 천지를 옮겨 다니며 상상의 나래를 펴고 있습니다. 한 생각에 열중한다는 것은 진리를 깨치고자 하는 공부인에게는 가장 큰 조건이 됩니다.

우리 중생은 자기 몸을 자기라고 생각하고 자기 몸을 중심으로 하는 주위 환경 인연에 집착한 채 살아 왔기에 그 집착에서 생(生)한 업식(業識)들이 거울 위에 앉은 먼지처럼 잠재의식으로 쌓여 있다가 찰나도 쉬지 않고 망상을 그려 내고 있는 것입니다.

본래 청정한 마음 바탕 위에 겹겹이 쌓인 업식, 이것이 무명(無明)이 되어 진리를 볼 수 없도록 가로막고 있는 것입니다. 이 무명을 어떻게 하면 버릴 수 있을까요?

스님들께서 참선을 지도하실 때 흔히들 '망념을 쉬어라' '망념을 놓아라' '버려라' 고들 하십니다. 그러나 망념이라는 것은 쉬고 싶다고 쉬어지고 버리고 싶다고 버려지는 것이 아닙니다.

무명을 여의는 길은 오직 한 길 화두 의심에 사무치게 열중하는 길 뿐입니다. 열중함으로써 다른 망상이 일어날 틈을 주지 말자는 것입니다. 우리 인간은 전생에서 원인이 된 습(習)이라는 것이 있기에 자기 적성에 맞는 일을 하고자 할 때는 열중이 잘 되게 되어 있습니다.

공부에 취미가 없는 학생이 운동이나 음악에는 열중이 잘 되는 경우가 많이 있습니다. 전생의 습이 다르기 때문이지요. 습을 바꾸는 일이 수행이요, 진리 참구에 열중하는 길뿐인 것입니다. 노력 여하에 따라 습은 바꿔지는 것이며, 나아가서는 깨칠 수 있는 것입니다.

선방스님들께서는 화두(話頭)에 열중하는 것으로 참선을 하십니다. 화두란 곧 숙제입니다. 스승이 제자를 깨우치기 위하여 내어주는 숙제입니다. 스승으로부터 받은 숙제, 그 화두만을 일념으로 의심하는 데 열중함으로써 잡생각을 잊고 정신통일하라는 것이며, 그리하여 생명의 진리인 자기 마음을 보라는 것입니다.

제가 백련암에서 처음으로 받은 화두는 마삼근(麻三斤)입니다.

제자가 스승에게,

'무엇이 부처입니까?'

하고 질문을 드리자 스승은,

'마삼근 이니라.'

라고 했습니다. 동문서답(東問西答)이지요.

이 화두의 경우 '부처가 무엇인지를 묻는 질문에 왜 마삼근이라고 했을까?' 하고 심각하게 의심하여 나아가는 것이 화두 드는 법이 되겠습니다.

이 차 내에는 선방에 나가시는 보살님들도 계십니다만은 이러한 공안 화두로는 일념으로 참구하기도 어렵고 깨치기는 더욱 어렵다고 생각됩니다. 저 자신도 그랬습니다. 저의 화두는 마삼근인데 마(麻)는 삼베 옷감의 원재료이며, 서근(三斤)은 부피 량을 의미합니다.

선방에 앉아 마삼근을 생각하면 자꾸만 어린 시절이 생각나는 것입니다. 껍질을 벗긴 제릅떼기(삼대)를 들고 뛰놀던 생각, 시골 어머니들이 등잔불을 켜고 밤 늦게까지 길쌈하던 모습 등의 상상만 하게 되는 것입니다. 삼서근 화두만 들면 이러한 망상만 떠오를 뿐 깨달음은 커녕 망상을 여읠 희망이 보이질 않았습니다.

그러던 중 경허 스님의 '자기 적성에 맞는 화두를 자기가 선택하여 참구하라'의 말씀을 듣고 화두를 바꿨습니다. '이뭣꼬'로 바꿨던 것입니다. '이뭣꼬'란 경상도 사투리이며 '이것이 무엇인고'의 준말입니다.

이 몸을 운전하고 다니는 주인공은 마음이며 이 마음이 무엇인고? 하고 의심하는 것입니다. 그랬더니 그 때부터는 조금은 집중이 될 것 같았습니다.

그러나 잘 되지는 않았습니다. 그래서 좀 더 열중이 잘 되는 화두는 없을까 하고 고민하기 시작했습니다. 화두의 의미부터 다시 살펴 보았습니다. 화두(話頭)란 글자 그대로의 의미는 말(話)의 머리입니다. 말은 언어라는 의미인데 말은 머리가 있을 수 없습니다. '머리'란 말이 있기 전의 무엇을 가리키고 있습니다. 그러므로 말은 마음이 하는 것이니 두(頭)는 마음을 의미합니다. 그 마음을 보라는 의미가 됩니다. 화두의 참 의미는 자기 마음을 보라는 의미가 되는 것이죠. 그 이상의 의미는 없는 것입니다.

부처님도 달마 대사도 역대 조사도 모두가 자기 마음을 돌이켜 관(觀)하는 것으로 성불하셨습니다. 때문에 달마 대사께서도 오직 관심(觀心)만이 깨침의 도리라고 하셨던 것입니다. 달마 대사의 관심론(觀心論)이 그것입니다. 대부분의 공안화두들은 현상적인 물체에 비유한 화두들이기에 신참자들이 들려고 하면, 그 화두의 이름에 따라 현상을 먼저 생각하게 되므로 그 현상에 따른 망상을 불러 일으키게 되는 것이죠.

여기에서 저는 마음을 바로 보는 직관법(直觀法)이 되는 관심(觀心)을 하는 것이 가장 효과적으로 잡념도 잊을 수 있고, 깨달을 수 있는 지름길이라는 생각을 하게 되었습니다.

이제 모두 다같이 관심을 실습해 보도록 합시다. 마음을 가다듬고 앞에 보이는 의자 뒤를 선방벽이라 생각하시고 정(定)을 알리는 죽비 소리를 상상하면서 벽을 보고 앉아 봅시다. '마음이 부처다' 또는 '자기 육신을 운전하고 다니는 이 주인공이 부처다' 라고 생각하고 이것을 보려면 좀 황당합니다. 이 마음은 바삐 동분서주하며 도망다니는 것이니 범위가 넓기에 잡기가 어렵다는 뜻입니다.

물고기나 산짐승도 잡으려면 한쪽 구석으로 몰아야 맨손으로도 쉽게 잡을 수 있듯이 이 마음도 쉽게 잡으려면 자기 바로 앞에 갖다 둡시다.(모두들 자기 앞의 의자 뒷면을 응시하고 있었다.)

현재 자기 마음은 벽을 보고 벽인 줄 아는 데 있습니다. '저것이 벽이다' 라고 벽인 줄 알 때 마음은 자기를 떠나 벽에 끄달려 있습니다. 이때 벽을 보지 말고, 벽을 보아 벽인 줄 아는 이것을 보십시오!… 벽을 보아 벽인 줄 아는 이것!… 이것이 내 마음이요, 자성(自性)입니다… 보아서 아는 이것을 계속 돌이켜 보세요!… 현재 마음으로 보아서 무엇인지를 아는 그 마음을 돌이켜 보는 것! 이것을 내관(內觀)이라 합니다. 돌이켜 보고 도망가면 또 돌이켜 보십시오! 보아서 아는 이것을 계속 돌이켜 봐요! 이를 악물고 사생 결단코 돌이켜 봐요!"

이때 손뼉소리가 들려왔다. 누군가 살펴보았더니 50대의 S보살님이셨다. 평소 그렇게도 점잖으신 분이 감격에 못이겨 손뼉을 치고 의자를 치며 감격의 눈물을 흘리고 있었다. 터진 것이었다! 나의 말에 집중하여 벽을 보라 할 때 벽을 보았고, 보아서 아는 이것을 돌이켜 보라고 했을 때도 돌이켜봤던 것이다. 돌이켜 보는 순간, 보려고 하는 마음(意識)이 벽을 보아서 벽인 줄 아는 그것을 돌이켜 보게 된 순간 보려는 마음과 보아서 아는 마음의 합일(合一)되는 체험이 왔으니 바로 견성(見性)이요, 관성(觀性) 자체가 된 것이었다.

그 감격을 어떻게 표현할 수 있을 것이며, 어떻게 전하랴! 너무나 뚜렷하고 밝고 성성(惺惺)한 체험뿐인 것이다. S보살님은 통도사에 수십 년을 다니며 기복신앙에 열중해 왔었고, 당시는 통도사 내 재가자 선방을 다니기도 했었다.

어느덧 버스는 화계장터 옆을 지나 쌍계사 입구로 접어들고 있었다. 진영 휴게소에서 쌍계사 입구까지 내 말에 열중된 채 시간관념도 잊고 두 시간 가까이를 중얼거렸던 것이었다. 칠불사 법당에 참배를 마치고 내려와 돌계단에 쉬고 있을 때 S보살님이 나를 찾아 오시더니,

"거사님 너무 감사합니다." 하시고는 합장 삼배를 하는 것이었다. 나도 맞절을 했다. 할 말이 없었다. 마음 속으로 한없는 축하를 드리면서 말은 필요없었다. 그리고 보살님은,

"우리 T스님은 왜 수십 년 동안 마음 관하는 법을 한 마디도 일러 주시지 않았을까요?"
하는 것이었다. 수십 년 따르던 스님에게 원망 아닌 원망을 하고 있었다.

"보살님 만사는 시절 인연이 있는 것 아니겠습니까. 몇 십 년 전에 T스님께서 오늘 제가 했던 얘기들을 일러주었던들 견성을 하였겠습니까? 보살님은 스님의 말씀에 따라 열심히 기도하고 참선도 하려고 노력하였던 공덕이 있었기에 오늘과 같은 결과가 있게 된 것 아니겠습니까?"
라고 해 주었다.

"거사님 너무 감사합니다. 이제 눈을 떴습니다. 지금도 분명합니다. 이제 자신 있습니다."
라고 하면서 또 합장 반배를 하고 있었다.

"보살님 축하드립니다. 이제 우리 좋은 도반이 됩시다."라고 했다.
돌아오는 길 내내 S보살님의 편안한 미소는 한결 같았다.

성철 스님의 열반송

성철 스님께서 열반하시던 해 겨울 부산지방법원 B부장 판사 모친상에 상문(喪門)을 갔더니 반갑게도 금강경이 흘러 나오고 있었다. 몇 개월 전만 하여도 B판사는 불교를 믿거나 공부하는 사람도 아니었다. 영전에 예를 드리고 난 뒤 음식상 앞에 마주 앉게 된 B판사에게 물었다.

"B판사님, 종교가 없는 줄 알고 있었는데, 불교를 믿으시는 겁니까?"

B판사는,

"네, 저번에 성철 스님 돌아가실 때 하도 매스컴에서 성철 스님에 대해서 떠들어 대길래, 도대체 불교가 뭐길래 저러나…? 하고 책을 몇 권 사서 읽게 되었는데 그때부터 불교공부는 해 볼 만한 가치가 있다고 생각하게 되었어요. 지금 52권째 불교서적을 읽고 있습니다. 그리고 이젠 불교를 믿고 공부해야겠다는 확신이 섰습니다."

라고 하는 것이 아닌가.

세상살이에 대한 법리(法理)를 전공하여 법관이 된 수재(秀才)들은 철학적 진리의 법리(法理)에도 사고력이 풍부하다는 생각이 들었다. 왜냐하면 당시 부산지방법원장께서도 불교를 열심히 공부하고 참선하시는 분이었기 때문이었다. 성철 스님 열반 후 화제도 많았지만 스님의 열반송은 또 하나의 웃지 못할 화제를 만들고 말았다.

生平欺 男女群
彌天罪業過須彌
活陷阿鼻限萬端
一輪吐紅掛碧山

일생 동안 남녀의 무리를 속여서,
하늘을 넘치는 죄업은 수미산을 지나친다.
산 채로 무간지옥에 떨어져서 그 한이 만 갈래나 되는지라,
하나의 둥근 수레바퀴 붉음을 내뱉으며, 푸른 산에 걸렸도다.

라는 내용이 된다.

   이 열반송이 각 일간지에 실리자 서울의 모 개신교회에서는 "성철 스님도 죽으면서 자기의 잘못을 크게 뉘우치며 회개하고 죽었다." 하여 이 열반송을 50만 장의 전단으로 만들어 서울시내에 뿌렸다고 한다. 이뿐만 아니라 90년대 중반 정신과 의사가 썼다는 『윤회XXX』라는 책에도 저자는 "성철 스님도 자기가 살아온 생애를 후회하고 죽은 것"으로 표현하고 있다.

   '모르는 것이 병이다' 라는 생각이 떠올랐다. '가만히 있으면 2등이라도 한다' 라는 말이 있다. 불교가 뭔지 이해도 못하기에 너무도 엉뚱한 해석을 하게 되고 그 사견(邪見)으로 자기와 비슷한 대중을 현혹하려는 것이다.

   "일생 동안 남녀의 무리를 속여서, 하늘을 넘치는 죄업은 수미산을 지나친다. 산 채로 무간지옥에 떨어져서 그 한이 만 갈래나 되는지라." 여기까지의 내용이 주는 의미는 성철 스님의 가르침과 인연되는 모든 대중들에게 한시적 경책이라고 읽어야 하는 것이다. 잘못된 행동을 하는 자식을 보고 부모가 '내 죄' 라고 하듯이…. 때로는 교법(敎法)을 설하시기도 하셨

고, 수없이 많은 신도들에게 삼천 배, 삼만 배를 시키기도 하셨는데도 우리 중생들은 그 참뜻을 헤아리지 못하고 헤매이고 있으니 우리 모든 중생의 안타까움이 무간지옥이요, 수미산보다 크다는 의미이지 스님의 신세 한탄은 아닌 것이다.

열반송의 말미에 "둥근한 수레바퀴 붉음을 내뱉으며 푸른 산에 걸렸도다."라고 하심은 법계(法界)의 도리(道理)를 드러낸 말씀이 된다.

캄캄한 어둠 속에 살면서 밝음이 있는 줄을 모르기에 어둠이 어둠인지도 모르고 끄달려 사는 중생으로서는 스님의 마음을 헤아릴 수 없는 것이다. 어렵고도 어려우니 무간지옥이요, 수미산일 뿐이다.

『열반경(涅槃經)』에 "일체의 악행(惡行)이 사견(邪見)에서 나온다."고 하였다. 잘못된 판단이 사견이요, 사견은 단견(短見)에서 나온다. 그리고 그 사견들은 정신세계를 어둡게 하는 무명이 된다.

『잡보장경』 제 3권에는,

"유리하다고 교만하지 말고 / 불리하다고 비굴하지도 말며
벙어리처럼 침묵하고 / 임금처럼 말하며,
눈처럼 냉정하고 / 불처럼 뜨거워라.
태산같은 자부심을 갖고 / 누운 풀처럼 낮추어라."

라고 하여 지혜로운 삶을 가르치고 있다. 사견에 빠지지 않으려면 풀처럼 낮추어야 하는 것이다.

뭐니뭐니해도 마음공부의 기본은 하심(下心)이다. 자기를 버려 집착에서 벗어날 수 있어야 하심이 되고 번뇌 망상에서 벗어날 수 있는 길이 열

리고 진리의 말씀은 귀에 담아지며 그리고 점점 마음이 청청해진다. 그리하여 대도의 길을 열어가는 것이다.

자기 구원자는 자기뿐이다

하루 종일 또는 긴 세월 동안 바둑에 취미를 두고 승부에 집착하다 보면 어디서 무엇을 하고 있어도 바둑생각이 떠오르고, 당구를 처음 배울 때도 당구에 집착하다 보면 온 세상이 당구공으로 보일 때도 있고, 화투 등 다른 도박도 마찬가지요, 그 외에도 살아오면서 사무치게 억울했거나 기뻤던 일 등을 자꾸 상상하게 된다. 영혼(잠재의식) 속에 강하게 입력되었기 때문이다.

강하게 집착할 때 강하게 입력되고, 보편적인 일들은 약하게 입력되는 것이다. 일상 생활 속에서의 생각과 행동은 낱낱이 입력되는 것이며, 나의 생각과 행동은 나의 잠재의식이 되는 동시에 상대방의 잠재의식에 상대가 느껴본 것만큼 입력되는 것이다.

나의 의식은 상대방과 연관되고 상대방은 나와 또다른 상대방과 연관되어 온 세계의 잠재의식은 고기 잡는 하나의 그물과 같이 얽혀 있는 것이 현실사회이다. 선인(善因)선과(善果), 악인(惡因)악과(惡果)가 있게 되는 철칙(鐵則)이 있을 뿐이다.

우리 주위에는 영혼의 세계를 볼 줄 아는 분들이 있다. 앞 장에서도 소개한 바 있지만 상원사 주위에 착한 청년이 한 사람 죽었는데 자기 집에 키우던 돼지 몸으로 들어갔다. 이러한 경우 왜 착하게 살았던 청년의 영혼이 돼지라는 축생의 몸으로 들어갔을까를 깊이 사고(思考)해 볼 필요가 있다. 평등과 어둠과 인과에 의한 결과일 뿐인 것이다. 누구나 속세적으로 평범하게 살다가 죽음을 맞이하였을 때는 캄캄 어둠 앞에 평등하며 인과라는 철칙을 따르게 되는 것이다.

부처님의 가르침은 무조건도 우연도 없다. 철처한 인과법(因果法)에 기준을 둔 가르침이다.

옛날 순치 황제가 말년에 출가하여 말하기를,

"일백 년 삼만 육천 날을 선덕(善德)을 베풀어 선업(善業)을 쌓았다 해도, 승가(僧家)에서 한나절 구심(求心)점 찾는 것만 못하다."
고 하였다.

평생 동안 한없이 선행을 베풀어도 한나절 마음공부하는 것보다 못하다는 것이다. 시작이 반(半)이라는 말은 곧 철리(哲理)이다. 시작이 중요한 것이다.

"출가하신 스님들도 못하는 어려운 견성(見性)을 사가(私家) 중생이 어떻게 해낼 수 있겠는가."라고 말하는 스님이나 법사도 있다. 그러나 마음먹기에 달린 것이다.

보통의 친구들과 똑같은 생활을 하다가도 이 공부에 맛을 들이고 나면 이 공부외는 소꿉장난 같아 싱겁기 짝이 없어진다. 그리하여 참구심이 사무칠 때 해낼 수 있는 것이다. 내가 그랬고 장보살도 그랬다. 진리란 멀리 있는 것이 아니라 나와 가장 가까이 있다. 바로 내가 진리요, 불성이니까. 그리하여 밝은 진리 그 자체가 되었을 때 진리의 몸 그 자체가 되었으니 윤회의 원인이 사라질 것이요, 원인이 없어졌으니 윤회에 끌려가야 할 이유가 없어질 것이다. 그리하여 영원한 피안의 세계에 이르는 것이다. 이것이 자기 구원의 원리이다.

그러므로 자기 구원은 오직 자기만이 할 수 있을 뿐이다. 뜻 모르는 경(經)이나 주문을 외우거나 기도하는 등의 방편은 선근(善根)을 가꾸는 공덕은 될 수 있을지언정 깨달음과는 거리가 먼 것이다. 인생 한나절이 중천금(重千金)인데 지름길을 두고 허송세월 할 수는 없는 것이다. 염불(念佛)이란 부처를 생각한다는 의미이며 부처를 생각한다는 것은 생명의 진리를 생각한다는 의미가 된다.

그러므로 염불을 해도 자기 마음을 돌이켜 관(觀)하는 것으로 돌려야 바른 공부가 된다. 바른 관념을 갖고 사무쳐 관하려 할 때 봐지는 것을 대개 사람들은 어렵다고만 생각하고 사무치게 정진해 볼 마음을 내지 않는데 문제가 있는 것이다.

흔히 남방불교(버마, 스리랑카)권에 유학하고 오신 스님들은 이런 얘기를 한다. 불교가 동양으로 들어오면서 토속신앙을 가미시키는 등 너무나 많은 방편법을 가미하였기 때문에, 많은 대중이 무엇이 정법(正法)인지 모르고 방황하게 되었다고 말한다. 불교가 아닌 토속신앙들이 불교의 탈을 쓰고 판을 치고 있기 때문이며 이것이 정법 불교의 장애가 되고 있기 때문이다.

지금은 다신교(多神敎)의 시대이다. 산을 보고 산신(山神)이 있다고 절하고 큰 정자나무만 봐도 목신(木神)이 있다고 절하고, 큰 바위만 보면 바위신이 있다고 절을 하고 바다에는 해신(海神)이 있다고 절을 하고 하늘을 보고는 하느님이 있다고 기도하는 시대이다. 모르는 것이 곧 중생병이다. 진리를 모르는 것이 곧 중생병인 것이다. 복을 바라는 신앙생활에 얽매인다는 것은 마치 '크리스마스 이브'에 산타할아버지의 선물을 기다리는 어린이의 인식과 다를 바가 없는 것이다.

욕심을 가지고 진리를 구할 수는 없는 것이다. 신이나 구세주의 방편이 허구임을 자각하지 못하고 믿고 바라는 데 얽매여 그 이상의 탐구심을 일으키지 못한다면 자기 인식 또는 자기 진화의 장애가 되는 망상만 키워갈 뿐이다. 기복 신앙심으로 종교에 입문하였다 할지라도 누가 일러주도록 기다리지 말고 자기가 믿는 교(敎)의 근본의 교의(敎義)가 무엇인지, 그 가르침은 이치가 타당한지 진실성이 있는지 스스로 알고자 노력할 줄 알아야 자기 진화의 지름길이 되는 것이다.

부처님의 말씀대로 진실한 삶을 살면서 사무친 각오로써 바른 구심점을 찾아 그것에 전념할 때 비로소 망념은 놓아지고 쉬어지고 끊어지는 것이다. 옛 조사는 "소를 타고 소를 찾는다."고 말했다. 자기 마음을 자기가 부리고 다니면서 보지 못한다고 하는 말이다. 진리란 바로 자기이기에 자신과의 거리가 전혀 없는 것이며, 바로 나(我)인 것을 어렵게 밖으로 찾고 있으니까 멀다고 생각될 뿐 근접이 안 되는 것이다.

어떤 스님은 "세수하다가 코만지기보다 더 쉽다."라고 말하는 분도 있다. 쉽다는 말은 거짓말이다. 수년 전 해인사 선원(禪院) 동안거(冬安居) 때, 3개월간 눕거나 잠자지 않고 용맹정진할 수좌스님 30명을 선발하여 별도의 선방에서 정진하게 했다고 한다. 그 때 용맹정진했던 K스님에 의하면 대부분의 스님들은 이틀을 넘기지 못하고 졸기 시작했다고 한다.

모두가 벽에 기대어 앉거나 좌선자세로 앉아 졸거나 잠을 자면서 3개월을 보냈다고 한다. 그리고 자성을 보거나 깨친 이는 한 분도 없었다고 했다. 이렇토록 어렵기는 누구나 마찬가지인 것이다.

그러나 어렵다고 포기할 수는 없는 것이다. 때문에 육신부터 조복 받아야 하는 것이다. 즐거운 곳으로만 가고자 하는 육신을 진리를 참구하는 곳으로 끌어들이고 도망가면 또 부처님 앞으로 끌어들여 공부하고자 하는 습관부터 가꾸어야 하는 것이다.

우리 인간은 자기를 평가할 때 보편적으로 자기의 생각과 행동을 바르게 하고 있다고 생각하게 된다. 자기 중심적 이기심 때문이다. 수억만 겁 누적된 잠재의식을 하루아침에 떠날 수는 없다. 항상 산란심이나 해태심(懈怠心)은 도사리고 있다. 이것을 극복해야 되는 것이니 쉬울 수가 없는 것이다.

이러한 장애는 수억의 마구니가 되어 석가모니 부처님께서 정진하실 때도 방해하였고, 역대 조사님의 견성에도 세차게 방해하였다. 하물며 우리 사가생활(私家生活)인들에게는 오죽하겠는가. 수천억의 마구니가 되어 때로는 황금으로, 때로는 정승의 자리로도 유혹하다가 이제 정신차리고 자기를 돌이켜 보려 할 때는 귀신 콩 볶듯 잡다한 망상이 되어 나타나기도 하고 각양각색의 마구니로 시기하고 질투하기도 하는 것이다.

이 마구니도 자기가 만들었을 뿐이다. 내가 만들었으니 내가 지울 수도 있는 것이다. 그 길은 외길이다. 자기를 버린 사무친 참구심만이 지혜의 나룻배가 되어주는 것이다.

그냥 갈 수는 없다

　인간이기에 그냥 갈 수는 없다.
　사리(事理)를 생각할 줄 아는 인간일 때 깨쳐야 한다. 그래야만이 캄캄한 죽음으로 빨려 들어갈 때 후회가 없을 것이며 영원한 행복을 맞이할 수 있다. 그래서 불자들은 매일 부처님전에 감사의 예배를 드리며 깨치고자 발원(發願)하는 것이다. 출가하여 스님이 되거나 안 되는 게 문제가 아니라 참다운 구도정신을 잃지 않고 꾸준히 노력하는 것이 참 출가요, 도인의 길이다.
　예불문의 오분향은 참 수행자의 길이요, 소망이요, 길이다.
　계향(戒香), 정향(定香), 혜향(慧香), 해탈향(解脫香), 해탈지견향(解脫知見香). 여기에서의 향이란 냄새의 향이 아니라 수행자답고 구도자답고 도인다움을 말하는 것이다.
　그러므로 '계향(戒香)'은 계를 지키며 하심(下心)하며 오직 깨달음을 향하여 정진하는 구도자다운 참모습을 의미하는 것이다.
　춘원 이광수 선생이 육바라밀의 시에서 계(戒)에 대하여 노래하기를 "님에게 보이고저 애써 단장하는 이 마음 거기서 나는 지계(持戒)를 배웠노라."라고 하였다. 님은 부처님이요, 생명의 에너지이니 처처에 아니 계신 곳 없으시며, 님전에 한 점 부끄럼 없으려면 언제 어디서나 생각과 행동이 진실해야 하기에 애써 자기를 다스리는 마음에서 계향을 배웠다고 했다.

'정향(定香)'은 자기 다스림이 순조로워 어떤 감정에도 끄달리지 않는 평상심 속에서 항상 자비의 성품으로 자기를 내관(內觀)하는 데 열중하여 마침내 번뇌망상을 여의고 화두삼매(話頭三昧)에 이르름을 의미하는 것이니 부동의 구도자다움을 의미하는 것이다.

'혜향(慧香)'은 계향, 정향의 힘으로 진리의 깨달음을 성취하고 그 깨달음의 혜안(慧眼)으로 모든 중생을 제도하는 도인다움을 의미하는 것이다.

'해탈향(解脫香)'은 도인답고 부처님다움을 의미하는 것이니 깨달음을 성취하고 보림이 성숙하여 진리 자체가 되는 체험상태가 잠잘 때나 생활 중에도 항상 분명히 밝아 있어 언제 어디서나 부처님다운 가르침을 펴고 부처님다운 행을 실천하는 보림을 의미하는 것이다.

'해탈지견향(解脫知見香)'은 근본의 마음자리요, 생명의 진리 그 자체가 된 한결같은 체험, 즉 해탈의 경지에서 얻어진 혜안(慧眼)의 지견해(知見解)로 모든 중생을 가지가지의 방편으로 제도하는 지혜로움을 의미하는 것이다.

그러므로 오분향은 참다운 구도자에서부터 도인된 참모습을 향으로 표현한 것이니 참다운 구도자로서의 진실한 행(行)에서부터 깨침을 완성한 부처님으로서의 행과 회향을 의미한다.

그래서 오분향은 도인의 길이요, 우리의 소망인 것이다. 중생에서 부처가 되기까지 어렵지 않을 수는 없다. 어렵기에 실천하고자 매일 다짐하는 것이며 부처님의 경지에 이르고자 지극 정성 매일 발원하면서 자기와의 약속을 거듭하는 것이다. 이것이 예불이다.

이미 정법시대는 예고되고 있다. 미국, 독일 등 여러 선진국에서는 지식층에서부터 불교를 믿는 인구가 급격히 증가하고 있다고 내외신(內外信)은 보도하고 있다. 그 이유는 불교의 근본교의(根本敎義)가 첨단과학적이기 때문이며 선(禪)을 통하여 생명의 진리를 깨닫고자 하는 합리적인 수행방법이 있기 때문이라고 분석한다. 이러한 분석도 불교가 한 것이 아니라 미국의 언론들이 밝힌 것이다.

이제 인격시대의 인류는 무조건 종교를 믿지는 않을 것이며 그 종교의 가르침이 진실한가를 확인하고 믿을 시대가 될 것이다. 그러므로 "믿기만 하면 복 주고 명(命) 주고 구원하여 준다."는 식의 기복신앙은 그 옛날의 전설이 되고 말 것이다.

이 소중한 인생이 기복신앙에만 머문다면 그 영혼은 분별력을 잃은 환자일 뿐이다. 아무도 내 갈 길을 대신해 줄 수도 없다. 그러므로 누가 자기를 인도해주길 기다리지 말고 내가 내 갈 길을 스스로 찾아 가야 하는 것이다.

대수롭잖은 나의 조언으로 달리는 버스 안에서 쉽게 깨칠 수 있었던 S보살도 수십 년 계속해 온 기도생활에서 얻어진 자정력 때문이었던 것이다. 그래서 부처님은 『열반경』에서 "내전(內典) 외전(外典)이 즉시불법(卽時佛法)이라." 하셨다. 이치로 따지자면 기복 신앙도 방편이요, 정법(正法)이라는 마음공부도 깨치기 위한 방편이다. 다만 기도는 기약할 수 없는 세월토록 깨달음의 인연(因緣)을 맺어감이요, 선은 깨달음의 지름길이다.

이 몸에 마음이 떠나면 죽음이요, 죽음은 순서도 없이 다가오고 있으니 안타까운 게 인생이요, 한 나절이 중천금(重千金) 아니던가. 죽음 후에 다가오는 캄캄한 무명(無明)의 영혼을 어쩌랴 지극히 평등하면서도 캄캄한 어둠을 어쩌랴! 미물곤충도 모든 짐승도 우리 인간도 중생(衆生)이라는 이름 아래 캄캄한 평등인 것을! 가는 것도 오는 것도 캄캄한 평등이요, 깨침의 찬스는 인간일 때뿐인 것을. 그러나 우리는 환경인연에 끄달린 삶이 무명인 줄을 모른다. 아침에 눈을 뜨고 저녁에 잠이 들 때까지 환경인연이라는 바깥 세상에 끄달려(惑) 자기를 돌이켜 볼 여유도 없이 살아가고 있는 것이다.

잠에서 깨어나면 몇 시인가를 생각하고 무엇을 할 것인가를 생각하는 데부터 하루는 시작된다. 자영업을 하는 사람은 그 사업경영에 따른 가지 가지의 생각과 행동을 할 것이며 직장인은 직장인대로 맡은 바의 소임을 다하기 위한 생각과 행동으로 하루를 보내게 된다.

인연따라 환경따라 책임을 다하며 현상세계에 집착하고 사는 삶을 인생이라 부른다. 자기를 돌이켜 볼 여유도 없이 인연과 환경이라는 바깥세상에 끄달려 책임을 다하며 사는 것을 우리 사회는 보통사람이라 한다. 이것이 중생병(衆生病)인 것이다. 그러나 우리는 병인 줄을 모른다. 현실에 끄달린 삶은 무명(無明)만 쌓아가는 삶이 되고 있는 것이다. 그 무명은 바로 미래의 고인(苦因)이요, 윤회고(輪廻苦)의 원인으로 작용하는 것이다. 그래서 혹(惑)에 끄달린 삶은 내세(來世)의 지옥세계를 건립하는 업(業)이 된다고 하는 것이다.

지난 생애들의 생각과 행동(業感)이 입력된 잠재의식이 오늘의 나를 있게 하였고 현세의 생각과 행동은 새로운 업(業)이 되어 미래세의 나(我)를 창조하는 원동력이 된다. 그러므로 이 마음이 나의 창조주요, 구원자인 것이다. 부처님도 그 누구도 사후(死後)의 나를 어쩔 수도 없는 것이다.

인생이란 자업자득(自業自得)의 연속일 뿐이다. 모르면 그냥 갈 수는 있으되 알고는 그냥 갈 수 없는 것이다. 언제 죽을 지, 죽음 후에는 어떻게 되는 것인지를 모르는 것이 인생이기에 오늘을 즐겁게 살 수 있는 것이다. 내일 잡아 먹힐 돼지가 내일을 모르기에 오늘은 맛있는 음식 배부르게 먹고 편히 잠잘 수 있는 것처럼 우리네 인생도 내일을 모르기에 인생(人生)이 소중한 줄을 모른 채 가는 세월에 실어 인생은 흘러 가는 것이다. 중생 그는 바로 무명(無明)의 인과(因果)를 짊어지고 다니는 가죽주머니가 아니던가.

이 모든 인과(因果)에서 해방되는 길은 깨달음뿐이다. 그래서 깨달아야 하는 것이다. 깨닫기 위해서는 제행무상(諸行無常) 속의 한 티끌인 인생의 허망함을 사무쳐 바로 보아 인생에 대하여 의문을 던져야 하며 무명의 착(着)을 놓아버리고 깨달음을 향하여 엎드려야(下心) 하는 것이다.

자기를 버리면 진리의 몸 얻는다는 철리(哲理)를 믿어야 하며 육바라밀(六波羅蜜)을 실천해야 한다. 그리고 이 마음이 부처임을 확신하고 이 몸을 세상에서 가장 존귀한 법당(法堂)으로 삼아 이 생명 다하기 전에 꼭 깨달음을 성취하고자 사무쳐 노력해야 하는 것이다. 이 법당을 청정히 닦아 나아가 법당다운 향기가 항상하는 속에서 자기를 돌이켜 보는 데 열중하여 자기 구원의 길로 나아가야 하는 것이다. 인간이기에 그냥 갈 수는 없는 것이다.

본의 아니게 몇 개의 신행단체 소임을 역임한 바 있다. 그때마다 다시는 맡지 말아야지 하고 다짐했었다. 그러나 인연의 사슬은 피할 수가 없었다. 자그마한 나의 수고로 불교가 발전할 수 있다면 출가할 때까지 이 몸 기꺼이 보시한다는 생각으로 했었다. 그러다가 몇 년 전부터 모 신행단체의 책임을 또 맡게 되었고, 우연하게도 그 단체는 선방(禪房)이 되고 말았다. 그리하여 가끔씩 참구법을 일러주기도 해야 하는 위치가 되고 말았다. 그리고 모 사찰 재가자(在家者) 선방의 입승(立繩) 소임도 맡게 되었다.

대중 앞에 설 때마다 성철 스님의 상좌스님이신 원택 스님께서 하셨다는 말씀이 생각났다. 원택 스님이 『증도가(證道歌)』, 『돈오입도요문론(頓悟入道要門論)』 등 주요 조사(祖師) 어록 50여 권을 한글판으로 번역 출간하려고 하자 성철 스님께서는 "서툰 백정이 소 잡을라카네."라고 하시더란다. 자기 공부도 덜 된 사람이 깨달음의 주요 지침서들을 해석하고 출판하려고 하니 염려스럽다는 말씀이다. 법문을 할 때마다 서툰 백정이라는 말씀이 자주 떠올랐다.

늘 성철 스님의 그 말씀을 경책으로 삼고 대중 앞에 선다. 서툰 백정이 되지 않으려고 정신을 가다듬는다. 항상 불자다운 향기를 잃지 않는 속에서 정진하고 길을 묻는 이에게 따뜻한 이정표가 되고 도반이 되어드리고자 노력한다. 우리 부부는 부부로서의 인연보다 도반으로서의 인연이 더욱 가까웠던 것이다. 부처님시대 가섭 존자 부부께서도 같이 출가하여 성인이 되셨다. 이 세상의 모든 부부들이 가섭 존자 부부처럼 도반으로서의 만남이 가장 값진 부부로서의 만남이 될 것이라 생각된다.

장보살은 나를 정법으로 인도해 준 도반이었고, 나는 장보살이 깨닫는 데 힘이 되어 주었으니 서로의 이정표였고, 스승이었고, 제자였다. 그리고 내가 강론할 때는 장보살은 들어주는 편에서 듣는 이의 귀를 열어주기도 한다. 이제 누가 뭐래도 돌아보지 않고 외길을 갈 것이다. 항상 법(法)을 나누며 미약하지만 이웃과 함께하고자 노력할 것이다. 그러나 끄달리지 않을 수 없는 속가(俗家) 직업생활 속에서 일과를 마치고 하루에 한두 시간씩 앉는 참선으로는 확철의 경지에 이르기는 어렵겠다는 생각이 들기도 한다. 그러나 속가생활을 여읜 장기간의 수행을 겸할 때 가능하리라 믿는다. 부설 거사님이 수도하였던 변산반도의 월명암처럼 한적한 절간 같은 시골집을 구해서 자연과 함께 쉬지 않고 꾸준히 노력하는 참선은 그때 분명코 확철을 이루는 데 큰 힘이 되어 줄 것이다.

李道源 求道記

그냥 갈 수 없는 길

1987년 7월 28일 초판 발행
2013년 3월 15일 초판10쇄

●

펴낸곳/불광출판사
펴낸이/박상근
지은이/이도원(boli202@hanmail.net)

●

서울 종로구 수송동 46-21 3층
대표전화 02)420-3200
팩　스 02)420-3400

●

등록번호 제1-183(1979. 10. 10)
http://www.bulkwang.co.kr

●

값 11,000원

잘못된 책은 바꾸어 드립니다.
인지는 저자와의 협의하에 생략합니다.